本書出版得到國家古籍整理出版專項經費資助

宋元珍稀地方志叢刊

乙編

（五）

李勇先　王會豪　周　斌等　點校

四川大學出版社

至正金陵新志卷三中之下

金陵表六

宋

天時	地域	官守	政事
建炎元年（丁未）欽宗之弟構即位，廟號高宗。正月辛卯朔，大風、霾。是夜，西		宇文粹中仍知府事，轉運使李彌遜權府事〔一〕。五月，以寶文閣直學士、朝奉大夫翁彦國知府事，兼江東安撫使，爲步軍都總管，充經制使。	宰相李綱議以建康爲東都，命守臣葺城池，治宮室，積糗糧，以備臨幸。衛尉少卿衛膚敏言：「建康實古帝都，外連江淮，内控湖海，爲東南要會。」中書舍人劉珏亦言：「金陵天險，前據大江，可以固守。」於是宰相而下皆主幸

天時	北陰雲中有如火光。戊子夜，白氣貫斗。丁酉，風，霾，日色薄而有暈，大風吹石折木。
地域	
官守	七月，彥國致仕。八月，起復朝散大夫、秘閣修撰趙明誠知府事，仍兼江南東路經制使。
政事	東南之議。李綱請置沿江帥府，以備控扼。於是，江寧府帶本路安撫使，仍以馬步軍都總管繫銜。江寧府禁卒周德叛，執知府宇文粹中，殺官吏。會經制司屬官鮑貽遜統勤王兵七千至城下，德等乃受招安。李綱行次江寧，與漕臣李彌遜謀誅首惡五十人，其衆千餘，令常平提舉王枋部赴行在。溧陽縣卒起應周德，知縣楊邦乂捕滅之。事聞，遷本府通判。五月，大赦，改元。詔江寧府修建景靈宮，諸帝共作一殿，諸后共作一殿。令知江寧府翁彥國修城，繕治宮室，給鹽鈔十萬貫。彥國具劄子，以爲不足用，有旨撥兩浙、淮南鹽錢四十萬

天時	地域	官守	政事
			貫付之，爲五十萬貫，且令其因陋就簡，不事華壯。上一日，忽宣諭彥國修城搔擾，蓋彥國使籍民輸修城磚數百萬，其人踰虔、吉、南安諸郡，率千錢致兩磚，他費類此。綱奏曰：「創修宮室，一新城池，集事之初，其勢不得無擾。莫若明降指揮，令其掇移諸州神霄宮及常平司廨宇〔二〕，一切拆舊修蓋，城壁亦因舊增葺，使彼有所執守，則費用省，而搔擾之患自息。」乃命尚書省劄下。既而，復批出責降。八月二十六日，殿前都指揮使兼京城副留守郭仲荀護衛隆祐太后前去江寧，詔東南安撫、經制等使及發運、監司、州軍官並聽仲荀節制。每縣添武尉一員。

天時	地域	官守	政事
二年（戊申）			六月，詔疏決建康繫囚雜犯，死罪已下減一等，杖以下釋之。戶部尚書葉夢得請上南渡，阻江爲險，以備不虞。又請以重臣爲宣撫使，一居金陵，總江浙之師，以備退保。羣盜張遇號一窩蜂，破鎮江，屯金山寺及楊子橋。詔呂頤浩率江淮制置使劉光世、兩浙制置使王淵等圖之。頤浩單騎入賊營，遇等皆出迎，惟劉彥不至，乃主謀不降者。頤浩斷其足，釘於楊子橋上，餘黨怖而釋甲。十二月二十六日，詔江東路武臣提刑於江寧府置司。

天時	地域	官守	政事
三年（己酉）四月，上發臨安，如建康。閏八月，上發建康，如浙西。九月丙子朔，日蝕。	詔改江寧爲建康府。	二月，明誠移知湖州。三月，呂頤浩以中大夫、同僉書樞密院事知府事，兼江南東路安撫、制置使。四月，起發勤王，拜尚書右僕射、顯謨閣直學士、朝請郎連南夫知府事。六月，以太中大夫、工部侍郎湯東野知府事。閏八月，東野改除提舉應副六宮事務，以朝請郎、徽猷閣待制胡舜陟知府事，兼	金人入侵。上渡揚子江，至鎮江府，顧中書侍郎朱勝非曰：「今徑往杭州，此中諸事暫留卿處置，事定即來。」呂頤浩充江浙制置使，劉光世爲行在五軍制置使，屯鎮江府，控扼江口。楊惟忠總制江南東路軍馬，屯江寧府。三月一日，命簽書樞密院事呂頤浩領建康府事。是月，苗傅、劉正彥爲逆，請太后垂簾聽政，上爲太上睿聖仁孝皇帝，居別宮，太子魏國公攝政，改元明受，大赦天下。乙酉，頤浩交府事。丁亥，赦書至江寧，人情恟恟。時頤浩之子摭遺人賫蠟彈告變。甲午，頤浩自江寧起

天時	
地域	
官守	沿江制置使，始此。以右僕射杜充兼江淮宣撫使、知府事。十月，顯謨閣直學士、朝請郎陳邦光知府事。
政事	兵。乙未，次丹陽，與劉光世會。壬寅，至平江府，與張浚會。乙巳，勤王之師五萬發平江府。二凶檄杭州，集保甲，選器械，扃城門，塞河道，守臣康允之悉不爲行。丁未，文武百官赴睿聖宮，迎請復辟。四月戊申朔，上御朝，復建炎年號，除二凶淮南兩路制置使。勤王之師至北關，二凶開湧金門遁去。辛亥，以頤浩爲右僕射、中書侍郎。上發杭州，幸江寧府，駐蹕神霄宮。御筆改江寧府爲建康府，親書《御製中和詩》賜張浚，曰：「願同越勾踐，焦思先吾身。」卒章曰：「高風動君子，屬意種

天時	
地域	
官守	
政事	蠹臣。」五月九日，頤浩奏曰：「陛下駐蹕江寧，改爲建康，雖已付本府施行，緣諸路未盡知行幸所臨，欲乞模勒親筆，庶使知陛下進幸中原，以圖恢復之意。」從之。其親筆令建康府收掌。六月，以久雨不止，召郎官以上赴都堂詢缺政，手詔以四事自責。立皇子敷爲皇太子。秋，太子得疾，方瘳〔三〕，宮人誤觸金香鼎，仆地有聲，太子應時驚搐不止，上命斬宮人於廡下。少頃，太子薨，年三歲，殯於建康城中鐵塔寺法堂西偏之小室。七月，韓世忠軍還，執苗傅、劉正彥、苗翊，磔於建康市，梟

天時	地域	官守	政事
			其首。韓世忠進檢校少保、武勝昭慶軍節度使，賞平苗、劉之功，賜「忠勇」二字表其旗幟，妻封和國夫人，給内中俸。鄉貢進士李時雨上書，言乞擇宗室之賢者一人以係屬四海。建炎以來，言儲嗣者自時雨始。杜充棄京師，之建康，岳飛說之曰：「中原之地，尺寸不可棄。況宗廟社稷在京師，陵寢在河南，尤非他地比。」不聽，遂從之建康。上諭宰臣曰：「張守入對，言不如留杜充建康，不可過江。」頤浩曰：「臣與王綯〔四〕、周望、韓世忠議，本自如此。」上曰：「善。」遂決吳越之行。於

天時	
地域	
官守	
政事	是，命諸將分守，沿江防淮之議遂格。頤浩、張浚薦充除右僕射，尋命兼江淮宣撫，領行營之衆數萬，節制諸將。上遂發建康，如浙西。詔諸路送納綱運物色，除見錢並糧斛赴建康府戶部送納外，其餘金銀絹帛並赴行在送納。十月，建康府都總管司言，乞於東陽鎮添置巡檢一員，撥軍捍禦。從之。十一月，金人大舉兵，與李成侵烏江縣〔五〕。杜充在建康，閉門不出，岳飛扣寢閣諫曰：「大敵近在淮南，睥睨長江，臥薪之勢，莫甚此時。公乃不省兵事，若金陵失守，公能復高枕於此乎？」充竟不出。

天時	地域	官守	政事
			敵由馬家渡渡江，充遣飛等十七人將兵二萬與之〔六〕。敵大將王鰽以衆數萬先遁，諸將皆潰去，獨飛力戰。飛洒血厲衆曰：「建康江左形勢之地，使金人蟠據〔七〕，何以爲國！今日之事，有死無二！輒出此門者，斬！」辭色慷慨，士皆感泣。敵犯溧陽，飛遣人夜半馳至縣，殺獲五百餘人，擒女真、漢兒並僞同知溧陽縣事、渤海大師李薩布等一十二人〔八〕，及千戶瑠格〔九〕。是月，敵陷建康。杜充既率麾下降烏珠，總領李棁、守臣陳邦光並降。通判楊邦乂不從，刺血書衣裾曰：「寧爲趙氏鬼，不

天時	地域	官守	政事
			作他邦臣。」見烏珠大罵。敵怒，剖腹取其心。尋賜廟額曰「褒忠」，謚忠襄，贈秘閣，事見本傳中。車駕幸建康，復加贈賜，曰：「顔真卿異代忠臣，且錄其後，况爲朕死節乎！」宣教郎趙壘之以前任上元縣丞，金人侵犯，迎敵陣亡，與子恩澤一資。下罪己詔。是年，置榷貨務、都茶場於建康。
四年（庚戌） 五月壬子〔一〇〕，赤氣亘天。		五月，沿江分三路置安撫大使，以建康、饒、宣、徽、太平、廣德隸建康府路，置司池州，以呂頤浩爲大使。詔二	正月，中丞趙鼎言：「請遣使督王鱛進軍宣州，周望分兵出廣德。仍責鱛不策應杜充之罪，俾立功自贖。並趣劉光世邀擊，使敵知江左軍衆〔一一〕，歸路稍艱，必有退軍之漸。如尚占臨安、建

天時	地域	官守	政事
		品以上即除大使。八月，以正議大夫、徽猷閣待制趙觔知府事，兼江東兵馬鈐轄，節制管内軍馬，省安撫使、都總管。九月，江東西路安撫使復置於建康府。	康，則乘暑擊之，期於克復而後已。」時或傳金人在建康爲度夏計，故鼎有是言。四月，金人焚建康，掠人民與財物〔一二〕，欲自靜安渡宣化而去。烏珠屯六合，輜重自瓜步口舳艫相銜，至六合不絶。岳飛敗之於靜安。五月，烏珠復趨建康，飛設伏於牛頭山上待之。夜，令百人衣黑衣混敵中擾其營，敵自相攻。益邏卒於營外，飛潛令壯士銜枚伺而擒之。初十日，烏珠次龍灣，飛以騎三百、步卒二千，馳至南門新城爲營，遂戰，大破烏珠之衆，斬首三千餘級，獲萬戶、千戶二十餘人，獻俘行在

天時	地域	官守	政事
			所。上詢問所俘人，得二聖音問，感動久之。飛奏曰：「建康爲國家形勢要害之地，宜選兵固守。比張浚欲使臣守鄱陽，備敵之人擾江東西者。臣以爲敵若渡江，必先二浙，江東西地僻，亦恐重兵斷其歸路，非所向也。乞益兵守淮，拱護腹心。」上嘉納，賜金帶鞍馬。韓世忠與烏珠相持於黄天蕩，烏珠見世忠整暇，色沮，求假道，甚恭。世忠曰：「是不難，但迎還兩宫，復舊疆土，歸報明主，足相全也。」烏珠既爲世忠所扼，欲自建康謀北歸，不得去。或教於蘆場地鑿大渠二十餘里，上接江口，出

天時	地域	官守	政事
			世忠之上，又傍治城西南隅鑿渠成〔一三〕，出舟，世忠大驚。金人悉趨建康，世忠尾擊，敗之，終不得濟。乃揭榜募人獻策，有教其以火箭破海舟者。明日，引舟出江，其疾如飛，天霽無風，海舟不能動，敵以火箭射海篛篷，世忠兵亂，烏珠遂遁。沿江分三路置安撫大使，一置司池州，以建康、饒、宣、徽、太平、廣德隸之。建康本帥府，議者以鎮江近而江州遠，乃移置大帥於池州。

天時	地域	官守	政事
紹興元年（辛亥）二月己卯，日中有黑子。彗星見，彗出胃。		六月初四日，紡提舉臨安府洞霄宮，中散大夫、直寶文閣張縝知府事。十一月，縝移饒州，資政殿學士、左中大夫葉夢得知府事，兼江南東路安撫大使、馬步軍都總管，兼充壽春府、滁、濠、廬、和、無爲軍宣撫使。	正月，大赦，改元。工部侍郎韓肖胄言：「國以兵爲強，兵以食爲本。宜理淮南，以修農事，則轉輸可省。」遂命屯田員外置局建康，行屯田之法於兩淮。上在會稽，大饗明堂。詔敵破州縣暴骨之未斂者，官爲募僧道收瘞。夢得出羡穀二百斛，錢三百萬，募近城五寺二十人，於城四隅高原隙地爲穴〔一四〕，得全體四千六百八十有七，斷折殘毀不可計者又七八萬。夢得奏京東州艱食，桑柘不熟，二浙商賈轉販，收息數倍〔一五〕。朝廷方議收復，必將與天下爲一家。京東雖見屬僞境，然皆吾民，

天時	地域	官守	政事
			不可因其饑寒而遂困之。有旨開禁。夢得於大兵之後營理學校，延集諸生，得軍賦餘緡六百萬以授學官，使刊六經於學。詔江東西路依舊以昇、洪爲帥府。
二年（壬子）		閏四月，夢得提舉臨安府洞霄宮，端明殿學士、朝奉郎李光知府事，兼江東安撫使，仍兼六郡宣撫使。十月初六日，光提舉台州崇道觀。十二月，端明殿學士、朝奉大夫趙鼎知府事，兼江東安撫使。劉光世爲	知壽春府陳卞貳於劉豫〔一六〕，兼用紹興、阜昌年號。知濠州寇宏本羣盜，與僞宿州守胡斌通。夢得使拊之，卞、宏皆聽命，因與之錦袍銀絹。既而豫將王彥充攻壽春，夢得遣統兵官王冠等援之，豫衆遁去，遂復光州。夢得言：「淮西久苦兵革，人心厭亂，漸思復業。如滁州百姓已屢乞除知州，其餘可見。欲依淮東例，除提點刑獄一員，申舉政

天時	地域	官守	政事
		江東、西宣撫使，置司建康。	事，招誘流亡，以安輯之。復業之民，或量借官本，勸之耕種，數月之間，必有成效。」吳表臣言：「大江之南，上自荆、鄂，下至常、潤，其要緊處不過七渡。下流如建康之宣化、鎮江之瓜步，當擇官兵修器械。其餘非徑捷處，略爲之防足矣。」詔以付沿江帥守。無爲軍守臣王彥恢言：「建康古都，用武之地。欲保建康，必内以大江爲控扼，外以淮甸爲藩籬，必置兵食，以贍國費。大江以南，千里浩渺，若欲控扼，非戰艦不可；大江以北，萬里坦途，欲遏長驅，非戰車不可。舒、廬、滁，

天時	地域	官守	政事
			自建康至姑孰一百八十里，其險可守者六：江寧鎮磯、沙夾、采石、大信、蕪湖、繁昌。」四月六日，戶部尚書章誼言：「迪功郎沈敦前監建康府在城稅務一任，比增四十六萬餘貫，合該磨勘三十三年。」詔沈敦特與改次等合入官，仍頒行諸路。李光乞行宮比臨安增創後殿，上曰：「但令如州治足矣。必事事相稱，則土木之侈傷財害民，何所不至。」趙鼎始至建康視事時，孟庾、韓世忠皆駐軍府中，多招安強寇。鼎爲二府，素有剛正之風，庾、世忠加禮敬，兩軍肅然。民既安堵，商旅通行焉。十

天時	地域	官守	政事
			一月十八日，門下省言：「建康府江南北岸荒田甚廣。」詔令孟庾、韓世忠措置兵馬，爲屯田計。劉光世置背嵬親隨軍，皆鷙勇絕倫，一以當百。又自出己意，造尅敵弓，鬭力雄勁，射鐵馬，一發應弦而倒。
三年（癸丑）秋七月，大旱。		三月，趙鼎移知洪州。五月，降授右朝請郎、徽猷閣待制歐陽懋知府事。八月，左朝請郎、徽猷閣待制沈晦知府事。九月初八日，提舉台州崇道觀。十二月初	正月八日，詔戶部侍郎姚舜明前往建康府，專一總應於都督府錢物糧斛。仍於都督府選差有風力、諳曉錢穀屬官四員，充糧料院審計司監官。都督府管下官兵等幫勘請給，並經由戶部糧審院依條幫勘支給。建康府榷貨務、都茶場亦仰舜明提領。議令江東漕臣月樁錢十萬

天時	地域	官守	政事
		一日，左朝奉郎、直龍圖閣呂祉知府事，主管江東安撫司公事。	緡，以酒税、上供、經制等鈔應副。其後江浙、湖南皆有之，大爲民害。劉光世言軍馬移駐建康防秋，是時別無激賞錢物，先奉詔支銀一萬兩，江東路空名度牒一百道。詔令戶部支絹三千疋，專充激賞。沈晦罷。以臣僚言江南帥府其任不輕，晦知婺州日事多輕率，故有是命。以劉光世爲江東宣撫使，池州置司。
四年（甲寅）十一月，月犯昴。			汪藻言：「自東晉以來，累朝皆治金陵。當時中原爲五胡所據，以江南、北僑立州郡，納其流亡之人。比金人入侵〔一七〕，多驅兩河人民列之行陣。彼以數百年祖宗涵養之恩，一旦與我爲敵，豈其本心？

天時	
地域	
官守	
政事	特妻子父兄爲其以死脅之，出於不得已而然耳。今年建康、鎮江爲韓世忠、岳飛所招遁歸者無慮萬人，其情可見。臣以爲莫若因此時用六朝僑寓法，分浙西諸縣，以兩河州郡名之，如金壇權謂之南相州，相人皆就居焉，其他類此。」正月十七日，呂祉言：「乞自紹興四年以後，應抛荒田土如人戶請佃開耕，已就功力，未及二年，雖元主復業，且令先佃人耕作，候及三年，方得交還。餘並依見行條法。」六月二日，建康府獲金諜一名〔一八〕，取問，係涿州人。上曰：「此吾民也。」釋之。七月十九日，

天時	地域	官守	政事
			呂祉言：「建康府舊存水軍指揮，廢罷年深，望量行支降見錢三五萬造船〔一九〕，措置三指揮，以五千人爲額。」從之。十月，韓世忠在承州，以援兵未至，退保鎮江。時劉光世軍馬家渡，張浚軍采石〔二〇〕，遂詔光世以所部兵援世忠，且令浚移軍建康。於是光世進屯太平州，世忠復統兵過揚州拒敵。十一月，上問宰執江上控扼之法如何，胡松年曰：「臣到鎮江、建康，備見兩軍將士奮勵，必能立勳。」十二月二十二日，詔車駕進發，令諫院船次後省泊。從司諫趙霈請也。先是，降詔進發建康，故有是命。

天時	地域	官守	政事
五年（乙卯） 正月朔，日蝕。		二月，呂祉除檢正諸房文字。三月，左中奉大夫、直秘閣葉宗諤知府事，兼主管安撫司公事。張浚爲江東宣撫使，置司建康，尋加少保。	詔前宰執條上攻守策，趙鼎言：「今鑾輿未復舊都，莫如權宜於建康駐蹕，控引二浙，襟帶江湖，運漕財穀，無不便利，願與二三大臣熟議之。」是歲，金主烏奇邁死，阿固達孫亶立〔二一〕。蒙國在女真之北，在唐爲蒙古部〔二二〕，亦號蒙骨，始起兵攻金。
六年（丙辰） 五月，金星犯畢。			六月，張浚言：「東南形勢，莫重於建康，實爲中興根本。且使人主居此，則北望中原，常懷憤惕，不敢自暇自逸。而臨安僻居一隅，內則易生安肆，外則不足以號召遠近、係中原之心。」遂奏請聖駕秋冬臨幸。時浚在江上，會諸大

天時	
地域	
官守	
政事	將議事，命韓世忠屯承、楚以圖淮陽〔二三〕，劉光世屯廬州以招北軍，張浚練兵建康爲進屯盱眙之計，楊沂中領精兵爲浚後翼，岳飛進屯襄陽以窺中原，於是國威大振。暨自江上歸，又力陳建康之行爲不可緩。朝論不同，上獨從其計。趙鼎奏：「得張浚書云，建康日納鹽甚盛。」上曰：「沿路既安，商賈放心往來。」鼎曰：「亦緣久不變法。」上曰：「法既可信，自然悠久。」蓋自立對帶法，二年不變，故比之常歲增羨。十月，劉猊以衆數萬欲犯建康，楊沂中至藕塘，與猊遇，遣摧鋒軍統制吴錫以

天時	地域	官守	政事
			勁騎五千突其軍。賊兵亂，沂中縱大軍乘之，猊軍大敗〔二四〕。樊相柏以司農少卿提領江淮營田公事，置司建康，擢王中孚爲屯田員外郎，爲之副官。給牛、種，撫存流移，歲中收穀三十萬斛有奇。十二月二十八日，詔建康府撥上等田十頃賜王稟家。以稟向在太原，竭忠盡節，訪聞其子三人流落貴州，故有是命。
七年（丁巳）二月癸巳朔，日蝕。三月辛未，上至建康。		四月，宗諤除福建路轉運使。二十二日，右朝請大夫、直龍圖閣張澄知府事，兼主管安撫司公事。	正月一日，詔曰：「朕惟兩宮北狩之久，痛切於中，而道君皇帝春秋益高，念無以見勤誠之意，可令入內內侍省差官一員，前去建康府元符萬壽宮修建祈福道場三晝夜，務令嚴潔，庶稱朕心。」

天時	地域	官守	政事
			初二日，中書門下省言：「將來車駕幸建康，沿路合用錢糧並係隨軍轉運職事，經由州縣，不得以行幸爲名，因而搔擾。」又詔營繕行宮不得華侈，仰葉宗諤具知稟聞奏。上次建康，召胡安國赴行在。安國上所纂《春秋傳》，上甚重之。初十日，詔江南東路安撫司幹辦公事王繆獻《六朝進取事類》，與陞擢差遣。李綱奏云：「車駕以仲春去吴越而幸建康，漸爲北伐之計，志慮規模，可謂宏遠。願益廣聖志，勿以去冬驟勝而自怠，勿以目前粗定而自安，則中興不難致矣。」綱又奏：「沿江諸軍近多

天時	地域	官守	政事
			火災，竊見軍馬屯聚去處多以茅、竹、蓆、蕟之屬蓋搭房舍，以省功力。今車駕臨幸建康，千乘萬騎，理當建置營房，屯駐將士，庶幾火不能作，人得安堵。」四月，張浚奏雨既沾足，又即晴霽，於蠶麥無妨。上曰：「朕宮中亦養蠶兩箔許，欲知民間蠶熟與否。」又曰：「朕聞祖宗時，禁中有打麥殿，今後圃有水，朕亦令人引水灌畦種稻。不惟務農重穀〔二五〕，示王政所先，亦欲知稼穡艱難耳。」葉宗諤言車駕到府，率本府應文武官朝獻。從之。楊邦乂建炎死事，本府建廟，上甫至，首詔守臣

天時	
地域	
官守	
政事	增廣修蓋。岳飛入見，陞宣撫使。因扈駕至建康，以劉光世所統王德、酈瓊等兵五萬餘隸飛。張浚引兵還建康，入對，告上曰：「劉光世罷軍政閒居，臣有登仙之嘆。」上不樂。六月十九日，三省言建康府乞放免建炎元年至紹興元年未起左藏庫錢帛。從之。詔翰林院差官分視府城内外居民之病者，其用藥令户部藥局應副。如有死亡貧乏，令本府給錢助葬。督府請修建康城，期會迫促，又以軍儲不足，夏稅正絹每疋折錢八緡。澄言：「行宮甫畢，不宜復興大役。民力已困，折變何以堪之？」詔罷

天時

地域

官守

政事

築城，而折帛減二千，後以爲例。張浚自當國，引呂祉爲援，復用韓璡爲淮南漕。璡倅建康日，劉光世待之不以禮，又嘗爲其屬劉覿所辱，積此二忿，故力建議罷光世軍，遂以祉代爲宣撫制官。後祉爲酈瓊所殺，以軍降僞齊。光世之兵叛後，但有韓、張、岳三軍，鎮江軍韓氏部曲，建康軍張氏部曲，鄂州軍岳氏部曲，東南惟以潤、昇、鄂三軍爲根本。

天時	八年（戊午）二月，上自建康如臨安，遂都焉。彗出西方。
地域	
官守	二月初四日，澄移知臨安府，端明殿學士、左通議大夫章誼知府事，兼安撫大使，兼行宮留守司公事。安撫兼留守司始此。六月二十六日，提舉江州太平觀。同月，資政殿學士、左中大夫葉夢得知府事，兼江南東路制置大使，兼留守。
政事	正月十一日，上諭輔臣曰：「將來幸浙西，建康諸宮屋宇及百官廨舍皆令有司照管，他時復幸，免更營造，以傷民力。」趙鼎奏令建康府拘收，且言：「金人若以大河之南歸我，當駐蹕建康。」上曰：「羣臣上殿，多論建康可都。蒲贊謂當擇險要之地，勾龍如淵謂當修德而不在險，以二人校之，如淵爲勝矣。」上將還臨安，張守謂建康自六朝爲帝王都，江流險闊，氣象雄偉，且據會要，以經理中原，每對必爲上言之。及將下詔東歸，與趙鼎議於都督，不合，遂罷。召張浚至宮中，諭之曰：「朕來日

天時	地域	官守	政事
			東去，卿在此無與民爭利，勿興土木之功。」浚悚息承命〔二六〕。俊見地無磚面，再三嘆息，上曰：「此事非難，但艱難之際，一切從儉，庶幾稍紓民力〔二七〕。朕爲人主，雖以金玉爲飾，亦無不可，若如此，非特一時士大夫之論不以爲然，後世以朕爲何如主也！」二月四日，宰執呈欲付呂頤浩建康留守，而頤浩以疾辭。趙鼎奏曰：「頤浩之政，長於彈壓，建康之民願其來。」上曰：「繁劇之地，固以彈壓爲先。若不動聲氣，使百姓陰受賜，小人卻不知也。」詔建康府已除行宮留守，合行事件，依

天時	地域	官守	政事
			西京留守司體例施行。三月二十日，詔自建康復幸浙西，經由州縣，應辦人戶見欠紹興六年以前稅賦並與除放。夢得奏措置存恤河南官吏軍民脫身南來事件。夢得以公府羨錢二百萬緡售經史諸書，建紬書閣以藏之，而著其籍於有司。
九年（己未）			正月，大赦。建康府學在州之東南隅，自罹兵火，巋然僅存。夢得因舊址徹而新之，爲屋百二十五間，闢門南向，以面秦淮。既又作小學於大門之東，且援西京例，奏增教官一員。四月二十六日，詔建康府永豐圩田撥賜韓世忠。夢得重建晉尚書令卞壺祠，賜額忠烈。改

天時	地域	官守	政事
			天寧萬壽寺額曰「報恩」。光孝爲追崇徽宗道場。
十年（庚申）			溧水縣令李朝正有政績，上謂秦檜曰：「近時縣令以政績被薦，往往別除差遣，不若與之進秩，因任庶久，則民安其政。」乃召對，遷一官，賜五品服，遣還。府城居民遺漏，延燒府治，自外門至府宅皆焚毁，惟軍資庫及大軍庫無損〔二八〕。十二月八日，都茶場言：「昨建康務場分差官吏前去真州給賣鈔引，今真州客到稀少，而建康務場繁冗，監官人少，乞依舊併歸建康。」從之。

天時	地域	官守	政事
十一年（辛酉） 七月，旱。		十一月初十日，夢得除觀文殿學士，再至。	正月，烏珠犯壽春府，命宣撫劉錡統所部兵二萬人渡江禦之。時淮西宣撫使張浚已至行在，亟令向建康。壬戌，劉錡至柘皐，適與敵會，錡與諸軍合擊之。浚大軍繼至，敵大敗，遂復廬州。初，夢得團結沿江民兵數萬，至是呼集，分據江津，遣其子模領數千人守馬家渡。敵果使吾叛將酈瓊輕兵來犯，覺有備，乃去。二月己未，劉光世、張浚、劉錡諸將捷書繼至，軍聲大振。夢得奏，自用兵以來，未有此舉。詔獎之。三月癸丑，浚渡江，歸建康。時浚兵八萬，皆強壯精鋭，爲諸軍之冠，號「鐵山軍」。

天時	地域	官守	政事
			初，上謂大臣曰：「中外議論紛然，以敵逼江爲憂，殊不知今日之勢與建炎不同。今韓世忠屯淮東，劉錡屯淮西，岳飛屯上流，張浚方自建康進兵前渡，敵窺江則我兵乘其後。今雖虚鎮江一路，以檄呼敵渡江，亦不敢來。」其後卒如上所料。建康屯重兵，歲費錢八百萬緡，米八十萬斛，榷貨務所入不足以贍。至是，禁旅與諸道之師皆至，夢得兼領四路漕計，軍用不乏，故諸將得悉力以戰，由是朝廷稍安。諸將既罷兵，乃置三總領，以朝臣爲之，皆帶「專一報發御前軍馬文字」，淮西、江東軍馬錢糧所置於

天時	地域	官守	政事
			建康，吳彥璋以太府少卿兼總領官。
十二年（壬戌）		十一月二十二日，夢得移知福州。	
十三年（癸亥）十二月癸未朔，日蝕。		正月十一日，少傅、鎮潼軍節度使、信安郡王孟忠厚判建康府事，兼江東安撫、制置大使。	詔委運司下州縣搜訪遺書。十一月庚申，合祭天地於南郊，時已定都臨安。
十四年（甲子）		二月二十日，忠厚移知紹興府，資政殿大學士、降授左通議大夫張守知府事，兼江東安撫、制置大使。	江浙、福建水，命賑之。

天時	地域	官守	政事
十五年（乙丑）四月，彗出東方。六月乙亥朔，日蝕。		正月，守致仕。四月十一日，敷文閣直學士、右朝奉大夫晁謙之知府事，兼江東安撫使。	正月，戶部侍郎王鈇言：「被旨差置兩浙經界，竊見戶部員外郎李朝正昨任溧水縣日，曾措置均稅，簡易不擾，至今並無詞訴，乞同共措置。」從之。四月，大赦。七月二十九日，戶部言：「建康府民戶見欠官錢六萬餘貫，欲下總領所蠲免。」從之。十月三日，晁謙之言：「本府每歲合起上供米一十五萬石，自經火兵，至紹興五年，認起一十一萬石，後緣轉運副使黃敦書增起二萬四千餘石，公私費力，欲乞蠲免。」從之。

天時	地域	官守	政事
十六年（丙寅）十二月，彗出西南。			親耕籍田。詔守令自今每歲之春出郊勸農。五月，以御書石經本頒府學。
十七年（丁卯）十一月辛卯朔，日蝕。			六月二十四日，詔右從政郎、建康司戶張咨甫除名勒停，永不收敘，送循州編管，仍籍沒家財。以前權湖州西安鎮稅坐贓，法當死，貸之。是歲，金與蒙古議和，蒙古自稱祖元皇帝〔二九〕。
十八年（戊辰）		五月初四日，謙之罷。二十日，顯謨閣學士、左太中大夫鄭滋知府事。	二月六日，參知政事段拂落職宮觀，興國軍居住。以臣僚言：「建炎間，建康通判楊邦乂仗節死義，而拂攝倅事，恬不知恥，何以躐居政府？」遂有是命。

天時	地域	官守	政事
			晁謙之與趙鼎交通書問，又嘗爲王庶辟客，得旨放罷。
十九年（己巳） 甘露降溧陽縣。三月癸未朔，日蝕。		二月十一日，滋致仕。四月十三日，敷文閣直學士、右中大夫俞俟知府事。十一月初二日，移知紹興府。十二月初八日，右中奉大夫、直秘閣王晌知府事，主管安撫司公事。	四月三十日，溧陽縣言甘露降，詔付史館。七月，俞俟言：「江東路屯駐天軍，轉運判官鄭僑年才術精敏，究心宣力，乞令再任。」從之。十一月，郊。

天時	地域	官守	政事
二十年（庚午）			八月二日，建康府選鋒軍使臣張橫除名勒停，送饒州編管。以毆擊百姓馬臯，辜內身死，法當絞，特貸之。
二十一年（辛未）			十二月十六日，詔入內內侍省東頭供奉官、武翼郎吳曇除名。以曇主管行宮大內匙鑰，虚作客人，中賣花木，盜錢入己，法當絞，特貸之。置諸州惠民局。除柴米稅。
二十二年（壬申）		二月二十二日，晌移知宣州。四月二十日，資政殿學士、左朝奉郎楊愿知府事。十一月二十八日，致仕。	

天時	地域	官守	政事
二十三年（癸酉）		二月二十一日，右朝散郎王循友知府事，兼主管安撫司公事。	
二十四年（甲戌）正月，地震。五月癸丑朔，日蝕。		四月初二日，循友罷。五月十三日，敷文閣直學士、右宣奉大夫宋貺知府事。	循友在任，斷配宰臣秦檜族人，檜銜之，遂興獄。循友特貸死，免籍沒家財，送藤州安置。男浤追兩官，除名勒停。弟循訓追四官，除名，送雷州編管。
二十五年（乙亥）五月丁未朔，日蝕。		十一月二十日，貺兩易知平江府。封秦檜建康郡王。	秦熺言〔三〇〕：「舅王會見知平江府，乞與宋貺兩易其任，庶得相聚，照顧家屬。」從之。左僕射秦檜言：「衰病交侵，乞許臣同男熺致仕，二孫塤、堪改差在外宮觀。」檜進封建康郡王，子少傅熺爲少師，並致仕，塤、堪並提舉江

	天時	地域	官守	政事
				州太平興國宮。上久知檜跋扈，秘而未發，至是首勒熺致仕，餘黨以次竄逐，天下咸仰英斷焉。十一月，郊。
	二十六年（丙子）六月，有星晝隕。七月，彗出井。		二月，寶文閣學士、左朝議大夫張燾知府事。	
	二十七年（丁丑）			秦檜薨。上首以燾帥鄉部。燾至金陵積歲，負内庫錢帛鉅萬，悉奏免之。池有義子與父爭訟，守昏繫囚，連年不決，燾請移廷尉，黜其守。居二年，政成化洽。詔川馬分隸江上諸軍，鎮江、建康各七百五十四。

天時	地域	官守	政事
二十八年（戊寅）二月辛酉朔，日蝕。六月，有星晝隕〔三一〕。			黄石在南外宗教日，以書抵秦檜，論建儲貳事，不能用，授建康府教授。明年，熹赴闕，石又以書言之。熹入對，言儲貳尤力，適契上意，遂行典禮。十一月，郊。
二十九年（己卯）大雪，雨雹〔三二〕。			閏六月十六日，詔建康、鎮江府起發冰段勞費人力〔三三〕，今截日止住津發。熹以法律進，其居守也，御僚吏甚嚴，事無敢可否。民有刃傷盜桑者，投繯死，吏當其主故殺，獄已具，察推蕭之敏抗執不書。初大怒，已而薦之，改秩。朱熹，松子也，築室武夷山以講學。上聞其名，召之，不至。

天時	地域	官守	政事
三十年（庚辰）七月丁丑朔，日蝕。八月丙午朔，日蝕。十月壬戌，日中無雲而雷〔三四〕。			詔寬租賦。殿中侍御史杜莘老言：「金人背盟，輕肆猖獗。願乘此諸將報捷之時，駐蹕建康，可以審度事勢，指授方略，爲諸將聲援，一舉而破敵必矣。」四月十七日，詔先降指揮戶部歲發鎮江〔三五〕、建康各椿一百萬石，訪聞已有借充，可令措置補還。六月，賜城北黑龍神廟額曰「孚澤」，賜句容縣茅山天聖觀龍神祠額曰「廣濟」。陳俊卿言：「職田折價，而增直者計贓，請禁之。」

天時	地域	官守	政事
三十一年（辛巳） 正月甲戌朔，日蝕。丁丑，雷。癸未夜，風雷，雨雪。六月，彗出角。上至建康府〔三六〕。		三月四日，仲通罷。二十日，資政殿大學士、左太中大夫王綸知府事。八月十三日，綸致仕。十月二十三日，以資政殿學士、左中大夫張燾知府事，再至。十一月初四日，燾召赴行在。十二月十九日，特進、觀文殿大學士、和國公張浚判府事，兼行宮留守，專一措置兩淮事務，兼措置淮東西、	四月，朝廷聞金人決欲敗盟，令王權戍建康，李顯忠戍池陽，劉錡戍鎮江，壁壘相望。建康都統王權棄廬州去，引兵屯東采石，選鋒軍統領姚興者，獨以所部三千人戰死於尉子橋。命葉義問以元樞督視軍馬，舍人虞允文參贊軍事。十一月，義問至建康，有旨以李顯忠代王權，命允文馳至池州，趣顯忠交權軍事。時知府事張燾至府纔十餘日，夜漏下一鼓〔三七〕，燾方就寢，允文扣門求見甚急，曰：「此何等時，而公欲安寢乎？」燾曰：「日來人情洶洶，儻不鎮之以靜，必不安。」允文曰：「適諜者言，

天時	
地域	
官守	建康、鎮江府、江、池州軍馬。
政事	敵以明日渡江，約晨炊玉麟堂，公何以爲策？」曰：「燾當以死守留鑰，遑恤其他！」允文將至采石，路聞葛王已立，海陵爲内變所撓，屯軍雞籠山，用閣人梁漢臣議，將自采石濟，臨江築壇，刑白馬祭天，亮登高臺，張黃蓋，被金甲，據胡床而坐，諸將已爲遁計。允文召統制張振等語曰：「敵萬一得濟，汝輩亦何之？今不如死中求生，朝廷已別選將統此軍矣。」衆問爲誰，允文曰：「李顯忠。」皆曰：「得人矣。今既有所主，請爲舍人一戰！」允文即與振等謀整步騎，陣於江岸，而以海鰍

天時	
地域	
官守	
政事	及戰船載兵駐中流擊之。布陣始畢，風色大作，金亮自執小紅旗麾舟，自楊林口尾尾相銜而出。敵始謂采石無兵，見振等舟，大驚，欲退不可。金人所用舟底如箱，遇風不能動，盡死於江中，不死者亮敲殺之，怒其舟不能出江也。允文具捷聞。夜半，復布陣待敵。亮既不得濟，乃口占詔書以招王權。允文答曰：「昨王權望風退舍，使汝得以至此〔三八〕。朝廷已將王權重寘典憲，今統兵乃李世輔也，汝豈不知其名？若往瓜洲，我固有以相待，毋虛言見怵〔三九〕，但備一戰，以決雌雄可也！」亮得書，大怒，遂焚宮人所乘龍

天時

地域

官守

政事

鳳車，斬造舟者二人，於是始有瓜洲之議。樞密行府留建康。先是，有知數者詣行府上書云：「以太乙局考之，外患不煩資斧〔四〇〕，冬至前當有蕭牆之憂。」人皆未以爲然。十一月丙申，天重陰，有使臣胡賦者能爲天文，告行府屬臣洪邁曰〔四一〕：「昨日四鼓，濃雲塞空，而東北忽穿漏，一大星墜〔四二〕，乃敵死之兆也。」未幾，報亮被殺。改張浚判建康府。浚被命即行，至池，聞亮被殺，然餘衆二萬猶屯和州。李顯忠在沙上，浚渡江往勞。一軍見浚，以爲從天而下，驩呼增氣。敵諜報，恐懼

天時

地域

官守

政事

遁去，顯忠乘鋭追之，多所俘獲。上至建康，浚迎見道左，衛士見浚，無不以手加額。葉義問言：「比大敵進逼江上〔四三〕，與鎮江、建康、太平諸郡纔隔一水。先報敵人謀開第二港河，欲徑衝丹徒。施工累日，一夕大風沙漲，截斷不得渡，以爲水府陰佑。乞峻加帝號，仍令建康守臣擇地建廟。」遂增封八字王，建廟建康，賜額曰「佑德」。詔建康府特許添辟通判一員。從浚請也。

天時	地域	官守	政事
三十二年（壬午）二月癸卯，上發建康，如臨安。六月，秀王偁之子眘受禪，廟號孝宗。正月戊辰朔，日蝕。是春，淮水溢，中有赤氣如凝血。七月戊申，地震，大風拔木。	修築建康府城。	六月二十日，浚入對。七月八日，浚特授少傅，進封魏國公。八月二十日，左朝散大夫、試中書舍人、宣撫判官事陳俊卿權知府事，兼安撫使、行宮留守。	正月壬申，上在建康府。先是，殿中侍御史吳芾言大駕宜留建康，以繫中原之望。有詔侍從、臺諫同議駐蹕利害。芾謂建康可以控帶襄陽〔四四〕，經理淮甸，若臨安，則西北之勢不能相接。不從，遂定回鑾之議。時以欽宗祔廟，蹔還。芾又言：「聞北使將至〔四五〕，彼欲視吾虛實，不如受禮建康，俟其出境，然後還臨安未晚。」亦不報。詔建康選鋒軍統領姚興特贈觀察使，本寨立廟，賜額「旌忠」，收復淮西日，別建廟於戰沒處。上將還臨安，軍務未有所付，張浚判建康府，衆望屬之。及除楊存中

天時	地域	官守	政事
			爲江淮荆襄宣撫使，中外大失望。給事中金安節、權中書舍人劉珙言不可，疏入，上怒。未幾，存中還行在，以浚兼之。浚出將入相三十年，素爲士卒所畏愛，至是總軍政，皆樂爲用。十五日，上元知縣李闢之言：「本縣所管金陵、鍾山、慈仁三鄉，實隣大江，田疇化爲水面，二税虚掛版籍，乞除放。」從之。浚奏：「體訪東北今歲蝗蟲大作，米價踴貴，北主名爲寛大〔四六〕，實行苛刻，百姓莫不思變。乞多撥錢米付臣措置，招徠北人。人心既歸，敵勢自屈。」又奏云：「朝議欲絕歸正之人，臣日夜

天時		隆興元年（癸未）三月，雨雹。六月庚申朔，日蝕。七月，太白
地域		
官守		張浚除樞密使，仍都督江淮軍馬。俊卿改督府參贊軍事、知府事。俊卿力辭府事，乃除禮部侍郎，參贊如故。五月
政事	思念至熟。南渡以來，良將精兵多歸正人，三十餘年，捍禦力戰，國勢以安。今一旦絕之，此令一下，中原之人以吾有棄絕之意，必盡失其心矣。」十二月十二日，權府事陳俊卿言：「歲額合起內藏庫上供絹一十萬五百一疋，內一半本色，一半折錢，數內椿閣絹一萬三千八百餘疋，無從催理。」詔免徵。	先是，上召俊卿及浚子栻赴行在所，浚請臨幸建康，以動中原之心，用師淮壖，進舟山東，以遙爲吳璘之援。上見俊卿等，問浚動靜，飲食顏貌，曰：「朕倚魏公如長城，不容浮言搖動。」三

天時	地域	官守	政事
晝見，旱蝗。		十六日，左朝散大夫、直徽猷閣陳之茂知府事，兼主管安撫司公事。浚以宿州師失利貶官，改宣撫使。八月，復都督。十一月，赴行在。	月十六日，詔建康府榷貨務、都茶場監官、分差糧料院並建康府教授等闕椿留充薦舉並陞擢及試中人。六月，詔武節大夫、建康府前軍統領官王珙特與入資恩澤。以浚言珙至宿州深入敵營〔四七〕，鏖戰而死，仍立廟，賜額曰忠節。二十五日，戶部言：「內外不住添屯軍馬，合用糧斛，除撥赴淮西總領所補湊椿積一百萬石數外，餘並赴建康府、太平、池州安頓。」十一月，浚赴召，上書《聖主得賢臣頌》賜之。申禁銷金鋪翠。

天時	地域	官守	政事
二年（甲申）二月，雨雹。六月甲寅朔，日蝕。七月，江東、浙西水，雨雹。	置柵石頭城，以處北人之來降者。	三月七日，之茂召赴行在，左承議郎、敷文閣待制張孝祥知府事，十月十二日罷。十一月十一日，右朝散大夫、直徽猷閣呂櫂知府事，兼主管安撫司公事。	上聞有北師〔四八〕，命建康都統制王彥渡江，屯昭關，而三衙大軍屯江、池，戎帥相繼皆出。又命湯思退都督江淮軍馬。思退不行，命楊存中同都督軍馬。及事急，復以王庶爲督視，又以爲同都督。張浚始議以四月進幸建康，又言當詔王之望等還。思退與其黨密謀陷浚，俄詔浚復如淮視師。夏，詔石頭城置柵，以處北人之降者，賜名「忠毅」。拜降將蕭琦爲都統制，命建康都統王彥以北軍千人與之。十月十八日，淮西總領楊倓奏，爲父存中除同都督江淮軍馬，見在建康置司，委有妨嫌，乞回避。詔特免。

天時	地域	官守	政事
乾道元年（乙酉）三月，雨雹，大雪。	修築建康府城。	二月一日，擢罷，以端明殿學士、左通議大夫汪澈知府事。九月十二日，召赴行在。十月九日，左朝請郎、直寶文閣王佐知府事。	正月辛亥朔，郊。郊祀多用冬至。冬至近晦，改用正月。先是，張孝祥奏：「秦淮之水流入府城，分爲兩派：正河自鎮淮新橋直注大江；其一爲清溪，自天津橋出柵寨門，亦入於江。緣淮柵寨地近爲有力者所得，遂築斷清溪水口，創爲花圃，以爲遊人翫賞之地。每水流暴至〔四九〕，則泛濫城內，居民被害。若訪古而求，使清溪直通大江，則建康永無水患。」詔汪澈指定以聞。後澈言欲於西園依異時河道通柵門入江，從之。澈言：「建康城池頹塞，計工約用錢二十萬貫，已於六月以來興工補

天時	地域	官守	政事
			築，不出年歲可以究竟〔五〇〕，其他如鵲臺、女頭等續次措置。」從之。三月，令沿邊措置屯田，尋命建康都統兼提舉措置屯田，守臣兼管屯田使。九月，詔故太尉蕭琦妻榮國夫人耶律氏遠來孀孤，合得請給，令建康府按月支破〔五一〕。十一月十九日，執政進呈：「建康府言：蘆場沙田稅賦，今年七月指揮令今秋拘摧，而九月指揮於來秋起催。」上曰：「只依九月指揮，庶寬民力。」十二月十四日，詔印造建康府二百、三百例零會二十萬貫，令榷貨務差官管押前去交納。從淮西總領請也。

天時	地域	官守	政事
二年（丙戌）		七月二十日，佐改知平江府。八月六日，徽猷閣直學士、朝請大夫陳之茂知府事。九月二十四日，致仕。十一月七日，右中大夫、敷文閣待制方滋知府事。	正月，建康都統劉源繳納諸軍事故人付身二萬本有奇，樞密都承旨龍大淵言於朝，進源官二等。三衙、江上、四川大軍新額總四十一萬八千，建康五萬，錢糧衣賜計二百緡，可養一兵，是歲費錢已八千餘萬緡。五月二十八日，淮西總領楊倓言：「乞將江東安撫司、建康府並都統司酒庫並撥付淮西總所，其賣到價錢除本外，合得息錢並撥還諸司。」從之。上元縣令李允升在任日，盜支官錢入己，法當絞，特貸命，追毀出身以來文字，決脊刺面，配惠州牢城，仍籍沒家財。守臣王佐不能舉劾，縱允升尋

天時	地域	官守	政事
			醫而去，追兩官，勒停，建昌軍居住。十二月十六日，詔建康府笪橋酒庫依舊撥蕭鷓巴軍管幹，收息錢充犒賞用。
三年（丁亥）		九月二日，滋召赴行在。二十四日，左朝奉郎、充集英殿修撰史正志知府事，兼沿江水軍制置使，兼提舉學事。	八月二十三日，上宣諭宰執曰：「史正志條具到舟師利害，其間亦有可行者。」蔣芾奏曰：「陛下將來要差大臣出使，不若先遣正志。」上曰：「便差知建康府，仍差沿江制置使，自建康至鄂渚，舟師並令總之。」十一月十八日，令鎮江、建康都統司各招強壯諳會水軍五百人。

天時	地域	官守	政事
四年（戊子）		六月二十二日，正志轉朝散郎。	三月十日，史正志言：「乞將所樁見錢十萬貫增造一車十二槳四百料戰船。」從之。正志以蔡寬夫宅基、貢院重建新亭、東冶亭、二水亭，移放生池於清溪，建清溪閣。
五年（己丑） 八月朔，日蝕。		六月二十六日，正志除敷文閣待制。	二月四日，詔令殿前馬步軍司各差統制一員前去建康府，同江東帥漕於本府近便寬閒去處踏逐牧放馬五千匹，並牧馬官兵寨屋地段措置修蓋。所有永豐圩收到稻穀，令淮西總領所樁管。復監司避本貫法，令分上、下半年巡按所部。正志重修鎮淮橋、飲虹橋，上爲大屋數十楹，極其壯麗。十一月，御札獎諭正志

天時	地域	官守	政事
			職務振舉，遣中使賜金帶。溧水人伊小乙割肝療母疾，縣令陳嘉善旌其里曰表孝。
六年（庚寅）		二月二十二日，正志改知成都府。三月一日，朝請大夫、秘閣修撰唐瑑知府事。	閏五月，詔江東轉運司將建康府實被水縣分人戶今年身丁錢並與放免，不得巧作名色，仍舊科取。十一月九日，詔建康府添置行宮酒庫一所，息錢聽候御前支用。十一月，郊。
七年（辛卯）		三月初十日，瑑改除太府卿、淮東總領。六月二十三日，端明殿學士、左中大夫洪遵知府事。七月四日，赴行在奏事。十八日，除資政殿學士，回府。	虞允文爲相，移馬司屯於建康。詔建康府都統李舜舉將廬州軍酒庫移於建康。十二月十二日，洪遵言蕪湖知縣呂昭問以和糴爲名，禁止米斛，不得下河。詔昭問降一官，放罷。

天時	地域	官守	政事
八年（壬辰）			七月二十四日，詔建康府絹二千五百疋並與放免，令户部以沙田、蘆場錢撥還。
九年（癸巳）夏五月朔，日蝕。十一月朔，日蝕。		十二月二十七日，遵提舉臨安府洞霄宫。	
淳熙元年（甲午）十一月甲申，日蝕。		正月二十六日，敷文閣學士、左朝散大夫葉衡知府事，提舉學事，兼管内勸農營田使。守臣以「勸農營田」繫銜始	

天時	地域	官守	政事
		此，後倣此。二月，召赴行在。五月十一日〔五二〕，朝議大夫、充龍圖閣待制胡元質知府事。六月四日，召赴行在奏事。七月，除敷文閣直學士，回府。十二月十一日，召赴行在。	
二年（乙未）七月，彗出西方。		三月二十一日，資政殿大學士、中大夫劉珙知府事。	劉珙至府，會歲大旱，首奏倚閣三等戶夏稅分遣官吏行田蠲租，又奏禁上流稅米遏糴，違者劾治。得商米三萬斛，貸椿管。及總司錢遣官糴米，又得四萬九千斛。又奏禁州縣毋得督舊逋借常平米

天時	地域	官守	政事
			以付坊戶。闔境數十萬人，無一人捐瘠流徙。上嘉其績，賜書褒諭，官民爲立生祠。
三年（丙申）三月丙午朔，日蝕。四月，雨雹。		八月十七日，珙轉太中大夫。	珙重修府學，立明道先生祠，晦庵先生記之。
四年（丁酉）正月，雨雹。九月丁酉朔，日蝕。		五月十一日，珙除觀文殿學士，再任。	執政擬進除目云：「劉珙居守建康已及二年，可除觀文殿學士。」上曰：「以及二年而除職，非用人之體。」乃改云：「居守建康，績效顯著，可特除觀文殿學士，令再任。」

天時	地域	官守	政事
五年（戊戌）雨土者三，雨雹者再。八月，旱。		七月，珙致仕。十月十六日，特進、觀文殿大學士陳俊卿判府事。	弛沿江漁禁。
六年（己亥）		七月二日，俊卿除少保。	
七年（庚子）		三月二日，俊卿除醴泉觀使，進封申國公。四月十三日，端明殿學士、中大夫范成大知府事。	成大開府金陵，適歲旱，招徠商賈，損閣夏稅。請於上，得軍儲二十萬石振飢民，苗額十七萬斛，是年蠲三之二，而五邑受粟總四萬五千四百餘戶，無流徙者。
八年（辛丑）			

天時	地域	官守	政事
九年（壬寅）		十一月初二日，成大特授太中大夫。	盗發柴溝，去城二十里，又劫江賊徐五稱靜江大將軍〔五三〕，成大皆捕誅之。在鎮二年，以餘財代輸下戶秋苗及丁錢一半。
十年（癸卯）十一月朔，日蝕。		八月三十日，成大除資政殿學士，提舉臨安府洞霄宮。九月二十日，端明殿學士、正奉大夫錢良臣知府事。	詔經理屯田。良臣奏上元縣荒圩並寨地五百餘頃，不碍民間泄水，可以修築開耕。
十一年（甲辰）正月，雨土者再，府境大水。			詔賑卹建康之被水者。始立養濟院。

天時	地域	官守	政事
十二年（乙巳）二月，雨雹。五月，地震。		三月十七日，良臣授資政殿學士。	御札戒飭建康都統閻仲。十一月，郊。
十三年（丙午）閏七月，雨雹。八月乙亥，日、月、五星聚軫。			詔以沒官田産入常平。三月，移采石水軍二千五百人屯靖安鎮〔五四〕。
十四年（丁未）高宗崩。六月，旱。			十月，大赦。

天時	地域	官守	政事
十五年（戊申）六月，雨雹。八月甲午朔，日蝕。		八月，良臣提舉臨安府洞霄宮。八月三十日，朝散大夫、敷文閣待制、江東安撫使章森知府事。	陳亮上萬言書，略曰：「秦檜以和誤國二十餘年，而天下之氣索然無餘。陛下有削平宇内之志又二十餘年，而天下之士始知所向。高宗皇帝春秋既尊，陛下不欲大舉以驚動慈顔。今已祔廟，天下之英雄豪傑仰首而觀陛下之舉動。天下不可以坐取也，兵不可以常勝也，驅馳運動又非年高德尊者之所宜也。東宫居曰監國，行曰撫軍，此肅宗命廣平王故事。陛下倘以爲可行，則當先理建業〔五五〕，而後臨之。雖今歲未爲北伐之舉，而天下震動，即位之志，庶少伸矣。」

天時	地域	官守	政事
十六年（己酉） 二月，孝宗傳位太子惇，廟號光宗〔五六〕，尊孝宗爲壽皇〔五七〕。 二月辛酉朔，日蝕。		閏五月一日，森轉朝請大夫。	
紹熙元年（庚戌）		九月二十一日，森轉朝議大夫，除顯謨閣待制，再任。	廂禁軍營舊皆茅廬，森至，易爲瓦屋數千間，號曰新營，有詔奬諭。

天時	地域	官守	政事
二年（辛亥）		正月，森改知江陵府。二月，煥章閣直學士、通議大夫、江東安撫使余端禮知府事。	十一月壬申，郊，風雨大至，上震懼，感疾。
三年（壬子）			端禮以貢院湫隘，修而廣之。
四年（癸丑）		三月，端禮召赴行在。七月，顯謨閣學士、通奉大夫、江東安撫使鄭僑知府事。十二月，授正議大夫。	

天時	地域	官守	政事
五年（甲寅）孝宗崩。光宗疾甚，立子擴爲帝，尊光宗爲太上皇。大元兵助金愛王大辨攻金〔五八〕。		正月二十二日，僑除吏部尚書，固辭，改除龍圖閣學士，依舊知府事。七月二十五日，仍除吏部尚書。	
慶元元年（乙卯）正月丙辰，白虹貫日。三月丙戌朔，日蝕。庚		正月二十二日，寶文閣學士、太中大夫、江東安撫使張杓知府事。	建府學御書閣、議道堂，稍重釋奠禮議，儲典籍，增既廩。修北門親兵寨千二百八十七楹。置廣惠倉。修胎養令。

天時	地域	官守	政事
寅，太白經天。七月，太白經天。十一月，雨土。			
二年（丙辰）正月戊子，雷。			
三年（丁巳）四月，雨土，旱，雨雹。十一月，雷。十二月，雨土。		二月，杓除龍圖閣學士，知隆興府。五月二十日，資政殿學士、中大夫、江東安撫使趙彥逾知府事。	十一月，赦〔五九〕。

天時	地域	官守	政事
四年（戊午）八月，白氣亙天。九月壬寅，太白晝見。癸卯，太白經天。		二月三十日，彥逾除資政殿大學士，依所乞與宮觀。十二月二十七日，華文閣學士、中大夫、江東安撫使錢象祖知府事。	
五年（己未）正月庚午，雪。癸酉，白氣亙天。八月癸亥，白氣亙天。		十一月，象祖除徽猷閣學士，提舉江州太平興國宮。	溧陽人史思賢刲心療母疾。

天時	地域	官守	政事
六年（庚申）正月己丑，雨土。乙酉，雪。六月丙午，太白經天。九月，雨土。十月，太白晝見。大元兵破上都，圍和龍。		閏二月四日，鎮安軍節度使、開府儀同三司、江東安撫使吳琚知府事。	郡人朱舜庸編《金陵事蹟》二十餘年，乃獻之府，遂修爲《建康續志》二百二十板。
嘉泰元年（辛酉）			

天時	地域	官守	政事
二年（壬戌） 正月己巳，雷。四月，雨雹。五月甲辰朔，日蝕。七月，不雨。十二月，日中有黑子。		正月七日，琚再任。三月二十三日，特授少保。十月十四日，致仕。十二月二十日，徽猷閣學士、朝議大夫、江南東路安撫使李林知府事。	句容增科和買，久爲民害，邑令趙時侃白於府，琚請府帑歲出萬三千緡爲之代輸，凡免人戶和買絹二千十九匹，綿一萬一千六十兩。
三年（癸亥） 正月，雷。四月己亥朔，日蝕。七月，白虹貫			

天時	地域	官守	政事
天。九月，大風。十一月，大風。			
四年（甲子）正月乙亥，大風。癸未，日有黑子。辛卯，雷。壬辰，雨雹。二月，有赤氣亘天。		三月，林除寶文閣學士、宮觀。四月五日，敷文閣學士、通議大夫、江東安撫使丘崈知府事。	十一月甲戌，詔南郊，加祀〔六〇〕，感生帝、太子庶星、宋星，赦天下。

天時	地域	官守	政事
開禧元年（乙丑） 正月，雨霾。二月，雪。三月，太白晝見。四月辛丑，日中有黑子。乙卯，大風。九月，大風。			重修鎮淮、飲虹二橋。
二年（丙寅） 大元太祖皇帝即位。正月，雪雷，雨雹。二		四月，崈除寶文閣學士，再任。六月六日，除刑部尚書、江淮宣撫使。二十二日，朝請大夫、寶謨閣待制、江東安撫	

天時	地域	官守	政事
月，久雨。九月，雷。		使葉適知府事。七月十一日，兼沿江制置使。	
三年（丁卯）二月，雪。		二月，適除寶文閣待制，改兼江淮制置使，專一措置屯田。七月，召赴行在。九月，朝散大夫、寶謨閣待制、江東安撫使徐誼知府事，兼江淮制置使，專一措置屯田。九月十八日，免兼制置使，依舊知府事。十一月，改知隆興府。十二月十六日，資政殿學士、	適陳措置屯田，請置沿江堡塢，並團結淮西山水寨四十七處，各爲圖冊，以獻於朝。以建康、鎮江二務場徑隸提領所。

天時		嘉定元年（戊辰）正月，雷。四月，雨雹。五月，太白經天，蝗。九月，大風。
地域		
官守	通奉大夫、江東安撫使丘崈知府事。	正月五日，崈除江淮制置大使，兼知府事。六月，召赴行在。八月十四日，觀文殿學士、金紫光祿大夫、江東安撫使何澹知府事，兼江淮制置大使。
政事		

天時	地域	官守	政事
二年（己巳）二月，大風，熒惑入太微垣。三月，雨雹。四月，蝗。		六月二十九日，澹丁母憂。八月二十五日，龍圖閣學士、通奉大夫、江南東路安撫使楊輔知府事。九月十三日，致仕。	夏，大旱，蝗爲災。八月，冊皇太子。九月，合祭天地於明堂，赦天下。
三年（庚午）正月，雨土，雷。六月丁巳朔，日蝕。八月，大風拔木。		正月二十七日，朝請大夫、龍圖閣待制、江東安撫使黃度知府事，兼江淮制置使。	度陛辭日，賜金帶。時建康旱蝗，民飢盜作。度至，盡發帑廩，所活百餘萬口，蠲夏稅二十餘萬。賊夜劫城東南，立就擒，而横山、鬱山賊皆奔散，悉奏赦之。境内莫枕，畫像立祠。

天時	地域	官守	政事
四年（辛未）二月，大風。七月，太白晝見。九月，雷。十一月己酉朔，日蝕。大朝建號。		六月十六日，度除寶謨閣直學士。十二月六日，度磨勘轉朝議大夫。	度於城南北增養濟二院，屋百間，院各一僧掌之，所養貧民以五百人爲額，春夏則稍汰去，每歲用米一千五百斛，錢二千緡。
五年（壬申）九月，太白晝見。十月，雷。大元兵圍燕京。		十月五日，度除權禮部尚書兼侍讀。	建冶城樓、忠孝堂於卞壺墓側，作晉元帝廟，並祀其臣王導而下三十六人。十一月，祀圜丘，大赦天下。

天時	地域	官守	政事
六年（癸酉） 二月，太白晝見。		正月十日，中奉大夫、寶文閣待制、江東安撫使劉渠知府事，兼江淮制置使。十四日，轉中大夫。	大元圍燕京，自冬至春，破河北九十餘郡。
七年（甲戌） 五月，太白經天。九月壬戌朔，日蝕，太白晝見，雷。金宣宗遷都汴。		十月二十八日，渠轉太中大夫。	

天時	地域	官守	政事
八年（乙亥）二月，雨土，兩浙、江東旱、蝗。大元破燕京。		七月八日，榘除權工部尚書，兼太子詹事。九月十日，致仕。十一月十日，朝請大夫、右文殿修撰、主管江南東路安撫司公事、兼主管江淮制置司公事李大東知府事。	榘從上元主薄危和之請，於簿廨東建明道先生祠，立精舍，運使真德秀助金三十萬、粟二千斛。榘去，李大東續成之。是年，江東旱蝗，運使真德秀合本道義倉及轉般米數十萬斛賑贍。開東門外新河，因役以飽飢民。立范忠宣公純仁祠於曹司。六月初七日，本路安撫轉運奏：「江寧縣城南民戶，因淳熙五年增科家業營運錢，起認和買綿絹錢三千七百餘貫，民力重困，乞除豁。」從之。七月，創置唐灣水軍二千五百人。九月，赦。

天時	地域	官守	政事
九年（丙子） 二月甲申朔，日蝕。五月，太白晝見。西山地震。黎州山崩。		正月六日，大東召赴行在。	真德秀始創漕司貢院於清溪之西。
十年（丁丑） 正月丙子，大風拔樹。二月，地震，雪。六月，太白晝見，經天。		二月十五日，寶謨閣學士、中大夫、江淮制置使、江東安撫使李珏知府事。七月二十五日，轉太中大夫。	珏開浚行宮後古珍珠河，以泄霖漲，見水底有大柴板，乃止。

天時	地域	官守	政事
十一年（戊寅）二月，白虹貫日。五月，蚩尤旗見，其長竟天。十一月，大風。			金人入侵，號百萬，圍滁州急，珏檄杜杲及王好生督兵援之。杲縋城入，啓鑰，以納城外被逐之民數十萬。杲登陴，中二矢，力疾指授，守禦得宜，城屹不動，敵卒斬其建議者五人，焚攻具而去。九月，祀明堂，赦天下。
十二年（己卯）二月，太白晝見。三月，太白晝見。六月，太白晝見。		正月三日，珏進封開國伯。四月二十四日，丁母憂。七月十日，中奉大夫、顯謨閣待制、江東安撫使李大東再知府事。九月十六日，除寶文閣待制、沿江制置使，仍知府事。	

天時	地域	官守	政事
十三年（庚辰） 三月，雨土。九月，太白晝見。 十一月，大風。			溧陽縣令陸子遹革積年差役和買之弊，民皆德之。
十四年（辛巳） 三月，長星見。 五月甲申朔，日蝕，大水。		十月，大東轉中大夫。	淮西總領商碩立鄭介公俠祠於清涼寺，即俠讀書處也。十一月，併唐灣、靖安兩水軍爲一軍，置統制、統領各一員。 九月，祀明堂，赦。

天時	地域	官守	政事
十五年（壬午）五月，太白晝見。九月，雷，大雨雹，彗見，太白又晝見。大元兵自回鶻滅西夏。		四月，大東以上玉寶，賞轉太中大夫，進封開國伯。七月，除華文閣直學士。九月十日，除顯謨閣直學士，特轉一官，差提舉鳳翔府上清太平宮。十月十六日，朝議大夫、煥章閣待制、沿江制置使、江東安撫使余嶸知府事。	嶸請於朝，建平正倉於廣濟倉之左〔六一〕，秋、冬糴米貯之，春、夏糶之，取價平則正之義〔六二〕。

天時	地域	官守	政事
十六年（癸未） 二月，雨土。九月庚子朔，日蝕。十二月，雷。			
十七年（甲申） 八月〔六三〕，寧宗崩，皇姪貴誠即位，後更名昀，廟號理宗，太祖十四世孫。六月，太白晝見，經天。		十一月二十五日，嶸除顯謨閣待制，特轉一官。	賜嶸金帶。十一月三十日，密劄行下，建康府係沿江重鎮，合行增屯兵馬，以壯聲勢。令制司招刺步軍三千人，馬軍三百人騎，以防江軍爲額，並聽沿江制司節制。

天時	地域	官守	政事
寶慶元年（乙酉）		正月，嶸致仕，朝議大夫、直焕章閣、江東轉運副使丘壽邁暫兼權沿江制置司、江東安撫司、建康府職事。	
二年（丙戌）		十一月二十九日，壽邁除司農少卿。	壽邁職事修舉，進職再任。
三年（丁亥）		二月初五日，壽邁赴闕，中奉大夫、寶章閣待制、沿江制置使、江東安撫使趙善湘知府事。	創制置司僉廳。

天時	地域	官守	政事
紹定元年（戊子）正月，太白經天，雨雹。		四月，善湘轉中大夫。六月，轉太中大夫。十月，轉通議大夫，除龍圖閣待制，兼江東運使。	時李全叛，善湘募効用軍一千四百五十五人，以益其備。
二年（己丑）			善湘增收後湖田租，遂爲額。
三年（庚寅）三月，雨土。		正月，善湘除煥章閣直學士。十一月，除煥章閣學士、沿江制置大使，餘仍舊。	

天時	地域	官守	政事
四年（辛卯） 大元太宗皇帝即位。		三月，善湘以慶壽恩轉通奉大夫，進天水郡開國侯。五月，除兵部尚書，仍任。十一月，轉宣奉大夫，除江淮安撫制置大使，餘仍舊。	二月，賜詔獎諭。
五年（壬辰） 二月，太白經天。大元遣使過宋，議夾攻金。		正月一日，善湘除端明殿學士，與執政恩例，仍舊任，陞留守。九月，除資政殿學士，轉光祿大夫，仍舊任，進封郡公。	十月，賜詔獎諭。

天時	地域	官守	政事
六年（癸巳）		二月，善湘奉御筆，帶職入奏。續奉御筆，依前資政殿學士，提舉萬壽宮。七月十日，朝議大夫、試大理卿、江東安撫使、兼沿江制置使李壽朋知府事。十一月十六日〔六四〕，召赴行在。	正月，賜宸翰奬諭，並賜金器、香茶、緡疋段。二月，賜牙簡、金帶、魚袋、鞍馬。未幾，奉御筆帶職入奏，尋予祠。遣襄陽帥孟珙、太尉江海等會大兵圍蔡州。
端平元年（甲午）大元滅金。		十月十一日，朝請大夫、除工部侍郎、沿江制置使、兼江東安撫使陳韡知府事。	建康府奏請，以行闕之重，比臨安府恩例，特增解額兩名。洪咨夔奏金亡而有興者。

天時	地域	官守	政事
二年（乙未）天狗星墜淮安軍，聲如雷，破爲碎石，色紅。大元抄數中原戶計。		正月九日，韓被旨帶職入奏訖，回任。閏七月十日，除權工部尚書，依舊任。十月二十八日，除權刑部尚書，加制置大使，累辭，依所乞。	
三年（丙申）大元分封諸王。			十二月十五日，韓出師江北，戰而死者甚衆，遂於覆舟山龍光寺側立義塚二所，收而葬之，度僧二人掌其事，給田百五十八畝〔六五〕，爲時享佛果之費。兩淮士民因北兵連年侵擾，避地諸沙。是年，制司差官撫卹，招募涅刺，充民兵制効軍，分十部，置制領將佐。

天時	地域	官守	政事
嘉熙元年（丁酉）大元親征回回國，歸附。		三月十八日，韓特轉兩官，除煥章閣學士，依舊沿江制置使、兼淮西制置使，餘仍舊。	府學置房廊，始立貢士庫。四月，韓請於朝，取發福建、兩浙、江西、湖南諸郡土牢拘鎖人，揀選強壯，面刺雙旗，立名破敵軍。臨安大火，燒居民五十三萬家。韓斬殿司崔福。
二年（戊戌）		正月初八日，朝請大夫、寶章閣待制、沿江制置使、江東安撫使別之傑知府事。六月十一日，除工部侍郎。十一月二十九日，轉朝議大夫。	

天時	地域	官守	政事
三年（己亥）十月，虹見，風雹爲災。大元招諭高麗。		三月三日，之傑除權兵部尚書，兼督府參軍事。	
四年（庚子）正月，京師地震，旱蝗，白氣亘天。		三月二十六日，之傑權督府職事。六月二十八日，除寶謨閣學士。十一月十九日，督府結局，特受中奉大夫。	星變，下詔罪己。詔賦税米毋得多科取於民。
淳祐元年（辛丑）		三月十一日，之傑除兵部尚書，兼淮西制置使，和州、無爲軍〔六六〕、安慶府三郡屯田使，尋除端明殿學士。	之傑兼淮西制置，置司采石。解安豐圍，賜詔獎諭，賜金器、幣，進職端明殿。修府學。

天時	地域	官守	政事
二年（壬寅）		正月一日，之傑被旨，帶職入奏。二月四日，除僉書樞密院事。四月十八日，華文閣學士、宣奉大夫、沿江制置使、江東安撫使兼節制和州、無爲、安慶府三郡屯田使杜杲知府事。	楊林堡去和州二十里，前後將卒往往宿留此地，未即赴敵。杲至，相其形勢，知不必守，罷其戍。兩淮流民多寓沙上〔六七〕，杲調舟師環護，民得奠枕。九月，敵圍儀真於北山，治攻具陳公塘，放濠水，真、揚聲援不通。杲練兵治砲，鼓行西上，命子庶及總管聶斌提鋭卒八千入城中，父老大喜。敵望見名旗，曰：「此安豐廬州杜制置邪！」比曉，悉遁去。杲遣將追之，敵大敗。杲進職，子庶差知真州，杲謂庶曰：「隣闔見真不可守，推以畀汝，枌榆之邦，當往。萬一有警，吾親提兵援汝。」

天時	地域	官守	政事
三年（癸卯）		五月十五日，杲除敷文閣學士。	四月初六日，以杲應援真州，敵騎退遁。遣行宮匙鑰司內侍鄧僑年傳旨，賜杲御僊花、金帶及牙簡、香茶、鏀羅等。天禧寺後南軒乃張宣公讀書之地，總所久爲榷酤之場，杲止之。乃創祠宇，撥田充祀事。增府學養士田，置貢士莊，並及淮士。閣舊租，蠲新租二萬八千餘石。先時受納官斛米、疋絹，各取三十楮爲縻費，杲榜諭不得收過二楮，民樂輸焉。
四年（甲辰）		三月十三日，杲除刑部尚書。四月十二日，朝奉大夫、集英殿修撰、	

天時	地域	官守	政事
五年（乙巳）		沿江制置使、兼江東安撫使、兼和州無爲安慶府屯田董槐知府事。 四月初六日，槐時暫兼權淮西總領。二十八日，特轉朝散大夫。五月二十一日，召赴行在。六月二十七日，中奉大夫、寶章閣待制、沿江制置使、江東安撫使、兼和州無爲軍安慶府屯田使趙以夫知府事。	槐職事修舉，特轉一官。八月，密劄下本府招軍，以策勝爲名，分爲六軍，每軍五千人，其右軍、中軍屯駐建康府，令守臣節制。

天時	地域	官守	政事
六年（丙午） 大元定宗皇帝即位。		四月十二日，以夫除華文閣待制。閏四月，轉中大夫。	以夫修府學，更命教堂名曰明德。
七年（丁未）		四月二十二日，以夫除寶章閣直學士，知平江府，兼淮浙發運使。六月初七日〔六八〕，通奉大夫、樞密使、兼參知政事、督視江淮京西湖北軍馬、江東安撫使趙葵知府事。	敵以重兵犯淮泗，葵視師江上，廣親兵教場，建堂，扁曰指授。即馬鞍山下古鐵冶溝旁置爐，嶁鑄兵械。給旗榜招募兩淮失業強壯二千五百三十一人〔六九〕，充精鋭軍〔七〇〕。

天時	地域	官守	政事
八年（戊申）			二月，葵奏捷，御筆奬諭，賜以金器、幣帛、香茶，特轉三官。九月〔七一〕，以明堂禮成，特賜金器、幣帛、香茶，加食邑。累奏，乞將督府印結局〔七二〕，不許。田事所史宅之差官經理沙田〔七三〕，以米疋租計六十萬二千三百五十八畝〔七四〕。
九年（己酉）		二月，特授葵金紫光祿大夫、右丞相、兼樞密使，督府結局。固辭丞相不拜。二十二日，端明殿學士、太中大夫、沿江制置使、江東安撫	葵委官團結兩淮稅戶避亂寓止江南者〔七五〕，充半年軍，令於金山莊團窩屯駐。正月，葵將元降銀絹、官告、度牒差官解還朝廷。除右丞相，固辭不拜。初，陳韡建閫湖南，招沿江諸沙一帶強壯淮民自隨，至是撥隸沿江制司，

天時	地域	官守	政事
		使、兼節制和州無爲軍、安慶府三郡屯田使吳淵知府事。	立爲親兵左右部，增至千人。
十年（庚戌）大元滅遼東。		五月，淵除資政殿學士，帶舊職，仍與執政恩例，進封金陵侯。	五月，御筆：「吳淵資政殿學士，仍與執政恩例。」府學增先賢祠。撥後湖田七千五百餘畝創義莊，立規式，支助貧士之吉凶不贍者。明道書院閣燬於火，因更創之。廣齋序，增廩稍，程講課，士趣者衆，賜「明道書院」四大字爲額。
十一年（辛亥）大元憲宗皇帝即位。		五月，淵特轉通奉大夫。十月，以明禋恩進爵爲公。	五月，御筆：「吳淵在任以來，興利除害，具有條理，所列二十五事，究心於士民兵者甚至，忠勤體國，良用歎嘉，可特轉兩官。」建錦繡堂於府治之左，

天時	地域	官守	政事
			上爲忠勤樓，建鎮青堂於郡圃，上爲鍾山樓，宸翰賜淵「錦繡堂」、「忠勤樓」六大字。
十二年（壬子）		正月，淵除資政殿大學士，知福州、福建安撫使。當月改知平江府、淮浙發運使，以臣僚論罷。二月，寶章閣直學士、通奉大夫、沿江制置使、江東安撫使、節制和州無爲安慶府三郡屯田使王埜知府事。	總領陳綺建翠微亭於石頭城山頂。

天時	地域	官守	政事
寶祐元年（癸丑）		六月，埜除煥章閣直學士，職任依舊。	
二年（甲寅） 蜀雨血。		六月二十八日，埜除禮部尚書。八月初四日，寶文閣直學士、通議大夫、沿江制置使、江東安撫使、節制和州無爲安慶三郡屯田使丘岳知府事。九月，轉通奉大夫。	
三年（乙卯） 三月，雨土。		六月十一日，岳除龍圖閣直學士，職任依舊。七月初一日，致仕。八月二十二日，寶章閣直	光祖以到任例冊並備堂公用器皿見錢等二十萬支犒軍民，減沙租課額三分之一，倚閣元年夏稅折帛錢，備秋苗米草，以寬民力。

天時	地域	官守	政事
		學士、太中大夫、沿江制置使、江東安撫使、節制和州無爲安慶三郡屯田使馬光祖知府事。十月初四，兼提領江淮茶鹽所。	
四年（丙辰）大元抄數遼東戶計。		四月二十二日，光祖除煥章閣直學士，依舊任。六月二十七日，特轉通議大夫。	創招御前遊擊軍三千餘人，遊擊水軍二千人，創遊擊軍寨屋三千餘間於武定橋東。始立則例，支給錢絹酒米，以助諸軍之婚嫁者。女年十四以上及寡婦之無依者，皆爲擇姻議嫁。增給諸軍蘆米，著爲例。措置軍器庫，修軍器，添造戰船。歲樁安慶府修城錢三十萬貫。立賞

天時	地域	官守	政事
			格，招募水藝精強之人。以建康一十一隘分爲上、中、下三節，旬一會教，委官循視支犒。罷諸酒坊吉凶青冊額錢一十三萬五千貫。除秋苗斛面，令人戶自槩。倚閣二年夏稅折帛錢絹絲綿。
五年（丁巳） 十月，虹見。		正月一日，光祖除寶章閣學士，依舊任。六月二十一日，特轉通奉大夫。十二月十四日，除刑部尚書，依舊任。	重建府治堂宇，中爲堂七間，揭宸翰「忠實不欺之堂」六大字。蠲減溧陽、溧水兩縣酒息額錢，並免積欠。重建飲虹、鎮淮二橋。甃御街，自天津橋達於南門。給借百姓錢本營運，兩月後還其本，不取息。蠲除上元、江寧二縣欺隱稅額。發廩捐金，賑濟小民。禁止城內私開櫃頭，監留罪人者勒令日下改業。

天時	地域	官守	政事
			措置居養院，以處無告之民。創安樂廬，以拯道途疾患之無所歸者。免王家沙諸務稅。重建新亭。自書坊巷扁〔七六〕，揭三十三所。冬大雪，捐己錢三十萬賑軍民。倚閣二稅。
六年（戊午）		二月四日，光祖除端明殿學士、京湖制置大使、知江陵府。趙與籌以觀文殿學士、光祿大夫、沿江制置大使、兼江東安撫使知府事。	與籌奏以建康以下江面分爲三節：自老鸛觜至芳輪隘爲上流，隸鎮江；自趙家沙至灣河隘爲中流，隸澉浦；自石莊至黃魚垜爲下流〔七七〕，隸許浦。每隘邏卒百人，船十隻。又選三將，各統千兵，往來循視，聯絡聲勢。從之。鎮淮橋燬於火，重建之。移平江府新招軍三千人駐建康府。

天時	地域	官守	政事
開慶元年（己未） 二月，雨土。大元憲宗皇帝崩〔七八〕。		三月，馬光祖除資政殿學士、沿江制置大使、江東安撫使，再知府事。十月，趙葵爲樞密使、江東西宣撫策應大使，屯兵信州。	自光祖之易鎮也，江東皆思之。再至，民大悅。仍用前例，以例冊錢貼支二十萬貫普犒。初鑄沿江制置大使印，置禮尚庫於府治右，凡鄰閫諸司之餽皆入焉，掌以屬吏，取禮尚往來之義。創遊擊新軍寨屋三千餘間於西門内，合前後招萬二千四百餘人，置都統制，募土豪壯士材力出衆之人爲義士軍良家子。置安樂房，醫療新軍之疾患者。九月乙巳，大元兵自黄州界渡滸黄洲，建康聞報，即調陳萬、郭俊舟師三千人赴援。光祖拜疏，自請巡視江面，至池州，被旨進司江州。又調劉權、朱遇龍舟師三

天時	地域	官守	政事
			千七百人赴鄂。十一月辛丑，有旨以中流江面軍虛，令回池州。丁酉得旨，依舊沿江大使、兼江西安撫大使、知江州。己亥，進發至江州界，有旨依舊任，遂回司。閏月乙亥，至建康。十二月，大兵入興壽，江面震動，光祖復進司池州。創造火攻器具，增造軍器、軍衣及戰艦七百餘艘，繼日津發，應副上流。
景定元年（庚申）〔七九〕三月，大元世祖皇帝即位。五月，改元中統，	浚城壕，創柵寨門，甕城〔八一〕。	四月，以江面肅清，陞光祖資政殿大學士，依舊任。五月，光祖兼總領淮西、江東軍馬錢糧。	正月，興工浚城壕四千七百六〔八二〕，十五丈有奇，築羊馬牆如壕之數〔八三〕，創柵寨門、甕城〔八四〕，增築滁河隘〔八五〕。光祖就池州行司大治戰具〔八六〕。調張勝等舟師三千五百人與夏貴會於上流，又調

天時	大赦。三月，白氣亙天〔八〇〕。
地域	
官守	
政事	四千五百人應援江西。未幾，賈似道乘藾草坪之勝，繞出江上，值大兵北歸，陳萬、蘇才、張勝等並超除都統制，餘皆不次陞差。三月，光祖還建康，有詔獎諭，進大資政，賜金器、幣帛。築宜城爲新安慶府。奏以巢縣創鎮巢軍，辟置軍使。建都作院於清溪之南。清溪建先賢祠，自吳太伯而下列位四十有一，各有讚。浚清溪，增堂館亭榭三十餘所。築堤飛橋。重建賞心亭及白鷺亭〔八七〕，其前臨水作亭，扁曰「折柳」，爲賓餞之所，後爲館，扁曰「橫江」，以待四方之賓客。罷回易庫爲通

天時	地域	官守	政事
			江館。創東南佳麗樓。重建公使酒庫。增創安樂南廬於安樂坊。樞密院指揮將鎮江府、江陰軍、平江府、嘉興府一帶江面，並諸戎司防江水步軍並令沿江制司節制調遣。遂創置擺鋪，措置下流江防至於海。蠲前政所出營運官錢逋負一百餘萬。減諸坊酒額。葺義阡四所。蠲無爲軍等處魚利錢。重建東冶亭、知稼亭、望岑亭於半山寺側。是歲，賈似道入相，行打算法，令建康制置使馬光祖打算江西閫趙葵錢糧。諸帥皆受監錢之苦，累及妻子，由是大失將士之心。御札奬諭築宜城，特轉兩官，固辭，不

天時	地域	官守	政事
二年（辛酉）七月辛未，月犯斗。大元平章王以道奏行鈔法〔八八〕。		正月，光祖特轉光祿大夫。五月，陞觀文殿學士，依舊任。十月五日，奉御筆召赴行在。是月，姚希得除華文閣直學士、通議大夫、沿江制置使、江東安撫使，主管行宮留守司公事，知府事〔八九〕。	允。上元縣惟政鄉獻瑞麥，建瑞麥亭於東冶亭之旁。朝旨括吳淵、吳潛圩田之在府境者，以租入隸總領所。上元縣始建學。安撫司幹官周應合修纂《建康志》五十卷，目録一卷，首尾一千六百一十八版，三月開局，七月成書，八月進於朝，有詔獎諭。十一月十三日，姚希得開閫，以到任例冊錢銀支犒軍民，賑濟貧民，倚閣句容、溧水、溧陽三縣苗税。造多槳戰船，並修舊戰船。至節濟丙丁戶貧民，雪寒濟貧民。

天時	地域	官守	政事
三年（壬戌）		八月，姚希得除寶章閣學士，職任仍舊。十一月，時暫兼權淮西總領。	兩浙行限田法，收買官田。三月，修諸城門。六月，修行宮。增創轉般倉。蠲減營運官錢逋負。倚閣句容、上元、溧水三縣苗稅。造解內軍器庫鐵甲，創買戰馬。蠲和州水退米一萬五千餘石。創建蜀三神祠於清溪之側。蠲放九郡諸縣牛皮觔角。冬寒，撥米平價賑糶。至節濟貧民，歲節濟貧民。溧水縣經界民田。
四年（癸亥）		三月初四日，希得以淮西總領職事交割與吳革。當月，除刑部尚書，依舊任。當月二十八日，兼淮西總領。十一月十	修社壇修府學修明道書院，立純公後。江寧縣始建學。造水哨馬船。修東、南兩嶽廟。修姚顯王、王將軍、謝將軍廟。修江寧館。建洞神宮於三神祠之左。創造萬人軍器（九一），屯戍沿江新

天時	地域	官守	政事
		九日〔九〇〕，以明堂禮成，進鄞縣開國伯，加食邑三百戶。	軍六千二百八十人〔九二〕，寨大小二十九所〔九三〕，給錢修浚諸營井凡五百九十餘所〔九四〕。倚閣上元〔九五〕、江寧、溧水三縣苗稅。至節濟貧民。蠲減營運息錢。上元、江寧兩縣經界民田。瀘州太守劉整叛降北，獻策圍襄陽。
五年（甲子）十月，理宗崩，福王之子禥即位，廟號度宗。二月，雨土。七月甲戌，彗出		正月，姚希得申乞免兼淮西總領。二月二日，奉旨依。二十日，交割與江東運副陸景思。三月六日，希得奉御筆，召赴行在。二十四日，奉御筆除兵部尚書、兼	春雪，創給貧民錢。重建吳、晉二帝廟。修卞將軍廟。修養濟院。濟丙丁戶貧民。修造戰船。光祖再任，民情大悅。分招寧江軍，創先鋒馬寨。創船寨屋。修創衣甲軍器。造和州、無爲軍屯田倉。省罷添差總管、路鈐正副將共二十員。謝枋得校文宣城及建康漕闈，發

天時	地域	官守	政事
柳，芒角燭天，長十數丈，自四更從東方見，日高方斂，如是者月餘。大元都燕京，改至元元年。		侍讀。是月六日，三省同奉御筆，馬光祖依舊職除沿江制置大使、江東安撫大使、兼行宮留守，再知府事。十二月十一日，奉御筆，特轉金紫光祿大夫，加食邑四百戶，食實封一百戶。	策十問，言「權奸誤國，趙氏必亡」，忤賈似道，貶興國軍。造金銀見錢關子，以一準十八界會子之三，用印宛然一「賈」字，物價頓踴。
咸淳元年（乙丑）		八月，馬光祖辭兼總領。二十二日，奉旨陳謙亨戶部郎官、淮西總領，九月二十五日交割。	創建四郭門接官亭，各有官吏舍及祠宇名，東曰迎暉，西曰致爽，南曰來薰，北曰拱極。創靜菴於清溪上，爲屋三十間，後累石爲崇山，亭其巔，曰最高。山後建堂三所，其前曰閒暇，其中曰觀

天時	地域	官守	政事
			心，其後曰近民。放減王沙局稅七萬緡。代納五縣人戶夏稅。創及幼局，收養遺棄孩孺。重建長干橋。秋八月，北兵哨安慶、無爲，光祖以十五日戒嚴，九月十六日班師，御輸獎諭。創平糴倉。又創助糴庫，取其息助糴。再創船寨於龍灣。增明道書院養士錢月五百千。修行宮養種園，爲堂四，爲亭二，爲臺一。是歲，光祖三丐祠，不允。
二年（丙寅）		十一月，準省劄，以鎭巢陞軍，改作節制和州、安慶府、無爲軍、鎭巢軍四郡屯田使繫銜。	正月，光祖又丐祠，不允。招塡闕額軍兵。改築砲藥庫於淸溪。初，黃榜指揮輸納折帛錢，關中半，民頗以見錢爲艱。元年以後，民欲全納關會，本府代

天時	地域	官守	政事
			解見錢，二年亦如之。共官省見錢二十萬六千貫。修四義阡，分命上元、江寧簿尉董之，西益地三十餘畝，東又爲庵三間，各築牆以防蹂躪。修府學。修廣濟倉，更名廣儲。創制司倉於廣儲倉之左。夏五月，大雨水，遣官濟飢民。秋八月丙戌，北兵犯蘄、黄，迫舒境，巡視江防。十月，光祖四乞休致，奉旨不允，不得更有陳請。
三年（丁卯）		六月六日，三省同奉御筆，馬光祖除參知政事，尋具辭免。再奉御筆，依前觀文殿學士，依舊任。	重建貢院於清溪之南。修南軒祠，撥田四十畝有奇，合前帥杜杲所撥百畝，並爲修葺費。創小學，歲撥米一百石爲廩助。創晢清館於龍灣。差官往江西造

天時		四年（戊辰）閏正月，大風，雷雨。十月朔，日蝕。
地域		
官守		二月二日，三省同奉御筆，馬光祖分閫累年，備宣勞効，特轉一官，令再任。光祖三具奏，辭免。二月，伏準尚書省劄子，備奉旨依，已降詔不允，不得再有陳請。
政事	船。六月，光祖除參政，辭，不允。七月，有旨減河稅務歲額、商稅錢共八十二萬九千六百七貫，錢、會中半，著爲例。創儀賓館，因前志舊名。	正月，創助糴西庫。前有東庫，故以西別之。二月，光祖辭免，轉官再任，詔不允。創南軒書院於古長干。三月，軍民病疫。放免夏稅市利錢。九月，代輸下戶秋苗。十月，依文思院斛舊式鑄銅斛，受納秋苗。北兵圍襄陽，汪立信以書抵賈似道，陳三策，不聽，歸金陵。

天時	地域	官守	政事
五年（己巳） 大元頒行蒙古字。常州鷄羽生距。		三月二十四日，三省同奉御筆，馬光祖除知樞密院事、兼參知政事，吳革除寶文閣直學士、沿江制置使、江東安撫使、主管行宮留守司公事、知府事。	正月，禮高年。創三至堂。創野航於玉麟堂後。重建藥局。重建嶽廟。三月，北兵犯東淮，民流境上，分遣官屬賑之。
六年（庚午） 大元立尚書六部。江南大旱。			

天時	地域	官守	政事
七年（辛未） 大元建國號，興蒙古學。江南大饑。		黃萬石沿江制置使、知府事。	上試進士，賜張鎮孫以下及第、出身有差。宋朝廷試，始於開寶癸酉，終於咸淳辛未。廷試之日，天必開霽。是歲大雨如注，天不言，以象示之而已。
八年（壬申）			五月，張順、張貴自漢江上流赴援襄樊，力戰，至襄陽城下，順死之。貴復出求援，轉戰至櫃門關，敗死。北兵據峴山〔九六〕，築城臨襄陽，擒唐都統於萬山舟中。
九年（癸酉） 大元詔諭呂文煥。江南平地産白毛，臨安尤多。		四月，黃萬石赴召，除侍郎，趙溍爲沿江制置使、知府事。	大元兵斷漢水浮橋，樊城絶援而陷，牛皋、范大順、張漢英率所部兵巷戰，死之。行省遣唐都統以禍福諭呂文煥，遂以城降。淮西閫夏貴以襄陽宋之首，正

天時	地域	官守	政事
			陽宋之尾，唇亡齒寒，早乞備禦。李庭芝迎合賈似道意，以正陽特一小堡，何勞夏貴親臨，具申朝廷照會。貴怒曰：「都是桶子巾壞了天下。」由是解體。
十年（甲戌） 正月己卯朔，永新有氣如虹蜺，自東門江中起，橫貫一邑，須臾變作錦紋狀，遮蓋四門。臨安大水。天目山崩。			大元同知樞密院事巴延拜中書左丞相，總襄陽兵來伐，面奉旨諭：「以曹彬不嗜殺人，故一舉而定江南。汝其今體朕心，古法彬事，毋使吾赤子橫罹鋒刃。」丞相受命，馳至襄陽，諸軍纂嚴，禡師啓行。九月，大兵自襄樊沿漢江而下，用宋降人爲向導，呂文煥等舟師出襄陽，劉整等騎兵出淮、泗，行樞密院兵出正陽。萬戶武顯等前鋒襲郢州，殺都

天時	三月，度宗崩。太子顯即位，年四歲。大元遣丞相巴延會兵伐宋。
地域	
官守	
政事	統趙文義，破沙洋新城，守將邊居誼率所部力戰，死之。復州安撫翟貴以城降。至漢口，阻守兵，取沙蕪口出江。夏貴率漢、鄂舟師夜襲北營〔九七〕，不尅。戰於陽羅堡，宋師敗績，守將王都統戰死，鄂州都統程鵬飛血戰，以無援敗，權守張晏然降。賈似道議出師，分兵九路會合，遣侍郎趙溍屯兵金陵。十二月，溍與諸議官總軍巡江。二十四日，遇夏貴單舟走淮西，曰：「二公何不回建康？老夫今回廬州去也。北兵勢不可當，建康乃降將家鄉，當防之。」軍人聞夏言，已有逃歸建康爲亂者。溍回府，悉置典刑。

天時	地域	官守	政事
德祐元年 （乙亥） 六月庚申朔，日蝕，既。時天地晦瞑，咫尺不辨人，鷄鶩歸，儼如暮夜，自巳至午，其明始復，自淮以西北，天色明朗。其日，夏貴攻復無爲、和州城堡。	二月，左丞相巴延、平章政事阿珠開省建康。夏五月，丞相巴延入覲，陞中書右丞相，平章阿珠陞左丞相，擢昭毅大將軍、上萬戶、權行中書省事，阿勒哈中奉大夫、行中書省參知政事。十月，左丞相阿珠統兵圍揚州，右丞相巴延同行樞密院，進兵常州，海道參政	二月，建康民歸附，設建康宣撫司，萬戶廉希愿、索多兼宣撫使，王榮充同知建康府事、東路宣撫副使。五月，徐王榮隨丞相入覲，授驃騎衛上將軍、蕪湖兩處招討使〔九八〕。宋右丞相陳宜中都督江淮軍馬，建府臨安，以端明殿大學士汪立信爲沿江制置使、江東安撫招討等使。時建康已歸附，	大元兵自去冬順流而下，沿江諸將多呂氏部曲姻婭，相繼降附。黄州陳奕、蘄州管景謨、南康軍葉閶、江州錢真孫、安慶范文虎皆以城降，安慶通判夏椅服藥死〔九九〕，江上大擾。正月二日，制置趙溍離府，於龍灣置司。二十二日，賈似道督諸軍過建康。二月二日，詔令孫虎臣充寧遠軍節度使，趙溍以沿江制置充督府參謀軍事。二十日，似道師至蕪湖，屯丁家洲，遣承宣使宋京、阮思聰、督府計議官東元哲相繼詣大軍乞和，不從。二十二日，鳴鑼退師，衆大潰於珠金砂。似道奔揚州，饒州守臣唐

天時	
地域	阿嘍自溧陽、廣德進兵臨安。明年二月，宋亡。江淮行省治揚州。
官守	立信死於高郵。
政事	震死於州治。池州守將張林先已約降，軍至出迎，權守趙昴發具冠裳〔一〇〇〕，大書十六字詩曰：「君不可負，臣不可降。夫妻俱死，節義成雙。」與其妻雍氏俱縊死。揚州都統姜才大戰揚子橋，敗績。二十四日，行省入太平州，守臣孟之縉迎降，就除宣撫使。沿江制置使趙溍棄建康府城，取行宮公帑、金帛，與諮議官李應龍、制置司機宜丘應甲遁歸京口，淮西總領費伯恭〔一〇一〕、通判袁某等相繼皆遁。馬步軍都統徐王榮、翁都統掌印，權制置司事，遣人於太平納款。大兵自二月十二日已於南城

天時	地域	官守	政事
			外雨華臺下寨。二十七日，丞相巴延、平章阿珠、右丞張惠、參政呂文煥、麥八丁、郎中孟祺等官入城，於建康府署玉麟堂開省，大饗將士。遣哨騎四出招降州縣，命土萬戶廉希愿、招討使索多兼建康宣撫使〔一〇二〕，徐王榮同知建康府事，充宣撫副使。發下安民榜文，招諭句容、溧水、溧陽縣民以次降附。知句容縣葛秉誠敗〔一〇三〕，自縶於獄，被殺。邑人巫及元率衆迎降〔一〇四〕，授本處總管。知和州聶某前充計議官，不署降書，爲阿珠平章敲殺。江東轉運判官趙淮，即趙范之子，起兵溧陽，與

天時	
地域	
官守	
政事	徐王榮戰宜興界，敗績。張世傑、孫虎臣、趙溍督舟師，與行省、行院大戰〔一〇五〕，敗於金山，世傑等鬬免，鎮江守臣洪起畏、寧國府守臣趙與可皆遁，行樞密院安塔哈〔一〇六〕、參政董文炳駐劄鎮江。徽州降，常州守臣趙與鑒〔一〇七〕、知江陰州趙端道皆遁。臨安戒嚴。右丞相章鑑而下數十人皆遁，平江守臣潛越友遁，通判胡玉以城降，安吉知州趙與立亦降。張濡守獨松關，殺奉使尚書廉希賢、侍郎嚴忠範、計議官宋德秀等。議事官張羽奉使，亦爲平江守臣陳謙亨所殺，平江、常州復爲宋

天時	
地域	
官守	
政事	守。是夏，行省駐兵建康，江東大疫，居民乏食，丞相開倉賑饑，發醫起病，人心大悅。有詔時方暑熾，不利行師，俟秋再舉。丞相上奏曰：「百年逋寇，已扼其吭，風馳電掣，取之恐後。少示遲回，奔播江海，遺患留悔矣。」上語使者曰：「詔爾丞相，朕不從中制也。」七月，上萬戶阿勒哈權行省事，署置司縣官。丞相偕參政呂文煥、員外郎石天麟人覲於上都，進中書右丞相阿珠，左丞相、權省阿勒哈陞參知政事〔一〇八〕。十月，右丞相馳至鎮江，置行樞密院，安塔哈、董文炳俱以行中書省官署院

天時

地域

官守

政事

事。分軍三道並進，參政阿勒哈帥四萬戶鄂囉齊等蒙古〔一〇九〕、漢軍步騎十餘萬爲右軍，出建康道；參政董文炳帥萬戶張弘範、都督范文虎等爲左軍，出海道；丞相暨左丞安塔哈、右丞張惠、參政呂文煥等爲中軍，出常州道，皆會臨安。參政右軍與宋師戰，屢敗之，破東垻寨，拔溧陽、建平二縣。廣德軍守臣令狐槩先以印授北師，望塵下拜。又拔西安、長興關、獨松關，獲知府張濡、裨將祝亮等數十人。濡後爲廉奉使，宗族磔於杭州。董參政左軍降江陰，權守李世修、沿海統制官張瑄以海

天時	
地域	
官守	
政事	舶數百艘迎降。丞相大軍用王良臣爲鄉導，驅南軍爲前鋒，圍常州，招之，不從。文天祥遣江西將尹玉等來救，戰於五牧，敗績，麻士龍死之，張全部舟師觀望不進而降。尹玉與良臣戰，殺數千人，復收殘兵五百，與北兵相持。又一夕，手殺七八十人，遂死，麾下無一降者。十一月，常州糧盡，城陷，劉師勇突圍，出奔平江，知州姚訔、通判陳炤死於州治。將軍王安節力戰被執，不屈，死之。行省又遣降兵擒殿師張彥，斬於鎮江，下平江、安吉。十二月，大軍至高亭山〔一一〇〕，丞相陳宜中遣使納

天時	地域	官守	政事
			降。謝太后詔南北講和，命文天祥罷兵。柳謂奉降表至高郵軍嵇家莊，爲嵇聳所殺。是歲，荆、湖、鼎、澧、常德、壽昌及江西龍興、瑞州、撫州、建昌相繼皆降。撫州都統密侑迎敵就擒，嚼舌，罵聲不絕而死。賈似道貶漳州，爲監押鄭虎臣所殺。湖南安撫李芾與大兵戰於醴陵，得捷，守城，攻之不克。行省在建康府治，即今臺治，宣撫司於舊内直殿及制司僉廳君子堂内置司，江寧、上元、句容、溧水皆設達嚕噶齊、縣尹、主簿、縣尉等官，受行中書省劄付勾當。明年，江南平，換授。

【校勘記】

〔一〕遜：原作「遠」，據《宋史》卷三八二《李彌遜傳》改。下同。

〔二〕諸州：原脫，據《梁谿集》卷一七七補。又「常」下闕一「平」字，亦據《梁谿集》補。

〔三〕方：《建炎以來繫年要錄》卷二五作「未」。

〔四〕王綯：原作「李綱」，據《建炎以來繫年要錄》卷二七改。

〔五〕侵：至正本作「寇」。

〔六〕充：原作「上」，據原本上下文意改。

〔七〕金人蟠：至正本作「胡虜盜」。

〔八〕李薩布：至正本作「李撒八」。下同。

〔九〕瑠格：至正本作「留哥」。下同。

〔一〇〕五：原作「三」，據《續宋編年資治通鑑》卷二及至正本改。

〔一一〕敵：至正本作「賊」。

〔一二〕與：至正本作「擄」。

〔一三〕治：原作「治」，據《建炎以來繫年要錄》卷三一改。
〔一四〕四：原作「西」，據《景定建康志》卷一四及至正本改。
〔一五〕倍：原作「倚」，據《景定建康志》卷一四、《歷代名臣奏議》卷二四六改。
〔一六〕卞：原作「辨」，據《建炎以來繫年要錄》卷五，《宋史》卷二七《高宗紀》、卷四四五《葉夢得傳》改。下同。
〔一七〕侵：至正本作「寇」。
〔一八〕諜：至正本作「賊」。
〔一九〕「造」字上，至正本有「措置」二字。
〔二〇〕張浚：至正本作「張俊」。下同。
〔二一〕阿固達：至正本作「阿骨歹」。
〔二二〕蒙古：至正本作「蒙兀」。
〔二三〕陽：原作「揚」，據《金佗粹編》卷七、《宋宰輔編年錄》卷一五、《景定建康志》卷一四及至正本改。
〔二四〕猊軍：至正本作「賊衆」。

〔二五〕穀：原作「粟」，據《建炎以來繫年要錄》卷二〇、《宋史全文》卷二〇、《景定建康志》卷一四及至正本改。

〔二六〕息：《中興小紀》卷二四作「懼」。

〔二七〕紓：原作「行」，據至正本改。又「稍」字，至正本作「少」。

〔二八〕軍資庫：原作「軍資府」，據至正本改。

〔二九〕蒙古：至正本作「蒙國」。

〔三〇〕秦熺：南京本作「秦檜」，誤。按：熺爲檜子，其舅王會。紹興十三年，秦檜病退江陵，時王會知平江府。秦氏爲謀後路，故請求將王會調至江寧，事見《宋史全文》卷二二上。

〔三一〕「二月辛酉朔」至「晝陨」，原脱，據至正本補。

〔三二〕大雪雨雹：原脱，據至正本補。

〔三三〕冰：原作「水」，據《建炎以來繫年要錄》卷一八二改。

〔三四〕自「七月」至「無雲而雷」，原脱，據至正本補。

〔三五〕發：至正本作「於」。

〔三六〕自「正月」至「建康府」，原脱，據至正本補。

〔三七〕一：至正本作「二」。

〔三八〕得以：至正本作「鴟張」。

〔三九〕怵：原作「休」，據《建炎以來繫年要錄》卷一九四、《名臣碑傳琬琰集》下卷二四、《宋史全文》卷二三上改。

〔四〇〕外患：至正本作「虜酋」。

〔四一〕臣：至正本作「官」。

〔四二〕自「忽穿漏」至「星墜」，原脫，據《建炎以來繫年要錄》卷一九四、《宋史全文》卷二三上補。

〔四三〕大敵：至正本作「虜寇」。

〔四四〕襄陽：至正本作「襄漢」。

〔四五〕北使：至正本作「虜使」。下同。

〔四六〕北主：至正本作「虜主」。下同。

〔四七〕敵：至正本作「賊」。

〔四八〕北師：至正本作「虜師」。

〔四九〕流：原作「源」，據《宋史》卷九七《河渠志》、《歷代名臣奏議》卷二二五改。
〔五〇〕年：原脱，據《景定建康志》卷一四及至正本補。
〔五一〕破：《景定建康志》卷一四作「紿」。
〔五二〕日：原作「月」，據《景定建康志》卷一四改。
〔五三〕又：原脱，據《文忠集》卷六一、《景定建康志》卷一四補。
〔五四〕自「詔以」至「百人」，原脱，據至正本補。
〔五五〕理：原脱，據至正本補。《宋史》卷四三六《陳亮傳》作「經」。
〔五六〕廟號光宗：原脱，據南京本補。
〔五七〕皇：原作「王」，據至正本及《宋史》卷三五《孝宗紀》改。
〔五八〕大辨：「大」字原脱，據至正本改。
〔五九〕十一月赦：原脱，據至正本補。
〔六〇〕祀：原作「禮」，據《兩朝綱目備要》卷八、《宋史》卷三八《寧宗紀》及至正本改。
〔六一〕正：原作「止」，據至正本改。
〔六二〕正：原作「止」，據至正本改。

〔六三〕八：原作「六」，據《宋史》卷四〇《寧宗紀》、卷四一《理宗紀》及至正本改。據《宋史》卷四〇《寧宗紀》所載，寧宗實崩於閏八月。

〔六四〕十一月：至正本作「十二月」。

〔六五〕五：至正本作「二」。

〔六六〕軍：原闕，據《宋史》卷八八《地理志》補。下同。

〔六七〕寓：原作「遇」，據《景定建康志》卷一四及至正本改。

〔六八〕七：《景定建康志》卷二四及至正本皆作「九」。

〔六九〕失：《景定建康志》卷一四作「農」。

〔七〇〕充：《景定建康志》卷一四作「立」。

〔七一〕九：原闕，據《景定建康志》卷一四補。

〔七二〕府印結局：原闕，據《景定建康志》卷一四補。

〔七三〕差官經：原闕，據《景定建康志》卷一四補。

〔七四〕二：原闕，據《景定建康志》卷一四補。

〔七五〕止：原脱，據《景定建康志》卷一四及至正本補。

〔七六〕自：原脫，據《景定建康志》卷一四補。
〔七七〕石：原闕，據《景定建康志》卷一四補。
〔七八〕崩：原作「即位」，誤。據《元史》卷三《憲宗紀》改。
〔七九〕景定元年：原作「二年」，意爲「開慶二年」，誤。據《景定建康志》卷一四及至正本改。
其後續年表中，紀年干支沿襲此誤，徑改。
〔八〇〕自「三月」至「亙天」：原脫，據至正本補。
〔八一〕自「浚城濠」下至「甕城」，原脫，據至正本補。
〔八二〕城壕四千七百六：原闕，據南京本補。
〔八三〕馬牆如壕之：原闕，據南京本補。
〔八四〕城：原闕，據南京本補。
〔八五〕增築滁河隘：原闕，據南京本補。
〔八六〕司大治：原闕，據南京本補。
〔八七〕心：原闕，據《景定建康志》卷二二補。
〔八八〕自「二年」至「鈔法」，原脫，據至正本補。

〔八九〕自「正月」至「知府事」：原脱，據至正本補。

〔九〇〕十九：原闕，據《景定建康志》卷一四補。

〔九一〕器：原脱，據至正本補。

〔九二〕屯戍沿江：《景定建康志》卷一四作「招寧江」，至正本作「招□江」，中闕一字。

〔九三〕寨大小：原闕，據《景定建康志》卷一四補。

〔九四〕修浚諸營井凡五百九十餘所：原闕，據《景定建康志》卷一四補。

〔九五〕倚閣上元：原闕，據《景定建康志》卷一四補。

〔九六〕北：原作「其」，據至正本改。

〔九七〕舟：原作「州」，據至正本改。

〔九八〕蕪湖：原脱，據南京本補。至正本闕「蕪」字。

〔九九〕夏椅：《宋史》卷三二六《張忠傳》、《歷代通鑑輯覽》卷九四作「夏倚」，《宋史紀事本末》卷二七作「夏琦」。

〔一〇〇〕昴：原作「昂」，據至正本改。

〔一〇一〕總領：至正本作「總兵」。

〔一〇二〕索多：至正本作「索都」。

〔一〇三〕葛秉誠：原本卷一〇作「葛秉」，至正本「秉」後闕一字，南京本作「葛秉大」。

〔一〇四〕巫及元：原闕，據南京本補。

〔一〇五〕行院：原闕，據至正本補。

〔一〇六〕安塔哈：至正本作「阿答海」。下同。

〔一〇七〕趙與鑒：「與」字原闕，據南京本補。

〔一〇八〕阿勒哈：至正本作「阿剌罕」。下同。

〔一〇九〕鄂啰齊：至正本作「奥魯赤」。下同。

〔一一〇〕高：《大清一統志》卷二一六作「皋」。

至正金陵新志卷三下

金陵表七

元

天時	地域	官守	政事
大元 至元十三年 （丙子） 二月一日辰時，日中黑光磨盪，食頃復明。			正月十一日，徐王榮同新野奕千戶陳翼以兵七百人招安溧陽縣，擒趙四知府，即趙淮，送瓜洲行省，不屈，死之。淮二妾給監守者，焚其屍，裹骨，並投水死。是月，丞相巴延進兵高亭山，請執政軍前議事。文天祥請行，陳宜中夜

天時	
地域	
官守	
政事	遁。天祥同賈餘慶、吳堅等至鎮江，渡瓜洲，得間逃去。二月乙卯，北使請三宮北遷，過真州，苗再成奪駕，不尅。抵揚州，已過去，而姜才領兵要戰，不知乃諸將之過北者。五月丙申，見世祖皇帝於上都行宮，謝太后降封壽春郡夫人，全太后爲尼於正智寺，少帝降封瀛國公，宋亡。丞相巴延入覲，留參政董文炳鎮臨安，經略閩越。江左繁阜滋久，金玉錦綺、珍異奇古之玩在所充溢，丞相一不掛目。宋降將錢真孫以趙氏二宗女獻，立叱去之。先時，民謠云：「江南若破，百鴈來過。」莫有喻

天時	地域	官守	政事
			其意者。及丞相下江南，始知其讖。阿爾哈雅右丞等軍破宋潭州〔一〕，守臣李芾死之。江西諸州郡聞兵至，皆降。丞相遣兵徇浙東，知嚴州方回、知處州梁信及衢、婺等州並降。夏貴給元帥昂吉爾〔二〕，遣使間道馳入燕京，獻淮西諸郡。李庭芝除右相，棄揚州，引兵至海州，阿珠丞相追及〔三〕，斬之。朱焕以揚州城獻，宋都統姜才死之。真州守臣苗再成敗死。泰州守將孫良臣降，通州繼陷。宋廣王、益王入海，廣王立於福州，改元景炎，文天祥拜右丞相，開督南劍。秋，詔書節該兵革之際〔四〕，無

天時	地域	官守	政事
十四年（丁丑）	立行御史臺於揚州，命姜衛爲御史大夫〔六〕，統治江浙、江西、湖廣、河南四	行省參知政事阿勒哈、亳州萬戶張弘範兼江東宣慰使、蘇湖招討使。徐王榮就帶已降虎符，	辜之人殞墜鋒鏑，宜建道場，崇修佛事。大赦天下，犯死罪者減死流遠。江寧縣達嚕噶齊吳德以南城外越城之側故縣尉衙改立縣治。十一月，參政阿勒哈及招討王世強等舟師至福州，王績翁爲內應，王剛中以城降。董右丞軍至福安縣，趙與擇拒戰，敗績，死之。興化知軍陳文龍不降，被執。泉州蒲壽庚、漳州王佺〔五〕、惠州文璧皆降。景炎帝趨廣州。大兵敗文天祥兵於贛，獲天祥妻子。元帥索多援福州〔七〕，破興化軍，車裂守臣陳瓚以徇，屠其城。潮州守臣馬發堅守不下，乃與西省呂師夔軍合，攻破廣

天時	
地域	省十三道提刑按察司。改溧陽縣爲溧州。設江東建康道提刑按察司、江東道宣慰司，皆治建康。罷宣撫司，改立建康路總管府，管錄事司，江寧、上元、句容、溧水四縣。
官守	受建康路總管兼府尹。
政事	州，張鎮孫敗死。亳州萬戶張弘範拜江東宣慰使，開府建康。時民新脫鋒鏑，公撫安之，朞月，境内稱治。行宣慰使阿勒哈入覲，陞資善大夫、行中書省左丞、行江東宣慰司事。罷建康宣撫司，立建康路總管府，廉宣撫陞本道宣慰使，兼本路總管府達魯噶齊，徐王榮充本路總管兼府尹。是年四月，設路治，又設宣課提舉司，平準行用交鈔庫。宣慰司（在今臺治）、按察司（在宋馬帥衙，即今西織染局）、路治（在宋都錢庫，即今大夫衙内）。

天時	地域	官守	政事
十五年（戊寅）	改溧州爲溧陽府。	江南宣慰司官安塔哈〔八〕、右丞王參政、密里呼遜〔九〕、夏左丞、張參政、范左丞、陳左丞、宣慰使張弘範拜蒙古漢軍都元帥、宣慰使、達嚕噶齊。廉希愿陞行中書省左丞。	正月，張弘範入覲，請討二王，拜蒙古、漢軍都元帥，賜錦衣玉帶、寶劍名甲。面諭曰：「劍，汝副也，不用命者以此處之。」弘範薦李恒爲己貳，從之。至揚州，發水、陸師二萬，分道南征。三月，陳宜中奉景炎帝由海道回廣州。索多元帥破潮州，守臣馬發死之，屠其城。四月，景炎帝薨，衛王即位於硇州〔一〇〕，改元祥興，時有黃龍升天。十一月，大兵至潮州〔一一〕，執宋相文天祥。宣慰司官削去元帶相銜。革罷茶運司，隸宣慰司管領。罷行大司農司，以營田司隸宣慰司，漕運司隸行省。十二月，行中書省左丞阿勒哈入覲。

天時	地域	官守	政事
十六年（己卯）	改溧陽府爲溧陽路，管溧陽縣並在城錄事司。		正月，元帥張弘範會江西行省左丞李恒兵攻厓山。二月，宋相陳宜中往占城乞師。是月，宋師大敗，丞相陸秀夫抱衛王赴海死。張世傑奉楊太后以小舟奔，遇風溺死。二廣州郡皆歸附。宋初，有讖云：「一汴二杭，三閩四廣。」至是，果終於廣。宣慰使阿勒哈陞資德大夫、行中書省右丞，仍宣慰江東。宣慰使廉希愿會江西行省兵捕都昌寇，平之。
十七年（庚辰）			六月，授時曆成，明年頒行天下。設東、西織染二局，局使二員，局副一員，隸資政院管領。

天時	地域	官守	政事
十八年（辛巳）		三月二日，中順大夫李某任本路總管，代徐王榮。	右丞阿勒哈入覲，拜光禄大夫、中書左丞相、行中書省事，統兵征日本，行次明州而薨。山東梁提舉獻言，設立淘金總管府於花林市，下置司，管鎋提領所八處，僉撥溧水、句容民戶五千充淘金戶，計有田者免糧，貧者鬻賣家産，每戶周歲認辦二錢二分。官吏掊取苛急，甚爲民害。
十九年（壬午）			十二月，宋丞相文天祥死於京師。先是，天祥爲元帥張弘範所執，遣石鎮撫等管押北行。道經建康，乃弘範治所，與禮部侍郎鄧光薦宿留驛中數日。集有天慶觀所作詩，時已有必死社稷之志

天時	地域	官守	政事
			云。詔民戶今年差發三分免一。各處立養濟院，收養鰥寡孤獨老弱殘疾不能自存之人，商稅三十分取一。
二十年（癸未）			
二十一年（甲申）	九月，行御史臺移治杭州。		正月六日，上尊號，大赦。置溧陽州織染局，織造進呈緞匹一千八百二十段。
二十二年（乙酉）	三月，行御史臺移治江州。夏，再移杭州。江淮等處行樞密院開府建康。	丞相安塔哈同知樞密院事，呂師聖江東宣慰使。	丞相安塔哈同知樞密院事，提調江淮等處軍馬，於前宋建康府治內開院。宣慰司移治大軍庫內。詔江淮以南，百姓典賣親子以給衣食，深可哀憫，仰所在官司驗元典賣價值，官爲出錢收贖完聚。村社農民造醋〔一二〕，並免收課。江南

天時	地域	官守	政事
			田主所收佃客租課十分免一。十二月，令江淮以南，長流魚貨，聽從民便。採捕食用，有司不得拘禁。呂文煥平章致仕〔一三〕，以其子師聖爲江東宣慰使。
二十三年（丙戌）	八月，行御史臺移治建康路，江東按察司移治宣州。	博爾歡行御史大夫〔一四〕。李仲信任本路總管。	設句容縣生帛局，造木綿大綾。句容武毅王圖圖爾哈以樞密院副使攝欽察親軍都指揮使〔一五〕，設建康、廬州、饒州等處哈喇齊戶計長官於溧水州〔一六〕。
二十四年（丁亥）		四月初四日，資善大夫阿拉克特穆爾行御史大夫〔一七〕。	閏二月，行至元寶鈔。罷淘金總管府，改立建康等處淘金提舉司，淘金戶添課。

天時	地域	官守	政事
二十五年（戊子）		三月二十五日，中奉大夫默德齊行御史大夫〔一八〕，平章史弼任樞密副使。嘉議大夫阿爾斯蘭布哈任本路總管。	正月二十一日，大赦。詔選高行僧三十員開講於江南諸郡。改天禧寺爲興天禧慈恩旌忠教寺。命藁城僧德公開講，賜號佛光大師。立財賦提舉司，隸徽政院管。皇太后位下江淮等處錢糧，於前宋轉運司寄治。
二十六年（己丑）	七月，行御史臺再移治揚州。	帕克巴布哈〔一九〕、朱清特穆爾〔二〇〕、王剛中任本道宣慰使，黃頭陳思濟同知宣慰司事〔二一〕。	
二十七年（庚寅）	行御史臺陞正二品。	哈瑪爾任本道宣慰使。	江南抄數戶計。九月，大赦。

天時	地域	官守	政事
二十八年（辛卯）	罷溧陽路，依舊爲縣。	伊實特穆爾任本路達嚕噶齊〔二二〕，布琳濟達同知樞密院事〔二三〕，張珪樞密院副使。	詔老人年八十以上免一子裸役，使之侍奉。南方儒人有德行、文章、政事可取者，各路歲舉一人，量才録用。封五嶽、四瀆。五月二十三日，改按察司曰肅政廉訪司。設行宣政院。
二十九（壬辰）	三月，行御史臺自揚州再移建康，撥淮東、淮西、山南三道廉訪司直隸御史臺，南臺統治江浙、江西、湖廣三省十道肅政廉訪司。行樞密院移治鎮江。	中奉大夫伯嘉努任本路總管〔二四〕。	宣慰使朱清建言金課擾民，革罷淘金提舉司，併入金銀銅冶轉運司管領。清，吳人，宋末聚衆海上，受捕得免。國初開海道漕運，與張瑄參政同有勞績，任本道宣慰，興利除害。後其家以罪籍沒。

天時	地域	官守	政事
三十年（癸巳）		宋廷秀任本路總管，尋罷。索勒濟爾威道宣慰使〔二五〕。	行樞密院於江北、河南行省管下蘄、黃、鄧、新、揚州、高郵、真、滁、杭等奕萬戶府，撥軍二千餘名，於龍灣教習，聽益都新軍萬戶府提調。十月二十二日，大赦。
三十一年（甲午）四月十四日，成宗皇帝登極。	行樞密院例革。		大赦。詔腹裏江南軍站民匠諸色戶，計合納丁地稅糧十分免三〔二六〕，係官一切逋欠並與免徵。逃亡人戶差稅，即與除豁，毋令見戶包納。當耕作時，不急之役，一切停罷，毋致妨農。公吏人等必須差遣者，不得輒令下鄉。議行貢舉之法，無學田去處，量撥荒閒地土給贍生徒。鰥寡孤獨每名給米一石，絹一

天時	地域	官守	政事
			四。曾旌表門閭者，與免本戶裸泛夫役。六月，詔江淮以南至元三十一年夏稅特免一半，已納到官者，准充下年數目。
元貞元年（乙未）	陞溧陽、溧水二縣爲中州。	四月十七日，資德大夫囊嘉特行御史大夫〔二七〕。閏四月六日，榮祿大夫阿喇卜丹左行御史大夫〔二八〕，蒙古圖沁任本路達嚕噶齊。	七月，詔今後職官任滿，考其殿最，功效爲最者陞職事，不修者降。諸路有儒知吏事，吏通經術，性行修謹者，各路薦舉，廉訪司試選，每道歲貢二人，省臺委官立法考試，中式錄用。宣慰司呈省牒廉訪司，乞以安民爲本，理財爲末，將金戶放罷。

天時	地域	官守	政事
二年（丙申）		秋，中議大夫、紹興路總管廉希哲任本路總管，即前宣慰使左丞希愿之弟。	
大德元年（丁酉）	五月，行臺加稱江南諸道行御史臺。	朝請大夫約蘇穆爾任本路達嚕噶齊〔二九〕。	二月二十七日，改元，大赦。詔鰥寡孤獨常例外各給布絹。益都新軍萬戶府自寧國路移鎮建康。
二年（戊戌）		二月二十一日，榮祿大夫薩里右行御史大夫〔三〇〕。	二月〔三一〕，欽奉聖旨，准省臺所言，除免建康路金額五十，定淘金戶計，併入元籍當差，革罷金銀銅冶轉運司，徽、饒、池、信四所辦金課隸宣慰司管辦，士民立碑頌德〔三二〕。

天時	地域	官守	政事
三年（己亥）溧陽大旱。	二月十一日，例革江東宣慰司，建康路直隸江浙等處行中書省。		正月，奉使至路，問民疾苦。江南等處夏稅十分免三。江寧縣尹保定王蒙修築堤圩，以政績聞。任滿，受建德路推官，選除江南行臺監察御史。置惠民藥局，擇良醫主管。
四年（庚子）旱冬。十二月，大雪踰尺，冰寒兼旬，野獸餓死。		通吉禮任本路總管〔三三〕。	秋八月，儒學災，惟存尊經閣及東、西二教授廳。十一月，詔孤老幼疾不能自存者，每名給中統鈔二十兩。江南租稅普免一分。諸處重刑結案犯徒者減一年，杖罪以下釋免。

天時	地域	官守	政事
五年（辛丑）七月一日，大風，江潮泛漲，損禾溺人。			詔各路風水災重去處，差發稅糧並行除免，缺食之家計口賑濟。諸處罪囚廉訪分司審理，輕者決之，冤者辨之，滯者糾之，疑不能決者中臺呈省詳讞，在江南者經由行臺，永爲定例。小吏犯贓，除斷罪外，並罷不敘。重建廟學。郡人王進德建明德堂。本路獲犯界煮酒，都省議得，既有決罪追罰定例，其酒擬合給主。朝省行下本路，旌表節婦王阿楊門閭。十一月，申奉省劄，行下鍾山鄉開後湖河道。
六年（壬寅）			三月三日，大赦，詔江淮以南夏稅全免，鄉村人戶散辦課程及在前年分民間應欠差稅盡行免徵。

天時	地域	官守	政事
七年（癸卯）八月六日，太原、平陽地震。溧陽水旱相仍。		蜀人陳元凱任本路總管。	三月十六日，詔定贓罪條例爲十二章，及增給朝官月俸、外任公田祿米等。朝省行下，旌表溧水州義士湯大有五世同居。江寧縣主簿梅鼎有政績，取充江南行臺令史。奉使至路，鰥寡孤獨除常例外給中統鈔一十貫。被災去處，有好義之家能出己財周給貧乏者旌用。
八年（甲辰）		五月十五日，資善大夫阿里瑪行臺御史大夫〔三四〕。	正月，詔釋笞以下〔三五〕。江南佃戶稅租十分減二。及開禁金銀，聽民買賣。定民間聘財等第、官吏喪制。僧道出家，若丁力數名〔三六〕，差役不缺，及有昆仲侍養父母者赴元籍官司陳告，給據方許簪剃，違者斷罪歸俗。田宅民訟

天時	地域	官守	政事
			在元貞元年正月以前革撥。句容縣民樊淵，乙亥兵火，負母陳逃難茅山，歸附後，還鄉里，奉養於孤貧之中。江東憲司辟充書吏，能甘清苦。母喪還家，時未定憂制，憲司累行起復，固辭不就。是年，部擬以孝廉表其門閭。
九年（乙巳）		侯珪任本路總管，以事斷黜。	二月二十五日，以地震、星變，肆赦江淮以南，租稅均免二分，在前年分拖欠差稅課程並行蠲免。年八十以上存侍丁一名，九十以上二名，並免本身襍役。鰥寡孤獨除常例外，人給鈔一十貫。致仕官員止有一子承廕，免傜使。子幼家貧者，給半俸終其身。年七十以上精力

天時	地域	官守	政事
			未衰者錄用。六月，以建儲，詔年八十以上賜帛一匹，九十以上二匹。親年七十以上無侍丁，近便遷除。在外兩任五品以下，並減一資。罪囚淹禁五年以上疑不能決者釋之，流竄者量移近裏。冬十月，新學成。
十年（丙午）		懷遠大將軍岳天禎任本路總管。	五月，詔所在蒙古儒學教官用功講習，作養後進。有錢糧去處，有司毋得干預侵借。管軍、官吏私債，歲月雖多，不過一本一利。民間私債准此。
十一年（丁未）五月二十一日，	行臺御史陞從一品。		五月，大赦，詔江南路分夏稅免五分，秋糧免三分，已納到官者作下年數，被災去處，山場、湖泊課程停罷，聽民從

天時	武宗皇帝登極。旱，民飢疫死。
地域	
官守	
政事	便採取，係籍儒戶雜泛差役蠲免。九月七日，加號先聖大成至聖文宣王，祀以太牢。旌表城居節婦周氏及溧陽州節婦樂氏門閭，復其家。是歲，建康大饑，官廩不繼，行御史中丞廉道安、本路總管岳天禎、治中楊翼勸諭富戶出鈔二萬餘定賑濟，活飢民四十一萬三千有奇。先是，米價騰湧，牙儈旁緣爲姦〔三七〕，天禎杖其尤桀黠者，召商旅飲之酒，以義諭之，估值乃平，民得以濟。十一月〔三八〕，詔諸人舉放錢債，每貫月利三分，止還一本一利。倒換文契，多取者嚴行治罪。孝悌力田之人申明旌賞。

天時	地域	官守	政事
至大元年（戊申）饑疫。		五月二十八日，榮祿大夫和尼齊行御史大夫〔三九〕，昭武大將軍雅伊密實任本路達嚕噶齊〔四〇〕。總管岳天禎卒於任。	民饑疫死者相枕籍，官爲賑濟。七月，詔曾經賑濟人戶，至大元年差發、夏稅並行蠲免。十一月二十五日，以成中都，建開寧路都總管府。大赦。
二年（己酉）溧水麥秀三岐。			三月，詔被災百姓，江淮夏稅及至大二年正月以前民間逋欠差稅課程並行蠲免，鰥寡孤獨每名給鈔一十五貫，內外大小職官及自正月以前入役者普覃散官一等。九月，行中書省改名行尚書省。儒人免差，人民轉徙復業者除差稅三年。田野遺骸，官爲埋瘗。諸州司縣親

天時	地域	官守	政事
			民正官以九年爲滿，考功黜陟。用至大銀鈔。十月，詔鑄大元通寶錢及至大通寶小錢。大赦。中政院十一月二十六日奏准設立建康等處財賦提舉司，五品衙門，管領建康路錄事司，溧陽州、常州路、宜興州、無錫州、晉陵縣、武進縣、鎮江路、金壇縣、揚州路錄事司、真州、揚子縣、通州、静海縣、崇明州、太平路、繁昌縣、寧國路、南陵縣、徽州路、祈門縣、淮安路、清河縣，總計八路一十五州司縣。斷沒朱、張錢糧。句容縣尹趙靖到任，首建學校；上司常歲科紅花，力辭以非土産，獲免，民至今德之。

天時	地域	官守	政事
三年（庚戌）			正月，行使歷代舊錢。二月，詔每社設立社長一名，推舉年高有德通曉農事者充，不得差占別管餘事。十月，以上冊寶，赦杖罪以下。民間負欠差稅課程並行蠲免。民間襍役，先儘游食之民，次及工買末伎。諸牧民官犯公罪，輕者許罰贖。鎮江人褚潤字濟川〔四一〕，任本路錄事，聽訟明察〔四二〕，判決無滯，城內稱治。
四年（辛亥）三月十八日，仁宗皇帝登極。			正月五日，以上年郊祀，大赦江南，夏稅免三分，民間負欠錢糧並行免徵，其侵欺盜用，失陷短少，已有文案者亦行除免。路府州縣、名山大川、聖帝明

年份	天時	地域	官守	政事
				王、忠臣烈士，凡有祀典者，各具事蹟申聞，次第加封，主者先行致祭。廟宇損壞，官爲修葺。開國以來，効節功臣，所封分邑有司立祠，以時致祭。三月十八日，大赦。罷市舶提舉司。諸人毋得申獻寶貨，民間銷金、織金、金箔並行禁止。年九十以上帛二匹，鰥寡孤獨人給至元鈔五貫。四月，禁使新舊錢及至大銀鈔。罷僧道衙門。旌表溧陽州節婦張氏門閭。
皇慶元年（壬子）			正議大夫抄都任本路達嚕噶齊，正議大夫王瑛任本路總管。	十月二十九日，以諸王入覲，大赦。旌表節婦楊母李氏及句容縣節婦曹母王氏門閭。詔贍學地土、貢士莊田，諸人毋

天時	地域	官守	政事
			得侵奪。廟宇損壞，隨即修完。無學田去處，係官地内標撥，各路總管府主領敦勸，廉訪司宣明勉勵。
二年（癸丑）		九月十九日〔四三〕，開府儀同三司達實哈雅行御史大夫〔四四〕。	詔許文正公從祀先聖廟庭。旌表溧陽州節婦余氏門閭。十月十八日，詔行科舉，以經義取士。
延祐元年（甲寅）			正月二十二日，改元，大赦，百姓負欠係官錢糧並行除免。十一月，經理江西、江浙、湖廣田糧。江浙行省准都省咨劉景芳陳言官民交通事，行下照勘。亡宋大、小官舍地基、白蓮堂數目，酌量修理〔四五〕，新官並仰於官舍住坐，不許借賃百姓房屋。句容縣尹謝潤治有異政。

天時	地域	官守	政事
二年（乙卯）		四月二十八日〔四六〕，榮祿大夫阿喇卜丹行御史大夫〔四七〕，姜衛之子。	三月，奉使宣撫，問民疾苦。四月二十八日，聖旨試驗陰陽人。十一月，星變，大赦。河南、江浙、江西三省，經理自實田土，合該租稅與免一年，江淮夏稅免三分。鰥寡孤獨給鈔一十貫。民間拖欠差發、稅糧並行除免。詔定貴賤服色制。句容縣移風鄉孔聖村住人王榮，五世同居，荒年賑濟，賴以存活者一百五戶，捨棺殯斂八十七人，卒年八十三。其日崙山震響，鄉里稱爲孝義所感。本縣以聞江浙省，行下旌表門閭。初，行臺大夫用哈必齊百餘人，皆軍籍無賴，恃勢擾民，有司官至，遭捶曳。是年大夫至，罷不用，市里稱慶。

天時	地域	官守	政事
三年（丙辰）			詔路府州縣教官專意訓誨，務要藝精行成，以備試用。隸籍在學儒人，毋得非理科役煩擾，教官才德弗稱、侵漁學廩者覈實黜罷。七月，聖旨禁非法用刑。
四年（丁巳）			閏正月，詔江淮夏稅普免三分。八月，溧水州劉泳江浙省鄉試第二十名。十二月，太醫院奏依儒學科舉例試驗醫人。
五年（戊午）		十一月二十八日，榮祿大夫巴延行御史大夫。	十一月，監察御史糾言，句容縣豪民王訓白身受大都等處打捕鷹房民匠總管，王熙白身受中瑞司丞。唐興宗元是江西行省理問所令史，受建康財賦提舉。都省奏過，令行臺照勘追奪。其餘各投下虛捏詐冒，限一月出首，免罪；隱匿

天時	地域	官守	政事
			不首者，許諸人陳告，賞鈔一百定，於犯人名下追給。初令強盜悔過陳首，與免本罪，捕獲徒伴依例給賞，獲強盜三人與一官，五人以上應捕人與一官，捕盜官陞一等，妄分彼此者決罪。
六年（己未） 二月朔，日蝕。		總管昝陌口〔四八〕。	改茅山崇禧觀爲崇禧萬壽宮。四月，上、中州設醫學教授。句容縣民佴貴三妻阿姜喪夫，服内嫁唐起莘爲妻〔四九〕，杖六十七下，離異，與男同居守服。江寧縣尉魏居仁、上元縣尉張義汚濫不法，解任別敘。

天時	地域	官守	政事
七年（庚申） 正月朔，日蝕。 三月十一日，英宗皇帝登極。		二月二十八日，榮祿大夫托歡達爾罕行御史大夫〔五〇〕。	三月十一日，大赦，詔江淮夏税並免三分，差發、税糧延祐七年以前徵理未足之數並行蠲免。四月，都省奏税糧一斗上添答二升。八月，溧陽州人李士良行省試第六名。十一月，改元，詔水旱相仍，至治元年丁地税糧天下普免一分，包銀減五分。監察御史、廉訪司官每員歲舉可任守令者二人，限次年三月以内申臺呈省〔五一〕。其有隱居行義、才德高邁、深明治道、不求聞達者，錄用復行封贈之制。除軍站外，不拘是何戶〔五二〕，計一體當差。監察御史言，建康等路流民擾害官民，部擬委官分

天時	地域	官守	政事
			揀，每起不過三十人，官爲應副行糧，轉發本鄉。建帝師寺於保寧寺北。
至治元年（辛酉）		六月二十六日，榮祿大夫托克托行御史大夫。	二月會試，李士良第一十三名，殿試第三甲二十七名，受將仕郎、餘姚州判官。郡人王霖創立江東書院，行省設山長。起蓋廣運倉於龍灣山前，計廒四十座，屋二百間。省設監支納大使，路設倉副，收受江西、湖廣二省並饒州路、本路州縣官民財賦等糧，逐年都漕運萬戶府就倉裝運下海。禁治江淮以南廟祝師巫，妄稱太保總管，扇惑人衆。

天時	地域	官守	政事
二年（壬戌）		任居敬任本路總管。	革罷財賦提舉司，併入有司管領。旌表溧水州節婦薩法喇門曰貞節〔五三〕，追贈容國公特穆爾巴哈之妻〔五四〕，阿嚕呼圖克之母也〔五五〕。十一月，詔江淮包銀與免一年，佃種官田租額十分爲率，與免二分。
三年（癸亥） 九月四日，泰定皇帝登極〔五六〕，赦。		二月十五日，榮祿大夫巴延行御史大夫。	八月，郡人李桓江浙省鄉試第二十七名。九月五日，大赦。十二月，改元。詔江淮以南，創科包銀，病民爲甚，自泰定元年爲始，倚免三年。諸處商稅課程，以延祐七年實辦爲額，經理虛增之數，即仰除豁。鰥寡孤獨除養濟外，布一匹，年及八十加帛一匹，九十以上二匹。

天時	地域	官守	政事
泰定元年（甲子）		十一月二十二日，榮祿大夫桑結實哩行御史大夫〔五七〕。	閏正月初一日，詔減鹽價，每引中統鈔二十五貫，江淮以南包銀並行革撥〔五八〕。旌表溧水州高年許桂，時年已一百十一歲。是年，潛邸至建康。
二年（乙丑）		四月三日，光祿大夫多爾濟行御史大夫〔五九〕。禪巴沁任本路達嚕噶齊〔六〇〕，太中大夫必實古實保任本路總管〔六一〕。	正月，蔣山太平興國寺災。必實古實保，東平人。母嘗病，失明，親爲舐之而愈。前任累有政績，暇日於儒學明德堂會集士民諸色人等，各以本業所當爲者勸諭，聞者悅服。閭巷貧民有子不能備束脩從師者，皆令入學，自以己俸爲買書紙筆墨，與師行禮。其他興利除害甚衆。踰年，有不悅者，以目疾謝，病免。

天時	地域	官守	政事
三年（丙寅） 溧陽大水。		中順大夫諸海任本路總管〔六二〕。	諸海中順建言開浚陰山運糧河道，尋以動工例禁罷役。句容縣尹程恭勤於撫字，修學校，聘師儒，興利除害。闢縣治之後廢址，植桑萬株，民趨效之，蔚有成績。
四年（丁卯） 溧陽蝗。		章律任本路達嚕噶齊〔六三〕。	
天曆元年（戊辰） 泰定五年三月，改致和。九月十三日，文宗皇帝		十月六日，光祿大夫阿爾斯蘭哈雅行御史大夫〔六五〕。	潛邸建大崇禧萬壽寺於蔣山太平興國寺後，二月落成。八月四日，各省科買軍需，大擾，建康路得中旨優免。九月十三日，大赦天下。復立松江府。免海北民食鹽錢。治書侍御史摩哩哈克鐵分臺

天時	地域	官守	政事
登極（六四），赦，改天曆元年。			江陵（六六），鎮遏有功。本路申防送流民事，刑部議得聚衆多寡各各罪名，遍行禁治。太醫院奉旨，召行臺醫張廷玉、馮昌大等。
二年（己巳）	十月二十日，改建康路爲集慶路。	中順大夫默色任本路達嚕噶齊（六七），奉議大夫索珠任本路總管（六八）。	詔即潛邸建大龍翔集慶寺，命僧大訢住持，授太中大夫、廣智全悟大禪師、釋教宗主，兼領五山事。是歲旱荒，勸率上戶賑濟。旌表城居節婦周氏門閭。郡人李懋江浙鄉試第十六名。設集慶路萬壽營繕都司（六九），四品衙門，設達嚕噶齊、大使、副使，所屬有財用所、田賦提領所，俱隸龍翔寺，掌管錢糧修造，撥行臺贓罰錢買田入寺。賜寶誌號

天時	地域	官守	政事
			道林真覺慧感慈應普濟聖師，遣使者賜金銀楮幣。十一月初三日，改建康路爲集慶路，所管州縣除米糧係大數目外，其餘貢賦撥隸皇后位下。
至順元年（庚午）民饑疫死。		四月二十二日，光祿大夫阿爾斯蘭哈行御史大夫，嘉議大夫托歡任本路達嚕噶齊，郭圖魯卜台任本路總管。	李懋第三甲，賜同進士出身，授將仕郎、饒州路鄱陽縣丞。雅復立江淮提舉司，隸昭功萬戶府。改元，赦天下。募富民納粟補官。奎章閣纂修《皇朝經世大典》，江浙省行下取勘事蹟。句容縣武毅王圖圖爾哈追封昇王。
二年（辛未）			詔改玄妙觀爲大元興永壽宮，治亭爲飛龍亭。溧水州節婦薩法喇以子阿嚕呼圖克任治書侍御史，追封容國夫人。

天時	地域	官守	政事
三年（壬申） 十月四日，寧宗皇帝登極〔七〇〕。		二月七日，光祿大夫托歡行御史大夫。	十月，大赦天下。加封宣聖考姒齊國公曰啓聖王，魯國太夫人曰啓聖王夫人，配亓官氏大成至聖文宣王夫人〔七一〕。加兖國復聖公、郕國宗聖公、沂國述聖公、鄒國亞聖公，追封二程子，河南伯爲豫國公，伊陽伯爲雒國公，刻制書於中外廟學。
元統元年（癸酉） 六月八日，今上皇帝登極。江寧秋旱，民大飢。五月二十八		十一月二日，榮祿大夫伊實通斡行御史大夫〔七三〕。	旌表城居節婦吳氏門閭，復其家。六月初八日，大赦天下，江淮以南夏稅免二分，曾賑濟者免三分，鰥寡孤獨除養濟外給鈔一十貫，老人年八十以上存侍丁一人，九十以上侍丁二人，並免本身雜泛，永爲定例。

天時	地域	官守	政事
日（七二），涇河溢，句容五碁山崩，大水。			
二年（甲戌）江寧秋旱。			三月，獲劇盜秦淮舟中。先是，荆湖盜王念二、曹福四等於沿江上下剽劫，上自漢沔，下至采石、真州，商旅被害，不可勝數。及是，爲漢陽弓兵襲，至秦淮江口，軍民官兵會捕，獲曹福四等四十四名，並賊屬船隻、器仗、贓物，餘黨散走。免儒戶差發，舉有德行學問者充教官。營繕都司例革（七四）。

天時	地域	官守	政事
至元元年（乙亥）江寧秋旱。		閏十二月十二日，開府儀同三司塔失帖木兒行御史大夫。	憲台移准御史台咨奏，準新益行台，規模視舊有加。罷科舉。江淮財賦提舉司例革。
二年（丙子）江寧秋旱。溧陽大水。溧水思鶴鄉麥秀兩歧。			句容縣生帛局改造紵絲斜紋，撥赴資政院交納。嚴盜賊，禁用肉刑。推官能鼎賢，河陰人，任內平反錄事司囚吳住哥、崔保憐，上元縣囚劉友端，江寧縣囚張茂才四人，並問強盜王念二等得實，內外台監察御史累薦省部，擬減一資。
三年（丁丑）		十一月十二日，銀青榮祿大夫八剌哈赤行御史大夫。	四月，拘尉馬匹。盜發河南、廣東，討平之。龍翔寺財用所、田賊提領所例革，並入平江善農提舉司管領。溧水知州李衡言，本處站戶消乏，乞於溧陽州僉補。從之。

天時	地域	官守	政事
四年（戊寅）		通議大夫完者禿任本路總管。	完者禿通議復請疏浚陰山運糧河道。旌表江寧縣孝子傅霖門閭。各路設船戶提舉司，驗船給引收課。浚台治後潮溝故道，東接青溪，西通柵寨門，至清涼寺下，會秦淮河。上元縣委官修砌接官亭向東驛路。
五年（己卯）秋九月，大雨。			旌表節婦馬氏門閭。霍入失等盜殺河南省臣，淮東移文警備。設常平倉於舊廣儲倉所。上元縣挑浚龍光河，自算子橋經石頭城下，至馬鞍山，八里有餘，用夫一千六百名。
六年（庚辰）			三月十八日，赦天下，詔旨非上意者釐革，船戶提舉司等衙門皆罷。

天時	地域	官守	政事
至正元年（辛巳）		閏五月二日，光祿大夫脫歡行御史大夫，嘉議大夫帖兒任路達魯花赤，中議大夫張塔海帖木兒任本路總管。	都省奏奉聖旨，立曹南王阿剌罕祠於集慶，仍撥賜官田二十頃。今祠在錄事司西北隅柴街寶戒寺側，春秋戊日致祭，詳見祠祀志。復立都水庸田使司，專管河渠水利，於平江路置司。省台宣尉司官，添支祿米。復行科舉取士法。革罷善農提舉司，以所管龍翔寺糧田歸屬本寺。
二年（壬午）			本路判官周堯委詣陰山運糧河相視，上至官莊鋪，下至毛公渡，中分新舊兩河。先言新河附近民田地勢高下，開之有害農務。靠東依山，系是舊河開挑，有益無害。計用工二十一萬六百，申都水庸田司講究。監察御史許儒林建言，

天時		三年（癸未） 秋八月，蝗。
地域		
官守		
政事	重建卞忠貞公祠宇。天禧寺醫僧祿善治癰疽，以所得資甃砌長干橋抵上門堙街二百七十丈。三月二日，總管府治遺漏，延燒譙樓、廊屋，各房文卷悉爲煨燼。四月一日，杭州路大火災，毁行省卷宗皆盡，令各路抄會上之。冬，改創門樓、房屋三十餘間，移更鼓於西南隅層樓。新蓋察院及行臺門廡。	四月，都水庸田司以本路言，開浚後湖河道令壕寨官相視，上至鍾山鄉珍珠橋，下接金陵龍灣大江，通一十七里。是歲冬十月，本路委官提調江寧、上元二縣興工，並陰山河道同時開浚。本路

天時	地域	官守	政事
			奉憲臺劄付重刊景定郡志。委官提調，並禮請名儒纂修新志。醫學教授張汝諧乞修蓋三皇廟學，申奉行省劄付計料修理。行省准都省咨奏，准修遼、金、宋三史，行下本路，委官提調，購求實錄、野史、傳記、碑文、行實，許諸人赴官呈獻給賞。

【校勘記】

〔一〕阿爾哈雅：至正本作「阿里海牙」。下同。

〔二〕昂吉爾：至正本作「昂吉兒」。下同。

〔三〕阿珠：至正本作「阿术」。下同。

〔四〕該：南京本作「諭」。

〔五〕王佺：至正本作「黃佺」。

〔六〕姜衛：至正本作「相歲」。

〔七〕索多：至正本作「唆都」。下同。

〔八〕江南：至正本作「江東」。又「安塔哈」，至正本作「阿答海」。

〔九〕密里呼遜：至正本作「密里合思」。下同。

〔一〇〕州：原作「川」，據《宋史》卷四七《瀛國公紀》、雍正《廣東通志》卷六改。

〔一一〕州：原脫，據至正本補。

〔一二〕造醋：南京本作「造酒」。

〔一三〕章：原作「亂」，據南京本改。至正本此處漫漶，不可辨識。
〔一四〕博爾歡：至正本作「博羅歡」。
〔一五〕圖圖爾哈：至正本作「土土哈」。下同。
〔一六〕哈喇齊：至正本作「哈剌赤」。下同。
〔一七〕阿拉克特穆爾：至正本作「阿拉克帖木兒」。下同。
〔一八〕默德齊：至正本作「明答占」。下同。
〔一九〕帕克巴布哈：至正本作「八思不花」。
〔二〇〕朱清特穆爾：至正本作「朱清帖木兒」。下同。
〔二一〕司：原作「使」，據至正本改。
〔二二〕伊實特穆爾：至正本作「阿昔帖木兒」。下同。
〔二三〕布琳濟達：至正本作「不鄰吉歹」。下同。
〔二四〕伯嘉努：至正本作「伯嘉奴」。下同。
〔二五〕索勒濟爾威：至正本作「亦只兒成本」。下同。
〔二六〕合：原脫，據至正本補。

〔二七〕囊嘉特：至正本作「囊家歹」。下同。
〔二八〕阿喇卜丹：至正本作「阿老瓦丁」。下同。
〔二九〕約蘇穆爾：至正本作「要束木」。下同。
〔三〇〕薩里右：至正本作「撒里右」。下同。
〔三一〕二：南京本作「五」。
〔三二〕民：原作「名」，據至正本改。
〔三三〕通吉禮：至正本作「獨吉禮」。
〔三四〕阿里瑪：至正本作「阿里馬」。下同。
〔三五〕「笤」字下，至正本有「罪」字。
〔三六〕名：南京本作「多」，至正本此處漫漶，似「名」字。
〔三七〕旁：南京本作「貪」。
〔三八〕一：南京本作「二」。
〔三九〕和尼齊：至正本作「和赤齊」。下同。
〔四〇〕雅伊密實：至正本作「牙伊迷失」。下同。

〔四一〕褚：原作「堵」，據南京本改。
〔四二〕聽：南京本作「職」。
〔四三〕九月：南京本作「元月」。
〔四四〕達實哈雅：至正本作「塔失海牙」。下同。
〔四五〕酌：原作「約」，據南京本改。
〔四六〕四：南京本作「二」。至正本此處黑汚，不可辨識。
〔四七〕阿喇卜丹：至正本作「阿老卜丹」。下同。
〔四八〕總管咎陌口：原本無，據至正本補。
〔四九〕莘：原作「辛」，據至正本改。
〔五〇〕托歡達爾罕：至正本作「脱歡答剌罕」。下同。
〔五一〕內：原作「裏」，據南京本改。
〔五二〕拘：至正本作「以」。
〔五三〕薩法喇：至正本作「薩法禮」。
〔五四〕特穆爾巴哈：至正本作「帖木兒不花」。下同。又「追」字上至正本有「故」字。

〔五五〕阿嚕呼圖克：至正本作「阿魯忽都」。

〔五六〕泰定皇帝：原脱，據南京本補。

〔五七〕桑結實哩：至正本作「相嘉碩利」。下同。

〔五八〕以：原作「迤」，據南京本改。

〔五九〕多爾濟：至正本作「多禮智」。下同。

〔六〇〕禪巴沁任本路達嚕噶齊：南京本作「二十日昇任本路達魯花赤」。至正本此處漫漶，不可辨識。

〔六一〕必實古實保：至正本作「必實溫沙班」。下同。

〔六二〕諾海：至正本作「那懷」。下同。

〔六三〕章律：至正本作「彰閭」。下同。

〔六四〕文宗皇帝：原脱，據南京本補。

〔六五〕阿爾斯蘭哈雅：至正本作「阿思蘭海牙」。下同。

〔六六〕摩哩哈克繖：至正本作「密邇哈散」。下同。

〔六七〕默色：至正本作「默沙」。下同。

〔六八〕索珠：至正本作「唆住」。下同。
〔六九〕路：原脱，據南京本補。
〔七〇〕寧宗：原脱，據南京本補。
〔七一〕亓官氏：至正本作「并宫氏」。
〔七二〕五月二十八日：原脱，據南京本補。
〔七三〕伊實通斡：至正本作「易釋通阿」。下同。
〔七四〕自「免儒戶」至「例革」：原脱，據至正本補。

至正金陵新志卷四上

疆域志一

史稱黄帝時萬諸侯，而神靈之封居七千。神靈之封者，山川之守，足以紀綱天下者也。又稱禹會諸侯塗山，執玉帛者萬國。降殷及周，見於書者，猶千八百國焉。夫聖人體國經野，封建功德，豈任其私智强爲分畫者哉？星有分野之殊，而地有山川之限，民生其間，異稟殊俗。於是俾胙上命氏者世守之，以藩王國，大小相維，上下相持，以爲長久，故曰配天。秦分天下爲三十六郡，郡設守、尉、監，而縣、邑各有所隸，非古制矣。漢魏相承，無大革易。晉都江左，始僑置中原州郡以居其民。由宋、齊、梁、陳而下，何郡縣更易析置之繁也！金陵在周爲吴兼，越自范蠡築城長干，楚威王繼城石頭，歷代分割，或都或否，迄趙宋之亡，爲都者八，爲治所者十有一，爲國者六，爲路者五〔一〕，爲府者三，爲郡十有四而僑置者九〔二〕，爲縣十有九，廢併者十，僑寓者四，屬於府者五。本朝混一南北〔三〕，凡路、府、州、縣，所建初具，疆域廣狹，戶口多寡。金陵初爲建康路，統江寧、上元、句容、溧水、溧陽五縣，錄事司治府城中。尋陞溧水、溧陽爲州。至順元年，路以潛邸改名集慶。而江南諸道行御史臺建治五十餘年，所統三行省、十道廉訪司，地周萬里，路、州、縣屬不可勝紀，紀集慶路之因革分合、四履所至，作《疆域志》。

歷代沿革

金陵，古揚州之域。在周爲吳。春秋末屬越。楚滅越，併有其地，始名金陵。秦兼諸侯，置郡縣，屬鄣郡，改秣陵。漢興，封韓信爲楚。其後更封諸王，荆、吳、江都是也。武帝初置刺史，屬丹陽郡。後漢因之。建安十六年，孫權自京口徙治秣陵。明年，改爲建鄴。晉武平吳，以爲丹楊郡及揚州刺史治所〔四〕。建興初，改爲建康。元帝渡江都焉，以宰相領揚州，改丹楊太守爲尹。宋孝武分浙江東爲東揚州，以揚州爲王畿，尋復舊。歷齊、梁、陳，咸都於此。隋平陳，廢丹楊郡，立蔣州於石頭。大業初，復置丹楊郡。唐武德二年，爲揚州東南道行臺尚書省。七年，復蔣州，罷行臺爲揚州大都督府。九年，揚州徙治江都，以其地屬潤州。貞觀七年，復爲揚州治所。至德二載，析置江寧郡。乾元元年，改昇州，兼置浙西節度使。上元二年，州廢，爲上元縣。大順元年，復置昇州。天祐二年，楊吳大城昇州，建大都督府。武義二年，改爲金陵府。天祚三年，封徐知誥齊王，建西都，改江寧府。晉天福二年，知誥僭位，復姓李，更名昪，國號唐。宋開寶八年，唐滅，復爲昇州。天禧二年，陞江寧府建康軍節度。建炎三年，改建康府。紹興七年，駐蹕。明年，置行宮留守。至元十二年，聖朝初下江南，於建康置江東路宣撫司。十四年，更立建康路總管府。至順元年，改集慶路，所管除錄事司，治府城中，溧水、溧陽由縣陞州，餘因舊名，無所更易。

地為都

孫吳建都四世，凡六十年。東晉建都十一世，凡一百三年。南宋建都八世，凡五十八年。南齊建都七世，凡二十三年。蕭梁建都四世，凡五十五年。南陳建都五世，凡三十三年。李唐建都三世，凡三十九年。宋南渡，爲行都七世，凡一百三十九年。《吴志》張紘謂孫權曰：「秣陵，楚威王所置。名爲金陵，地勢岡阜連石頭。昔秦始皇東遊會稽，經此縣，望氣者云，金陵地形有王者都邑之氣，故掘斷連岡，因名秣陵，今處所具存。地有其氣，天之所命，宜爲都邑。」權善其議，未能從也。後劉備東宿秣陵，因覩地形，亦勸權都之。權曰：「智者意同。」遂都焉。又《獻帝春秋》劉備至京，謂孫權曰：「吴去此數百里，即有警急，赴救爲難，將軍有意屯京乎？」權曰：「秣陵有小江百餘里，可以安大船。吾方理水軍，當移據之。」備曰：「蕪湖近濡須，亦佳。」權曰：「吾欲圖徐州，宜近下也。」諸葛亮亦曰：「鍾阜龍盤，石城虎踞，真帝王之宅。」晉温嶠議遷都豫章，三吴之豪請都會稽，二論紛然。王導曰：「古之金陵，舊爲帝里，孫仲謀、劉玄德皆言王者之宅。」由是不行。《六朝事迹》云：「南朝建都之地不過建康、京口、豫章、江陵、武昌數處，其彊弱利害，前世論之詳矣。吴孫策以會稽爲根本。大帝嗣立，稍遷京口。其後又常住公安，又嘗都武昌。蓋往來其間，因時制宜，不得不爾。及江南已定，遂還建鄴，保有荆、揚，而與魏、蜀抗衡，其宏規遠略，晉、宋而下不能易也。故蕭繹捨建鄴而守江陵，梁遂以亡；李嗣主捨建鄴而遷洪府，南唐遂不能以立。王導斷然折會稽、豫章之論，而以建鄴爲根本，自晉而下三百年之基業，導之力也。今按孫皓議遷都武昌，陸凱上疏曰：「武昌土地危險，非王都安國養民之處。船泊則沈漂，陵居則峻危。」梁武帝臨荆峽二十年，情所安戀，不欲歸建鄴，故府臣僚皆楚人也，並欲都江陵〔五〕。周弘正諫曰：『士大夫言聖王所都本無定處，若黔首未見入建鄴，便謂猶列國諸王。今日副百姓心，不可不歸建鄴。』南唐嗣主用唐鎬計遷豫章，而王都官舍、軍壘十不容一二，自公卿下至軍士莫不思歸，導之言驗矣。」宋留都有錄，見前志。

地為治所

越築城，治長干里。楚置金陵邑，治石頭。秦改爲秣陵縣治。後漢分揚州置吳郡，治建鄴。建安十六年，孫權自京口徙治秣陵。明年，又城石頭，改秣陵爲建鄴。吳既克關羽，都武昌，以呂範領丹楊太守，治建鄴。永安中，分溧陽以北六縣爲丹楊郡，仍治建鄴。晉武帝平吳，以爲丹楊郡及揚州刺史治。太康三年，分淮水北爲建鄴，南爲秣陵，更置江寧縣。宋孝武以揚州爲王畿，尋復舊。爲都見前，此不重述。隋平陳，廢丹楊郡，置蔣州，治石頭。唐武德二年，爲揚州東南道行臺，置尚書省。八年，爲揚州大都督府。貞觀七年，復爲揚州治所。至德二載，改爲江寧郡治所。

乾元以後，改爲昇州治所，仍置節鎮。《寰宇記》云：「天寶末，明皇以金陵自古雄據之地，祿山方亂，不可以縣統之，仍置昇州，加節制。」上元二年，復廢爲上元縣。光啓三年，還爲昇州治所，仍置節鎮。天祐二年，吳王楊行密大城昇州，建大都督府。其子溥，改爲金陵府治。石晉天福二年，建西都，改爲江寧府治。李昪僭位，號南唐，因即居之。至宋初，平江南，置昇州治。天禧二年，改爲江寧府治。建炎三年，改爲建康府治。紹興二年，以府治建行宫，而遷府治於行宫之東南隅。江東安撫司、沿江制置司、淮西總領所、江東轉運司、江淮提領所、江淮都督府，皆治建康。國初，嘗於制司府治開行省，置宣撫司，管轄江東諸路。尋改立建康路總管府，别設江東建康道提刑按察司、江東道宣慰使司、江淮等處行樞密院，尋皆遷革，獨江南諸道行御史臺自至元二十九年由揚州再遷於此，即前宋建康府治，大其規制。而總管府與錄事司，上元、江寧縣治分置城内外云。

地所屬國名

吴國。在周屬吴太伯之國，有固城，在溧陽、溧水兩縣之間，即吴所築也。夫差爲越所滅。至漢高祖時，以丹陽、會稽、豫章三郡五十三城立兄子濞爲吴王。景帝時，國除。東漢末，以其地封孫策爲吴侯。弟權襲之，曹操封爲吴王。三國鼎峙，吴亦稱帝，因都焉。詳見爲都。

越國。越本夏少康之後，封於會稽。周元王四年，用范蠡計滅吴，盡有其地，築城於此，以謀吞楚。詳見越城。致貢於周元王，賜胙，命爲伯。越兵横行江淮，號霸王。後七世，爲楚所滅。

楚國。周成王時，初封熊繹於丹陽，乃在荆州，非此所謂丹楊也。其後國寖彊，地寖廣。至威王時，滅越，盡有吴、越之地，置金陵邑於石頭。詳見山阜。秦滅楚，以此地置鄣郡。詳見所屬郡。及懷王末，項羽自稱楚。至漢高帝時，封韓信於楚，鄣郡屬焉，六年廢。別封楚王交，非此地。

荆國。漢高帝六年，羣臣請以故東陽郡、鄣郡、吴郡立劉賈爲荆王。是年，黥布反，失國。

江都國。漢景帝既誅吴王濞，徙汝南王劉非爲江都王，治故吴國，至其子建，國除。後以其地封廣陵王胥，又分置郡。

昇國。宋天禧二年，封壽春郡王爲昇王，後即位爲仁宗。嘉祐四年，翰林學士胡宿言：「陛下建國於昇，猶次列國，非所以重始封之地，宜進昇爲大國，無得封。」從之。《宋會要》：大國二十有四，昇其一也。

地所屬州名

揚州。《禹貢》北距淮，東南據海，皆揚州之域。唐虞置揚州牧。至漢武帝初，置揚州刺史。後漢因之，分揚州之半置吴郡，治建鄴，後以封孫氏。晉太康元年，平吴，徙治建鄴。惠帝元康初，有司奏揚州疆土曠遠，統理尤難，於是割七郡置江州。元帝渡江，都揚州，統丹楊、吴郡。宋孝武分浙江東五郡爲東揚州，治會稽，而揚州仍領丹楊等十五郡。大明三年，以揚州所統六郡爲王畿，以東揚州爲揚州。八年，復舊。景和元年，罷東揚州。隋徙揚州治江都，置大都督府，以句容、延陵、曲阿等縣屬焉，大業中廢。唐武德二年，河間王孝恭平輔公祏，以江寧、溧水、丹楊、溧陽、安業復置爲東南行臺尚書省，治江寧。七年廢，尋復爲大都督府，領上元、金陵、句容、丹楊、溧水、溧陽，凡六郡。時未置上元縣，欠考。九年，徙治江都。貞觀七年，復舊。至德中，復治江都。秦觀《揚州集序》云：漢刺史無常治，後之稱揚州者，指其所治而已。

義州。晉元帝置。陳大建元年，廢爲建興郡，領建安、同夏、烏山、江乘、臨沂、湖熟凡六縣。戚氏《志》：陳太建十年，立義州江北，尋廢。以爲此無義州，俟考。

蔣州。隋平陳，廢丹楊郡，於石頭立蔣州。唐武德二年廢。七年，復置於金陵縣，尋廢。

昇州。唐乾元元年，以江寧郡改置昇州。顔真卿嘗以昇州刺史兼浙西節度使。上元二年廢。光啓三年復置。天祐二年，楊吳封徐溫齊公，大城昇州。武義二年，改金陵府。宋開寶八年復置。天禧二年，改爲江寧府。

茅州。唐初置，領琅邪、金山縣，後廢。武德三年，以句容、延陵復置。七年廢〔六〕。

地所屬郡名

故鄣郡。秦置。漢元封二年，更名丹楊郡。吳永安中，以蕪湖以南十三縣復爲故鄣，治宛陵。

丹楊郡。漢置，治宛陵。志云：領宛陵、於潛、江乘、春穀、秣陵、故鄣、句容、涇、丹楊、石城、湖熟、陵陽、蕪湖、黟、溧陽、歙、宣城，凡十七縣。後漢因之。建安十三年，孫權分爲新都郡。二十六年，權始置丹楊郡，自宛陵治建鄴，領縣十九。永安中，分置故鄣郡，丹楊所領惟溧陽以北六縣。晉太康元年，改建鄴復爲秣陵。宋、齊間，分丹楊立毗陵郡，丹楊所領惟建康、秣陵、丹楊、江寧、永世、溧陽、湖熟、句容八縣。隋平陳，廢。大業初，復置，領江寧、溧水，以當塗來屬，割延陵、句容等縣屬江都。唐初，廢爲州。天寶元年復置，領丹徒、丹楊、延陵、句容、江寧、金壇，凡六縣。至德二載，析置江寧郡。吳丹楊郡城在長樂橋東一里，今桐樹灣營中是其地。詳見後古蹟志。

建興郡。陳大建元年，以義州、南琅邪、彭城郡地置，領建安、同夏、烏山、江乘、臨沂、湖熟，凡六縣，屬揚州。

江寧郡。唐至德二載，以潤之江寧、句容，宣之溧水、溧陽置。乾元元年，改昇州。

義興郡，晉永興中，以丹楊之平陵、永世及割吳興郡置四縣，立義興郡，以賞周玘創義之功，屬揚州。

地所置僑郡名

淮南郡。本秦九江郡。漢立淮南王國，後爲郡。晉治壽春。成帝初，蘇峻、祖約作亂於江淮，兵戈擾攘〔七〕，淮南百姓南渡者轉多，於是僑立淮南郡以處之，領于湖、繁昌、當塗、逡遒、定陵、襄垣，凡六縣。宋大明六年，以淮南故郡併宣城入於姑熟。隋廢，以當塗屬丹陽，更於壽春置淮南郡、南琅邪郡。晉元帝於江乘縣南岸立琅邪郡，屬揚州，領臨沂、陽都及懷德三縣，在舊江寧縣東北五十里。成帝咸和六年，復琅邪，比漢豐沛。宋大明四年，以郡隸王畿。五年，行幸琅邪郡，原遣囚繫。陳太建元年，廢爲建興郡。江乘南岸有琅邪城，句容接界有琅邪鄉，金城則在府城東北二十五里。詳見後古蹟志。

魏郡、廣川郡、高陽郡、堂邑郡，四郡並晉咸康四年僑置，並所統縣，並寄居京邑。

南東海郡、南東平郡、南蘭陵郡，晉元帝以江乘置四郡〔八〕。穆帝時，以南東海七縣出居京口。

地所置府號

金陵府。吳武義二年，改昇州爲金陵府。大和五年，建都金陵，尋罷。天祚三年，徐知誥建爲西都，改江寧府。

江寧府。天祚三年，改金陵爲江寧府。石晉天福二年，李昪建國號唐。宋開寶八年，改昇州。天禧二年，以昇州爲江寧府，置軍國建康，命壽春郡王爲府尹。建炎三年，改建康府。

建康府。建炎三年五月，改江寧府爲建康府。歸附後，改建康路。詳見前沿革。

地所統縣名州名

上元，在宋，次赤縣。唐上元二年，廢昇州，以江寧地置，屬潤州，後廢。寶應元年復置。光啓三年，置昇州，屬焉。《通鑑》云：大順元年，置昇州於上元縣，以張雄爲刺史。縣初仍江寧舊治白下村，光啓中徙鳳臺山西。宋初，遷南唐司會府，在府治之東，御前後軍營是其地。建炎徙今治，在城東隅。

江寧，在宋，次赤縣。臨江、歸化、金陵、白下。晉太康元年，分秣陵置臨江。明年，改江寧，後廢。永嘉中復置。隋併秣陵、建康、同夏地入焉。大業初，屬丹楊郡。唐武德三年，即縣置揚州，更名曰歸化。七年，號金陵，屬蔣州。明年，徙白下村，稱曰白下，屬潤州。貞觀七年，復名歸化。九年，復爲江寧。至德二載，置江寧郡，而縣廢。乾元元年復置，屬昇州。上元二年，州廢，以其地置上元縣。南唐割上元南十九鄉、當塗北二鄉因舊名復置，隸金陵府。《圖經》云：「古縣治南臨浦水，在城西南七十里。」按《實錄》云：「唐縣治在州城西，偏西即吳治。城東臨運瀆，天慶觀東即其地。宋初，移郭下，在城西北，距行宫三百步。」《輿地廣記》云：「唐既改江寧爲上元，南唐復析上元置江寧，分治郭下。」至元十三年，本縣達嚕噶齊吳德即以南城外越城之側故縣尉司改置縣治。

句容，在宋，次畿縣。漢置，屬丹楊郡。有句典山，其形如句字，因以名縣。漢武帝封長沙定王子黨爲句容侯，國除，復爲縣。吳赤烏八年，使校尉陳勳發屯兵三萬，鑿句容中道至雲陽西城，以通吳會船艦。唐武德二年，於縣置茅州。七年，州廢，屬蔣州。九年，隸潤州。會昌四年，升望縣。乾元元年，屬昇州。上元二年，州廢，屬潤州。光啓三年，復置昇州，縣隸焉。宋因之，縣治在府東九十里。

溧水州，在宋，次畿縣。隋開皇中，析溧陽、丹楊置，屬蔣州。大業初，屬丹楊郡。唐，上縣。武德三年，屬揚州。九年，屬宣州。乾元元年，屬昇州。上元二年，昇州廢，屬宣州。光啓三年，復置昇州，縣屬焉。宋因之。國朝元貞元年，以戶登五萬，陞爲中州。州治即前宋縣治，在府東南一百二十里。

溧陽州，在宋，次畿縣。秦置。溧水所出南湖也。漢初，屬江都。元封中，屬丹楊郡。後漢封陶謙爲溧陽侯。吳省爲屯田。志云：「封潘璋爲溧陽侯。」又云：「孫皓封何蔣爲溧陽侯〔九〕。」晉太康元年復置，分爲永平。隋開皇十八年，併入溧水。唐武德三年，析江寧、溧水復置，隸揚州。九年，隸宣州。乾元元年，屬昇州。明年，屬宣州。尋復。上元元年，又屬宣州。未幾，又復。寶應元年，屬宣州。光啓三年，復屬昇州。南唐保大十四年，溧陽隸潤州。後主時，隸江寧府。宋開寶八年，取江南，復隸昇州。國朝至元十四年，縣改溧州。十五年，改溧陽府。十六年，改府爲溧陽路，管溧陽縣並在城錄事司。二十八年，革去路名，依舊爲溧陽縣。元貞元年，以民戶五萬之上陞爲中州。唐以前，縣治在溧水縣東南九十里。天復三年，移治今所。今州治即宋縣治，在府東南二百四十里。

歷代廢縣名

秣陵縣，金陵、建業。更治所凡六。前志云：「楚威王築城石頭，號曰金陵。秦始皇改爲秣陵，屬鄣郡。」《實錄》云：「秦縣城在舊江寧縣東南六十里，秣陵橋東北，今有秣陵浦。」漢屬丹揚郡，武帝封江都王子纏爲秣陵侯。後漢復爲縣。孫權自京口徙治，改曰建鄴。晉太康元年，復爲秣陵。三年，分淮水北爲建鄴，南爲秣陵。《宋書》云：「縣治去京六十里，今故治村是也。」義熙中，移於鬭場栢社。《實錄》云：「在江寧縣東南，度長樂橋，古丹楊郡是也。」元熙元年，省揚州禁防參軍，縣治移其處。《圖經》云：「在宮城南八里一百步，小長干巷內。」梁末，北齊軍於秣陵故城跨淮立橋柵，當是其地。隋併入江寧。景德二年，置秣陵鎮。今設巡檢司，在江寧縣東南五十里。

建業縣，《晉書》：「太康三年，分秣陵淮水北爲建業。建興初，避帝諱，改建康縣。舊有城，在吳冶城東。」《實錄》云：「縣治在故都城宣陽門內古御街東。」《寰宇記》云：「咸和六年，徙出宣陽門外。御街西建初寺門路東，即費縣舊基，在臺城南七里，今城內法性尼寺地，縣在寺北二百步云。」隋省入江寧。

江乘縣，秦置。《方輿志》云：「始皇登會稽，從江乘還，過吴。」漢屬丹楊郡。王莽改曰相武。後漢復舊。吴省爲典農都尉。晉武帝復置。咸康七年，析南境爲臨沂，屬琅邪郡。陳太建元年，屬建興郡。《南史》鄭襲嘗爲令。《南徐州記》云：「縣西有江乘浦。」

丹陽縣，漢元朔初，封江都王子敢爲丹楊侯。後漢爲縣。晉封孫韶丹楊侯。南朝復爲縣。隋廢。武德二年，析江寧、溧水復置，屬揚州。貞觀七年，省入當塗。天寶元年復置，縣屬丹楊郡，非舊地矣。按丹陽縣城最古，在丹陽郡城之先，而《圖志》不見。《史記》：始皇出遊，過丹陽，至錢唐。漢、晉爲縣，江左因之，並見史志，惟《隋志》始不載其名。唐之江寧縣盡有今上元、江寧之境。《通典》爲漢丹陽縣，在江寧。《唐書・地志》謂：「貞觀元年，省丹陽縣入當塗。」則知丹陽故境併入江寧當塗明矣。其故城地，《慶元志》引《晉・陶回傳》小丹陽道爲證。戚氏云：「考前史，不但此一事也。」吴呂範從孫策攻破廬江，還，俱東渡到橫江當利，破張英於麋下小丹陽、湖熟，領湖熟相，後領宛陵令。討破丹陽賊，還吴，遷都督。據吴、晉史所載，則今城南六十里到金陵鎮，由金陵鎮南三十里與太平、當塗接界，有市井，宛然古治所，其地名丹陽，或呼小丹陽，即其地也。前史稱小丹陽者，當時有丹陽郡。

史文例書縣名，不出「縣」字，故《吴志》、《晉書》皆稱小以別之。其後縣廢，而丹陽之名立在鎮江，故亦呼小丹陽爾。又按句容縣西南三十里有赤山及赤山湖，其地亦近上元之丹陽鄉。小丹陽相去雖遠，而在赤山西南，與《晉書》「山多赤柳，在西及丹山之陽」之義合。又小丹陽西南有丹陽湖，接當塗界。今府城南五十里有丹陽里，東南三十五里有赤山塘溝，蓋丹陽鄉、赤山、赤山湖、丹陽湖等，必皆丹陽縣之故境，而其治則丹陽市是也。

湖熟，古縣名。漢屬丹楊郡。武帝封江都王子胥行爲湖熟侯。一云姑熟。後漢亦爲侯國。吴省爲典農都尉。晉武復置。陳屬建興郡。漢興平二年，孫策攻揚州，轉攻湖熟、江乘。晉蘇峻之亂，毛寶燒句容、湖熟積聚。義熙九年，罷臨沂、湖熟脂澤田以賜貧人。宋元嘉二十二年浚淮，起湖熟廢田千餘頃，皆此地。二十八年，徙越城流人、淮南流人於姑熟。今太平路古之姑熟，前志謂即湖熟，非也。《元和郡縣志》云：「在舊江寧縣東南七十里。」今在上元縣丹陽鄉，去縣五十里，淮水北古城猶在。

永平縣，永安、永世。漢元封中置，屬丹楊郡，尋廢。吴分溧陽復置，改曰永安。孫休封弟謙爲永安侯。孫皓封洪爲永平侯〔一〇〕。晉武又改永世。惠帝分置平陵，並永世凡六縣屬義興郡，尋復舊名。宋省入溧陽。城在今溧陽州南十五里。遺址高二尺。見後《古蹟志》。

平陵縣，詳見後古蹟固城下。

安業縣，唐武德二年，析江寧、溧水置，後廢。

同夏縣，梁武帝生於秣陵同夏里。大同元年，因以置縣。陳屬建興郡。隋省入江寧。《圖經》云：「縣東十五里有同夏浦，舊有城。」今上元縣長樂鄉是其地。

臨沂縣，本徐州琅邪國縣。晉咸康七年，分江乘西界僑置，屬南琅邪郡。陳屬建興郡。晉蔡靚、諸葛恢、梁孟智、陳明仲璋皆嘗爲令。《實錄》云：「縣城在京江獨石山西，臨大江，在舊江寧縣北四十里。」《南徐州記》云：「縣有落星山，屬慈仁鄉，去縣四十里。」今上元縣長寧鄉攝山之西白常村蓋其地，距上元縣三十八里。

懷德縣，費。晉大興元年，琅邪國人隨帝渡江者幾千戶，立懷德縣以處之，屬丹楊郡。永復爲湯沐邑。後屬琅邪郡，其地寄建康北境。《實錄》云：「縣城在宮城南七里，建初寺前路東。後改曰費，移於宮城西北三里耆闍寺西。宋元嘉十五年，省入建康、臨沂。《古迹編》云：「費縣與琅邪分界於潮溝村，在縣北九里。」今在上元縣鍾山鄉。

即丘縣，本晉琅邪國縣。元帝置，屬南琅邪郡。宋元嘉八年，省入陽都。

陽都縣，本漢城陽國縣。後漢改爲琅邪國。晉廢。元帝置，屬南琅邪郡。宋大明五年，省入臨沂。

地所接四境

集慶路，東西二百三十五里，南北四百六十里。東至本路界首一百四十里，自界首至鎮江路四十里。西至本路界首一十里，自界首至和州八十三里。南至本路界首二百四十里，自界首至寧國路一百二十里。北至本路界首四十九里，自界首至真州一百一十里。東南到本路界首二百八十五里，自界首至常州路一百八十五里。西南到本路界首九十里，自界首至太平路三十里。東北到本路界首一百三十五里，自界首至鎮江路四十五里。西北到本路界首二十二里，自界首至真州一百二十七里。自集慶路到汴梁，陸路一千四百四十五里，水路一千七百七十里。到河南府，陸路一千八百里，水路二千一百九十五里。北至大都，水程三十站，三千四百一十里。陸程四十站，二千八百一十五里。

江寧縣，附郭。東西八十五里，南北九十八里。東至上元縣界，舊以御街中分，今抵錄事司城門爲界。西至和州烏江縣界四十里，以鰻鰲州大江中流爲界，自界首至烏江縣一十五里。南至溧水州界九十三里，以烏刹橋爲界，自界首至溧水州四十五里。北至上元縣界五里，以金陵鄉爲界。東南到句容縣界七十里，以湖山鄉爲界，自界首到句容縣九十里。西南到太平路當塗縣界一百六里，以章公塘爲界，自界首到當塗縣一十七里。東北到上元縣界二十五里，以崇禮鄉爲界。西北到上元縣界五里，以金陵鄉爲界。

上元縣，附郭。東西九十五里，南北八十五里。東至句容縣八十里，以周郎橋中分界。西至江寧縣界，舊以御街中分，今抵錄事司城門爲界。南至江寧縣界七十里，以永豐鄉北白米湖爲界。北至真州六合縣界四十九里，以瓜步大江中流爲界。東南到句容縣界七十里，以東陳村爲界，自界首到句容縣三十五里。西南到江寧縣界四里，以大隱鄉爲界。東北到句容縣界六十里，以章橋爲界，自界首到句容縣八十里。西北至真州六合縣界二十九里，以湖熟大江中流爲界〔一一〕，自界首到六合縣八十五里。

句容縣，東西七十里，南北一百二十里。東至鎮江路丹徒縣界五十里，以山口爲界，自界首至丹徒縣五十里。西至上元縣界二十里，以周郎橋中分爲界，自界首至上元縣七十里。南至溧水州界六十里，以丁塘村爲界，自界首至溧水州三十里。北至真州揚子縣界七十里，以下蜀大江中流爲界，自界首對揚子縣六十里。東南到鎮江路金壇縣界六十里，以茅山崇元觀西堆爲界，自界首到金壇縣六十里。西南到江寧縣界七十里，以上義山東綠楊村爲界，自界首到江寧縣九十里。東北到丹徒縣界六十五里，以左橋爲界，自界首到丹徒縣四十五里。西北到上元縣界八十里，以東陽鎮霸橋爲界，自界首到上元縣六十里。

溧水州，東西八十二里一百三步，南北一百五十五里三十八步。東至句容縣界三十七里，以浮山頂爲界，自界首至句容縣四十里〔一二〕。西至上元縣界三十五里，以烏石橋爲界〔一三〕，自界首至上元縣八十五里。南至寧國路宣城縣界百一十里，四牌岡爲界，自界首至宣城縣百三十里。北至江寧縣界四十五里，以上義山爲界，自界首至江寧縣七十五里。東北到句容縣界四十里，以望湖岡爲界，自界首到句容縣五十里。東南到溧陽州界五十里，以分界山爲界，自界首到溧陽州七十里。西南到寧國路宣城縣界百三十五里，以崑山鄉爲界，自界首到宣城縣一百里。西北到江寧縣界四十五里，以烏刹橋爲界，自界首到江寧縣七十五里。

溧陽州，東西一百五十里，南北一百六十里。東至宜興州界一十五里，以葑埭牌爲界，自界首至宜興州七十里。西至溧水州界八十五里，以三塔墩爲界，自界首至溧水州四十里。南至廣德路界七十里，以石屋山分流爲界，自界首至廣德軍八十里。北至金壇縣界八十里，以長塘湖港荻場爲界，自界首至金壇縣四十里。東南到宜興州界八十里，以白塔山爲界，自界首到宜興州四十里。西南到宣城縣界一百二十里，以湖東北岸爲界，自界首到宣城縣一百三十里。東北到宜興州界四十五里，以五家村爲界，自界首到宜興州六十五里。西北到溧水州界七十五里，以曹山陸路爲界，自界首至溧水州四十五里。

鎮市

淳化鎮。在上元縣東四十五里鳳城鄉。宋淳化五年置。

金陵鎮。在江寧縣南六十里。本陶吳鋪，宋景德二年改爲鎮。今有税務。

秣陵鎮。在江寧縣南五十里〔一四〕。今有税務巡檢司。

石步鎮。在上元縣東北四十五里，即古羅落橋。

大城港鎮。在江寧縣西南七十里。今作水站。

靖安鎮。在龍灣市。

常寧鎮。在句容縣東南五十里。天禧元年，以鎮置寨。今有税務。

下蜀鎮。在句容縣北六十里。有巡檢司。

土橋鎮。在上元縣東南六十里，與句容縣兩界。

東陽鎮〔一五〕。在句容縣西北六十里。《郡國志》云：「楚漢之際，改秣陵爲東陽郡，因爲名〔一六〕，有館驛、税務巡檢司〔一七〕。」

江寧鎮〔一八〕。在江寧縣西南六十里。有巡檢司。

鄧步鎮。在溧水州南一百二十里。宋乾道四年，差官收税。寶祐四年，移東壩市收税。今有税務鹽倉巡檢司。

孔家堽鎮。在溧水州南四十五里。

固城鎮。在溧水州南九十一里。

高淳鎮。在溧水州南一百里。有稅務巡檢司。

舉善鎮。俗名戴步。在溧陽州南三十五里。有稅務。

杜渚鎮。在溧陽州西南六十里。乾道四年，移稅額於溧水縣鄧步。

古　市。按《宫苑記》：吳大帝立大市，在建初寺前，其寺亦名大市寺。宋武帝永初中立北市，在大夏門外歸善寺前。宋又立南市，在三橋籬門外鬬場村内，亦名東市。又有小市、牛馬市、穀市、蜆市、紗市等十一所，皆邊淮列肆，裨販焉。内紗市在城西北耆闍寺前。又有苑市，在廣莫門内路東。鹽市，在朱雀門西。《宋書》有建康市。《南唐書》有金陵市。至今有清化市、羅帛市。而自昔言市者則以東市、西市、鳳臺、鷺洲四坊之達爲市，蓋即魚市。今銀行、花行、雞行、鎮淮橋、新橋、笪橋皆市也。《南史·徐度傳》云：「徐嗣徽、任約等來寇，高祖與敬帝還都，時賊已據石頭，市廛居民並在南路，去臺遙遠，恐爲賊所乘，乃使度將兵鎮冶城，築壘以斷之。」以此知六朝市廛多在淮水北、冶城東也。《通典》：「梁有太市、南市、北市令，太、南、北三市丞。陳淮水北有大市。自餘小市十餘所。」《隋·食貨志》言：「陳時淮水北有大市十餘所，置官司，税斂既重，時甚苦之。」《晉史》：「廷尉張闓住在小市。」《南史》：「宋廢帝元徽二年，張敬兒破賊宣陽門、莊嚴寺、小市。」《丹陽記》曰：「苑城市謂之苑市，秣陵有鬪場市。」《寰宇記》云：「東晉咸和中置七尉，右尉在紗市。今屬上元縣鍾山鄉，張循王北莊前平地是也。」《宮苑記》：「南尉在草市北湘宮寺前，其地在今上元縣治東北。齊東昏侯宮中立宮市，使宮人屠沽，帝爲市魁。陳後主重開市之征，以陽惠朗爲大市令。」《金陵故事》有鹽市，即鹽渚也，在東南三里。庾闡《揚都賦》：「其寶貨則瑤琨琅玕，青碧青珉，陽球散火，陰田潛珍，雲英水玉，錯輝龍鱗，煥若金膏，晃若銀燭。琉璃冰清而外映，珊瑚觸石而上翹，牙簟列文於象齒，火布濯穢於炎焱。西阻石城，則舟車之所會；東盡金塘，則方駕之所連。」清化市今在北門內。羅帛或云「蘿蔔」，即路學街魚市，前《志》不載所在。《南唐近事》：「程員舉進士，夜夢烏衣吏告曰：『君與王倫、廖衢、陳度、衛清並已及第。』員夢中驚喜，理服馳馬詣省門，見楊遂、張觀、魯顗立街中，謂曰：『牓在雞行，何忽至此？』員悵然而覺。其年考功員外郎張佖權知貢舉，果放楊遂等三人，員輩卒無徵應。既夏，内降御札，尚慮遺賢，命張洎舍人就中書重定。洎果取員等五人，附來春別牓及第。明年，歲在癸酉也。」《慶元志》：「雞行街自昔爲繁富之地，南唐放進士牓於此。」戚氏《續志》云：「銀行，今金陵坊銀行街，物貨所集。花行，今層樓街，又呼花行街，有造花者。諸市但名存，不市其物。清化甚僻，故老言舊已然矣。」

湯泉市。在上元縣神泉鄉湯山延祥院之前，去城六十里。

棲霞市。在上元縣長寧鄉攝山棲霞寺之前，去城四十五里。

索墅市。市有索墅坊，在上元縣清化鄉，去城五十里。

泉都市。在上元縣泉水鄉，亦名龍都，去城五十五里。

東流市。市有橋曰東流，以水流自東，因名之。在上元縣宜義鄉，去城四十里。

花林市。南至曹村五里，北至大江十二里。齊、梁諸墳多在其地，屬上元縣清風鄉，去城三十五里。

龍灣市。在上元縣金陵鄉，去城一十五里。有稅務。

竹篠市。在上元縣長寧鄉，去城五十里。有巡檢司。

蛇盤市。在上元縣開寧鄉，去城二十里。舊有館驛。

麒麟市。在上元縣開寧鄉，去城三十里。

西干市。在上元縣長寧鄉，去城四十五里。

章橋市。在上元縣長寧鄉，去城五十里。

石井市。在上元縣長寧鄉，去城二十五里。

五城市。在上元縣崇禮鄉，去城二十五里。

土橋市。在上元縣丹陽鄉，去城六十里。

湖熟市。在上元縣丹陽鄉，去城六十里。
新林市。在城西南二十里。
版橋市。在城西南三十里。
銅井市。在城西南八十里。
東口市。在城南長干橋下東，今烏衣巷口是。
西口市。在城南長干橋下，今西街口是。
小口市。在城西南江寧縣安德鄉。
朱門市。在朱門南。
水橋市。在江寧縣歸善鄉。
杜橋市。在江寧縣萬善鄉，去城四十里。
路口市。在城南七十里。戚《志》作路橋市。
倉頭市。在句容縣仁信鄉，去城九十里。
柴溝市。在句容縣琅邪鄉，去城七十五里。舊有館驛。
白土市。在句容縣來蘇鄉，有稅務。

高友步。俗名上步。在溧陽州南二十五里。

周城步。在溧陽州西南四十五里。

上興步。在溧陽州西六十里。

黄連步。在溧陽州西北五十五里。

江寧有江寧市、秣陵市、金陵市，上元有淳化市，句容有東陽市、下蜀市、長寧市、靖安市，溧水有孔家岡市、固城市、高淳市，溧陽有舉善市、杜渚市，皆見鎮内。

【校勘記】

〔一〕路：至正本作「州」。
〔二〕「僑置者九」下至「屬於府者五」，原闕，據至正本補。
〔三〕本：至正本作「我」。
〔四〕楊：亦可作「陽」。蓋丹陽者，丹水之陽。後又以多楊，改稱丹楊。
〔五〕並：原本無，據至正本補。
〔六〕按《新唐書·地理志》：「金壇縣本曲阿地。隋末，土人保聚……賊平，因之。」武德三年六月前，江南未歸附李唐，茅州初立，並非唐所置。
〔七〕兵戈擾攘：至正本作「胡寇南侵」。
〔八〕乘：原作「東」，據《景定建康志》卷一五改。
〔九〕何：《景定建康志》卷一五作「孫」。
〔一〇〕洪：至正本作「孫洪」。
〔一一〕熟：原作「墅」，據《景定建康志》卷一五改。

〔一二〕首：原無，據《景定建康志》卷一五補。下同。
〔一三〕以：原無，據《景定建康志》卷一五補。下同。
〔一四〕五：原作「三」，據《景定建康志》卷一六改。
〔一五〕東：原脱，據《景定建康志》卷一六補。
〔一六〕「東陽郡因爲」五字原脱，據《景定建康志》卷一六補。「名」上原有「國」字，據《景定建康志》删。
〔一七〕稅務巡檢司：原本無，據至正本補。
〔一八〕江寧：原脱，據《景定建康志》卷一六補。

至正金陵新志卷四下

疆域志二

街巷

古御街〔一〕。按《宮城記》吳時自宮門南出至朱雀門七八里，府寺相屬。晉成帝因吳苑城築新宮，正中曰宣陽門，南對朱雀門，相去五里，餘名爲御道、夾道，開御溝，植槐、柳。梁武帝克東昏，焚其奢淫服六十二種於御街。今自天津橋直南夾道猶有故溝，皆在民居，南唐御街也。又有古御街〔二〕，在臺城西掖門外。《宮苑記》云：「吳太初宮北玄武門直對臺城，西掖門前路東即古御街是也〔三〕。」其實自大司馬門出爲御街，自端門出爲馳道，自西掖門出爲古御街。端門，即閶闔門。

朱雀街。按《宮城記》自宮門南出夾苑路至朱雀門七八里，府寺相屬。《輿地志》朱雀門北對宣陽門，相去六里，名爲御道，夾道開御溝，植柳環濟。《吳記》曰：「天紀二年，衛尉岑昬表修百府，自宮門至朱雀橋夾路作府舍，又開大道，使男女異行。夾道皆築高牆瓦覆，或作竹籓。」庾闡《揚都賦》云：「横朱雀之飛梁，豁八達之遐衢。」《世説》宣武出鎮南州，王東亭曰：「丞相初營建鄴，無所因承，而制置紆曲，方此爲劣。」東亭曰：「此乃所以爲巧也〔四〕。江左地促，不如中國。若使阡陌條暢，則一覽而盡，故紆餘委曲，若不可測。今臺城在府城東北，而御街迤邐向南，屬之朱雀門，皆其勢，誠紆迴深遠，不可測矣。」侯景緣淮作塘，自石頭至於朱雀街十餘里中，樓雉相屬。宋彭城劉悛，司空勔之長子。勔見害於朱雀街，悛兄弟平生不行此路。

焚衣街。在御街。齊東昏侯製四種冠、五彩袍，一月中二十餘出，晨出三更歸，夜出清晨返。梁廢東昏，焚奢淫異服六十二種於御街，後人號其所曰焚衣街。

孔子巷。在青溪側大仁寺前。古廟在長樂橋東一里。《輿地志》云：「孔子廟在樂遊苑東，隔青溪，蓋聖嗣侯所奉之廟也。」舊在溪南丹楊郡之東南，本東晉所立，中廢。宋元嘉十九年，詔復孔子廟。至齊，遷於今處，以舊地爲浮屠。今名孔子寺，亦名孔子巷，在城東南五里，古長樂橋東。《實錄》晉孝武太元十一年，立宣尼廟故丹陽郡城中。後移廟過淮水北，以舊處爲孔子寺，亦呼其巷爲孔子巷。

國子監巷。今鎮淮橋北御街東，舊比較務即其地。南唐跨有江淮，鳩集典墳，特置學官，濱秦淮開國子監，里俗呼爲國子監巷，又呼草巷。

烏衣巷。在秦淮南。晉南渡，王、謝諸名族居此，時謂其子弟爲烏衣諸郎。今城南長干寺北有小巷曰烏衣，去朱雀橋不遠。《丹陽記》：烏衣之起，吳時烏衣營處所也。《晉記》：江左初立，琅邪諸王居烏衣巷。王敦謀逆，導憂覆族，使郭璞筮之，卦成，歎曰：「吉，無不利。淮水竭，王氏滅，子孫繁衍。」《世説》王導曰：「庾元規若來，吾角巾還烏衣。」《南史》：王僧虔爲御史中丞〔五〕，領驃騎將軍。甲族由來不居此官，王氏分枝居烏衣者位官微減，僧虔爲此官，乃曰：「此是烏衣諸郎坐處，我亦可試爲爾。」《建康實錄》：紀瞻立宅於烏衣巷，屋宇崇麗，園池竹木有足賞翫焉。劉斧《摭遺》載《烏衣傳》謂「金陵人姓王名謝，因海舶入燕子國」，妄言耳。

運巷。在今永壽宫相接。沈約自序曰：「王父從官京師，義熙十一年，高祖賜館於都亭里之運巷。」《世説敘錄》：冶城在今運巷東舊里亭，今俗呼爲黄泥巷。戚《志》云：「當臨運瀆。」

主簿巷。在明道書院右。明道先生程純公嘗爲上元主簿，政教在人，至今呼爲主簿巷。

聖火巷。事見摭遺。

參佐巷。在古東府城西。《金陵故事》會稽王鎮東府，立驃騎亭，通驃騎航。參佐巷在航西。

察戰巷。按《吳録》官名有察戰，丹陽舊有察戰巷，在禪衆寺前。《丹陽記》：庾亮拒蘇峻宣陽門外，七戰於此，故又名七戰。

竹格巷。按《實錄》興嚴寺在運瀆東岸，南直竹格渡，即謝尚宅。

白楊巷。在今府城東南十八里。謝幾卿免官居白楊之石井。又何妥居白楊巷，與青楊巷蕭昚齊名。

青楊巷。《異苑》云：檀道濟居青楊巷，宅是吳步闡所居。諺云：「楊州青，是鬼營。」自步及檀皆被誅。

馬糞巷。《南史》：王志家禁中里馬糞巷。僧虔以來，門風多寬恕，志尤重厚，歷職不以咎劾人。門下客嘗盜志車轄賣之，志知而不問，待之如初。賓客遊其門者專覆其過，而稱其善，兄弟子姪皆篤厚謙和，時人號馬糞諸王爲長者。

侍其巷。《慶元志》：舊爲侍其氏所居，多聞人。今正南隅永安坊内有雉雞巷，即此而訛。

刁家巷。《慶元志》：南唐刁彦能子孫居此巷，因名。今不聞此巷。

五房六房巷。《慶元志》：在府治門，對南直街東西。紹興初，高宗駐蹕，三省樞密院吏所居。戚氏《志》：杭州亦有此巷以居吏，故云房。或疑高宗留此不久，當是南唐。

句容有劉明府君巷。令張偘移醋庫劉明府君巷東。後得舊井，甘寒，遂名。

坊里

金華坊。《唐實錄》：都城清明門對今湘宮寺巷門東，出青溪橋正東面建春門，直東興業寺後，度青溪菰首橋。景雲中，江寧令陸彦恭於縣東開金華坊，東逼青溪。乃廢菰首橋，而於興業寺門前開大道，造金華橋度青溪，通潤州驛。《慶元志》：其地今上元縣治東北。

翔鸞坊。《南唐近事》：盧絳寓居翔鸞坊，遘熱病，夢婦人令啖蔗。事見《摭遺》。

康樂坊。《慶元志》：城東半山寺處，舊名康樂坊。晉謝玄封康樂公，至孫靈運猶襲封。今以坊及謝公墩名觀之，恐是玄及其子孫所居。

赤蘭坊。見《赤蘭橋》。

鍾山坊。在宋行宮前東夾道。

石城坊。在宋行宮前西夾道。

東錦繡坊。在御街左。

西錦繡坊。在御街右。

狀元坊。二，一在御街左東錦繡坊南，一在府學南。
報恩坊。在御街右西錦繡坊南。
安樂坊。在御街右報恩坊北。
金泉坊。在御街右報恩坊南。
嘉瑞坊。在御街左狀元坊南。戚氏《志》：金泉南。
舜澤坊。在御街右金泉坊南。
金陵坊。在御街右舜澤坊南。
建業坊。在御街右鎮淮橋西北。
長樂坊。在御街左鎮淮橋東北。
招賢坊。在今臺治南。
經武坊。在臺治左。
武勝坊。在今臺治東北。
細柳坊。在舊都統司後軍寨前。
青溪坊、九曲坊。並在臺治東。

嘉會坊。在舊總領所前。
尊賢坊。在明道書院之右，即主簿巷。
東市坊。在魚市東。
鳳臺坊。在魚市南。
西市坊。在魚市西。
鷺洲坊。在魚市北。
長春坊。在東市之東。
寬征坊。在西市之南。
清化坊、欽化坊。並在西市之北。
朝宗坊、佳麗坊。並在西市之西。
保寧坊。在保寧寺前。
廣濟坊。在舊廣濟倉南，近水西門。
武定坊。在鎮淮橋東南。
崇勝坊。在鎮淮橋西南。

《慶元志》載六朝及唐里名有翔鸞、濱江、舜澤、嘉瑞，凡四，與《乾道》坊名同，蓋坊故里也。《乾道》所載四廂二十坊曰：左南坊四，曰嘉瑞、長樂、翔鸞、武定；右南坊九，曰承賢、舜澤、建業、興政、雅政、鳳臺、濱江、永安、敦教；左北坊二，曰鍾山、招賢；右北坊五，曰立德、修文、來蘇、金陵、清化。其時城內分四廂，猶今之隅。廂有廂官，掌民訟。如雞行街今在西南隅，舊志云：在右南廂是也。戚氏云：「以上坊名與《乾道》不同者，蓋初以一城分四廂，四廂街巷總分二十坊。後復各以其坊之街或巷揭以坊名，今尚存焉。」舊志所云嘉瑞、長樂等坊，皆舊坊也，至今里巷禱祀言所居坊則尚舉二十坊之名，以翔鸞觀之，則知其來遠矣。《景定》皆弗錄，今並存之。又按宋搉酤之所亦名坊。《溧陽志》甓橋坊、東馬坊、酒坊四十二處是也，如石步鎮有羅落坊、北村坊也。梁蕭子範有《直中舍坊賦》，此官寺之坊也。

句容縣有鄘里坊、躍鱗坊、句曲坊、宣化坊、金陵坊、僊賓坊、禮教坊、延賓坊、興化坊、東諫臣坊、西諫臣坊、東林教坊、西林教坊。凡十有三，見縣志。又曰：「古坊名既廢，令張槼復立，已無知者。乃自縣河至十字街，達於東門，立坊十五，曰升俊坊、製錦坊、宣化坊、市南坊、天市坊〔六〕、東市坊、舊市坊、市北坊、躍鱗坊、市橋坊、和豐坊、朝京坊、鍾山坊、句曲坊、延賓坊，內四明坊因舊云〔七〕。」

溧水州有崇德坊、易俗坊、仁和坊、長壽坊、新興坊、昭德坊、樂安坊、樂泰坊、《縣志》作「德安」、「德泰」。棲賢坊、恭信坊。凡十。又表孝坊、以乾道四年邑人伊小乙割肝療母病得名。狀元坊二、以俞櫨上舍、吴濳進士並第一得名。崇儒坊。舊名「崇化」。已上三坊並見《縣志》。凡四。

溧陽州有育材坊、後改「登俊」。仁和坊、瑞蓮坊、永定坊、招遠坊。凡五。見本處志。

長干里。在秦淮南。越范蠡築城長干。《丹陽記》：大長干寺道西有張子布宅，在淮水南。《實錄》云：長干是里巷名，江東謂山隴之間曰「干」。建康南五里有山崗，其間平地民庶雜居，有大長干、小長干、東長干，並是地里名。小長干在瓦棺南巷，西頭出江。

鳳凰里。在今保寧寺後。宋元嘉十四年，大鳥二集秣陵民王覬園中李窠上，大如孔雀，頭足小高，毛羽鮮明，文綵五色，聲音諧從。衆鳥如山雞者隨之行三十步，頃東南飛去。揚州刺史彭城王義康以聞，改鳥所集永昌里爲鳳凰里，後於寺築臺建樓。

表孝里。在溧水州，即伊小乙所居里。知縣陳嘉善牓其里，旌之。

鄉里見史志者，吴丹陽賴鄉、宋建康東鄉土山里、秣陵都鄉石泉里。謝濤、宗慤墓。《乾道志》鄉各書里，《景定》始遺之。今故老知者亦鮮，蓋初以鄉統里，宋末易里之名曰「保」，或曰「管」，曰「都」，由是相襲而失古矣。今錄前志所遺者。

子游里。《九域志》言偃里在上元縣。《金陵故事》在縣東二十二里。按《索隱》：「《家語》云：『言偃，吴人，仕魯，爲武城宰。』今吴郡有言偃冢。」《吴地記》云：「宅旁有監洗石，週迴四丈，爲梁太守蕭正德將去，莫知所在。」《蘇州記》曰：「周文學科孔子弟子言偃宅，在常熟縣。」《史記》云：「偃，吴人也，字子游。宅邊有監洗石。」云此偃吴人〔八〕，無可疑者，不知故事何據。而《六朝事迹》、《乾道志》又承其誤也。戚氏云：「《史記》元無監洗石之文，秖曰吴人。金陵固亦吴也，故冢果在吴都。」古人或生、或仕、或游歷，安得盡知？里名相傳，必有所自。後常熟縣立吴公祠，朱文公記曰：「縣有子游巷、文學橋。」《圖經》又云：「故宅在縣西北，舊井存焉。」今不復可見。觀此紀考據又與前説不同，大抵存古慕賢之意。又唐開元追爵，始封吴侯。宋大中祥符二年，定七十二公國號，追封丹陽公。故《政和禮書》稱丹陽公。至高宗贊，乃書唐封。淳熙中，遂改吴公。竊詳丹陽可稱吴，而常熟不可號丹陽。太宗詔定之時，固有據也。又言姓最少，聞吴中有之。然上元竹篠去城五十里，言族成一聚落，近年稍分居神泉鄉陽水及龍潭，但里名改易，未能訪其處。有《慶元志》偏言蘇州之説，《景定》遂削此里。使子游的非吴人，《郡志》亦當傳疑，如儒童院之類，況史志故事存乎。

禁中里、見馬糞巷。都亭里、見運巷。小郊里、梁武帝始至姑熟，柳惔與兄惲、諸友朋於小郊候接。《慶元志》在城南十五里。或傳即吳大帝南郊壇所，《實錄》所謂郊壇村。戚氏云鳳臺鄉有此里，又自有郊壇里。蔣山里、太清里。《梁史》。《慶元志》載六朝及唐里名十六，曰化義里、建興里、見南苑。定陰里、建康里、齊平里、南塘里、《晉史》王敦兵至御街，沈充自青溪引軍與會，至宣陽門北，中郎將劉遐等率輕騎從南塘出，横擊之，賊軍大潰。《世説》祖車騎過江時，公私儉薄，無好服玩。王、庾諸公共就祖，忽見裘袍重疊，珍飾盈列。諸公怪問之，祖曰：「昨夜復南塘一出。」蓋祖於時使健先鼓行劫鈔，在事之人亦容而不問也。時廝養逋亡，多逃竄在南塘下諸船中，或欲一時搜索。謝公不許，曰：「不容置此輩，何以爲京師？」王荆公詩：「平時無盜出南塘。」朔陰里、桐下里、疑即同夏。婁侯里、地有婁湖。見江寧鄉。崇孝里、翔鸞里、濱江里、舜澤里、嘉瑞里、翔鸞以下皆舊坊名。鬬場里、梁永明九年，秣陵縣鬬場里安明寺有古樹，衆僧改架屋，伐爲薪，剖木裏，自然有「法大德」三字。蓋即鬬場村。延賢里，見赤蘭橋。皆舊里名也。

江寧縣鄉十八，里八十六。《景定》無龍山，有長泰、朱門。今朱門一鄉别有沙洲鄉，在縣西南，菜園務在城東南。據前志定古額二十三鄉。

鳳臺二鄉。縣東南二十里。併大隱鄉爲一。《景定》分東、西二鄉。

小郊里。

婁湖里。

常樂里。

金陵里。

安德鄉。 縣西南三十里。併丹陽鄉爲一。

洪塘里。疑此即《吳都賦》横塘。

張野里。

佐幕里。

清陵里。

新林里。

郊壇里。疑此即《梁紀實錄》郊壇里及村。

董林里。

路西里。

新亭鄉。 縣東南四十里。

子塘里。

顔墟里。
商墟里。
河亭里。
梁墟里。
隨車鄉。縣南四十里。
下干里。
五袴里。
向社里。
來晚里。
光宅鄉。縣西南四十里。
孟湖里。
龔亭里。
丁家里。
三山里。

平頭里。
關元鄉。縣南四十里。
白山里。
蒲干里。
孝義里。
金井里。
萬善鄉。縣南五十里。
高村里。
仇村里。
經村里。
允泰二鄉。縣南五十里。《景定》作長泰南、北二鄉。
丹陽里。
永泰里。
韋義里。

馴翬鄉。縣東南六十里。

東金里。

湖頭里。

劉亭里。

秣陵里。

惠化鄉。鄉南六十里。

魯下里。

赤岸里。

三山里。

方期里。

白都里。

葛僊鄉。縣東南七十里。

李塘里。

湖南里。

令東里。
建業鄉。縣南三十里。
時安里。
東林里。
魏亭里。
浦東里。
東淮湖里。
塘頭里。
永豐鄉。縣東南九十里。
令西里。
上義里。
鹿陽里。
歸善鄉。縣西南六十里。
歸化里。

仁壽里。
仁恭里。
歸善里。
歸德里。
處真鄉。縣西南七十里。併孝感鄉爲一。
歸善里。
仁愛里。
仁惠里。
興德里。
長興尚署里。
大薄河湖里。二里蓋四字名，與下馬浦東西、後黎陵尚例同。
銅山鄉。縣南九十里。
馬浦東西里。
施計里。

東西里。
濮里。
後黎陵尚里。
楊莊下溪里。
故堂尚署里。
龍山鄉。縣南九十里。《景定》作朱門南、北二鄉。
龍山里。
湯馮里。
朱門里。
前泊里。
馬里。
横山二鄉。縣東南百二十里。《景定》分南、北。
靈仙里。
横水里。

岳陽里。

大峴里。

龍窟里。

甘泉里。

石塘里。

上元縣鄉十八，里五十二。州、縣、鄉、里採戚氏《志》及州、縣志所載名目。

金陵鄉。縣北。

東　里。

西　里。

慈仁鄉。縣東北。

東　里。

北　里。

鍾山鄉。縣西北。

泉水里。

南里。
北里。
北城鄉。縣東北。一名龍城鄉。
東里。
西里。
清風鄉。縣東北。
上里。
中里。
下里。
長寧鄉。縣東北。併爲政鄉爲一。
長亭里。
東里。
西里。
惟信鄉。縣東。《景定》改名爲政。

惟信里。

開寧鄉。縣東北。

開義里。

開元里。

宣義鄉。縣東。

東　里。

西　里。

南　里。

鳳城鄉。縣東。

西　里。

中　里。

東　里。

清化鄉。縣東。併崇信鄉爲一。

崇信里。

崇林里。
清化里。
長澗里。
神泉鄉。縣東北。
神泉里。
萬安里。
上達里。
郭干里。
丹陽鄉。縣東南。
新興里。
平子里。
新建里。
永寧里。
丹陽里。

崇禮鄉。縣東南。併建康鄉。

西　里。

東　里。

南　里。

中　里。

北　里。

泉水鄉。縣東南。

西　里。

東　里。

道德鄉。縣南。

道德里。

埂頭里。

銅山里。

盡節鄉。縣南。

東里。

西里。

長樂鄉。縣東。

上里。

中里。

下里。今縣報作興賢鄉。

句容縣鄉十六。崇信鄉里三，立闕盤石，今廢。《乾道》、《景定》俱云里五十八〔九〕。《乾道》有長年，無直道。

通德鄉。《乾道》云元名同德。在縣西二十里。一都、二都。

興行里。

嚴墟里。

史亭里。

豐亭里。新里、市干、樊巷、言野、磨店頭、上嚴墟、下嚴墟七村。

福祚鄉。縣西南三十里。三都、四都。

祐善里。
義城里。
清城里。
次戴里。黄堰、三汊、南岡、青城步四村。
臨泉鄉。縣西南五十里。五都、六都。
潤下里。
仁愛里。
章亭里。
楊亭里。石湫、丁墟、夾山、黄連墅、花塘、東釋、斗門、西釋、湯巷九村。
上容鄉。縣西南六十里。七都、八都。
寬仁里。
葛亭里。
高平里。
湯亭里。

崇信里。《乾道》作敦信。陳莊、五渚、張莊、盧蕟、望湖岡五村。
承僊鄉。縣南八十里。九都、十都。
得道里。
魯亭里。
白楊里。
靈峰里。浮山、天王堂二村。
政仁鄉。縣南九十里。十一都、十二都。
化俗里。
周亭里。
安亭里。朱墟、縠成、朱莊、白沙、上干五村。
茅山鄉。縣東南五十里。十三都。
僊居里。
朱陽里。
水南里。成村、黄莊、步塘、前潘、太陽、吳墟六村。

崇德鄉。縣南四十里。十四都、十五都。

溫恭里。

徐亭里。

解亭里。於鄉、西城、觀莊三村。

句容鄉。縣東南三十里。十六都、十七都。

祥符里。

畢墟里。

黄干里。

直道里。曹莊、呂坊、黄干、蔡墓四村。直道，乾道後置。

來蘇鄉。縣東三十里。十八都。

得仁里。

秦亭里。

東鎖里。

西鎖里。黄莊、秋干、蕭亭、畢塔灣、王婆店、行香、徐村、前馬、後馬九村。

望僊鄉。 縣東北四十里。十九都、二十都。

豐義里。

降真里。

次榮里。 奉聖、荆塘二村。

移風鄉。 縣東北三十里。二十一都、二十二都。按《乾道志》舊有長年里。

楊塘里。

戴亭里。

安陽里。

行化里。 元名行香，《乾道》作行香。掘河、小干、栢莊、楊塘、官莊、楊家莊六村。

孝義鄉。 縣北三十里。二十三都。

上應里。

下應里。

王亭里。 佴墅、和草、穀香、十八石四村。佴音「耐」，姓也。

仁信鄉。 縣北五十里。二十四都。元名履仁，《乾道志》改仁信。

愛人里。
亭子里。
石橋里。亭子、迸風、六里店三村。
鳳壇鄉。縣西北四十里。二十五都、二十六都、二十七都。
祥禽里。
韓亭里。
黃行里。陳莊、三口、柴溝、赤峴、倉頭五村。
琅邪鄉。縣西北五十里。二十八都、二十九都。
橋居里。
鮑亭里。
西亭里。
洛亭里。鮑亭、漸倪、新塘、東干、西干、黃野、羅家七村。
溧水州鄉十七，里四十七。舊圖鄉十九。今廢固城〔一〇〕、孝義二鄉。《咸淳縣志》〔一一〕：今分四十八都。

上元鄉。州東南三十里。見《縣志》。下同。

高坡里。

興塘里。

思鶴鄉。州西三十五里。

良西里。

解塘里。

上方里。

贊賢鄉。州南三十五里。

分東里。

宋亭里。

孫亭里。

白鹿鄉。州東南五十里。

裴塘里。

楊塘里。

澗西里。

豐慶鄉。州東四十里。舊名龍慶。

招賢里。

劉方里。

澗北里。

歸政鄉。州東北四十里。

前西里。

匠南里。

崇賢鄉。州北四十里。

永寧里。

崇德里。

蒲塘里。

長壽鄉。州北三十五里。

承恩里。

臨前里。
山陽鄉。州西南四十里。
西北里。
花溪里。
青林里。
崇教鄉。州西南一百二十里。
前湖里。
薛城里。
南塘里。
永康里。
清化里。
遊山鄉。州南百一十里。
南亭里。
東史里。

僊壇鄉。州東南七十五里。
柴西里。
石南里。
馬沈里。
安興鄉。州東南一百里。
豐樂里。
李溪里。
荆塘里。
儀鳳鄉。州南七十五里。
大曆里。
傳南里。
和順里。
永寧鄉。州西南百三十五里。舊名永安。
新安里。

水上里。
登雲里。
唐昌鄉。州東南一百二十里。
水北里。
水南里。
敦信鄉。州西南九十里。《景定》改爲立信。
寺後里。
許東里。
溧陽州鄉十三，里十八。舊領鄉十七。端拱元年，割昭德、豐樂、彰德三鄉屬建平縣。嘉祐六年，分成樂鄉並入永成、福賢二鄉〔一二〕。《乾道》鄉十二，里十三。
永成鄉。州東北。
艮方里。
沙漲里。《乾道志》無沙漲〔一三〕。
福賢鄉。州東。唐曰招賢。

新建里。

舉福鄉。州西南。南唐有。

青安里。

郵亭里。

明義鄉。州西。

茭山里。

黃山里。

新昌里。《乾道志》止有茭山里〔一四〕。

惠德鄉。南唐有。

高友里。

德隨鄉。州南。

虞步里。

從山鄉。州西南。

下宅里。

桂壽鄉。州西南。

蘆塘里。

奉安鄉。州西北。

前文里。《乾道》無。

崇來鄉。州西北。

舊縣里。

來蘇鄉。州北。

前馬里。

允泰鄉。州北。

上梅里。

下梅里。《乾道》無上梅。

允定鄉。州北。唐曰永安。

允安里。《乾道》作永安。

鋪　驛館舍附

驛路五十一鋪，每鋪相去十里。

東門鋪。

雙牌鋪。舊名東十里鋪。

蛇盤鋪。俗作佘婆。

麒麟鋪。

東流鋪。

張橋鋪。

崑崙堽鋪。以上七鋪屬上元縣。

江城湖鋪。

宣家峴鋪。今名青山。

山口鋪。

廟林鋪。
下蜀鋪。
紀家店鋪。以上六鋪屬句容縣。
右十三鋪係東路，直抵鎮江路界炭渚鋪。
土門鋪。
夾埕鋪。
遲店鋪。
清水亭鋪。
玄武橋鋪。舊作園墓。
秣陵鋪。
李村鋪。
路口鋪。
烏刹橋鋪。以上九鋪屬江寧縣。
方墟鋪。

石頭堽鋪。
烏山鋪。
齊家店鋪。
南亭堽鋪。
南十里鋪。
蒲塘鋪。
三角子鋪。
孔家堽鋪。
土山鋪。
羅家林鋪。
戴公堽鋪。
漆橋鋪。
朱家店鋪。
湯師娘鋪。

松兒堽鋪。以上十六鋪屬溧水州。
右二十五鋪係南路，直抵廣德路界顧置鋪。
越臺鋪。
石子堽鋪。
官莊鋪。
板橋鋪。
三城湖鋪。
江寧鎮鋪。
青松林鋪。
銅井鋪。
葛家堽鋪。以上屬江寧縣。
右九鋪係西路，直抵太平路界慈湖鋪。
府前鋪。
西門鋪。

石原衝鋪。
靖安鋪。以上屬上元縣。
右四鋪係北路，直抵滁州界宣化鋪。
縣路十一鋪，每鋪相去二十里。此係諸縣不通驛路處遞傳之路。
石井鋪。
七里堽鋪。
右二鋪屬上元縣界。
周郎橋鋪。
縣西門鋪。
右二鋪屬句容縣界。
縣東門鋪。
茭塘鋪。
破湖鋪。
右三鋪屬溧水州界。

黄連步鋪〔一五〕。

中橋鋪。

烏山村鋪。

縣西門鋪。

右四鋪屬溧陽州界。

在城金陵驛

水　站。在正東隅青溪坊保。前宋制置司僉廳地基。東至溧水州二百四十里，南至大城港水站六十里，北至龍灣水站三十里，管船一十九隻。

馬　站。在青溪坊。前宋試院地基。東至東陽馬站七十里，南至江寧馬站五十里，東南至溧水州馬站一百二十里，正備馬八十八匹。

江寧縣水馬站

江寧馬站。在江寧鎮。正備馬五十匹。

大城港水站。在沙洲鄉，去縣三十里。船二十五隻。

上元縣龍灣水站。在金陵鄉，去縣十五里。船二十二隻。

句容縣水馬站

東陽馬站。至在城金陵驛七十里。正備馬五十匹。

水站。至龍灣站一百二十里。管船二十二隻。

下蜀馬站。至東陽站四十里，到鎮江路六十里。正備馬四十匹。

老鸛觜馬站。至東陽站三十里。正備馬二十匹。

溧水州中山驛。在州惠政橋西南。正備馬六匹〔一六〕。

溧陽州館驛。一所，在本州永定坊。至元二十四年置立。正備馬六匹。

永寧驛。舊基在宋總領所西，閃駕橋之南。

江寧驛。在江寧縣西南五十里。

秣陵驛。在江寧縣南三十里〔一七〕。

石頭驛。張九齡有《候使石頭驛樓》詩。李白答裴侍御，先行至石頭驛，以書見招，詩云：「君至石頭驛，寄書黄鶴樓。」

夢筆驛。江淹本集云：「嘗宿於冶亭，夢見丈夫自稱郭璞〔一八〕，謂淹曰：『吾有筆在公處多年，可以見還。』淹乃探懷中，得五色筆一以授之。爾後爲詩，絕無美句，時人謂之才盡。」按：建康有冶亭，在冶城。送别處有冶渚，疑亦有亭。又有東冶亭，在秦淮上。皆六朝士大夫餞送之所。淹本集所載始末皆建康事也。《庚溪詩話》云：夢筆驛，江淹舊居，不詳所在。今建寧路浦城縣有夢筆山，山下有江淹祠，有夢筆里。楊文莊公、真西山皆嘗讀書其所，乃淹爲吳興令處耳。

金陵驛。亦名蛇盤驛。在上元縣長樂鄉蛇盤市。「佘婆」音之訛也。今水、馬站總名金陵驛，在城中。

東陽二驛。西至金陵驛四十五里。今爲水、馬二站。

柴溝驛。西至東陽驛十五里。

下蜀驛。西至柴溝驛十五里，東至鎮江路界十五里。今有馬站。

望僊驛。舊在句容縣治南。元豐二年，移縣治東。

溱橋驛。在溧水州南七十五里。

官塘驛。在溧水州東南二十五里。

坊墟驛。在溧水州北三十五里。

淮源驛。在溧水州東北三十五里。

儀賓驛。在溧水州南一百一十里。

招賢驛。在溧水州南一百一十里。

蒲塘驛。在溧水州南二十五里。

白馬驛。在溧水州東南四十里。

延賓驛。在溧水州西四十七里。

青陽驛。在句容縣東二十里。

竹里驛。在句容縣北六十里倉頭市。戚《志》一作竹亭。

雲亭驛。在句容縣。

昭華驛。在句容縣。開寶中焚圮。太平興國二年，移縣街東。或云望僊驛是也。

臨江驛。岑參有詩，見陳軒《金陵集》。

右自永寧驛以下皆舊驛名，今廢。

古六館，曰顯仁、集雅、顯信、來遠、職官、行人。《宫苑記》國館六：一曰顯仁，處高麗使。二曰集雅，處百濟使。三曰顯信，處吐蕃使。四曰來遠，處蠕蠕使。五曰職官，處於陀利使。六曰行人，處比方使。顯仁在青溪中橋。五館並相近，惟行人在婁湖籬門外。又梁時學館亦名集雅，未詳其義。

貢計館。《宫苑記》在舟子洲上，郡貢、上計及士人與計偕者憩此館。徐鉉詩：「燕沒閬風亭，川流貢計館。」

任子館。《吳志》諸將屯戍，並留任子，爲立任子館。晉咸和五年除之。《實錄》注：地在樂遊園西〔一九〕，對今棲玄寺門。晉有江左，其制不改，至此年除之。在覆舟山南，歲久堙廢，不復可辨。地近古迹北郊壇。《陳書》大建十四年，詔可檢任子館及東館，並帶保任在外者，賜衣、糧、酒食遣之。

客　館。在城南十三里。隔岸蔡州，晉陶侃嘗屯此。《丹陽記》吳時宮館在蔡州，上以舍遠人。舊志：《南史》宋初置南北客館，主四方賓客，後爲四方館，此其始云。

唐信義館。王昌齡有詩。

湯泉館。《乾道志》在上元縣神泉鄉湯山下。徐鉉有《湯泉舊館》詩，遺址今存云。

江寧館。舊館姚希得建。

晢清館。即客亭基，在龍灣。今爲水驛。

儀賓館。舊名。以沒官屋改，車馬小駐之地。今爲南軒書院。

需　館。沒官屋改，在小本頭街〔二〇〕。見《景定志》。

金淵館。《溧陽志》在州治後，臨溪。今爲織染局。

通江館。

横江館。

德星館。見後古迹。

水　館。《乾道志》在折柳堂東，葉清臣建，張伯五記。按舊圖在月堂西。月堂基，即通江館也。

道　路

秦皇馳道。秦始皇三十六年東遊，自江乘渡江，馳馬於此。古志：詔役赭衣三千人開馳道，故曰丹徒。相傳自江乘往鎮江大路是也。漢賈山曰：「秦東窮燕、齊，南極吳、越，蹕道廣五十步，隱以金稚，樹以青松，爲馳道之麗。至於此，使其後世曾不得邪徑託足焉。」

吳帝馳道。《吳都賦》云：「朱闕雙立，馳道如砥。」

宋帝馳道。《宋書》大明五年，孝武初立馳道。自閶闔門至朱雀門爲南馳道，又自承明門至玄武湖爲北馳道。八年，罷南北二馳道。景和元年，復立。《宮苑記》宋築馳道，爲調馬之所。

小丹陽路。今在江寧縣橫山鄉金陵鎮西南三十里，與太平路當塗縣接界。里俗猶呼丹陽。晉歷陽內史蘇峻叛，陶回謂庾亮曰：「峻知石頭有重戍，不敢直下，必向小丹陽南道步來，宜設伏邀之，可一戰擒也。」亮不從。峻果自小丹陽來，迷失道夜行，無復部伍。亮聞，乃悔之。

黄城大路。至今上元縣清風鄉黄城村。梁侯景遣軍至江乘拒邵陵王綸。趙伯超謂綸曰：「若從黄城大路必與賊遇，不如徑指鍾山，突據廣莫門，出賊不意，城圍必解。」

湖頭路。在今玄武湖東北。《南史》崔慧景奉江夏王内向，中領軍王瑩都督衆軍，據湖頭築壘，上帶蔣山。又王敬則舉兵，沈文季持節都督屯湖頭，備京口路。

白楊路。在城南十里石岡之横道。陳始興王叔陵反，部麾下度小航，將趨新林，蕭摩訶追擒於白楊路。

竹里路。在句容縣北六十里倉頭市東。有竹里橋，南邊山，北濱大江。父老云：昔時路行山間，西接東陽，遶攝山之北，由江乘、羅落以至建康。宋武帝討桓玄，其路經此。今城東佘婆岡至東陽路乃後世所開，非古路也。

謝玄走馬路。在上元縣崇禮鄉土山下。至今不生草木。詳見土山下。

姜巴路。在小茅山後，通延陵。《真誥》：秦時有士周太賓及巴陵侯姜叔茂者，來住句曲山下，秦孝王時封侯，故以姜巴名其路。

上容路。見破岡埭。

橋梁

郡報州、司、縣橋道總一百五十八處，與前志不同。今存其舊。

天津橋。宋行宫前。舊名虹橋，政和中蔡嶷建爲石橋，號曰蔡公橋，後改今名。天津，本西京大内前橋名，即康節邵雍聞杜鵑處。今移其名於此，不忘京師之思也。

鎮淮橋。在今府城南門裏。疑即朱雀航所，此橋石甃鐵扃。按《世説敘録》及《輿地志》、《丹陽記》皆云吳時南津橋也，名曰朱雀航。大寧二年，王含軍至，丹陽尹溫嶠燒絶之，以遏南衆。定後，京師乏良材，無以復之，故爲浮航。至咸康三年，侍中孔坦議復橋，於是稅航之行者具材。乃值苑宫初創，材轉以治城，故浮航相仍。至大元中，驃騎府立東航，改朱雀爲大航。《晉起居注》曰：「白舟爲航，都水使者王遜立之。謝安於橋上起重樓，上置兩銅雀，又以朱雀觀名之。《實録》云：「咸康二年，新立朱雀航，對朱雀門，南渡淮水，亦名朱雀橋，本吳南津大航橋也。王敦作亂，溫嶠燒絶之，權以浮航往來。至是始議用杜預河橋法，長九十步，廣六丈，冬夏隨水高下浮航。相仍至陳，每有不虞之事則剔之。」《晉書》王敦作逆，明帝以應詹都督朱雀橋南諸軍事。齊高祖討袁粲，黄回與粲同謀，蕭順之率家兵據朱雀橋，回遣覘之，遂不敢出。梁高祖以義師伐東昏，東昏使江道林率兵出戰，退保朱雀航，馮淮自固，又遣王珍國等列陣於航南，開航背水，以絶歸路，與王茂等戰，敗，一時投淮死者積屍與航等，後至者乘之以濟。北齊兵至故秣陵，陳高祖分兵禦之，遣杜陵頓航南。元徽中，賊黨杜黑蠡分軍向航，劉勔禦之，敗死。侯景兵至航，建康令庾信率兵屯航北。見景至，命撤航，始除一舶，棄軍走南塘，遊兵復閉航渡，景乘勝至闕下。

飲虹橋。一名新橋，在鳳臺坊。《實錄》：「南臨淮有新橋，本名萬歲橋，後改名飲虹。」新橋乃吳時所名，至今俗呼爲新橋，襲其舊也。乾道五年，史正志重建，上爲大屋數十楹，極其壯麗，與鎮淮橋並新，丘崇記之。開禧元年，丘崇重建，劉叔向記之。寶祐四年，馬光祖重建，梁椅記之。鎮淮橋每與此橋同建。

日華橋。在宋行宫城東華門，跨護龍河〔二二〕。

月華橋。在宋行宫城西華門，跨護龍河。

東虹橋。在行宫之左，今臺治之北。馬光祖書榜。

西虹橋。在景定橋北，今龍翔寺東。馬光祖書榜。戚氏云：「橋北皆南唐以來廢宫，橋若小虹、飛虹之屬是也。」

景定橋。在舊永寧驛北。本名清化，俗呼爲閃駕橋。景定二年，馬光祖重建，改今名，自書榜。跨運瀆。

太平橋。在龍翔寺西南。舊名欽化，又呼笪橋，俗傳茅山二十六代笪宗師所建。景定二年，馬光祖改今名，自書榜。跨運瀆。

鼎新橋。在太平橋西。舊名小新。景定二年，馬光祖重建，改今名，自書榜。

乾道南、北二橋。在古運瀆上，今斗門橋北，二橋相望。乾道中，洪遵建。景定二年，馬光祖重建，自書傍。

斗門橋。在乾道南橋之南。景定二年，馬光祖重建，自書榜。跨運瀆。戚氏《志》：其側舊有風亭，在折柳亭東。

武定橋。在鎮淮橋東北。淳熙中建。景定二年，馬光祖重建，自書榜。舊名嘉瑞浮橋，又曰上浮橋，時長樂爲下浮橋也。

崇道橋。在永壽宮東。景定二年，馬光祖重建，自書橋榜。

武衛橋。在永壽宮西。舊名望仙橋。景定二年，馬光祖重建，改今名，自書榜。

廣富橋。在月華橋北，跨伏龍河。景定二年，馬光祖重修。

武勝橋。在今臺治東北親兵教場，即北門橋。

青溪七橋。《景定志》按《實錄》注云，最北樂遊苑東門橋，樂遊苑在覆舟山南，橋宜與今散福亭相連。次南尹橋，今潮溝大巷東出度此橋。次南雞鳴橋，即輿地志所謂今新安寺南，東出開善寺路，度此橋。次南募士橋，吳大帝募勇士處。次南菰首橋，一名走馬橋，橋東燕雀湖，湖連齊文惠太子博望苑。輔公祏築其地爲城。唐陸彥恭開爲金華坊，別立橋。見前坊内。燕雀湖在城東二里，周迴二里，流入青溪。《乾道志》云，俗傳斜橋即走馬橋。又云東虹橋一名斜橋，俗傳走馬橋。《慶元志》云迎仙橋，舊在府治後，俗呼斜橋，久廢。府後圃山光閣是其處〔一二二〕。而《景定》遂云府治東有闕橋，即是走馬橋。今以《實錄》建春門東出地里觀之〔一二三〕，《乾道》、《景定》言斜橋，非走馬橋，名偶同爾。次南青溪中橋，在湘宮寺門前巷東，出度溪東，有桃花園，是齊太祖舊宅，亦名芳林園。今上水閘，里俗相傳青溪中橋路。《齊書》始安王遙光反，曹虎領軍屯青溪中橋。《陳書》晉王廣命斬張貴妃，牓於青溪中橋，即此。次南青溪大橋。石邁《古迹編》云，東出句容大路度此橋，西即陳尚書令江總宅。今上元縣東南百餘步段氏居乃江總宅也。橋宜在此宅之東，歲久堙廢，今不復有橋矣。舊稱青溪九曲，蓋自玄武湖引水，從東北縈廻達於秦淮，其曲折有九，故於其間跨橋有七。今城外青溪皆已堙塞，橋廢久矣，惟城内僅存一曲溪，上長橋有四，皆馬光祖所作。今城東北有渠，北通玄武湖，南行經散福亭橋，竹橋，抵府城東北角外，西入城濠，里俗呼爲長河，即古青溪。本自今竹橋西南行，五代楊溥於此截溪立城，由是青溪半在城外。其在城中者久塞，但城東北隅迤邐至上元縣治東南上水閘以西一帶，青溪遺迹或見或隱，橋亦不詳所在。

運瀆六橋。按《實録》云，孝義橋本名甓子橋，次南楊烈橋，宋王僧虔觀鬭鴨處。次南西州橋，宜在今笪橋西。次南高畔橋，古建康西尉在此橋西建興寺北，路東出度此橋，宜在今乾道橋左右。次南禪靈橋，齊禪靈寺在運瀆西岸，由興嚴寺前西出大路度此橋。次南運瀆臨淮有一新橋，對禪靈渚渡。宜在今斗門橋上下，舊有遇淮水橋，名新橋，亦名萬歲橋。《景定志》云，由古城西南行者是運瀆。古城，苑城也。吳大帝赤烏三年，使御史郗儉鑿城西，南自秦淮北抵倉城，名運瀆，即此瀆是也。今宫城西北興嚴寺前有溝，迤邐至清化市東，乃古運瀆，但自此西南悉堙塞，不復可辨。其東南爲宫城西塹，疑非古迹。然由宫墻塹至清化橋西折，過欽化橋，再南則運瀆，舊迹復見，今乾道橋一帶河是也。六橋所在亦可髣髴得其次第。清化橋即閃駕橋，又呼閃虹，音「降」。欽化橋即笪橋，馬光祖皆重建易名。詳見前各橋下。

飛虹橋。《楊文公談苑》云：「徐常侍鉉仕江南，日嘗直澄心堂，每襆被入直，至飛虹橋，馬輒不進。裂鞍斷轡，箠之流血，掣韁卻立。鉉貽書餘杭沙門贊寧，答云：『下必有海馬骨，水火俱不能毁，惟漚以腐糟，隨毁者乃是。』鉉劚之，去土丈餘，果得巨獸骨，上脛可長三尺，腦骨若斷柱。積柴焚，三日不動。以腐糟纔漚之，遂爛焉。」南唐有虹橋、小虹橋、飛虹橋，皆傍宫牆也。

南渡橋。李白與酒客數人棹歌秦淮，往石頭訪崔四侍御，詩云：「捨舟共連袂，行上南渡橋。」乃秦淮上橋也。今不詳其處。

張侯橋。吳張昭所造，故名。晉義熙六年，盧循焚查浦，進至張侯橋。其地在今城南，不詳其處。

赤蘭橋。《杜祭酒別傳》曰：桓宣武館於赤蘭橋南延賢里。今城南有赤蘭坊，橋不詳其處。

長樂橋。唐秦淮上有長樂橋，又曰長樂渡，在縣東南六里。今桐林灣是其地，隸長樂坊。

獅子橋。在古湘官寺北。

回龍橋。在城西門。

白下橋。一名上春橋，在城東門外，其側有白下亭。嘉泰四年，劉叔向作《重建橋記》。金陵爲六朝故都，風土遺跡歷歷可考。自上元縣治東行里許，有橋曰白下。白下之義，訪諸故老，無傳焉。宋元徽間，遣征北將軍張永屯白下。唐武德中，遷金陵縣於白下村，其地蓋在東晉白石壘之下也。或以白下之名不宜舉子，改名上春。

長干橋。在城南門外。五代楊溥城金陵，鑿濠引秦淮遶城。咸淳乙丑，馬光祖新創。

萬歲橋。見上運瀆。

通波橋。舊志：府治東南，臨舊放生池。

黿池橋。舊志：在通波南。乾道中建。

通濟橋。錢象祖建。今有小橋，在路學東南，當是。

迎仙橋。俗呼斜橋。見舊府治内。

皂莢橋。見《曹景宗傳》。

銅　橋。在城東十里。按《五代史》李昪昪元三年十月，以步騎八萬講武於銅駞橋。今字作「桐」，訛也。

高　橋。在城東十五里，屬上元縣長樂鄉。《金陵故事》云：梁亂，庾信爲建康令，守朱雀門。衆潰，臺城門已閉，信走，羈旅於此橋。信有《哀江南賦》，注云：「《吳郡圖經》以皋伯通所居，因名其橋曰皋。後人轉『皋』爲『高』。《南史》徐嗣徽等復入丹陽，至湖熟，侯安都率馬步拒之於高橋，又戰於畊壇南。按《郡國志》吳郡通門内有橋，即漢皋伯通居，此橋以得名。梁鴻賃舂之所。是吳自有皋橋，在建康者乃高橋也。庾信《賦》、《南史》皆曰高。」崔令欽注：石邁《古迹編》易「高」爲「皋」。紹興十七年，本縣新治橋路，易榜曰皋橋，因承其誤，失於不考耳。

石步橋。在城東北四十五里，即古羅落橋也。宋高祖起義丹徒，進至羅落橋，遇皇甫敷檀憑之，戰死。即此地。下有羅落浦，北入大江。又有羅落坊、羅落干、羅落山，皆在其處。今石步酒坊名羅落坊。

錢公橋。即章橋。以西接張山，亦曰張橋。在府城東北五十七里。上元、句容二縣以此橋爲界。

復古橋。屬上元縣長樂鄉，去縣十四里。宣和間，賜鍾茅山，經此地，橋損堙塞。紹興十年復之，改名復古橋。

葛　橋。在上元縣崇禮鄉方山東。《南齊書》李安民破建平王景素於葛橋。

墅城橋。在城東三十里，即晉謝元別墅之所。

檀　橋。在青溪。案《齊書》劉瓛以儒學冠於當時，京師士子貴遊莫不下席受業。瓛住在檀橋，瓦屋數間，上皆穿漏，學徒敬慕，不敢指斥，呼爲青溪。

亭子橋。在上元縣清風鄉黃城之東。徐鉉《棲霞寺新路記》云：「建高亭於路周，跨重橋於川上。」即此橋也。里俗呼爲亭子橋，去棲霞寺三里。今土橋危險，夏潦則民皆病涉。

周郎橋。在城東八十里。上元縣丹陽鄉湖熟鎮，下臨横塘。石邁《古迹編》云：「舊傳周瑜嘗至此。」按《吳書》瑜渡秣陵，破笮融、薛禮，轉下湖熟。此橋正通秣陵，必瑜當時經歷之地。

土　橋。在城東七十五里。

西流橋。在城東北三十里。

東流橋。在城東北四十里。

安濟橋。在城東北四十里，即東流市橋。淳熙十二年，錢良臣重修，改今名。

韓　橋。在城東北三十里。

白水橋。在城東北二十里。

楊堰橋。在城東二十里。

走馬橋。見前菰首橋下。

霸　橋。在城西北八十里。分句容界。

右隸在城録事司及上元縣境

板　橋。在城西南三十里。吳後主聞晉師將至，甚懼，自選羽林精甲配沈瑩、孫振等，屯於板橋。晉將周浚、張喬等接戰，破吳軍，瑩等皆遇害。《金陵故事》云：「晉伐吳，丞相張悌死之，冢在板橋西。」《實録》晉簡文帝嘗與桓溫及武陵王晞同載，遊於板橋。溫遽令鳴鼓吹角，車驅卒奔，欲觀其所爲。晞大恐，求下車，帝安然無懼色，溫由是憚服。

新林橋。在城西南一十五里。《揚州記》云：金陵南沿江有新林橋，即梁武帝敗齊師之處。

白坂橋〔二四〕。在城南。梁武帝次江寧，呂僧珍與茂進軍於白坂橋築壘。壘立，茂移頓越城，僧珍守白坂。

秣陵橋〔二五〕。在城東南五十里。

復成橋〔二六〕。唐景雲中造，以渡淮。廣明元年，廢於火。南唐保大十年重造。宋開寶八年又廢。説見後復成渡。

杜　橋。在城東南三十里。戚《志》云：有堰長五里，闊丈五尺，堰杜橋浦水。

龍津橋〔二七〕。在城南六十里，臨江寧浦。

牧放橋〔二八〕。在城南七十里。古牧放之所。亦作「牧牛」。

河亭橋。在城東南一十五里。

馬務橋。在城東南二十五里。唐置馬務於此。

真武橋〔二九〕。在城東南三十七里。有堰長三里，闊二丈，堰浦水，通秦淮河。

令　橋。在城東南七十里。臨令水。

烏刹橋。在城東南九十三里。戚《志》：一名烏鵲。

牧馬橋。在縣東南三十九里。南朝放牧者在此。南出有浦水，闊三丈，深一丈，有橋。《乾道志》：一名牧馬堰，在城西南七十里，長三里，闊二丈五尺，堰牧馬浦水。

右隷江寧縣境

白鶴橋。在縣東南三里一十五步。《茅君内傳》云：「大茅君每年十二月二日駕白鶴於此會諸真。」故以名橋。

沈公橋。在縣南二十五里。沈公謂沈慶之也。

赭渚橋。在縣東一里二百四十一步。

歸善橋。在縣南一里一百七十五步。

於鄉橋。在縣南二十五里。

西霸橋。在縣南三十二里。

降臨橋〔三〇〕。在縣東南二十七里。

義城橋。在縣南二十里。

高平橋。在縣西南三十五里。

斜　橋。在縣東五里。

柳　橋。在縣北二十五里。前柳橋、後柳橋。

懸毒橋。在縣西十五里。

宣家橋。在縣西北三十里。

永安橋。在縣南七里。下有小港，歸於秦淮。

降真橋。舊記云在玉晨觀西，句容路三十里橋是也。

蘆堽橋。在縣南三十里。

集僊橋。在縣南。有詩石可考。

劉師橋。去縣七十里。

蘇行橋。在縣北二十里。

泥灣橋。去縣十四里。

紅鶴橋。在縣東四十五里。

陶堰橋。在縣南五十五里。

新昌橋。在縣南五十里。

石彭橋。在縣北六十三里。

張堰橋。在縣北五十里。

淡塘橋。在縣南六里。

張　橋。在縣南二里一百七十五步。
沿陸橋。在縣西十五里。
省塘橋。在縣東二十五里。
社壇橋。在縣西九里。
周郎橋。在縣西二十里。
土　橋。在縣西二十五里。
湖西橋。在縣南二十五里。
牛　橋。在縣南四十里。
華　橋。在縣北三里。
謝家橋。在縣南四十里。
荊干橋。在縣南五十里。

右隸句容縣境。以上見《圖志》。景定至今橋名更易不同，今再詳錄：縣東東橋元名陽公、斜橋、黄干橋、張橋、王大橋、澤溪橋，凡六。縣西華家橋、社塘橋、沿陸橋、周郎橋、河橋，凡五。縣南南橋元名政惠、義城橋、孫頂橋、蘆江橋、莆里橋，凡五。縣北紀華橋、柳橋、開明橋、竹里橋、劉師橋、彭橋，凡六。縣東南白羊橋、於鄉北橋、於鄉南橋、王社橋、西霸橋、馮澤橋、降靈橋、常寧鎮橋，凡八。縣西南沈公橋、湖西橋、經干橋、高平橋，凡四。縣東北小干橋、光里橋、清陽橋、坎埤橋，凡四。縣西北張橋、包橋、澗西橋，凡三。總四十一橋。又舊有下堰橋，去縣九里；苦竹橋，去縣二十五里，皆未詳方所。

淮清橋〔三一〕。一名惠政橋。在州南二十步。其下即秦淮水。

通濟橋。在州南二十五步。

巫家橋。在州寨外三百步。戚《志》作「夾家橋」。

棲賢橋。在州南門外西南。

易俗橋。在州市中。

望京門橋。在州北一里。

南門橋。在州南門外。皇祐間，邑人劉應之重建石橋，僧從雅作記刻石。

唐家橋。在州市西二百五十步。

樓家橋。在州南門外二百七十步。

馬沈橋。在州南三十七里。

利涉橋。在州北三里。俗呼虎捍橋。
安政橋。在州北三里。俗呼翻車橋。
戴公橋。在州南一十里。
俞初橋。在州南一十里。舊圖作俞母橋。
大覺橋〔三二〕。在州東南八里。
莆塘橋〔三三〕。在州南二十五里。今廢。
白沛橋。在州東北三十五里。
長樂橋。在州東北二十五里。
李墅橋。在州東北三十里。
張墅橋。在州東北三十里。
段亭橋〔三四〕。在州東六里。
板閣橋〔三五〕。在州東二十五里。
王師橋。在州東三十三里。戚《志》：一名王四師橋。
神靖橋。在州東南四十三里。舊名神龍橋，知縣李朝正易今名。

白馬橋。在州東南四十里。
梅塘橋。在州東南一百二十里。
鄧步橋。在州東南一百二十里。
張沛橋。在州東南八十五里。
永昌橋。在州南九十里。舊圖云呼爲固城橋。
漆橋。在州南七十五里。
馬墅橋。在州西一十五里。
石埭橋。在州西一十五里。
湯橋。在州西四十里。
盂橋〔三六〕。在州西三十五里。
錢埭橋〔三七〕。在州南三十五里。
許村橋〔三八〕。在州東南一十二里。
西門橋。在州西臨淮門外。
烏刹橋〔三九〕。在州北四十五里，接江寧界。有堰，闊丈八尺。

右隸溧水州境

硯瀆橋。在州東北。相傳云晉謝公滌硯於此。

東石橋。在州東門外。

新建橋。在州南門外。

謝家橋。在州東。

通微橋。在州東南一里。戚《志》：今爲二賢橋。

仙人橋。在州南十五里。戚《志》：西北有釣魚臺、仙人迹。

南崑崙橋。在州東南十八里。

北崑崙橋。在州北十里。

鄉黨橋。在州南五里。

高要橋。在州南二十五里，通廣德路。

高友橋。在州南三十里。

故縣橋。州東南三十五里。

青安橋。在州西三里。

平陵橋。在州西北三十里。今俗呼湖瀆橋，或名沙灘橋。平陵城在橋西一里。

奉　橋。在州南五十里。

上興步橋。在州西北六十里。

黄連步橋。在州西北五十五里。

舒塘橋。在州西北五十五里，通溧水州大路。

板子橋。在州北六十里舒塘橋北。

破堰橋。在州西北六十里板子橋北。

南城橋〔四〇〕。在州西北六十里破堰橋北。

檀石橋。在州北六十里。戚《志》：有蟠龍堰，長十步，在橋前。

三丫橋。在州南四十里。

石塘橋。在州北二十里。

望仙橋。在州南十里。

社渚橋。在州西南六十里。

望婆橋。在州西南五十里。

橫澗橋。在州東南六十里。戚《志》作「模澗」。

金背橋〔四一〕。在州南五十里〔四二〕。

雙澗橋。在州西南五十里。

招僊橋。在州西二十里。

斗門橋。在州北二十里。

馮塘橋。在州北二十里。

虎塘橋。在州東北四十里。

豆　橋。在州南二十里。

張野橋。在州南二十里。

湖　橋。在州西二十八里。

僊　橋。在州南六十里。

王堰橋。在州西南二十五里。

洪　橋。在州西南六十五里。戚《志》：有洪澗，去州六十里。

塘路橋。在州北十五里。

徐塘橋。在州西二十七里。

徐　橋。在州西北三十五里。

南陽橋。在州西南四十里。

西里橋。在州西南六十里。

春雨橋。在州東。舊曰東市橋。嘉定十四年，知縣陸子遹重修。

西市橋。在州西。

甓　橋。在州北六十里。《祥符潤州圖經》云，徑瀆濶一十步，縣西十三里。長塘湖北口至江寧府溧陽縣三十七里，春夏水深三尺，勝五十石舟；秋冬深一尺，勝二十石舟。隋大業末，宣州永世令達奚明因晉宋之舊，加疏決爲橋，甓甃兩岸，取其堅固。今橋在溧陽州界。

嘉定橋。在州西北四十里，陵跨中江。本名中江橋，俗名中橋，或呼爲通江橋。嘉定十一年，俞運使建行部，命縣尉趙時頌重建，改今名。

下　橋。去州三里。州志：紹興中，以近秦梓第，名秦公。今廢。

南渡橋。去州三十五里。

北渡橋。去州四十五里。

右隸溧陽州境

二十四航。舊在都城内外，即浮橋也。按《輿地志》云，六朝自石頭東至運瀆總二十四渡，皆浮航，往來以税行。直淮對編門大航〔四三〕，用杜預河橋之法。本吳時南淮大橋也，一名朱雀橋，當朱雀門下，渡淮水〔四四〕。王敦作逆，溫嶠燒絕之。今皆廢。唐人有詩云：「青山綠水遶迢迢，九月江南草不彫。二十四橋明月夜，玉人何處教吹簫。」

四航。皆在秦淮上。曰丹陽，曰竹格，曰朱雀，曰驃騎。按《實録》晉寧康元年，詔除丹陽、竹格等四航税。注云：「王敦作逆，從竹格渡。」即此航也。朱雀航，本吳時大航。驃騎航，在東府城外，渡淮，會稽王道子所立。今城東南三里，又名小航。陳沈衆入援京邑，屯於小航，對東府置陣，又謂東城橋，即東府城橋也。並丹陽郡城後航總爲四航。今四航皆廢，鎮淮橋疑即朱雀航舊所，詳見橋類。又有榻航，在石頭城左右。溫嶠欲救匡術，別駕羅洞謂不如攻榻航，術圍自解。此亦一航也。

津　渡

石頭津。在城西。方山津，在石頭津之東。《隋·食貨志》云：「郡西有石頭津，東有方山津，各置津主一人，曹一人，直水五人，以檢察禁物及亡叛者。」

龍安津。在城西北二十里，與真州宣化鎮相對。今爲靖安渡。

南津。在城西南。《金陵故事》云：「南朝置校尉以鎮此津。侯景入寇，舉朝無犯難之夫，惟校尉江子一與弟二人同死王事。」《梁書》江子一嘗爲南津校尉。

五馬渡。在上元縣西北二十三里幕府山之前，晉元帝與彭城等五王渡江處。按《晉書》太安之際，童謠云：「五馬浮渡江，一馬化爲龍。」及永嘉中，元帝登大位，乃其符云。五馬之名取此。

麾扇渡。在朱雀航之左。晉永興二年，廣陵相陳敏據建業，顧榮密報，劉準率兵臨江，榮與周玘因甘卓兵斷橋〔四五〕，盡取船於淮水南。敏自出軍臨大航岸，榮以白羽扇揮之，其軍自潰。因以名〔四六〕。

五城渡。在上元縣東二十五里。晉王敦死，王含、錢鳳率餘黨自倪塘西置五城，如卻月勢，高二丈，相去各二十丈。《京都記》五城邊淮帶湖，祖道送歸多集此處。唐景雲中，縣令陸彥恭於城側造橋渡淮水，即今之五城渡也。

竹格渡。按《實錄》王敦作逆〔四七〕，從竹格渡。即此渡也。去唐縣城西南二里〔四八〕。

馬家渡。在府界上。《宋中興編年綱目》載云〔四九〕：「采石江濶而險〔五〇〕，馬家渡江狹而平，兩處相去六十里，皆與和州對岸〔五一〕。」昔金人入侵，直犯馬家渡。則此渡也尤爲要害〔五二〕舊分上下二渡云。

蕭家渡。即邀笛步。《乾道志》在上水閘。王徽之泊舟於此側，邀桓伊奏笛處也。

桃葉渡。在秦淮口。桃葉，本王獻之愛妾名，其妹曰桃根。獻之詩曰：「桃葉復桃葉，渡江不用楫。」謂横波急也，遂歌以送之〔五三〕。此渡因名〔五四〕。

張公凸渡。在上元縣金陵鄉長慶村之西，正臨大江〔五五〕，與真州六合縣桃家步相對〔五六〕。自張公凸渡至南岸〔五七〕，夏四十里〔五八〕，冬五十里。石邁《古迹編》云：「隋文平陳，宇文述以行軍總管自六合濟〔五九〕。」即此地。

堰埭

浮山堰。《慶元志》云：在城東南二十里。梁天監十三年築。按《梁史》天監十三年，用魏降人王足計，欲以水灌壽陽〔六〇〕。仍假太子左衛康絢節〔六一〕，督卒二十萬，作浮山堰於鍾離。不知何所據，而云在建康。

杜橋堰。見杜橋下。

真武橋堰。見真武橋下。

牧馬橋堰。見牧馬橋下。

百堽堰。在句容縣西南三十五里。通秦淮，屬上元縣界，與福祚鄉相接。

黄城堰。在句容縣東三十里。長一里，深四丈，灌田三百畝。

陶　堰。在句容縣南六十里。其堰逐年填塞，不能瀦水，屬臨泉鄉五都。

范家堰。在句容縣西北三里。彎曲長二里，深四尺，灌田二百畝。在通德鄉第二都。

周戴新堰。在句容縣南一十五里。通百堽堰。

菩薩堰。在句容縣北六十里。深八尺，灌田二百一十三畝。

於家堰。在溧水州南九十里。長一十里。

銀林堰。在溧水州東南一百里。長一十二里。即魯陽五堰也。戚《志》作「銀樹堰」。按《前漢・地理志》於丹陽郡蕪湖注云：「中江出西南，至陽羨入海。」《後漢・郡國志》蕪湖中江在西。又《水經》云：「中江在丹陽蕪湖縣南，東至會稽陽羨縣，入於海。」孔穎達《書義疏》亦引漢史爲證。今蕪湖縣南有支江，俗稱爲縣河，經縣市中，東達黄池，入三湖。三湖，丹陽、顧城〔六二〕、石臼湖也，至銀林止，所謂中江東至陽羨即此也。蘇、常承此下流，常病飄沒，故築銀林五堰以窒之，自是中江不復東。而宣、歙皆由蕪湖西出，達於大江，故濱湖之地皆隄爲圩田，中江亦漸隘狹。故老云：當時慮後人復開此道，則蘇、常之間必被水患，遂以石窒五堰路，又液鐵以固石，故曰銀淋，今訛爲林。戚《志》今呼銀樹桐灣，亦然。而志並曰林者，蓋宋避諱。又見碑類。

分水堰。在溧水州東南百里。長一十五里。

苦李堰。在溧水州東南一百五里。長八里。

何家堰。在溧水州東南一百一十里。長九里。

余家堰。在溧水州東南一百一十五里。長一十里。春冬載二百石舟。昔吳王闔閭伐楚，因開此瀆運糧，東通太湖，西入長江。《南唐書》楊行密據宣州，孫儒圍之，五月不解。行密將臺濛作魯陽五堰，拖輕舸饋糧，故軍得不困，卒破孫儒。魯陽者，即於家等五堰是也，故道尚存。

百陂堰。在溧水州西北一十里。長一里，闊一丈五尺。

竹墩堰。在溧水州西北二十五里。長一里，闊一丈五尺。

烏刹堰。見前橋下。

青泥堰。在溧水州南九十五里。長一十里。

藕絲堰。在溧水州西南七十里。長一里，闊一丈二尺。

龍盤堰。在溧陽州北六十里。檀口橋前，長一十步。

王堰。在溧陽州西南二十五里。

雞鳴埭。《建康實錄》：青溪有橋，名募士橋。橋西南過溝有埭〔六三〕，名雞鳴埭。齊武帝早遊鍾山，射雉至此，雞始鳴。《圖經》云：今在青溪西南潮溝之上。又按《南史》齊武帝數幸琅邪城，宫人嘗從早發至湖北埭，雞始鳴，故呼爲雞鳴埭。若爾，其埭又當近北。戚氏《志》云：今清化市真武廟側傳是其處。二埭恐皆當時所歷，姑兩存之。

方山埭。《建康實錄》：吴赤烏八年，使校尉陳勳發屯田兵於方山南，截淮立埭，號方山埭。又按《南史》湖熟縣方山埭高峻，冬月行旅以爲難，齊明帝使沈瑀修之。瑀乃開四洪，斷行客，就作三日，便辦其埭。今去城四十五里。

栢岡埭。赤山湖埭也。宋元凶劭決破栢岡、方山埭以絕東軍。亦曰百堽堰。

南　埭。今上水閘也。王荆公《贈段約之》詩云：「聞君更欲通南埭〔六四〕，割我鍾山一半青〔六五〕。」

長溪埭。在城南五十里。闊二丈。堰秣陵浦水，通秦淮。正對舊青溪閣。

破岡埭。按《建康實錄》吴大帝赤烏八年〔六六〕，使校尉陳勳發兵三萬，鑿句容中道至雲陽，以通吴會船艦，號破岡瀆，上下一十四埭，上七埭入延陵界，下七埭入江寧界，於是東郡船艦不復行京江矣。晋、宋、齊因之。梁以太子名綱，乃廢破岡瀆，而開上容瀆，在句容縣東南五里。頂上分流，一源東南流三十里十六埭入延陵界，一源西南流二十六里五埭注句容界。上容瀆西流，入江寧秦淮。至陳霸先，又堙上容瀆而更修破岡瀆。隋既平陳，詔並廢之。以此知六朝都建康〔六七〕，吳會漕輸皆自雲陽西城水道徑至都下〔六八〕，故梁朝四時遣公卿行陵，乘舴艋自方山至云陽〔六九〕。謝靈運爲永嘉太守，隣里相送於方山。徐陵《上容路碑》有云〔七〇〕：「濤如白馬，既礙廣陵之江〔七一〕；山曰青牛〔七二〕，用險梅湖之路〔七三〕，莫不欣兹利涉，玩此修渠。」雲陽，今丹陽縣也〔七四〕。

縣埭。在溧水州東南八十里。長二里，闊二丈，與溧陽州分界。其埭上下有二派，上一派西北入州界。

圩岸

官府每歲提調興修，總一千六百七十五處，名目不及詳載。

江寧縣二百八十七處。

上元縣一百三十五處。

句容縣九十六處。

溧水州二百六處。

溧陽州九百五十一處。

【校勘記】

〔一〕古：原作「右」，據《景定建康志》卷一六改。下同。

〔二〕又：原作「右」，據《景定建康志》卷一六改。

〔三〕御：原脱，據《景定建康志》卷一六補。

〔四〕「乃」字上至正本有「丞相」二字。

〔五〕史：原脱，據至正本補。

〔六〕坊：原作「妨」，據原本上文改。

〔七〕四明坊：至正本無「明」字。

〔八〕「偃」字下至正本有「爲」字。

〔九〕俱云：原脱，據至正本補。

〔一〇〕廢固：原脱，據至正本補。

〔一一〕淳縣：原脱，據至正本補。

〔一二〕鄉並入：原脱，據至正本補。

〔一三〕「乾道志」句原本無，據至正本補。

〔一四〕「乾道志」句原本無，據至正本補。

〔一五〕黄連步鋪：至正本作「黄蓮步鋪」。

〔一六〕備：原作「副」，據原本上文改。下同。

〔一七〕三十：至正本作「五十」。

〔一八〕丈夫：至正本作「一夫」。

〔一九〕園：原脱，據至正本補。

〔二〇〕本：至正本作「木」。

〔二一〕護：原作「伏」，據《景定建康志》卷一六改。下同。

〔二二〕府：原脱，據至正本補。

〔二三〕里觀之：原脱，據至正本補。

〔二四〕坂：原作「板」，據《景定建康志》卷一六改。下同。

〔二五〕秣：原脱，據《景定建康志》卷一六及至正本補。

〔二六〕復成橋：至正本作「五成橋」。

〔二七〕龍津橋：至正本作「江寧橋」。
〔二八〕牧放橋：至正本作「木龍橋」。
〔二九〕真：原脱，據《景定建康志》卷一六及至正本補。
〔三〇〕降臨橋：至正本作「降靈橋」。
〔三一〕淮清橋：至正本作「臨淮橋」。
〔三二〕大覺橋：《景定建康志》卷一六作「大覺寺橋」。
〔三三〕莆：原脱，據《景定建康志》卷一六及至正本補。
〔三四〕段：原脱，據《景定建康志》卷一六及至正本補。
〔三五〕板閣：原作「問」，據《景定建康志》卷一六改。
〔三六〕孟：原脱，據《景定建康志》卷一六補。
〔三七〕錢埭：原作「溧」，據《景定建康志》卷一六改。
〔三八〕許：原脱，據《景定建康志》卷一六補。
〔三九〕烏剎橋：原本「剎」字闕，據至正本補。
〔四〇〕南：《景定建康志》卷一六作「雨」。

〔四一〕背：《景定建康志》卷一六作「皆」。
〔四二〕五十：至正本作「六十」。
〔四三〕航：原作「舫」，據《景定建康志》卷一六改。
〔四四〕渡：原作「度」，據《景定建康志》卷一六改。
〔四五〕周玘：原脱，據《景定建康志》卷一六及至正本補。
〔四六〕「名」字下至正本有「橋」字。
〔四七〕按實録：原脱，據《景定建康志》卷一六及至正本補。
〔四八〕去唐：原本作「在闕」，據至正本改。
〔四九〕「在府界上宋」：原闕，據至正本補。
〔五〇〕江闊而險：原脱，據《景定建康志》卷一六及至正本補。
〔五一〕皆與和州：原脱，據《景定建康志》卷一六及至正本補。
〔五二〕按此句至正本作「則此渡比采石尤爲要害」。
〔五三〕遂：至正本作「嘗」。
〔五四〕因：至正本作「故」。

〔五五〕臨：原脫，據《景定建康志》卷一六及至正本補。
〔五六〕真：原脫，據《景定建康志》卷一六及至正本補。
〔五七〕自：原脫，據《景定建康志》卷一六及至正本補。
〔五八〕夏：原脫，據《景定建康志》卷一六及至正本補。
〔五九〕六合：原脫，據《景定建康志》卷一六及至正本補。
〔六〇〕壽陽：原作「丹陽」，據至正本及《淮海集》卷一、《景定建康志》卷一六、《庶齋老學叢談》卷上、《古今事文類聚》前集卷一六、《天中記》卷九改。
〔六一〕節：原作「符」，據《景定建康志》卷一六改。
〔六二〕顧：原作「固」，據《景定建康志》卷一六改。
〔六三〕西南：原作「西之」，據至正本改。
〔六四〕聞君：《臨川文集》卷二九、《王荆公詩注》卷四三作「如何」。
〔六五〕割我鍾山：原作「剖我青山」，據至正本及《臨川文集》卷二九、《王荆公詩注》卷四三改。
〔六六〕按：原作「破」，據《景定建康志》卷一六改。

〔六七〕建康：原脱，據《景定建康志》卷一六及至正本補。

〔六八〕「都下」至下句「故梁」：原脱，據《景定建康志》卷一六及至正本補。

〔六九〕「至雲陽」至下句「謝」字：原脱，據《景定建康志》卷一六及至正本補。

〔七〇〕徐陵上容路碑：原脱，據《景定建康志》卷一六及至正本補。

〔七一〕「濤」、「江」：原脱；又「陵」字原作「我」，並據《景定建康志》卷一六及至正本補、改。

〔七二〕山曰：原脱，據《景定建康志》卷一六補。又「青」字，《景定建康志》卷一六及至正本作「金」。

〔七三〕梅湖：原作「悔朝」，據《景定建康志》卷一六改。

〔七四〕縣：原作「路」，據至正本改。

至正金陵新志卷五上

山川志一

《易》曰：「地勢坤。」坤於卦位西南，故岷、嶓之山，大勢皆自西南而趍東北。朱文公謂岷山之脈東爲衡山者，盡於洞庭之西。其一支南出而東度大庾嶺者，則包彭蠡之源，而北盡乎建康。山之所趍，水亦至焉，今大江入海處去建康甚近，而淮、泗、黄河之流亦會於其北。故建康者，東南之奥區，而山水之都會。前志敘之曰：「鍾山來自建業之東北而向乎西南，大江來自建業之西南而朝於東北。由鍾山而左，自攝山、臨沂、雉亭、衡陽諸山以達於東，又東爲白山、大城、雲穴、武岡諸山以達於東南，又東南爲土山〔一〕、張山、青龍、石硊、天印、彭城、鴈門、竹堂諸山以達於南，又南爲聚寶山、戚家山、梓桐山、紫巖、夏侯、天闕諸山以達於西南，又西南綿亘至三山而止於大江。此諸葛亮所謂龍盤之勢也。今按自土山、石硊而下，臨沂、攝山諸山皆隨蔣山之脈沿江逆流而上，非自蔣山分而向左。其聚寶山自天闕、牛頭山降勢，自東南而西、而北、而東北，其石脈渡城濠〔二〕，止於周處墩，後謂之朱雀固宜，此謂自竹堂而南亦非，姑以明山之周遭環合可耳。由鍾山而右，近之爲覆舟山，爲鷄籠山，皆在宫城之後。《東南利便書》曰：「吴太初宫、晉太初宫及歷朝宫闕皆北接覆舟山之麓〔三〕，牛首在其前，即王導所記天闕是矣。」又北爲直瀆山、大壯觀山、四望山以達於西北，又西北爲幕府、盧龍、馬鞍諸山以達於西，是爲石頭城，亦止於江。此亮所謂虎踞之形也。其左右群山，若散而實聚，若斷而實續，世傳秦所鑿斷之處，雖山形不聯而骨脈在，地隱然相屬，猶可見也。左則方山、石硊山之間，右則盧龍山、馬鞍山之間，耆老相傳，皆以爲秦始皇鑿斷長隴之所。石頭在其西，三山在其西南，兩山可望，而挹大江之水。横其前秦淮，自東而來，出兩山之端而注於江，此蓋建業之門户也。

覆舟山之南，聚寶山之北，中爲寬平宏衍之區，包藏王氣，以容衆大，以宅壯麗，此建鄴之堂奥也。自臨沂山以至三山圍遶於其左，自直瀆山以至石頭，泝江而上，屏蔽於其右，此建鄴之城郭也。玄武湖注其北，秦淮水遶其南〔四〕，青溪縈其東，大江環其西，此又建鄴天然之池也。」龍川陳亮論建業形勢：「東環平岡以爲固，西城石頭以爲重〔五〕，帶玄武湖以爲險，擁秦淮、青溪以爲阻，是以王氣可乘，而運動如意。」昔人詩詠石頭城，有「山圍故國，潮打空城」之句，則石城實臨大江。今大江遠石頭，玄武湖涸爲平田，青溪九曲僅存其一，皆非昔矣。然此論環城數十里之山川耳。其居秦淮之源有東廬山、華山，臨丹陽湖之上者爲絳巖山，最其特然爲一州之鎮者又有茅山焉。而岷山中江逕蕪湖、溧陽以入於荆溪、太湖，則又《禹貢》所謂「三江既入，震澤底定」者。其他一丘一壑，擅名紀勝，咸有可徵。《傳》曰：「國主山川。」考古今，覽形勢，作《山川志》。

山阜

鍾山。一名蔣山。在城東北一十五里。周迴六十里，高一百五十八丈。東連青龍山，西接青溪，南有鍾浦，下入秦淮，北接雉亭山。漢末，有秣陵尉蔣子文逐盜，死事於此，吳大帝爲立廟，封曰蔣侯。大帝祖諱「鍾」，因改曰蔣山。見前《蔣山圖考》。

石頭山。在城西二里。按《輿地志》，環七里一百步，緣大江，南抵秦淮口，去臺城九里。《宮苑記》：「周顯王三十六年，楚威王滅越，置金陵邑，即石頭城。」《江乘地記》云：「石頭城山嶺嶂千里，相重若一，游歷者以爲吳之石城〔六〕，猶楚之九疑也。山上有城，因以爲名。漢建安十六年，吳孫權修理，改名石頭城，用貯軍糧器械，今清涼寺西是也。」《丹陽記》：「石頭城吳時悉土塢，義熙初，始加磚累甓，因山以爲城，因江以爲池，地形險固，尤有奇勢。亦謂之石首城也。」《六朝記》：「吳孫權沿淮立柵，又於江岸必爭之地築城，名曰石頭，常以腹心大臣鎮守之。今石城故基乃楊行密稍遷近南，夾淮帶江，以盡地利，其形勢與長干山連接。」晉伐吳，王濬以舟師沿江而下，自三山抵石城。自晉室中興，常爲險要必爭之地。王氏舉兵，明帝以溫嶠守石頭。石城之東有巨石，俗呼爲塘岡，乃王敦害周顗、戴淵處。又蘇峻攻大業壘，陶侃將救之，殷羡曰：「若救大業，步兵不如峻，但當急攻石頭，峻必救之，大業自解。」侃從之，峻果棄大業而救石頭。孫恩至京口，元顯守石頭。安帝時，宋高祖討盧循曰：「賊衆我寡，分其兵則測人虛實，若聚衆石頭，則衆力不分。」遂移鎮石頭。魏主南侵，文帝登石頭城極望，謂江湛曰：「向使檀道濟在，虜敢犯吾境邪？」石頭倉城在石頭城內。元嘉二十七年，魏人至瓜步，丹陽尹徐湛之守石頭倉城。沈攸之事起，齊高帝遣戴僧靜將腹心至石頭經略。袁粲時，蘇烈守倉城門，僧靜射書與烈，夜縋入城。大明中，以其地爲離宮。景和元年，修爲長樂宮。齊武帝爲世子，即以爲世子宮。後多以諸王鎮之。陳武帝與諸軍討侯景，景登石頭城，望官軍之盛，不悅，乃以舟艤貯石，沈塞淮口，緣淮作城，自石頭迄青溪十餘里，樓雉相接。帝於石頭城西橫壟築柵，直出東北，悉力乘之，景遂大潰。徐嗣徽招北齊兵至闕下，柳達摩等保石頭。陳霸先於石頭南北岸絕其汲路，又堙塞東門城中諸井。達摩請和，許之。霸先陳兵石頭南門，送齊人北歸，及至，皆誅死〔七〕。陳宣帝太建二年，其城復加修築，以貯軍食。隋平陳，置爲蔣州城。輔公祏據江東，用爲揚州。公祏平，又於城置揚州大都督府。後移揚州於廣陵，此城遂廢。唐武后光宅中，徐敬業舉兵，使其徒崔洪渡江守石頭。敬業平，分軍三百人守之。尋置爲鎮，仍徙縣倉實之。韓滉觀察江東、西，德宗狩梁州，乃築石頭五城，自京口至土山修塢壁，起建業，抵京峴，樓雉相望。於石頭城穿井，皆百尺。今五城遺址尚存。李錡據潤州，屬別將庾伯良兵三千人築石頭城。《南徐州記》：「江乘縣西二里有大浦，發源於石城山，東入大江。此山與盧龍、幕府諸山相連，迤邐達於京口。」又有石城塢、石城洞、駐馬坡，事見各類。

覆舟山。一名龍山，又名龍舟山。在城北七里。周回三里，高三十一丈。東際青溪，北臨玄武湖，狀如覆舟，因名。《輿地志》：「山在樂遊苑內。」此山與鍾山形若斷而脈相連〔八〕。兩山之間，土中有石，山之骨也。宋武帝舉兵討桓玄，玄將卞範之屯覆舟山西。宋武帝疑有伏兵，遣劉鍾往，果有伏兵數百。元嘉改名玄武山，以其在城之北也。陳高祖時，齊兵踰鍾山，高祖衆軍分頓樂遊苑東及覆舟山北，斷其衝要。齊軍至玄武湖西北幕府山南，將據北郊壇，衆軍自覆舟東移頓郊壇北，與齊人相對，縱兵大戰，即此地。宣帝太建七年幸樂遊苑，採甘露宴群臣，詔龍舟山立甘露亭，鮑昭有《侍宴覆舟山》詩。《宮苑記》云：「閬風亭、甘露亭、瑤臺皆在山上，藏冰井在山北。」

雞籠山。在城西北六七里。高三十丈，周迴一十里。《輿地志》云：「在覆舟山西二百餘步，狀如雞籠，因名。」《寰宇記》云：「西接落星澗，北臨栖玄塘〔九〕。」宋改名龍山，以黑龍常見玄武湖，山正臨湖上，故名。元嘉十五年，立儒館於北郊，命雷次宗居之，次宗因開館於雞籠山。齊高帝嘗就次宗受《禮》及《左氏春秋》。竟陵王子良嘗移居雞籠山下，集四學士抄五經百家，爲《四部要略》千卷。晉元、明、成、哀四帝陵皆在山南。古有佛寺五六。

祇闍山。《慶元志》：「在雞籠山西。有祇闍寺，今廢。」

幕府山。在城西北二十里，周迴三十里，高七十丈。《輿地志》：「在臨沂縣東八里。晉元帝自廣陵渡江，丞相王導建幕府此山，因名。山上有虎跑泉，其西巔有僊人臺，其北俗傳即古之宣武場也。」《寰宇記》：「在城西北，東北臨直瀆浦，西接寶林山，南接蟹浦。山有五峰，南接盧龍、石頭、鳳臺。宋元嘉二十七年，魏人入寇至瓜步，帝登幕府山觀望形勢。」《三國典略》：「齊師伐梁，至於鍾山龍尾。周文育請戰，陳霸先曰：『兵不逆風。』文育曰：『事急矣，何用古法！』抽槊上馬，殺傷數百人，齊軍乃退，屯幕府山。霸先衆軍自覆舟東移頓郊壇，與齊人相對，霸先自率麾下出幕府山南，與吴明徹、沈泰等首尾擊之，齊人大潰。」後主禎明中嘗幸此山校獵。宋明帝高寧陵在山西，晉王導、溫嶠亦葬山西。石邁《古迹編》：「寶林寺北有夾蘿峰，一名翠蘿峰，有石路通行，以藤蘿交蔓名。」

盧龍山。在城西北二十五里，周迴一十二里，高三十六丈。東有水，下注平陸，西臨大江。今張陣湖北岡隴北接靖安，皆此山也。《事迹》、《圖經》：在城西北十六里。周五里。晉元帝初渡江，見此山嶺緜延，遠接石頭，真江上之關塞，以比北地盧龍，因名。此山舊與馬鞍山相接〔一〇〕，氣勢雄包。自秦鑿爲二，後置都船場、聖妃廟其間，至今溝内石骨連焉。

馬鞍山。在城西北十里。西臨大江，東與石頭城接，高十五丈，以形似得名。舊志：「陳禎明三年，宜黄侯慧紀遣南康太守魯肅以鐵鎖横江。隋楊素與魯肅爭馬鞍山四十餘戰〔一一〕，隋兵死者五千人，指爲此地。今考之《南史》〔一二〕，陳無魯肅，慧紀所遣者南康内史吕忠肅也〔一三〕。其馬鞍山乃在巫峽間，非此地，山名偶同耳。」

四望山。在城西北一十里。周迴三里，高一十七丈。東至龍安，西臨大江，南連石城，北接盧龍山。吳大帝嘗與葛玄共登。鳳凰二年，殺司市郎中陳聲，投四望山下。晉蘇峻反，溫嶠於四望磯築壘以逼賊。

大壯觀山。在城北一十八里。周迴五里，高二十八丈。東連蔣山，西有水，下注平陸，南臨玄武湖，北臨蠡湖。陳宣帝起大壯觀於此山，因名。太建十一年八月，幸大壯觀，因大閲武，命都督任忠領步騎十萬陣於玄武湖。上登玄武門觀，宴羣臣，因幸樂遊苑，設絲竹之會。重幸大壯觀，振旅而還。

直瀆山。在城北三十五里，周迴二十五里，高一十七丈。旁有直瀆洞，東、西有水流入大江。以上諸山皆在鍾山之右，自城北緜亘達於城西。

臨沂山。在城東北四十里。周迴三十里，高四十丈。東北接落星山，西臨大江，西南有臨沂縣城。

雉亭山。在城東北四十里。周迴六里，高五十丈。北與舊臨沂縣相望，今隸慈仁鄉，俗又呼騎亭山。《慶元志》：「去城二十五里。」石邁《古蹟編》：「齊武帝東遊鍾山，射雉，因名。或云吳大帝時，蔣帝神執白扇乘馬，嘗見形於此，故又呼騎亭山。」

衡陽山。在城東北四十五里。周迴九里，高一十九丈。在清風鄉，東臨清塘，西北有水下湖，南接雉亭山。舊傳朗法師在此，有衡陽神女來聽講，後遂爲此神，因名其山曰衡陽。今鍾山鄉資福院有神像可考。

攝　山。一名繖山，蓋其狀似繖也。在城東北四十五里。周迴四十里，高一百三十二丈。東連畫石山，南接落星山，西北有水注江乘浦，入攝湖。湖去城五十里，周二十五里。《輿地志》云：「江乘縣西北有䖍謙所居。村側有攝山，多藥草，可以攝生，故名。」《江乘記》：「攝山形方，四面重嶺。」《南史》：「齊明僧紹住江乘攝山，後捨宅爲寺，今棲霞寺是也。山有千佛嶺。」按江總《棲霞寺記》，僧紹之子仲璋爲臨沂令，於西峰石壁與度禪師鐫造無量壽佛。大同六年，龕頂放光，齊文惠太子、豫章文獻王、竟陵文宣王、始安王等，宋江夏王霍姬、齊田奐等琢造石像，梁臨川靖惠王復加瑩飾。嶺中道有沈傳師、徐鉉、張稚圭、王雱等題名〔一四〕。梁紹泰中，陳覇先與齊師戰，大破之〔一五〕，追奔至攝山，虜蕭軌，即此。陳軒《金陵集》有《懷攝山十題》曰〔一六〕：「白雲庵、清風軒、唐公巖、天開巖〔一七〕、宴坐臺、中峰澗、明月臺、品外泉〔一八〕、醒石、磐石。」

畫石山花洞。《慶元志》：「在上元縣長寧鄉。北臨大江，西連攝山。」

白　山。在城東三十里。周迴八里，高八十丈。東接竹堂山，南接蔣山，北連攝山，西有水，下注平陸。《輿地志》云：「階礎碑石及麒麟獅子以石爲之者悉出此山。」《南史》：「梁散騎常侍韋載有田十餘頃江乘縣之白山。天嘉元年，遂築室居山，屏絶人事，不入籬門者十載。」

苻堅山。在城東六十里。周迴一十五里，高六十丈。北連大城山。謝玄破秦歸，謝安在墅城問其方略，玄於原野陳其營壘陣場次序，指此山曰：「此若苻堅駐軍之山也。」因以爲名。

大城山。在城東七十里。周迴二十二里，高八十二丈。南連苻堅山，西連鴈門山，北連竹堂山〔一九〕。

雲穴山。在城東八十五里。周迴二十里，高九十七丈。南有水，流入石驢溪。有洞穴，甚幽邃。天欲雨，則穴中雲出，因名。

癸山。按《十道四蕃志》有癸山，在城東北四十七里，碑石、磑礎多出於此。

武岡山。在城東二十五里。里俗呼爲石佛子廟。石邁《古跡編》：「山有石佛十餘軀，舊傳唐武后造，未詳。鄉民歲時祈禱。一名墓山。」

土山。一名東山。在城東南二十里。周迴四里，高二十丈。無巖石，故曰土山。《輿地志》云：「山下有湖。自方山至京師，此爲半道，今謂此山下道爲半邏。」《實錄》：「吳景帝自會稽至曲阿，有老翁干帝速行，即日進至布塞亭，孫綝迎於土山之半野。」晉石季龍入寇〔二〇〕，蔡謨所戍，自土山至江乘。太元八年，秦苻堅衆號百萬，次淮、淝，京師震懼，加謝安征討大都督。謝玄入問計，安夷然無懼色，答曰：「已別有旨。」既而寂然。玄不敢復言，乃令張玄重請。安命駕出土山墅張宴，親朋畢集。方留玄圍棊賭別墅，遊陟至夜，方還府內。逮明，指授將帥，各當其任。又於土山營立樓館，植林木甚盛，每攜中外子姪往來遊集，肴饌日費百金，世以此頗譏之〔二一〕，安殊不屑意。按上元縣有兩東山：一在崇禮鄉，即土山是也。謝安棲遲東山在會稽，後於土山營築以擬東山，今去縣二十里；一在鍾山鄉蔣廟東北，宋劉勔棲息之地，今去縣十五里。陳軒《金陵集》載李白、李建勳《東山》詩，皆指土山而作。

張　山。在城東南三十里淳化鎮北。舊隸江乘縣。《南史》：「齊明敬皇后葬江乘縣張山〔二二〕。」或云今城東北六十里章橋西又有張山，亦古江乘境〔二三〕。

青龍山。在城東南三十五里。周迴二十里，高九十丈。南唐後主嘗校獵於此。溧陽州界亦有青龍山。

祈澤山。在城東南三十五里。周迴十里，高五十丈。東連彭城山，北連青龍山。舊經云：「去縣二十二里有祈澤寺，初法師嘗結茅於此，有龍女來聽講，既而神泉湧於講座下。後遂爲祈禱水旱之所，因此得名。」

丁　山。在城東南四十里。周迴一十七里，高二十七丈。

石硊山。在城東南四十里。周迴一十五里，高二十七丈。在上元縣崇禮鄉，去縣二十五里。一名竹山。《祥符圖經》：「有大壟悉是石，故名石硊。」硊一作櫃，每春夏水溢，衆流匯此山〔二四〕，橫據秦淮之上，以櫃遏水勢。《輿地志》：「秦始皇時，望氣者云江東有天子氣，乃東遊厭之，又鑿金陵以斷其勢。今方山、石硊是其所斷之處。」孫盛云：「東至方山，有直瀆。自瀆至此山，或云是秦所掘山。今方山西九里有大壟枕淮〔二五〕，京師溝塘累石悉鑿此取之。」

方　山。一名天印山。在城東南四十五里。高一百一十六丈，周迴二十七里。

四面方如城。東南有水，下注長塘，流溉平陸。《輿地志》：「湖熟西北有方山，山頂正方，上有池水。」《丹陽記》：「形如方印，故曰方山，亦名天印山。」秦始皇鑿金陵山疏淮水，此山乃其斷者。吳大帝爲僊者葛玄立觀方山。宋何尚之致仕，退居方山。齊武帝嘗幸方山，欲爲離宮，期勝新林苑，徐孝嗣曰：「繞黃山，款牛首，乃盛漢之事。今江南未廣，願少留神。」乃止。徐嗣徽兵至秣陵故治，齊人跨淮立柵度兵，夜至方山，周文育等各引還，齊兵自方山進及兒塘。隸句容者名東方山，非此。

彭城山。有彭城館，在城東南四十五里。周迴九里，高二十七丈。西連祈澤，北接青龍。

湯山。在城東南六十里，又云去縣五十里。西接雲穴山。山不甚高，無大林木。有湯泉出其下，大小凡六處。湯澗繞其東南，四時常熱。禽魚之類，入者輒爛，以煮豆穀，終日不熟，草木灌之愈鮮茂。舊有湯泉館，今廢。

鴈門山。在城東南六十里。周迴二十里，高一百二十五丈。西連彭城山，南連大城山，北接陵山。山勢連緜，類北地鴈門，故名。《輿地志》：「山東北有溫泉，可浴，飲之能治冷疾。」

竹堂山。在城東南七十五里。周迴一十六里，高九十二丈。東連雲穴山，西連白山，南連大城山，北有水，下注平陸。《輿地志》：「白山、鴈門山、竹堂山並連帶在建康縣東北，繇連三四十里。」

橫　山。在城西南一百二十里〔二六〕。周迴八十里，高二百丈。屬金陵鎮。山謙之《丹陽記》：「丹陽縣東有橫山，連亘數十里。或云楚子重至於橫山是也。」又曰：「橫望山，四面望之皆橫，故名。」在城西南一百二十里，接連太平州界。

戚家山。在城南天禧寺東。鄭文寶《南唐遺事》云：「韓熙載居戚家山。」

梓桐山。在城南一十五里。高三十八丈。山下有謝氏詩樓及繙經臺基存。

聚寶山。在城南雨華臺側。上多細瑪瑙石，俗呼爲聚寶山。

紫巖山。在城南一十五里。高三十八丈。陳軒《金陵集》載李建勳《春日紫巖山期客不至》詩，戚氏云：「前志即以此爲巖山，誤。」

夏侯山。在城南二十二里。周迴十里，高三十五丈。梁夏侯亶居此，因名。

甑蔽山。在城南二十三里。周迴八里，高二十五丈。以形似名。

牛頭山。狀如牛頭。一名天闕山，即王導所指者。又名僊窟山。在城南三十里。周迴四十七里，高一百四十丈。按《六朝記》，自朱雀門沿御道四十里至山下。西峰中有石窟，不測淺深，古老相傳云辟支佛所出。梁武帝於下建寺，名曰仙窟山。窟有一石鉢盂，形狀甚古，唐神龍初，并寶公履取入長安。又云山南有夫容峰，北有大石如臥鼓，其石中空，可坐數十人，其高九尺，上下有小石，吴時呼爲石鼓。《河圖内元經》云：「天欲雨，則石鼓自鳴。」山之南峰，宋大明中嘗立南郊壇其上。建炎四年，岳飛敗金人於清水亭，烏珠復趍建康，飛設伏牛頭山上，又以騎三百、步卒二千人馳至南門新城爲營〔二七〕，大破烏珠之衆，所獲負而登舟者盡以戈殪於水中〔二八〕，委棄山積。

巖　山。在城南三十里。周迴十五里，高七十一丈，有吴石刻。宋孝武改曰龍山。景寧陵在焉。梁朱异葬山前。《實錄》：「吴後主天璽元年，立石刻於巖山，紀吴功德。」案《吴錄》，其文東觀華覈作，其字大篆，未知誰書，或傳是皇象，恐非。在今縣南四十里龍山下。其石折爲三段，時人呼爲段石岡也。山謙之《丹陽記》曰：「秣陵縣南三十里有巖山，山西有石室，山東大道左有方石，長一丈，勒名題讚吴功德，孫皓所建。宋明帝泰始中，建平王休祐從巖山射雉，即此。」

觀子山。在城南三十里。周迴四里一百步，高八十三丈。東有水，下注新林浦。

吉　山。在城南四十五里。周迴三里，高一十丈。西臨大江。宋征虜將軍、建城侯吉翰葬此，因名。

大青山。在城南四十五里。周迴三十五里，高一百二十五丈。西有水，下注平陸。

陰　山。在江寧西南一十二里，臨大江。王導至此，山神見夢於導，導以其事聞上，爲立廟，時人遂名其岡曰陰山。

三　山。在城西南五十七里。周迴四里，高二十九丈。《吴志》：「晉琅琊王伷濟自三山。」《丹陽記》：「江寧縣北十二里有三山相接，吴時津濟道也。」戚氏云，江寧古城去今城七十里，故《乾道志》云三山在城西南五十七里，與《記》不同。《元和郡縣志》〔二九〕：「王濬伐吴，宿於牛渚，部分明日前至三山。」《輿地志》：「其山積石森鬱，濱於大江，三峰行列，南北相連，號三山。李白詩『三山半落青天外』，即此。」

自臨沂而下，諸山皆在鍾山之左，繞府城東北隅，達於城東，轉東南隅以達於南，又轉西南隅，及西而止於江。其自牛頭山降勢者，北爲聚寶山，以北止朱雀航，與秦淮水北石頭城、馬鞍諸山相望。其地脈山勢似斷而續，似散而聚，似遠而近，環抱拱挹，真如龍之盤也。

湖　山。在江寧縣南三十里。周迴七里，高七十丈。上有湖，久旱不涸。

車府山。在城南四十里。周迴九里二百步，高一百丈。六朝嘗於此山藏車乘器甲，故名。

祖堂山。在城南四十五里。周迴四十里，高一百二十七丈。東有水，下注平陸。宋大明三年，於山南建幽棲寺，因名幽棲。唐貞觀初，法融禪師得道於此，爲南宗第一祖師〔三〇〕，乃改爲祖堂山。

落星山。在城西南五十里。周迴二里，高一十丈。西臨大江。舊圖經云：「昔有大星落此，因名。」又別有落星洲，在城西南三十里，周十里，上有小阜，高數尺。

銅　山。在城東南七十里。周迴一十九里，高一百丈。昔人採銅於此山，故名。《慶元志》：「山南名金牛坑。」陳軒《金陵集》載鮑昭《過銅山掘黄精》詩云：「銅山晝深沉，乳竇夜涓滴。」即此。屬江寧縣。句容縣北，溧水州西亦各有銅山，皆舊採銅處。

烈　山。去城西南七十里，近處真鄉。《乾道志》：「吴舊澤所也。伏滔《北征賦》謂之栗洲，上有小山，形似栗，因名。」又云：「山近烈洲，故曰烈山。其山四面峭絶，下瞰大江，風濤洶湧，商旅嘗泊舟依山以避風。絶頂叢棘中舊有侯將軍廟。《陳史》：永定初，王琳聚兵窺臺城，造黄龍舟千艘，泊於荻港。西南風急，琳謂得天助，張帆直下。陳將侯瑱泊舟蕪湖，逐後而發，戰於烈山之下。因拍竿撞琳船〔三一〕，琳擲火焚之，風逆，自焚，遂大敗奔齊。土人以侯瑱功烈甚盛，故名山曰烈山。祠之歲久，舟人以爲陳篺頭祠，妄也。寶祐初，有僧披荆棘，建菴其上，自名爲江心護國寺，今存。按「厲」、「賴」、「栗」、「烈」字音相近，古有賴鄉〔三二〕、瀨渚，今爲溧水、烈山、烈洲，疑皆【厲】之轉音云。」

白都山。在城西南七十里。周迴五百步，高二十丈，西臨大江。《輿地志》：「昔白仲都嘗於此山學道〔三三〕，白日昇天，因名。」山下有白都湖〔三四〕，周八里〔三五〕，又有仲都祠壇。《吴志》：諸葛恪誅，子竦載其母走，孫竣遣張承追斬於白都，即此。

鼓吹山。舊志在城南八十里。周迴一十七丈，高八十丈。東北有水，四望孤絶。宋孝武大明七年，自江寧縣南登山，及陵望臺、甲子館。蓋登山奏鼓吹，因名。戚氏《志》云：甲子乃記日，非館名。《實録》：少帝景和元年九月幸湖熟縣，始奏鼓吹。與此志異。

龍　山。在城西南九十五里。周迴二十四里，高一百一十二丈，入太平路當塗縣。北有水。其山似龍形，因名。岩山、覆舟山皆名龍山。

慈姥山。在城西南一百一十里二百步。周迴二里，高三十丈。《輿地志》：「山積石臨江，岸壁峻絶。山上出竹，堪爲簫管。山南有慈姥神廟，因名。」俗亦呼鼓吹山。

天竺山。在城西南一百二十里。周迴一十七里，高一十九丈。東南有水，下注慈姥浦。其北連岡十里，本名多墅山。唐上元二年，有天竺福興寺僧道融移寺於此山，因名。

馬鞍山。《乾道志》：「在城西南三十五里。周四里一百二十步，高八十五丈，以形似名。」上元亦有山名馬鞍，見前。

龍口山。在城西南三十五里。高一十八丈。戚氏《志》：「有李琮墓，前有三城湖。」《乾道志》：「湖在城西南七十三里，周十五里，中有三小城，因名。」湖實去城三十七里，志所言里誤。

白蕩山。在城西南七十里。周迴二十里，高四十五丈。北接高墟山，屬江寧鎮。「蕩」俗作「盪」。

木廬山。在城東北二十里。《江乘地記》曰：「木廬山有鍾乳穴。」今里俗名牧廬，在城東北三十里，屬上元縣北城鄉。

青山。在城南四十里。《實錄》：「梁太清元年置幽巖寺，北去縣四十里，永康公主造。」而《釋法論集》有牛頭佛窟寺。《大毗曇師傳》云：「承聖二年，法師入秣陵青山，始創舍，名曰幽巖，與佛窟相去十里。」亦不云永康造也。

右在江寧、上元二縣界。

茅山。在句容縣東南四十五里。周迴一百五十里。初名句曲山，像其形也。

茅君得道，更名曰茅山。三十六洞天之數，第八曰金壇華陽之天，此山是也。《史記》：「禹封泰山，禪會稽。」晉灼曰：「本名茅山。」《吳越春秋》云：「禹巡天下，登茅山以朝群臣。更名茅山爲會稽，亦曰苗山〔三六〕。」《茅山記》曰：「大茅山獨高處，黑帝命東海神埋大銅鼎於山頂，深八尺，上有盤石鎮之。」黑帝即顓頊也。又曰：「秦始皇帝三十七年遊會稽還，登句曲北垂山，埋白璧一雙，深七尺，李斯篆刻文云：『始皇聖德，平章江山。巡狩蒼川，勒銘素璧。』」又曰：「王莽地皇三年七月，遣使者章邕賫黃金、白玉、銅鐘五口贈三茅君。光武建武七年三月，遣使者吳倫賫黃金五十斤、玉、帛獻三茅君。今山頂有埋金處，上有聚石。」又曰：「中茅山獨高處，司命君埋西胡玉門丹砂六千斤，深二丈，上有盤石鎮之。其山左右泉流下皆小赤色，飲之延年益壽。左真人就司命君乞得一十二斤，以合九華丹。山頂石壇、石案、香爐具存。今三陽百姓多長壽者，蓋太陽、北陽、朱陽三村耳。」《茅君內傳》：「句曲山，秦時華陽之天。漢宣帝時，三茅君居之，遂名茅山。內有積金山，因以金爲壇號。周時名其源澤爲曲水之穴，秦時名勾金之壇，似『已』字，故以勾曲名焉。」《真誥》曰：「金陵句容之句曲洞爲第八洞天。又曰：句曲地肺，土良水清，可以度世種民，是處五災不干〔三七〕。又曰：「金陵者，洞墟之膏腴，句曲之地肺，履之者萬萬，知之者無一。」《內經·福地志》曰：「伏龍之地在柳谷之西，金壇之右，可以高棲。」《福地記》曰：「岡山之間，有伏龍之鄉，可以避水、避病、長生。」《許邁別傳》曰：「延陵之茅山是洞庭西門，潛通五嶽。」《茅君雜記》云：「華陽洞天五門，三門顯，二門隱。」陶先生云：「東通王屋，西達峨嵋，南接羅浮，北連岱嶽。」漢元帝時，咸陽人茅盈、茅固、茅衷並此山得道，故號茅山，三人乘白鶴，各據一嶺。唐咸通中，東海蓬萊觀龔道士初入此山〔三八〕，採穀茹芝十餘年。後因月朔正旦，焚香洞門，恍惚之間，得入洞中。經由一十三日，備見洞府巖壁山川、星辰、日月，諸異難詳〔三九〕。按《本傳》：「茅濛字初成，華陽人也。隱華山修道。秦始皇三十一年，白日上昇。是時有民謠曰：『神僊得者茅初成，駕龍上昇入太清。時下玄洲戲赤城，繼世而往在我盈。』始皇聞之，問故老，曰：『此僊謠也。』於是有尋僊之意。濛之玄孫盈得道於金陵句曲山，上昇爲東嶽上卿司命真君、太元真人，居赤城，時來句曲。弟茅固、茅衷皆得道於此，邦人改句曲爲茅君山。」《洞天福地記》云：「福地七十二，地肺爲第一，即金陵是也。」金陵之地，水至即浮，故比之於肺。《抱朴・內篇》云：「別有地肺山，乃玉溜嶼。又商山亦名地肺。」今以《內傳》爲正。保命君喓喓言：「金陵者，兵水不能加，災厲所不犯。」《河圖》中《要元篇》第四十四卷云：「句金之壇，其間有陵，兵疾不往，洪波不登。」《太元內傳》云：「句曲山有金陵之地，方三十七八頃，是金陵之地肺也。土良而井水甘美，居其地必得度世。」

山中有大茅峰，在元符宮南。舊記云：「在崇禧觀北獨高處。昔東海青童君乘飈舉憩此，今有飈輪之跡。山之半有繡衣亭，昔三天使者衣繡衣，執金冊，以九錫之命詔大茅君，故名。山之巔有泉，名曰一人泉，汲之不竭。」中茅峰，在積金山北。其側有泉，色赤，《真誥》云飲之延年。又有陶公醉石。小茅峰，在中茅峰之背。有臥龍松、左紐檜。抱朴峰，即大茅峰北相連一峰是。白雲峰，在中茅峰西。五雲峰，在小茅峰之側華陽洞上，積金峰、金菌山東高峰是也。其峰甚峻。昔三茅君以三月十八日駕五色之雲、八景之輿佇於此山，逾時而去，故號五雲峰。積金峰，在大茅峰、中茅峰之間。二峰相連，其長峰中有連石，古謂之積金山，陶隱居所住。東有一橫壟，壟皆是石，形甚瓌奇，內有洞，即此峰也。疊玉峰，《圖經》云：「大茅山上東南三山疊積，亦有洞穴，俗多呼疊石，石與玉同類，又呼三角山。」今去葛僊壇相邇。宋真宗未有仁宗，嘗遣左璫詣茅山禱祈，遇異人，言王真人已降生宋朝。璫問王真人本是何人，答曰：「古燧人氏。」章懿皇后亦夢羽衣數百人從一僊官自空而下，曰：「此託生於夫人。」及生，宮中火光屬天。始行步，常持槐木簡，以筯鑽之，真宗問曰：「何用？」曰：「試鑽火耳。」帝顧后妃曰：「異人之言，信不虛矣！」令刻石元符宮。華蓋峰。在崇壽觀東南。又有四平山，《真誥》曰：「大茅西南有四平山，俗謂之方山。其下有洞屋，名方臺。又曰幽館，得道者處焉。」良常山，秦始皇登句曲山北垂，歎曰：「巡狩之樂，莫過於山海。自今以往，良爲常也爾。」群臣並稱壽，嘆曰：「良爲常矣。」乃改句容北垂爲良常山。華姥山，《茅山記》：「孫寒華即吳大帝孫女，於茅山修道成，昇空而去，號華姥山。」鬱岡山，在小茅峰東北。草木鬱茂，故以爲名。俗呼爲大橫山。學道者多居於此。山下有泉，昔李明於此合神丹而升玄洲。山之東有古越翳王塚。龍尾山，在大茅峰之東。隱然而高，狀若龍尾焉。按《茅山記》云：「從大茅一嶺直至山東，接延陵界，如龍狀，大茅山爲頭，壟如龍尾。」故以「龍尾」名之。東方山，在縣東南四十里，周迴一十五里，高四十二丈。東連僊几山。伏龍山，在柳汧之間。柳汧即柳谷泉，與中茅峰相近，狀如龍。其上産金，昔人嘗採之。雷平山，在伏龍山之東。周時有雷氏養龍，往來此山，與許長史所營之宅相對。其山北有柳汧水，或名曰田公泉，昔田公嘗居此。方隅山，在雷平山之東北，以三小山相隅故也。昔有人合九鼎丹於此。山下亦有洞室，名曰方源館。秦望山，在良常山東北。始皇嘗住此望丘阜。丁公山，乃積金峰之西麓也。相傳即丁令威所止〔四〇〕，今崇禧觀以爲主峰。三公山，在燕洞宮東南。僊韭山，在崇壽觀西，獨小山也。《真誥》云：「姜叔茂種五辛菜，常賣此以市丹砂。今山多大韭，即其種也。」俗呼石龍山。僊姑山，在縣東四十里茅山之側，周迴五里，高一十丈。僊几山，在縣東南四十里茅山側，周迴三里一百步，高八丈，東連僊姑山。丫頭山，在縣東南三十五里，周迴十五里，高四十二丈，東連僊几山。竈石山，在良常山東南。其間有累石如竈，處竈間生一木，如曲蓋形。銜珠山，在雷平山南，俗呼獨女山。青山，在縣北六十里，鬱岡山西，乾元觀北，周迴一十里，高一十三丈，北臨大江。又觀東一山名東青山，西一山名西青山，東青山在茅司徒廟東。岡山，古名。此山爲福地。《記》云：「岡山之間，有伏龍之鄉，可以避病。」鼈足山，在僊韭山之西。天市山，在積金峰上。吳山，在大茅峰南。青龍山，一名洞山，高三十八丈，周五里，北距茅山三十里。山半有洞曰青龍洞，前多恠石，奇秀森列，流泉歷旱不竭。山傍有峴曰牧門。《乾道志》：「山有洞穴，祈禱有應。洞口纔二尺餘，僅可容人傴僂而入。其中平廣，深不可測。土人相傳，與金壇、句曲諸洞相通。洞口大石上有四五窪處，狀如人跡，俗呼爲僊人跡。」按《真誥》云：「大茅山之西南有四平山，俗所謂方山者。其下有洞室，名曰方臺。山外與華陽通。」疑指此。麻姑山，在鬱岡山西。海江山，在慶雲洞上。獨公山，在小茅峰北。小竹山，在小茅山東。稻堆山，在皇甫谷南。大靈山、小靈山，並在鼇足山西。飈輪峰，在大茅峰東，連峰是也。道祖峰，在積金峰陰。栢枝隴，在華陽南洞。桃花崦，在小茅峰北。林壑幽邃，春時華卉紛敷，不異武陵源也。拱辰谷，一名拱辰寨，在中茅峰東北。劉先生際遇建元符宮，乃敕江寧兵士二百人以充巡邏洒掃，因立寨谷中。詳具《宋史》。皇甫谷，在三角山。祖子谷〔四二〕，在三角山北。黑虎谷，在中茅、小茅峰之間，長阿之西。又有虎爪山，在丁山西。宋禁樵採，有碑。

絳巖山。一名赭山。在縣西南三十里。周迴二十四里，高一百六十五丈。上有龍坑祠壇。《地志》云：「漢丹陽縣北有赭山，其山丹赤，故因以名郡。」《寰宇記》：「本名赤山，唐天寶中改爲絳巖，一名丹山，丹陽之義出此。」山極險峻，臨平湖。山之巔頗坦夷，惟隻路可通。舊傳五季之亂，居民避難於上，往往獲免。後斸山者，常於其地獲銅錠、劍器之屬。建炎兵火，鄉民又依之以免禍。

姜石山。在縣西北二十五里。有梁南康簡王墓。

射烏山。在縣西北五十里。周迴一十五里，高一十七丈。

五綦山。在縣北五十里。周迴二十里，高二十五丈。

銅山。在縣北六十里。周迴二十里，高八十七丈。以舊出銅，故名。

戍山。在縣北六十里。周迴一十一里，高一十五丈，北臨大江。俗傳沈慶之戍兵於此，因名。

竹里山。在縣北六十里。按《方輿記》云：「行者以其途傾嶮，號曰翻車峴。」《元和郡縣志》：「山間有長澗，高下深阻，舊說似洛陽金谷。」晉王恭舉兵京口，仗劉牢之爲爪牙，使帳下督顏延爲前鋒。牢之至竹里，斬延以降，還，襲恭。宋武帝起義，自京口至江乘，破桓玄將吳甫之於竹里。

華山。在縣界。按《方輿地記》云：「梁武帝輿駕東行，至此山，因問：『華山何如蔣山高？』薛對曰：『華山高九里，似與蔣山等，泉水倍多。』」戚氏《志》云：「秦淮出此。」

花碌山。在縣北五十里。周迴十七里，高二十六丈。舊有砜坑。

秦山。在縣南三里。有明月灣，通秦淮。父老相傳，謂謝安月夜乘舟垂釣於此，今釣臺尚存。

周山。在縣南三十五里。周一十里，高十丈。

崙山。在縣東北五十里。周一十五里，高一十七丈，東連駒驪山。四十二福地也。唐肅宗時，謁者伍達靈在此山得道。丹成之後，記於石壁，在絕頂，尚存，髣髴可辨。山下又有伍達靈潭。

駒驪山。在縣東北六十里。周迴二十五里，高三十九丈。吳諸葛恪獵，見一小兒，衆莫識，恪引《白澤圖》曰：「兩山間其精如小兒，名曰傒囊。」

浮山。在縣南三十五里。周迴一十里，高一十二丈，西接周山。

胄山。在縣北三十五里。周迴一十二里，高一十六丈。

亭山。在縣北三十里。周一十五里，高二十丈。

土石山。在縣東三十里。

虎耳山。在縣東三十里。舊名苦耳。

竹山。在疊玉峰南，今藏真觀前，一山上多篠者是也。陶隱居云：「自大茅山南後韭山、竹山、吳山、方山從此疊嶂，達乎吳興天目諸山，至乎羅浮，而窮乎南海也。」

右在句容縣界。

中山。在溧水州東南一十五里。高一十丈，周迴五里。《圖經》云：「宣州中山，又名濁山，在州東一十里，不與羣山連接。古老相傳，中有白兔，世稱爲筆最精。」《元和郡縣志》云：「中山出兔毫，爲筆精妙。山前有水源，號曰濁水。」《輿地志》：「宣州溧水縣有濁山，有濁水，流演不息，即此。」

東破山。在州東南五十五里。高一十三丈，周迴一十七里。梁大同二年採銅於此。

東廬山。在州東南一十五里。高六十八丈，周迴二十里。有水源三：一源自山西，流入秦淮；一源出山東，北流入馬沈港；一源自山東南吳漕，流入丹陽湖。山謙之《丹陽記》云：「縣東有廬山，與丹陽分界。」《十道四蕃志》〔四二〕、《太平寰宇記》皆云俗傳嚴子陵結廬於此。或云形似廬舍，因以爲名。

馬占山。在州東南三十五里。高一十八丈，周迴一十三里。梁大同二年採銅於此。

甌船山。一名感泉山。在州南一十二里。高二十一丈，周迴一十八里。山陰有青絲洞，泉脈泓澄，四時不竭。南有張、沈二士書堂、井臼遺址，不知何時人也。

杜城山。在州南一十二里。高六十丈，周迴五十五里。隋大業末，杜伏威嘗屯軍於此，因名杜城山。舊有廟及戰場。

竹澗山，在州東南一十八里，高一十二丈，周迴八里。

石城山，在州東南二十五里，周迴二十四里，高六十丈。舊有石城院、冷水亭基。

小茅山。在州西南五里。高一十七丈，周迴四里。

荆塘山。在州南十里。高三十七丈，周迴二十里。

稟丘山。在州西三十里。高三十七丈，周迴二十里。上有井泉及稟丘山寺基，唐太和中寺廢，有石龕方丈存。

鳳棲山。在州西南七十里。高一十六丈，周迴八里，西並石臼湖。父老云，昔有鳳凰棲其上，因得名曰鳳棲。此山屬儀鳳鄉，近地有鳳賢圩，今作黄西，非也。

臘　山。在州西南六十里。高一十四丈，周迴一十五里，西並石臼湖。

雀壘山、軍山、塔子山、馬頭山。並在州西南七十五里石臼湖内。

澳洞山。在州西南二十五里。高三十一丈，周迴一十八里。内有祈雨潭，禱之多應。

游子山。在州南八十二里。高二十丈，周迴一十里。上有石壇。舊經云：「孔子適楚，嘗經此山。」

蘆塘山。在州東南二十三里。高一十五丈，周迴二十二里。梁大同二年，嘗採銅錫於此。

琛　山。在州西一十五里。高一十一丈，周迴一十五里。舊經云：「嘗産玉，因此得名。」

回峰山。在州東南四十里。高三十七丈，周十七里。上有龍池，下有龍泉，東有水注平陸。

石羊山。在州西南三十七里。高七十丈，周迴四十里。

土山。在州南五十里。高十丈，周迴六里。

三山。在州東南一十里。高九丈，周迴一十里。

官塘山。在州東南二十五里。高一十一丈，周迴一十五里，下有大塘。

芝山。在州東南七十里。高三十九丈，周迴四十里。上有李子洞、燕洞，相去三百步。昔宣州田頵舉兵，邑人攜老幼於此避難，可容數千人。李洞有泉沸涌，燕洞有石燕，遇雨則飛，晴則還落爲石。

銅山。在州西四十里。高二十四丈，周迴一十三里。舊經云：「昔嘗採銅於此，今鑄冶舊址猶存。」

玉泉山。在州南一百一十里。高三十二丈，周迴一十八里。

臥龍山。在州北二十三里。高十四丈，周十里。

赤龍山〔四三〕。在州北三十三里。高十丈，周十里。

白石山。在州北二十里。高十丈，周十里。

荆　山。在州東南七十里。高四十二丈，周二十里。舊志云：即卞和獲玉之地，誤也。卞和泣玉荆山之下，其山乃在荆州，不在揚州。

峒峴山。在州東二十里。高十丈，周八里。

李墅山。在州東三十里。高二十丈，周一十六里，接茅山。

鹿子山。在州東一十五里。高一十丈，周九里，東接峒峴山。

浮　山。在州東三十七里。高三十丈，周迴二十里，接茅山。

僊杏山。在州東南四十三里。高三十丈，周一十三里。舊經云：「絕頂有杏林及僊人足跡，因名。又有僊壇三所及丹井，一名仙壇山。下有清泉，流入丹陽湖。」

愛景山。在州東北二十五里。高一十三丈，周迴一十里，接烏山。

烏　山。在州北二十里。高二十八丈，周十五里。

鷄籠山。在州北三十里。高一十七丈，周一十二里，與愛景、烏山相接。

無想山。在州南十八里。有禪寂院，院有韓熙載書堂。

方　山。在州東南六十五里。高一十二丈，周九里，南有青龍洞，與芝山相接。

赭　山。在州東南五十里。高十九丈，周二十二里〔四四〕。

靈嶽山。在州東南六十里。高二十一丈，周迴一十五里。

南鷄籠山。在州東南一百二十里。高三十二丈，周迴二十里。

遮軍山。在州南八十五里。高五十五丈，周迴二十三里。山北有水，下入固城湖。

太　山。在州南七十六里。高三十四丈，周迴二十五里。

秀　山。在州南九十五里。高一十三丈八尺〔四五〕，周迴九里一百步。西南有水，下注平陸。舊名禿山，宋時秦氏居之，易名。

禪林山。在州南八十里。高四十一丈，周迴一十八里。上有寺。

黄　山。在州東南一十里。高九丈，周迴一十里。

靈黿山。在州西北二十里。

溧陽山。在州東南一十二里。高二十五丈，周迴七里一百步。俗號馬鞍山，取其形似也。

紫雲山。在州南六十里。

東壘山。在州南六十五里。

濁　山。在州東南一十里。高一十丈，周迴五里，山北濁水出焉。《輿地志》：「溧水縣有濁山，即秦淮源。」

雲鶴山。在州東南七十里。

右在溧水州界。

巘　山。在溧陽州西十一里。周迴五里，高二十丈。晉咸和中，李閎追及張健之所。

桂林山。在州西南三十里。周迴十五里，高五十丈。汪藻記挹秀堂云：「南則翠陰晴嵐，與人應接者，桂林諸山也。」

龍潭山。在州南四十五里。周迴十五里，高二十七丈。上有龍潭，清徹見底。潭側有龍王祠，禱之有應。

虎　山。在州西南五十里。周迴五里，高二十丈。

青　山。在州南六十里。高十七丈，周十里。有潘真君廟。

神　山。在州南四十里。高五十丈，周二十里。

朝山。在州西南二十里。高十五丈，周五十丈。

盤白山。一名高邃山。在州西南四十里。高五十六丈，周十里。今太虛觀在其下，故俗名觀山。第二峰石上有僊人蹟。觀有碑，載晉盤白真人事蹟。

伍牙山。一名護牙山。在州西南六十里。高一百七十丈，周四十里。《輿地廣記》：「俗傳伍子胥美齒牙，避楚至此，恐爲人所識，以石擊毀其牙。山神爲震，護之不毀，因名護牙。」前說近是。山下有子胥廟。「子胥伐楚，還吳，經此山，故名伍牙。」《建康志》又云：

荆山。在州西南四十里。高六十丈，周二十里。山下有泉，歲旱資以溉稻。戚氏《志》：「去州五十里。」

獨山。在州西南六十五里。高二十九丈，周十里。

鐵冶山。一名鐵峴。在州西南七十里。高一百八十丈，周二十里。山謙之《丹陽記》云：「永世縣南百餘里鐵峴山出鐵，今揚州鼓鑄之。」《輿地志》：「前代鑄錢處。」

三王山。一名三首山。在州西南五十里。高二十丈，周迴百餘步。舊志云：「相傳楚王與眉間尺並一客三首葬此，因名。」

銀方山。在州南五十三里。高三十六丈，周迴一十五里。

結都山。在州南五十里。高五十八丈，周十八里。

鷄籠山。在州南十二里〔四六〕。高十七丈，周三里。

屏風山。在州南十五里。高九丈，周五里一百二十四步。形如屏風，故名。

泉山。在州南二十里。

石室山〔四七〕。在州南六十里。高三丈，周一百步。西有鑄劍坑，舊志云：「吴王使甌冶子鑄劍於此。」

峍山。在州南二十五里。高十八丈，周迴五里。「峍」字土人音「溝」，字書未見。

懸鼓山。在州南五十里。高六十丈，周迴二十二里，遠望若垂鼓然，故以名。

瓫里山。在州南五十里。高四十六丈，周十五里。

金山。在州南五十里。高五十丈，周三十里。

松山。在州南七十里。

鐵山。在州東南五十里。高六十丈，周二十八里。古嘗出鐵，今坑冶遺跡猶存。《唐書·地理志》：「溧陽有鐵。」此即其地。

新婦山。在州東南五十里。高三十五丈，周迴一十八里。

三鶴山。一名僊山。在州東南六十里。高八十丈，周十五里。昔有潘氏兄弟得道，化鶴而去。

銅官山。在州東南五十八里。高十八丈，周十八里。昔嘗出銅，故名。《唐書·地理志》：「溧陽有銅。」今土中熒然有銅如麩狀，然堇堇取之，不足償費。

雲泉山。一名下山，一名夏山。在州東南三十五里。高二十丈，周十里。有泉，雲氣出焉。山下有淨土院。

金鷄山。在州東十里。高十二丈，周五里。

𡵆山。在州東北二十五里洮湖之上。周十里，高十一丈。周處《風土記》云：「昔𡵆姓姥於此得道。」按《廣韻》：「𡵆，烏后切。山名，在溧陽。」《集韻》云：「山名，在陽羨。」《寰宇記》云：「常、潤等州分界於此山之巔。」

大岯山。一名大巫山，一名浮山。在州東北四十五里洮湖中。周三百五十步，高八丈。與宜興、金壇二縣接界。山形孤秀，顒顒居水中，望之若浮。周處《風土記》云：「洮湖有大岯山〔四八〕。」《唐·地理志》云：「溧陽有湖山。」皆指此也。唐史嶷撰史憲神道碑云：「坯山右轉〔四九〕，洮水前臨。」「坯」字乃爲「坯」，今從之。「坏」、「岯」二字土人皆音「浮」，字書未見。陶隱居《尋山志》云：「石孤聳以獨絕，岸垂天而似浮。」謂此山也。

小峌山。一名小巫山。在州東北二十五里洮湖中。周四里，高五丈。《輿地志》：「延陵、永世二縣界中有小坯山，山下有石堂，堂内有虎跡，水涸即見。」

張汊山。在州東北三十五里。周三里，高七丈。

大蒴山。在州北四十五里洮湖東。周迴四里，高一十丈。

小蒴山。在州北四十里洮湖東。周二里，高六丈。

雷公山。一名雷山。在州北三十七里。周五里，高十二丈。岩石奇恠，泉流清潔。舊志云：「傳有雷公鑄劍於此，因以爲名。」今法興寺在其下。

落霞山。一名霞山。在州北四十里。周三里，高九丈。聖塔院在其下，又名聖塔山。

平陵山。在州西南三十里。周三里，高三丈。舊經云：「晉成帝咸和四年，李閎執蘇逸於此。」《元和郡縣志》：「縣南十八里。」非今治也。

土　山。在州北三十五里。周三里，高十二丈。

黄金山。在州北七十里。周二里，高十三丈。雨後土色如金，故名。

瓦屋山。在州西北八十里。周二十里，高一百六十七丈。形連亘，兩崖稍隆起，宛如屋狀。李白嘗遊溧陽，望瓦屋山，懷古賦詩。

丫頭山。一名丫僊山，一名丫山。在州西北八十里。周三十里，高一百八十五丈。其山兩峰峨然，齊高如髻，故名。

分界山。在州西北八十里。溧水、溧陽二縣分界此山之巔。

曹山。一名曹姥山。在州西北八十五里。周二十里，高十四丈。舊志：「昔曹姥居此山，死於石室，葬山下。後人爲置聖姥祠，祈禱多應。」

秀山。在州西七里。周一里，高十一丈。

茭山〔五〇〕。在州西七里〔五一〕。周四里，高十七丈。山有龍潭，禱之多應。

姥山。在州西十里。周六里，高十二丈。

大石山。在州西十五里。周七里，高二十二丈。舊志云：「上有龍潭，祈雨多有應。」

黃山。在州西四十二里。周三里，高五丈。舊志云：「黃鶴僊人於此得道，因名。今有觀。」

谷山。在州西四十里。周二里，高十二丈。

漁父山。在州西十五里。

燕　山。在州西九里。周五里，高二十一丈。狀如飛燕，故名。

投龍山。在州西十一里。周六里，高十一丈〔五二〕。

石門山。在州西十三里。周四里，高十丈。

呂長山。在州西二十里。周四十里，高十丈。下有呂將軍廟。

芝　山。在州西八十里。周二十五里，高四十五丈。舊志云：「山中嘗出芝草，因名。故老相傳，梅福嘗遊隱於此。」

花　山。在州西四十五里。周六里，高一十五丈。

右在溧陽州界。

【校勘記】

〔一〕東：原脱，據《景定建康志》卷一七補。
〔二〕渡：南京本作「沿」。
〔三〕歷：原作「利」，據南京本改。
〔四〕水：南京本作「河」。
〔五〕自上句「以爲固」到「西城石頭以爲」：原脱，據《龍川集》卷一、《歷代名臣奏議》卷九二補。
〔六〕吳：《龍川集》卷一、《歷代名臣奏議》卷九二作「金陵」。
〔七〕誅死：《建康實録》卷一七、《景定建康志》卷一七作「殺之」。
〔八〕相：南京本作「實」。
〔九〕栖玄塘：《太平寰宇記》卷九〇「昇州」下作「元栖塘」。
〔一〇〕舊：原脱，據《景定建康志》卷一七補。
〔一一〕四：原作「幾」，據《南史》卷六五《宜黄侯慧紀傳》、《景定建康志》卷一七及至正本改。

〔一二〕南史：至正本作「史傳」。

〔一三〕也：至正本作「所爭」。

〔一四〕圭：原闕，據《景定建康志》卷一七及至正本補。

〔一五〕破：至正本作「敗」。

〔一六〕懷：原闕，據《景定建康志》卷一七及至正本補。

〔一七〕巖：原闕，據《景定建康志》卷一七及至正本補。

〔一八〕品：原闕，據《景定建康志》卷一七及至正本補。

〔一九〕竹堂山：南京本作「竹山」。按本志卷五「石硊山」條，石硊山亦名竹山，在城東南四十五里。又有「竹山」，「在疊玉峰南」。然按「竹堂山」條，竹堂山在城東南七十五里，「南連大城山」，則大城山與竹堂山相接。此作竹堂山爲是。

〔二〇〕寇：南京本作「寇會稽」。

〔二一〕讖：南京本作「議」。

〔二二〕明敬：《景定建康志》作「欽明」。按《南史》卷一一《明敬劉皇后傳》，明敬劉皇后永明七年卒，葬江乘縣張山。事與此合，則「明敬」爲是。

〔二三〕古江乘：「古」下原衍一「迹」字，據《景定建康志》卷一七删。

〔二四〕此：原作「北」，據《景定建康志》卷一七改。

〔二五〕方山：原脱，據《六朝事迹編類》卷下、《景定建康志》卷一七補。

〔二六〕西南：《景定建康志》卷一七作「東南」。按《景定建康志》中關於横山與金陵城池方位關係之記載有前後矛盾之處。據本志卷一所附地理圖，則「西南」爲是。

〔二七〕二千人：原作「二十人」，據至正本改。南京本作「二千人」。

〔二八〕盡以戈殪於水中：原脱，據《景定建康志》卷一七補。

〔二九〕縣：原作「國」，徑改。下同。

〔三〇〕南宗第一祖師：按，佛教禪宗分南、北二派，南宗影響最著，其下又有支派無數。南宗第一祖師常指南宗初祖慧能，此處法融實際上爲南宗支派牛頭宗初祖，稱其爲南宗第一祖師顯然不妥。南京本於此考證頗詳。

〔三一〕因：南京本作「用」。至正本此字漫漶不清。

〔三二〕賴鄉：至正本作「賴國」。

〔三三〕學道：原闕，據《景定建康志》卷一七及至正本補。
〔三四〕湖：原闕，據至正本補。
〔三五〕周：原闕，據至正本補。
〔三六〕按：自「史記」以下數段引文與正文文意並不一致。引文中所稱「茅山」實非金陵之茅山，纂者誤將其繫於此茅山之下，顯然不妥。
〔三七〕干：《景定建康志》卷一七作「生」。
〔三八〕道士：至正本作「道者」。
〔三九〕諸：至正本作「靈」。
〔四〇〕傳：諸本皆作「儔」，文意不通，徑改。
〔四一〕相：南京本作「祖」。
〔四二〕十道四蕃志：「志」字原闕，據《景定建康志》卷一七補。
〔四三〕赤龍山：《景定建康志》卷一七、雍正《江南通志》卷一一「山川」及《大清一統志》卷五〇「江寧府」下均作「赤虎山」。
〔四四〕二十二：《景定建康志》卷一七作「二十一」。

〔四五〕一十三：《景定建康志》卷一七作「二十三」。
〔四六〕十二：南京本作「二十」。
〔四七〕石室山：《景定建康志》卷一七、《明一統志》卷六「南京」及《大清一統志》卷六二「鎮江府」下「室」作「屋」。按：本志卷一載溧陽州與廣德「以石屋山爲界」，則疑「屋」字爲是。
〔四八〕峌：原作「壞」，據《太平寰宇記》卷九二及《景定建康志》卷一七改。
〔四九〕坯：原作「峌」，據《景定建康志》卷一七及前後文意改。
〔五〇〕茭山：《景定建康志》卷一七作「菱山」。按：《大清一統志》卷六二「鎮江府」下亦有「茭山」，本志卷四下「溧陽州鄉里」又有「茭山里」條，故「茭」字當是。
〔五一〕七里：《景定建康志》卷一七作「十里」。
〔五二〕十一：《景定建康志》卷一七作「十二」。

至正金陵新志卷五下

山川志二

岡嶺壠、峴、坡、墩、墅

白土岡。北連蔣山，南至秦淮，周十里，高十丈。其土色白，故名。賀若弼進軍鍾山，魯廣達於白土岡與弼旗鼓相對，隋軍退走，即此地也。

黄龍岡。在上元縣鍾山鄉，去城十里。傳有黄龍見此，故名。

大城岡。今作港，有大城港水驛。

武帳岡。按《宫苑記》，古宣武城地，本宋文帝閲武帳，今謂之武帳岡。《南史》：「元嘉二十二年建宇岡上。」

落星岡。一名落星墩。在城西北九里。周二十六里，高一十二丈。梁王僧辯於石頭城連營立柵，至落星墩，以拒侯景，景大恐。《抱朴子》曰：「落星岡，吳時星落。」李白嘗於落星石以紫綺裘換酒爲歡，皆此地。又江寧縣西三十里臨江亦有落星岡、落星洲，周十里，上有小阜，高數丈。《南史》：「陳顯達舉兵，以數千人登落星岡，新亭諸軍聞之，奔還，宫城大駭。」即此洲也。

孫陵岡。詳見商飇館、九日臺。

段石岡。在城南二十里。長十二里，高二十二丈。《丹陽記》云：「岩山東有大碣石，長二丈，折爲三段，因以名岡。」詳見後碑碣内。

石子岡。一名石子墩。在城南一十五里。長二十里，高十八丈。《吳志》云：「諸葛恪爲孫峻所害，投此岡。先是童謠云：『諸葛恪，何弱弱？蘆單衣，篾鉤絡。於何相求？成子閣。』」成子閣反語石子岡也。《輿地志》：「宋大明中，起迎風觀於其上。」舊經云：「俗説此岡多細花石，故名石子岡。」

南岡。在城南往婁湖橋路上。見《沈慶之傳》。舊謂郭璞被殺處，非也。

塘岡。見石頭山下。

金陵岡。在城西龍灣路上。耆老言，秦厭東南王氣，鑄金人埋於此。昔有一碣，刊其文曰：「不在山前，不在山後。不在山南，不在山北。有人獲得，富了一國。」後因砌靖安路失之。詳見《金陵辨》。

梅嶺岡。在城南九里。長六里，高二丈。舊經云：「東晉豫章太守梅賾家於岡下，因名。」

上有亭，爲士庶遊春之所。

句容有長隱岡，溧水州有曹家岡、花塘岡、四墅岡、舍岡、南亭岡、栗樹岡、孔家岡、戴公岡、松兒岡、趙巷岡、石子岡。見各處志。

朱年壠。在江寧縣南六十七里鼓吹山前。按《金陵故事》，年生齊末，兵亂中母亡，廬墓，終身負薪。有白兔、紫芝生於壠，至今名其居爲孝感里。

千佛嶺。見攝山下。

桂　嶺、栽松峴。並見蔣山下。

駐馬坡。在清涼寺後山上。舊傳諸葛亮嘗駐馬於此，以望形勢。

謝公墩。在半山寺。里俗相傳，謝安所嘗登也，其事殊無所據。李白、王荆公皆有《謝公墩》詩，白詩云：「冶城訪賢跡，猶有謝公墩。」今永壽宮冶城山，即安與王羲之所登悠然遐想之地。荆公雖有「我屋公墩」之句，而又有詩云：「問樵樵不知，問牧牧不言。」亦自疑之耳。江左謝氏衣冠最盛，謂之「謝公」，豈獨安也？今半山寺所在舊名康樂坊。按《晉書》，謝玄封康樂公，至孫靈運猶襲封。以坊及墩名觀之，恐是玄及其子孫所居，後人因名之耳。

崑崙墩。在西子湖。

溧水州有佛子墩、戲墩、樓子墩、上店墩。見本州志。

江湖淮附

大江。隸集慶路界者一百二十里，西至和州烏江縣四十里，以鰻鰲洲中流爲界；東北至真州揚子縣七十里，以下蜀鎮中流爲界；北至真州六合縣界四十里，以瓜步中流爲界。《史記・索隱》曰〔一〕：《地理志》三江：「北江從會稽毗陵縣北東入海，中江從丹陽蕪湖縣東北至會稽陽羨縣東入海，南江從會稽吳縣南東入海。」《水經》及《荆州記》云：「江出岷山，至潯陽分爲九道，東會於彭澤，經蕪湖名中江，東北至南徐州，名爲北江，而入海。」長江別名則有京江，在南徐州，《禹貢》所謂北江也；瓜步江，今揚州六合縣，對潤州江寧縣，即魏太武所臨處；烏江，即項羽死處，今和州烏江縣，亦對江寧縣。《吳書》：「魏文帝有渡江之志，望江水盛長，彌漫數百里，歎曰：『魏雖有武騎千群，無所用也。』」〔二〕《晉中興書》〔二〕：郭璞以中興王宅江外，乃著《江賦》。中江，舊逕溧陽州界，古三江之一也。永陽江，亦名九陽江，一名潁陽江，在州西北三十五里即其遺跡。按《禹貢》揚州：「三江既入，震澤底定。」岷山導江，東迤北會於匯，東爲中江，入於海。《前漢・地理志》、桑欽《水經》皆云中江出蕪湖縣西南，東北至陽羨入海。蓋自蕪湖逕溧陽，至宜興，入震澤以下海也。唐開元十七年，蔣日用作本縣《城隍記》云：「此縣南壓中江，風波不借，舟檝無施。縣宰喬翔創浮梁，以便行旅。」中江橋梁之設昉於此。景福三年，楊行密將臺濛作五堰，拖輕舸饋糧。五堰遺跡在今溧水州界銀林、雙河、東壩之地。是時中江置堰，江流亦既狹矣。蘇東坡奏議云：「溧陽縣之西有五堰者，古所以節宣、歙、金陵九陽江之衆水，直趍太平州蕪湖。後之商人販賣簰木，東入二浙，以五堰爲阻，因紿官中廢去。五堰既廢，則宣、歙、金陵九陽江之水或遇暴漲，皆入宜興之荆溪，由荆溪而入震澤。」時元祐六年也，是時中江尚通。其後東壩既成，中江遂不復東，惟永陽江水入荆溪。謾著其詳，以見溧陽亦禹跡之所歷云。

秦　淮。舊傳秦始皇時，望氣者言五百年後金陵有天子氣，於是東遊以厭當之。乃鑿方山，斷長隴爲瀆，入於江，故曰秦淮。按《實錄》注，本名龍藏浦，其上有二源，一發自華山，經句容西南流；一發自東廬山，經溧水西北流入江寧界。二源合自方山埭，西注大江，分派屈曲，不類人功，疑非秦皇所開。或曰方山西瀆直屬土山三十里許是秦開，又鑿石硊山西而疏決此浦，因名秦淮。蓋未詳也。《祥符江寧圖經》曰：「淮水去縣一里，其源從宣州東南溧水縣烏刹橋西入百五十里。」《丹陽記》云：「建康有淮，源出華山，入江。」《輿地志》：「淮水發源華山，在丹陽姑熟之界，西北流經建康、秣陵二縣，縈紆京邑之內，至石頭入江，懸流三百許里。」孫盛《晉陽秋》云〔三〕：「是秦所鑿。王導令郭璞筮，即此淮也。」徐爰《釋問》云：「淮水西北貫都。」吳時夾淮立柵。宋元嘉中浚淮，起湖熟廢田千餘頃。梁作緣淮塘，北岸起石頭，迄東冶，南岸起後渚籬門，迄三橋，以防淮水泛溢。大抵六朝都邑以秦淮爲固，有事則沿淮拒守。今淮水貫城中東西，由水門以達於江，蓋水之故道也。

玄武湖。亦名蔣陵湖、秣陵湖、後湖。在城北二里。周迴四十里。東、西有溝，流入秦淮，深七尺，灌田一百頃。《建康實錄》：「吳寶鼎二年，開城北渠，引後湖水流入新宮，巡繞殿堂。」《丹陽記》：「吳孫皓寶鼎年間，丹陽縣宣騫之母，年八十，浴於後湖，化爲黿。後湖又名練湖。」徐爰《釋問》曰：「本桑泊。晉元帝創爲此湖〔四〕，以肄舟師。」大興三年始創此湖，築長堤以壅北山之水，東自覆舟山，西至宣武城六里餘。宋元嘉中有黑龍見，因改玄武湖。立三神山於湖中，春秋祠之。石邁《古迹編》云：元嘉二十三年，築北堤，立習武湖於樂遊苑之北，湖中亭臺四所。孝武大明中，大閲水軍於湖，因號昆明池，而俗亦呼爲飲馬塘。又於湖側作大竇通水，入華林園天淵池，引殿内諸溝，經太極殿，由東西掖門下注城南塹，故臺中諸溝水常縈回不息。建平王景素舉兵，蕭道成出屯玄武湖。梁徐嗣徽等引齊兵至玄武湖。侯景舉兵，引玄武湖水以灌臺城。鄭文寶《南唐近事》云〔五〕：金陵北有湖，周迴數十里。名山大川，掩映如畫，六朝舊迹多出其間。每歲茭藕網罟之利不下數十百千。一日，馮謐舉玄宗賜賀監三百里鏡湖曰：「余非敢望此，但得賜後湖亦暢平生也。」徐鉉怡聲而對曰：「主上尊賢下士，常若不及，豈惜一後湖！所乏者，知章爾。」馮大慚。宋天禧四年，改曰放生池。其後稍廢爲田，開十字河，立四斗門以洩湖水。跨河爲橋，以通往來。歲久堙塞，今城北十三里唯有一池，而他皆廢爲田。龍川陳亮所謂「建鄴帶後湖爲險者」，皆非矣。《景定志》云：「熙寧八年十一月十一日，王安石奏：『臣竊見金陵山廣地窄，人煙密茂〔六〕，爲富者田連阡陌，爲貧者無置錐之地。其北關外有湖二百餘頃，古迹號爲玄武，前代以爲游翫之地，今則空貯波濤，守之無用。臣欲於內權開十字河源，泄去餘水，決瀝微波，使貧困饑人盡得螺蚌魚鰕之饒〔七〕，此目下之利。水退之後，分濟貧民，假以官牛、官種，又明年之計也。』奉勅依。」按此奉狀，廢湖爲田，蓋始於王安石，增收後湖田租則始於趙善湘。田出穀麥，所利者小，湖關形勢，所利者大，故著廢湖之因，以待復湖之人云。

太子湖。一名西池。在城北六里。周迴十里。吳宣明太子創西池。晉元帝即位，明帝爲太子，修西池，多養武士於內，築土爲臺，時人呼爲太子西池。又太子東湖在上元縣丹陽鄉太子臺下，東橋之東。梁昭明太子植蓮於此。

丹陽湖。在溧水州西七十里。周迴一百九十五里，深三丈。湖中流與太平路當塗縣分界。《春秋左氏傳》哀公十九年，楚子西子朝伐吳，及桐汭。杜預注云：「宣城廣德縣西南有桐水，出白石山西，入丹陽湖。」至今白石之水衝突，則三湖泛溢。此水本由五堰自宜興縣入太湖，今已湮塞。故老云，當時慮後人復開此道，則蘇、常之間必被水患，遂以石窒五堰路，又液鐵以錮石。李白嘗游此湖，酷愛其景，乃張帆載酒，縱意往來，有「湖與元氣連，風波浩難止。天外賈客歸，雲間片帆起」詩。

絳巖湖。一名赤山湖。在句容縣西南三十里，去府六十里，源出絳巖山，周百二十里，下通秦淮。石邁《古跡編》：「赤山湖在上元、句容兩縣間，溉田二十四埒。南去百步有盤石，以爲水疏閉之節。」《南史·沈瑀傳》：「明帝復使築赤山塘，所費減材官所量數十萬。」即此湖塘也。唐麟德中，令楊延嘉因梁故堤置，後廢。大曆十三年，令王昕復置，周百里，爲塘立二斗門以節旱暵，開田萬頃。《茅山記·太玄真人内傳》曰：「江水之東，金陵之地，左右間有小澤。澤東有句曲之山，陶隱居曰小澤，即謂今赤山湖也，從江東來，直對望山。」今此湖半屬句容，半屬上元。唐樊珣《記》：「句容西南三十三里曰赤山，天寶中改爲絳巖山，以文變質也。山外周流，厥有湖塘舊址，考於前志，則曰吳人創立，梁人通之。」《景定志》又載宋時湖條云：「江寧府上元、句容兩縣臨泉、通德、湖熟、崇德、丹陽、臨淮、福祚、甘棠舊額九鄉〔八〕，今併入丹陽、臨泉、福祚、甘棠四鄉。百姓自來共貯水絳巖湖，澆灌田苗，下有百堽堰捺水。其湖上接九源山，其堰下通秦淮江。自吳赤烏二年到今已七百餘年。其湖東至數堽，西至雨壇，南至赤岸，北至青城。舊日春夏貯水深七尺，秋冬貯水深四尺。先是，麟德二年，前縣令楊延嘉並建兩斗門，立碑碣，具言周迴，僅百里。州司尋差十將丁、籌計生徐葳巡湖打量，得一百二十二里九十六步。盧尚書判置湖貯水，本爲溉田，若許侵耕，難防災旱。取定四尺水則，使其澆九鄉田苗。九鄉在上元、句容兩縣界，若過令深廣，又慮浸毀；若逢曠旱之年，須稍增加。令且定取五尺水則，其不及處且任耕墾種植，如有人於五尺水則内盜耕一畒一角，推勘得實，其犯條人斷遣令衆十日。本管湖長不能覺察，亦併施行。又據十將丁籌狀，蘆蓻亭北邊去岸約有二百來步有一盤石，東西闊四尺七寸，南北闊三尺五寸，石面中心去水面一尺六寸五分，即是五尺之則，並有察柱。仍仰下縣，便於石上磨刮，更刻字記其湖。仍每季一申，不得鹵莽。戴經、新塘、有豐等三湖圍埒内田多是私函，取水澆灌田苗，準舊例放絳巖湖水下秦淮，三日取指揮給放，不得專擅開函取水。其湖先有傳食田五十畒，句容縣弓量二十畒三十步，上元縣弓量二十畒三十步。百堽堰與絳巖湖同置，絳巖湖貯水，百堽堰捺水。保大中，曾別差官親到赤山湖，所建斗門三所，通放湖水出入，常令湖中積水五尺。其斗門或遇山水擁下，高於湖内水面，即須全開三所斗門，放水入湖，候外溪水退卻，放水出溪，下秦淮入江，專須酌量湖水，不得失於元則。右前件湖堰，承舊澆灌九鄉田苗共一千餘頃畒，奉省符帖命指揮修作貯水，逐鄉差承潤戶管當。先有條流，歲久去失。續於晉天福年中，再興功役修作，經今六十餘年，重添建造，貯捺百里溪汊山源〔九〕，賑卹耕民，備供王賦。累奉勅恩，給賜料物及借助日食等〔一〇〕，差兩縣官員置造斗門三所，計用一萬七千六百八十工〔一一〕，及添修湖埂並百堽堰，共計三萬三千六百八十工。衆議重置條流，嚴加束轄。謹連符條如前，乞判印指揮永爲證據。建隆查員外、乾德伍侍御、開寶王司空、閻侍御、魏司空、盧司直、林員外並判執條，常加束轄。慶曆三年二月十八日，葉龍圖知建康府日，於古來舊湫處置立大石柱一條，將湖心盤石水則刻於柱上，永爲定則云。

迎擔湖。在城西北石頭城後五里。今爲田。晉元帝南渡，衣冠席卷過江，客主相迎負擔於此湖側，至今名迎擔湖。《實錄》云：「費縣西北有迎擔湖，溉田三十頃。」宋袁粲敗劉彥節，走迎擔湖，即此。

蘇峻湖。在城西北一十五里。周迴十里，灌田一十二頃。《南徐州記》：「迎擔湖西北有蘇峻湖，本名白石陂。」晉咸和二年，蘇峻反，陶侃、溫嶠、庾亮陣於白石，使將軍楊謙攻石頭。峻輕騎出戰，謙詐奔白石壘。峻逼之，纔交鋒，墜馬，李陽臨陣斬峻於白石陂岸，至今呼此陂爲蘇峻湖。

張陣湖。在石頭城後。舊傳蘇峻與晉軍嘗戰於此，至今湖側高墩上有蘇大將祠。按《晉書》，峻起兵據石頭，北湖距石頭纔八里〔一二〕。今屬金陵鄉，去城十三里。

夏駕湖。在城東南五十里，屬上元縣丹陽鄉。今爲田。《宋書》：晉惠帝太安二年〔一三〕，丹陽湖熟縣夏駕湖有大石，浮二百步而登岸，民驚譟曰：「石來！石來！」明年，石冰入建業。今丹陽鄉范墟渡舊有石，長數尺，形如碌礴，父老云即古夏駕湖浮來石。曹憲《揚州記》作永寧元年，蓋其年改太安也。

半陽湖。一名半湯湖。在城東北四十里。周迴十五里。水同一壑，而冷熱相半。《輿地志》及《南徐州記》云：江乘縣南有半湯泉，半冷半熱，熱處可爛物，冷處如冰。熱處魚入冷處即死，冷處魚入熱處亦死。民種稻則溉熱水，一年再熟。今下蜀鎮有溫湯。唐丞相韓滉小女有疾，浴溫湯即愈。此在上元縣境。《酉陽雜俎》云：「句容縣吳漬塘其水半冷半熱，熱可以瀹鷄。」此又一湖也。

攝湖。在城東北五十里。周迴二十里。《江乘縣記》云：「湖在攝山側，因名。」

三岡湖。在城東六十四里。周迴一十里，溉田八十頃。地有三岡，俯臨湖側，因名。

烏意湖。在城東八十里。周迴三里，溉田一十頃。

燕雀湖。在城東二里，流入青溪。古老相傳，今斜橋即走馬橋，橋之東有水平濶是也。或云今惟政鄉白蕩湖即其地。《輿地志》云：「走馬橋東有鷰雀湖。」《窮神秘苑》曰：「梁昭明太子在東宮，有一琉璃碗、紫玉杯，皆武帝所賜。既薨，置梓宮後。更葬開墳，爲閹人攜入大航，有燕雀數萬擊之，爲有司所縛，乃獲二寶器。帝聞驚異，詔以賜太孫。封墳之際，復有燕雀數萬啣土以增其上。墳側今有湖，後人因名燕雀湖。」

婁湖。在城東南一十五里。周廻一十里，溉田二十頃。水流入艦澳。《輿地志》云：「婁湖苑吳時張昭所創，有湖以溉田，宋時築爲苑。張昭封婁侯，故謂之婁湖。」

高亭湖〔一四〕。在城東南三十里，周迴二十里，溉田二十五頃〔一五〕。《丹陽記》云：

王仲祖墓東南一十六里有高亭湖。

葛塘湖。在城東南七十二里。周迴七里，溉田四十頃。舊經云：昔葛仙翁於此煉丹，故以名之。

劉陽湖。在城東南六十里。周迴三十里，溉田三十頃。

白社湖。在城東南二十五里。周迴十里，溉田十頃。

銀　湖。在城南七十里。周迴十三里，溉田二十頃。

石坳湖。在城南五十三里。周迴二十二里，溉田四十餘頃。

白都湖。在城南七十里。周迴八里，溉田二十五頃。

笪　湖。在城南六十里。周迴五里，溉田一十五頃。

梁墟湖。在城南二十五里。周迴十餘里，溉田一十頃〔一六〕。

河　湖。在城南七十里。周迴八里，溉田十頃。

三城湖。在城西南七十三里。周迴一十五里。中有三小城，因名。

江城湖。在句容縣西北六十里。計一百八十畝，深六尺二寸，溉田八百畝，屬琅琊鄉二十八都。

固城湖。在溧水州西南九十里。周迴一百里，深三丈，南北三十里，東西二十五里，環楚王故城。有水四派，湖中流接太平路界，與丹陽、石臼二湖相接，號曰三湖。東經五堰，自宜興州界流入太湖。此道今堙塞。

石臼湖。在溧水州西南四十里。縱五十里，衡四十里，西連丹陽湖。湖中有軍山、塔子、馬頭、雀壘四山。其水舊有二派，入龍潭梅梁港，經湯家步，通濁水。此道今堙塞。

長塘湖。在溧陽州北五十三里。周迴一百五十里，接金壇、宜興州界。舊名洮湖。周處、韋昭、酈道元皆以此湖爲五湖之一。中有浮山。其水東連震澤，春夏深，秋冬淺。虞翻曰：太湖有五湖，故謂之五湖，滆湖、洮湖、射湖、貴湖及太湖爲五湖，並太湖之小支，俱連太湖，故太湖兼得五湖之名。注云：洮湖一名長塘湖，在義興。張勃《吳錄》云：「五湖者，太湖之別名，以其周行五百餘里，故以五湖爲名。」《國語》：「吳越戰於五湖，直在笠澤一湖中耳。」范蠡游五湖，即此是。郭璞《江賦》云：「彭蠡、青草、具區、洮、滆，以爲五湖。」洮音姚。《南徐州記》云：「延陵縣東南長塘湖，又名洮湖。」《輿地志》云：臨津西有長塘湖，屬延陵、永世二縣。西受溧水，通溧陽界。周處《風土記》云：「洮湖別名長塘湖。」咸和三年，蘇逸以萬餘人自延陵湖將入吳興，將軍王允之追及，戰於溧陽，獲之。又王恭兵潰，走至長塘湖，皆此處也。按湖即古延陵尉所居，其水東連震澤，入松江。宋以庾業代義興太守劉延熙，業至長塘湖，即與延熙合，制遣沈懷明等東討，卒破業於湖。湖春夏水深五尺餘，秋冬差淺，受大溪南流三十里，至大�山。張籍《長塘湖》詩「一斛水中半斛魚」，言湖中多魚如此。《祥符圖經》云周迴一百二十里。

朱　湖。在溧陽州。今不詳所在。郭景純《江賦》云：「其旁則有具區、洮、滆、朱滻、丹灤。」酈道元《水經注》云：「朱湖在溧陽。」今溧陽湖泊爲多，或謂之湙，湙又訛爲衍，有賴陽衍、新昌衍、葛涪衍、沙漲衍、蔣塔衍、徐角衍、故縣衍、魯里衍、諸湯衍、謝達衍、謝公衍，名稱更易，古迹之見者鮮矣。或謂朱湖即丹陽湖之異名，未詳是否。

千里湖。在溧陽州東南十五里。《晉書》陸機云：「千里蒓羹，末下鹽豉。」《南史》沈文季：「千里蒓羹，豈關魯衛。」皆指此也。至今產美蒓。俗呼千湙，與故縣湙相連。或說千當作芊，末當作秣，千、末皆省文也，秣下即秣陵。大抵縣境產蒓，多且肥美，藏蓄可以致遠。

昇平湖。在溧陽西七十里。水自溧水州五堰東流入湖，即古中江所逕之地。又有溪水，南自建平縣梅渚鎮來會。

三塔湖。一名梁城湖。在溧陽州西七十里。周四十八里，西南與昇平湖相接。張孝祥有詩。俗呼三塔衍。

黄山湖。在溧陽州西南三十七里黄山下。周五里。

下　湖。在溧陽州南十里。周迴五里。流經白云逕，東入太湖。

西干湖。在城東五十里。周五里，溉田五十頃。長樂昆侖墩之西，有村曰西干，其側有湖，因名。

慈　湖。在江寧縣界，接太平路。湖濱有巡檢寨。石季龍寇歷陽，趙胤屯慈湖。蘇峻敗司馬流於慈湖。

白米湖。在上元縣東，與句容下塘村相接。地産白米。

溪　澗

青　溪〔一七〕。《實錄》：吴赤烏四年，鑿東渠，名青溪，通城北塹潮溝，闊五丈，深八尺，以泄玄武湖水。發源鍾山，西南流經京，出今青溪閘口，接於秦淮。及楊溥城金陵，青溪始分爲二。在城外者，自城濠合於淮，今城東竹橋西北接後湖者，青溪遺迹固在。但在城内者，悉皆堙塞，惟上元縣治南迤邐而西，循臺治東南出，至府學牆下，皆青溪之舊曲，水通秦淮，而鍾山水源久絕矣。《輿地志》云：「青溪發源鍾山，入於淮，連綿十餘里。溪口有埭，埭側有神祠，曰青溪姑。今縣東有渠，北接覆舟山，以近後湖，里俗相傳，此青溪也。其水迤邐西出，至今上水閘相近，皆名青溪。溪舊有七橋。晉郄僧施嘗泛舟青溪，每溪一曲，作詩一首。謝益壽聞之曰：『青溪中曲，復何窮盡。』蓋謂此也。」陶季直《京都記》云：「京師鼎族在青溪埭，尚書孫瑒、尚書令江總宅當時並列溪北。晉王含帥王敦餘黨自竹格渚濟，沈充自青溪會之。至宣陽門，蘇峻等出南塘橫擊，大破之。」《桓彝別傳》：「彝與庾亮、溫嶠、羊曼等共集青溪之上，郭璞與焉，乃援筆屬詩，以白四賢，並以自序。」《世說》云：「周顗罷臨川，還都，泊青溪，時夏暴雨，船航狹小而漏，殆無坐處。丞相王導曰：『胡威之清，何以過此！』」齊高帝先有宅在青溪，生武帝。及即位，以宅爲青溪舊宮。永明元年，望氣言新林、婁湖有王者氣，帝乃築青溪舊宮，作新林、婁湖苑以厭之。卞彬嘗於東府謁齊高帝，時高帝爲齊王，彬曰：「殿下即宮東府，則以青溪爲鴻溝，鴻溝以東爲齊，以西爲宋。」乃誦詩云：「誰謂宋遠，跂予望之。」遂大忤旨。隋煬帝平陳，斬張麗華、孔貴妃二人於青溪柵下。舊志云：「建元寺東南角度溪有橋，名募士橋，吳大帝募勇士處。其橋西南角過溝有埭，名雞鳴埭。齊武帝早遊鍾山，射雉至此，雞始鳴，因名焉。其溝是吳郄儉所開，在苑城後。晉修苑城爲建康宮，即城北塹也。龍川陳亮論建業形勢『擁秦淮、青溪以爲阻』，今青溪九曲僅存其一。馬光祖浚而深廣之，建先賢祠及諸亭館於其上，築堤飛橋，以便往來。」詳見先賢祠及亭館下。

白雲溪。一名白雲逕。在溧陽州東十里。清澈可玩，東流入荊溪。

鎖石溪。在上元縣東南四十八里。源發白石岩，經攝湖，六十餘里入大江。其源上通數里，山澗屈曲，隨下奔注，不類人功開鑿。

長　溪。在上元縣東南六十里。闊五丈。《丹陽記》云：「湖熟前有長溪，東承句容縣赤山湖水，入於秦淮。」

白李溪。在句容縣小茅峰北。昔高辛時，展上公居於溪上，手植白李而食之，道成僊去。

上容溪。在句容縣。水源出中茅，過蘆江橋，經赤山湖入秦淮。

横　溪。在溧水州東南八十里。

李　溪。在溧水州東南七十五里。

花　溪。在溧水州西南四十里。

谷　溪。在溧水州南二十里。源出青山，曲折流一百一十里，下合於瀨水。

滄　溪。在溧陽州西六十里。源出谷山，東北流入長塘湖。

高友溪。在在溧陽州南二十里。源出廣德諸山，至此聚而爲溪，下經黄墟蕩，合於白雲徑。

舉善溪。在溧陽州南三十里。源出廣德諸山，至此聚而爲溪，合於高友溪。

楚王東、西二澗。在茅山。楚桓王來游，憩此，因名。舊記云：「崇禧觀東二澗是也。並華陽洞天三水合流，直至崇禧觀門前。」

落馬澗。一名南澗。在江寧縣南五里，東北流入城壕。宋孝武討元兇劭，劭軍敗，人馬傾滿澗中，時人呼爲落馬澗。陳亡，澗竭。戚氏云：「《南史》有南澗寺。《慶元志》曰南澗即今落馬澗，寺不詳其所。宋有南澗樓，見荆公詩。」此地近猶呼落馬澗。比年始題其榜曰「躍馬澗」，人皆呼爲躍馬澗矣。

蘼蕪澗。在上元縣城東三十里青龍山前，路出檀橋。《金陵故事》：「齊處士劉瓛居此。瓛爲儒林之宗，仕至四十未婚。其友爲娶王氏，乃詣澗折蘼蕪而去，因名蘼蕪澗。」

玉　澗。今蔣帝廟側緣山澗是。

東　澗。在鍾山寶公塔西，宋熙寺基之東。石邁《古蹟編》云：「梁處士劉訏隱居之所。訏尤精釋典，嘗聽講鍾山諸寺，因卜築宋熙寺東澗，有終焉之志。」

鶴臺澗。在句容縣大茅峰東北。嘗有群鶴往來於此。澗後有道士張元之築臺居焉。

宜春澗。在中茅峰東，白雲亭南。水甚甘，旱不涸。任真人就東流水合丹，正古洞天館之前也。

碧柰澗。在大茅山西二里。昔有儛人展上公於此積碧柰，貨丹砂，故名。《茅山志》云：郭四朝真人於此種柰，未詳孰是。

冷水澗。在句容縣玉晨觀北。《茅山志》：「蒼龍溪在良常山西，俗呼冷水澗也。」

流杯澗。在句容縣雷平山西大路下。

陶塘澗。見《茅山志》。

九曲澗。在句容縣。自大茅山左脅支流而達於菖蒲澗。

大　澗。在金菡山東。

亭水澗。在句容縣北三十里亭山南。繞縣城東，與赤山澗水合流，下百堽堰。

丁公澗。在溧水州南三十五里。

冷水澗。在溧水州東南十里。自荆塘西流五里，凡九曲，入石臼湖。

上湖澗。在溧陽州西南六十里。源從廣德軍來〔一八〕，北流入縣界，合於白雲溪。

河港

古漕河。一名靖安河。自靖安鎮下缺口取道入儀真新河八十餘里。吳聿《靖安河記略》曰：「江出岷山，道峽與荆、湘、沅、澧至洞庭，積爲巨浸。合沔水，經潯陽，東邀彭澤，別爲九道，會爲中江。東北至南徐州爲北江，入於海。惟中江自湖口合流而下，奔放蕩潏，吐吞日月。山或礙之，則其勢悍怒，觸舞大徧，兀若轉梗。至其廣處，曠數百里，斷岸相望，僅措一髮。而舳艫上下，中流遇風，則四顧茫然，亡所隱避。自金陵抵白砂，其尤者爲樂官山、李家漾、至急流、濁港口，凡十有八處。稱號老風波而玩險阻者，至是鮮不袖手，東南漕計歲失於此者什一二。宣和六年，發運使盧公訪其利病，得古漕河於靖安鎮之下缺口，謂其取逕道於青沙之夾，趍北岸，穿坍月港，繇港尾越北小江，入儀真新河，以抵新城下。往來之人，高枕安流八十餘里，以易大江百有五十里之險，實爲萬世之利。役之始興，揚子、六合、上元分治其所臨之地云。」

護龍河。即舊子城外三面壕也，濶十二丈。其水自東城壕入，遶東面者即古清溪。一曲在西北者接潮溝、運瀆、珍珠河。詳見古蹟篇。

新河。在白鷺洲西南，流通大江二十餘里。舊名蕃人河〔一九〕，今呼爲新開河。《韓世忠碑》云：「建炎四年，金人入侵，車駕幸四明。王聞之，亟以舟師赴難。烏珠聞王在京口，遽勒三十萬騎北還。王遂提兵截大江以邀之，相持黃天蕩四十八日。烏珠勢危，自知力憊糧竭，或生他變。而王舟師中流鼓枻，飄急若神，凡古津渡又皆八面控扼，生路垂絕。一夕，潛鑿小河，自建康城外屬之江，以通漕渠。幸風波少休，竊載而逃。」內翰汪藻建炎間奏議云：「敵於鍾山雨花臺各創大寨，抱城開兩河以護之。」

蘆門河。在上元縣長寧鄉，去縣六十里。一名蕃人河。《景定志》云：「蘆門河在蘆門漾之側，建炎間始開，以通真州，亦名蕃人河，今黃天蕩南王諫議蘆場內是其處。」按此河以蕃名，而不述其所以名意，汪藻內翰所謂金開兩河，則此河與新開河皆金所開者，否則無因以蕃名也。今按《世忠碑》謂鑿小河，自建康城外屬之江，則爲新河明甚，然去黃天蕩甚遠。又考《建康年表》：「烏珠不得去，或教於蘆場地鑿大渠二十餘里，上接江口，出世忠之上。又傍冶城西南隅鑿渠成，次早出舟，世忠大驚。金人悉趍建康，世忠尾擊敗之。」詳其事勢，當自金人脫走之後〔二〇〕，沿江南岸引行，先於黃天蕩南蘆場鑿渠出江口，以通建康，而後又於冶城西南鑿渠出江，故蘆門、新開二河皆名蕃人河。烏珠自新河出江，則去黃天蕩遠，而海舟無風，不能及矣。世忠碑文不詳，故啓後疑，汪藻謂「抱城開兩河」，或即指此。戚氏《志》謂今蘆門河惟蘆薮出焉，亦可見其非江之經流也。

珍珠河。在宋行宮後。乃昔陳後主泛舟樂遊之河。忽遇雨，浮漚生，宮人指浮漚曰：「滿河珍珠。」

因名焉。此河通護龍河，至太平橋西分兩派，一派出柵寨門，一派出秦淮。宋嘉定間，李珏開浚，以洩霖漲，見水底有大柴板，乃止。今湮塞殆盡，濶處猶五丈。戚氏云：「前志及史傳不見所起，疑即運瀆之舊。」

小新河。在東門外土橋之東。嘉定八年，西山真公爲江東運副，適遇旱蝗，細民阻饑，欲因役以飽之。爲養種園前一帶河道淺狹，乃撥錢米，發下蔣山寺，令主首繼心差本寺僧行部役募五縣人夫，自土橋東開河，欲至蔣山。開至半山寺後橋亭遇石，不可掘，乃止。

新林港。又曰新林浦。在城西南二十里。濶三丈，深一丈，長一十二里，舊經云三十里。宋開寶八年，曹彬等破南唐兵於新林港，即此地。李白《新林浦阻風寄友人》詩有云：「明發新林浦，空吟謝朓詩。」《送友人遊梅湖》云：「暫行新林浦，定醉金陵月。」又韓翃《送客遊江東》詩云：「若到新林江口泊〔二一〕，吟詩應賞謝玄暉。」蓋玄暉有《新林向板橋》詩也。

下蜀港。在城東北一百里，句容縣北六十里。唐世置鹽鐵轉運使在揚州，宋發運使在真州，皆於江南岸置倉轉般，今下蜀鎮北有倉城基〔二二〕，並鹽倉遺址尚在。後有河入大江，里俗呼曰官港，即古漕河也。

竹篠港。西至靖安，東至石步，南至直瀆，北臨大江，屬上元縣金陵、長寧兩鄉。由靖安港口至城二十里，由石步港口至城四十里，在唐世已曰竹篠港〔二三〕，今呼竹篠夾港。上置巡檢司。《景定志》云：「邏時於靖安港口得楊吳所鑄錠石，云吳順義元年都城鑄。」

石步港。在上元縣長寧鄉，去縣四十里。石邁《古迹編》云：「攝山西，花林市之東，有浦曰石步港，西連竹篠河，北至大江。」

城　壕。繞城，濶二十五丈，週四十五里。其水引鍾山南源，即古清溪，經流故迹，繞城東北，復南出月子河，過秦淮南，經伏龜樓，而西接大城港。其在西北者，亦與古清溪故道通流，自西入秦淮。

斗　門。按《圖經》，在秦淮南北岸。天聖中，上元、溧水等縣積歲水爲害，知府馬亮始開畎壅，置東、西斗門各一，引水入大江，救田甚多。

海口閘。即古迹行宮閘名。

溝　瀆

潮　溝。吳大帝所開，以引江潮〔二四〕。接青溪，抵秦淮，西通運瀆，北連後湖。其舊迹在天寶寺前。天寶寺故基在今城東北角外西一里長壽寺前。《實錄》云：「潮溝東發青溪，西行經古承明、廣莫、大夏等三門外，西極都城牆，對今歸善寺西南角南出，歸善寺故基在今城北鷄籠山東。經閶闔、西明二門接運瀆，在西州之東，今笪橋西。南流入秦淮。乾道南北橋河是也。其北又開一瀆，經栖玄寺門，寺在覆舟山西南，鷄籠山東北。至後湖，以引湖水，至今俗亦呼爲運瀆，其實古城西南行者。運瀆自歸善寺門前東出，至青溪者名曰潮溝。其溝東頭已堙塞，纔有處所，西頭則見通運瀆。」石邁《古迹編》曰：「按《建康實録》所載皆唐事，距今數百年，其溝日以堙塞，未詳所在。今城東門外，西抵城壕，東出曲折，當報寧寺之前，亦名潮溝，此今世所開，非古潮溝也。」

按徐鉉有《和鍾大監泛舟》詩云：「潮溝横趣北山阿。」張忠定亦有詩云「潮溝一面已生蒲」〔一二五〕，則是南唐及宋初潮溝古迹猶在也。《東南利便書》曰：「古城向北，秦淮既遠，其漕運必資舟楫，而濠塹必須水灌注。故孫權時，引秦淮名運瀆以入倉城，開潮溝以引江水，又開瀆以引後湖，又鑿東渠名青溪，皆入城中，由城北塹而入後湖，此其大略也。自楊溥夾淮立城，其城之東塹皆通淮水，其西南邊江以爲險。然春夏積雨，淮水泛溢，城中皆被其害。及盛冬水涸，河流往往乾淺。宋隆興二年，張孝祥知府事，奏秦淮流經府城，正河自鎮淮、新橋入江，其分派爲青溪，自天津橋出柵寨門入江。柵寨門近地屬有力者，因築斷青溪水口，創爲花圃，爲游人翫賞之地。每久雨，水暴至，則正河不能急洩水勢，於是泛濫城内，居民被害。今欲復通柵寨門，使青溪徑直入江，則城内永無水患。及汪澈繼孝祥知府，詔澈指定以聞。澈言開西園古河道通柵寨門尤便。從之。戚氏云：秦淮水源甚遠，小川流入者衆。又古來貯水湖衍，後世築爲圩田日多，每夏雨暴至，江湖復湧，水即泛溢，皆經流城内一河入江。自源及委，所過不計幾橋。凡過一橋，必爲木石岸堰束扼，及居民築土侵狹河道，故水失其常，横流弗順，是以必資柵寨門河及長干橋下河分洩其勢，其關於國賦民食者非輕，如云通便舟楫，特是小事。自前如孝祥所言，止謂城内被水，然多不過數日即退，其害亦輕。若觀鄉外圩田，則始見其害可畏爾。上元、江寧、溧水多賴圩田，農民生計居處皆在圩中，每遇水至，則舉村闔社日夜併力守圩，辛苦狼狽於淤泥之中，如禦大寇。幸而雨不連降，風不湧浪，可以苟全一歲之計。其或壞決，則水注圩中，平陸良田，頃刻變爲江湖。農民顛沛流離，哭聲滿野，挐舟結筏，走避他處，國賦民食，兩皆失之，是皆水不安流之故爾。至元五年己卯，行臺大夫呼拉噶齊令有司開浚天津橋下古溝〔二六〕，東起青溪，西抵柵寨門，至石頭城下，水道復通，公私便之。

御　溝。在古御道兩旁，歲久堙塞。《南史》：「桂陽王休範舉兵，杜黑騾乘勝渡淮。黄門侍郎王藴傷重，踣於御溝之側。」《實録》云：「朱雀門北對宣陽門，相去六里，名爲御道，夾開御溝，歲久堙塞。」今在城南御街兩邊俱有溝，在居民屋下，乃南唐所開，非六朝舊迹。

霹靂溝。在城東五里。荆公有詩云：「霹靂溝西路，柴荆四五家。」

百丈溝。一名百步溝。在溧陽州南三里，源出燕山。相傳其處田多高仰，開溝以灌溉。東流合於白雲逕，下入太湖。

鐵冶溝。在鍾山鄉馬鞍山下。有地三畝餘，皆鐵，近水垠，通小港，耆老呼爲鐵冶溝。梁時作三壩，堙淮水以灌壽州，一於壽州，一於荆山，一於盱眙，久不能成，聚江南之鐵融液，載往淮築之，上種楡柳。一夕崩壞，聲聞數里，棄所聚之餘鐵於此。至淳祐七年，趙都督葵於其旁置爐鞴十數以鑄鐵砲〔二七〕，匠人烹鑿，地堅不可入，乃已。

直瀆。在城北，隸上元縣鍾山鄉，去城三十五里。濶五丈，深二丈。西至壩埂，東北接竹篠港，流入大江。旁有直瀆山、直瀆洞。吳後主所開，瀆道直，故名曰直瀆。《輿地志》云：「白下西南有蟹浦，蟹浦西北有直瀆。」伏滔《北征記》云：「吳將軍塋墓有王氣〔二八〕，孫皓惡之，乃鑿其後爲直瀆。」晉蘇峻舉兵〔二九〕，溫嶠帥師救京師，遣王愆期等爲前鋒，次直瀆〔三〇〕，即此地。楊修詩注云：「瀆在幕府山東北〔三一〕，長十四里〔三二〕，闊五丈，深二丈。初開之時，晝穿，夜復自塞〔三三〕，經年不就。傷足役夫臥其側，夜見鬼物來填〔三四〕，因嗟曰：『何不以布囊盛土棄之江中？使吾徒免殫力於此〔三五〕！』傷者異之，曉白有司〔三六〕，如其言，瀆乃成。」

運瀆。在上元縣西北一里〔三七〕。吳大帝赤烏三年，使左臺侍御史郄儉監鑿城西南，自秦淮北抵倉城，通運瀆於苑倉。今所甃城在西門近南，其水東行，過小新橋而南，經斗門橋流入秦淮。又東北過西虹橋，循宋行宮城西迤邐向北，乃其故道，其自閃駕橋經天津橋而東者，合於青溪。按建康宮城即吳苑城，城内之倉曰苑倉，故開此瀆通運倉所，時人亦呼爲倉城。晉咸和中，修苑城爲宮，惟倉不毁，是名太倉，在西華門内道北。

破岡瀆。在句容縣東南二十五里。《實録》云：「吳赤烏八年，使校尉陳勳作屯田，發屯兵三萬鑿句容中道至雲陽西城，以通吳會船艦，號破岡瀆。上下十四埭，上七埭入延陵界，下七埭入江寧界。晉、宋、齊因之。梁改爲破墩瀆，遂廢之，而開上容瀆。陳高祖即位，又堙上容瀆，更修破岡，至隋平陳乃廢。宋少帝於華林園開瀆，聚土以象破岡埭，與左右引船唱呼，以爲歡樂。

義溝瀆。在城東二十里。源出東青村，下入秦淮。長七里，溉田一百餘頃。

徑　瀆。在溧陽州北三十里。自金壇縣界來，入長塘湖。《鎮江志》云：「晉、宋舊有此瀆。隋大業中〔三八〕，縣令達奚明又加疏決。」

池塘

放生池。按舊圖經：「唐乾元中，詔於江寧秦淮太平橋臨江帶郭上下五里置放生池八十一所〔三九〕。有碑，昇州刺史顔真卿撰文。舊以府治東南東接青溪、北通運瀆者爲之。」今秦園之側、府學之東即古放生池也。淳熙間，史正志移放生池於青溪，建閣其上。遇祝聖立班閣下，府學遂因舊放生池爲泮水〔四〇〕，其流亦通青溪。王尚書埜以其池乃祝聖之地〔四一〕，立板榜於舞雩亭門，禁漁捕〔四二〕。池近行路，水深而堤不固，時有溺死者，馬光祖命能仁寺僧築堤甃街，立大木爲欄檻，自是無溺者。

天泉池。宋元嘉二十三年鑿。一名天淵池。龔穎《運曆圖》云：「晉孝武太元十年，大旱，井瀆皆竭，太官供饍皆資天泉池。」自晉已有此池矣。《宋書》云：「明帝泰始二年，天泉池白魚躍入御舟。」《梁書・陸雲公傳》云〔四三〕：「天泉池中新製舟形狹而短〔四四〕，惟引太常劉之遴、國子祭酒到溉、右衛朱异、中書黄門郎陸倕同載。」按宋宮城後法寶寺西南菜圃中荒池尚餘一畝，疑即此池也。

善泉池。一名九曲池。在臺城東東宮城内，周迴二百餘步〔四五〕。《金陵故事》：「梁昭明太子所鑿，中有亭榭洲島，曲盡幽深之趣。太子泛舟池中，嘗曰：『何必絲與竹，山水可忘情。』」

飲馬池。宋大明中，立於玄武湖北上林苑中。

洗鉢池。在蔣山寶公塔西二里，法雲寺基方池是也。《慶元志》：「在興教寺故基上。」

覆盃池。舊城北三里西池是也。晉元帝中興，頗以酒廢政，丞相王導諫，帝因覆盃於池中，以爲戒也。

西池。按《宮苑記》，在太初宮西門外吳之西苑，今惠日寺後池也。互見太子湖。吳宣明太子孫登所創，謂之西苑。《世説》：「晉明帝爲太子時，欲作池臺，元帝不許。太子養武士，一夕中作，比曉便成，即今謂之太子西池。」《丹陽記》曰：「西池孫登所創，吳史所謂西池，明帝重修之耳。」《記室新書》云：「西苑内有太子池，孫權子和所築。」《實録》注云：「其宮城西南角本有池名清游池，通城中樂賢堂，並肅宗爲太子時所作。」《晉中興書》云：「溫嶠拜中庶子，規諫諷議甚有補助（四六）。太子起西池樓觀，頗多勞費，嶠口疏諫，太子納焉。」太元十年，苻堅爲姚萇、慕容冲所攻，遣使求援，詔謝安率衆救秦。帝自行西池宴群臣餞安，賦詩者五十八人。劉毅征盧循，敗歸，帝大宴於西池，有詔賦詩，毅詩云：「六國多雄士，正始出風流。」毅自以武功不競，故示文雅有餘也。

濛汜池。在臺城内。梁、陳龍舟嬉游之所。

柵塘。在秦淮上，通古運瀆。《實錄》注：「吳時夾淮立柵，號柵塘。」王隱《晉書》云：

「王敦反，以兄子應爲嗣。沈充自吳率衆萬餘人至，與王含合。充司馬顧颺說充曰：「今日舉大事，而天子已扼其喉，情離衆沮，持疑猶豫，必致禍敗。今若決破柵塘，因湖水灌京邑，肆舟艦之勢，極水軍之用，此所謂不戰而屈人兵，上策也。」充不用。」王敦殺郭璞，璞謂伍伯曰〔四七〕：「吾年十三時，於柵塘脫袍與汝，吾命應在汝手中。」伍伯感昔念惠，銜涕行法。梁天監九年，新作緣淮塘，北岸起石頭，迄東冶，南岸起後渚籬門，達於三橋，作兩重柵，皆施行馬。至南唐時，置柵如舊。其後置閘，洩城中水入於江，俗號爲柵寨門。乾道五年史正志、景定元年馬光祖皆嘗重建。水道久湮，今至元五年，集慶路重加修浚。又按，梁嚴植之緣柵塘行，見人患臥塘側，植之下車問之，曰：荆州人，爲人傭，疾篤，而船主棄也。植之載還，治之經年而差，請終身充奴報厚德，植之遺資糧遣之，即此柵塘也。

横塘。按《實錄》：「在淮水南，近陶家渚。緣江築長堤，謂之横塘。」淮在北，接柵塘。《宮苑記》：「吳大帝時，自江口緣淮築堤，謂之横塘。北接柵塘，在今秦淮逕口。吳時夾淮立柵，自石頭南上十里至查浦，查浦南上十里至新亭〔四八〕，新亭南上十里至孫林，孫林南上十里至板橋，板橋南上三十里至烈洲。」《吳都賦》曰：「横塘查下，邑屋隆兮〔四九〕。樓臺之盛，天下莫比。」

倪塘。在城東南二十五里。《晉書》：「王敦自湖陰使王含、錢鳳等以兵五萬逼京師。帝親率六軍次南塘，夜募勇士陳嵩等領甲卒千人渡水，掩其未備，大破含軍於越城。含軍既敗，乃率餘黨自倪塘西置五城如卻月勢。」即此處也。《南史》：「初，劉毅當之荆州，表求東還辭墓〔五〇〕，去都數十里，不過拜闕。宋武帝出倪塘會毅，胡藩請殺之。帝曰：『吾與毅俱有剋復功，其過未彰，不可自相圖。』其後北討，謂藩曰：『若從卿倪塘之謀，無今舉也。』」《梁書》：「齊兵自秣陵東跨淮立橋，引兵渡，自方山進及倪塘。」互見五城下。

臨賀塘。在城東三十里。屈曲一十里，溉田二十頃。梁臨賀王蕭正德理田於此，因名。

銅　塘。在城東四十里。屈曲十五里，溉田二十頃。

長　塘。在城東南六十里。屈曲五十里，溉田百頃。

王　塘。在城東四十里。屈曲十五里，溉田三十頃。

開善塘。在城東三十里。屈曲十五里，溉田二十頃。

蠡湖塘。在城北二十里。屈曲十三里，溉田十頃。

劉　塘。在城北三十里。屈曲二十里，溉田十頃。

水門塘。在城東三十五里。屈曲一十里〔五一〕，溉田十七頃。

黄家塘。在城南菜園務。舊在軍寨內，今地名黄家塘寨。

赤山塘。在城東三十五里。濶五丈，深一丈，溉田一百五十頃。

郭干塘。在長隱山東。塘五畝，深五尺一寸，灌田六十餘畝。其近村亦以郭干名。水常滿，鄉人涸之，必有震雹〔五二〕。屬茅山鄉十三都石頭堽。

赤石塘。陶隱居云：赤石田在中茅峰西。食此塘水利，溉田十餘頃。

上鈐塘。在句容縣南十三里。計四十一畝一角四十二步，深五尺三寸，溉田一百一十三畝。

下鈐塘。計六十七畝二角三步，深五尺三寸，溉田二百單二畝。

郭西塘。在句容縣西一里。計一百八十畝一角五十步，深七尺三寸，溉田五百七畝。

梅家塘。在海眼西。

南黄塘。在句容縣東北十里赤堽。約八畝，深五尺，溉田二百頃。

西黄塘。在句容縣東北十里澗西，大小十三所。廣一十五畝，溉田一百五十頃。

溧水有官塘、楊塘、茭塘、荆塘、解塘、莆塘、沙塘、柘塘、鵶飛塘、白水塘、清水塘、曾家塘、齊母塘、南塘、五穀塘、魯塘、徐塘、芮塘、傳嵇社塘，溧陽有香苗塘、石臼塘、虎塘、馮塘、真武塘、浦里塘、青塘，又南塘。各見本志。

井泉

景陽井。一名臙脂井，又名辱井。在臺城内。陳末，後主與張麗華、孔貴嬪投其中以避隋兵。其井有石闌，多題字。舊傳云闌有石脈，以帛拭之，作臙脂痕，或云石脈色類臙脂。按曾南豐集《辱井銘》曰：「辱井有篆文，云『辱井在斯，可不戒乎』，並下文共十八字在井石檻上，不知誰爲文。」又有景陽樓下井銘，又有陳後主叔寶《辱井記》及江寧縣興嚴寺《井石檻銘》，莫知誰作也。景定修志時已不可辨，今存片石在郡學中。詳見古迹志。

龍天王井。在臺城前。舊傳梁武帝爲郄后立龍祠井上，號龍天王井。梁、陳皆祀之。《六朝記》云：「梁武帝郄后性妬忌，武帝初立，未冊命，因忿懟，乃投殿庭井中。衆赴井救之，已化毒龍，煙焰衝天，人莫敢近。帝悲嘆久之，乃冊爲龍天王，使井上立祠。自梁歷陳，享祀不絕。陳滅，遷其祠於西京道德寺。大業初，又置祠於舊處。」今按《梁史》，武帝即位，郄后已死於雍州，或其神見耳。《詩》以虺虺爲女子之祥。武帝親立齊和帝，復奪而弑之，惡念所感，虺虺見妖，不亦宜乎！前志疑而不載，過矣。

義井。在城南天禧寺側。天聖五年，郡人唐文遇出家帑，令寺僧可政請於丞相李公迪所鑿。

三義井。在石頭城後清涼寺莊及石子岡、七里鋪，共三井。南唐保大三年置井闌，上有僧廣慧刻字〔五三〕。又《金陵故事》：「有三井在瓦官寺後，汲一井則二井俱沸，因名其地爲三井岡〔五四〕。」世言神農生而九井自出〔五五〕。今隨縣北界厲鄉村南重山北有九井〔五六〕，汲一則八動。有神農所生石穴，上有神農廟。老子亦生於此。然當塗南十里亦有九井山。伏滔記云：「丹陽縣南有九井，五乾，四通大江。」《寰宇記》云：「穰之九井與江寧三井，皆汲一則餘俱震。」縣復有烈山、烈洲，臨江中，或以爲烈山氏故迹，未必然也，姑存以備考。

應潮井。在蔣山頭陀寺山頂第一峰佛殿後。《蔣山塔記》云：「梁大同元年，後閤舍人石興造山峰佛殿。殿後有一井，其泉與江潮盈縮增減相應。」段成式《酉陽雜俎》云：「蔣山有應潮井，在半山之間，俗傳云與江潮相應，嘗有破船朽版自井中出。貞觀中，有牧兒汲水，得杉板，長尺餘，上有朱漆字曰：『吳赤烏二年，豫章王子駿之船。』」石邁《古迹編》曰：「應潮井在蔣山頂古頭陀寺後。其井與江潮相通，盈縮常應，時於井間得蘆根、斷帆之屬。」

藏冰井。《宮苑記》：「在城東北十里覆舟山北。」宋孝武大明中鑿以藏冰。齊、梁、陳皆因之。

沸井。在句容縣東三十五里。《丹陽記》曰：「句容縣有沸井，亦曰沸潭。」又曰：「句容縣東三十五里有龍岡，岡頂有沸潭，周迴十二丈。聞人聲便沸，不聞不涌也。」《異苑》曰：「句容縣有延陵季子廟，廟前井及瀆常自涌沸，於今猶然。」《圖經》云，在縣東三十里虎耳山。

響井。在江寧縣陶吳鎮西北二百餘步。響井闌尚存「元祐五年」四字。或以紗帛蒙其上，以物擊之，則作鼓聲。或以瓦石投其中，則作鐘磬聲。《景定志》云屬陳主簿家園中。

許長史井。在茅山玉晨觀內。今有碑碣存。陶隱居云：「舊在許長史宅，歲久湮沒，後得井於觀中，其泉色白而甘。有井銘，乃徐鉉所作。」

陶隱居井。在茅山華陽宫前東橋。陶貞白七次丹成，皆中等，神人告以定分，止合得此中丹，於是服之，遁景而去。井歲久堙沒，政和初，道士莊愼修索而得之。初去三尺許，得瓦井闌，雖破，合之尚全。環刻大字云：「先生丹陽人，仕齊奉朝請。壬申歲來山，棲身高靜，自號隱居。同來弟子吳郡陸敬游，其次楊、王、吳、戴、陳、許諸生，供奉階宇，湖熟潘邏及遠近宗稟不可具記。悠悠歷代，詎勿識焉。梁天監三年八月十五日，錢塘陳宣懋書。」及見磚甃，又穿數丈，獲一圓石規，徑九寸許，列十一趾，滌之，朱色粲然。又得銅爐，有柄，若今手爐。仍於砂石間有丹一粒，大如芡實，光彩射人。亟取之，遂墜井中。水極甘冷，雖大旱不竭。爐硯藏宫中。

欒官井。在溧陽舊縣寨東百餘步。南唐時，東以太湖與錢氏分界。溧陽屯兵，間遣諸子巡視，有憩於驛者，欒工忤意，沈之井。滯魄爲祟，託宿必魘或死，無敢入者。後有達官欲寓宿，驛吏以事告，不信。其夜果見服緋綠者數輩自井出，叱問，具陳冤狀，祈葬遺骼於高原。達官許之，復投於井。明日，爲出其骼以葬，其怪遂絕。今猶呼欒官井，即當時驛之所在云。

湯泉。在城東六十里上元縣神泉鄉湯山。其處有聖湯延祥院，舊凡十所，今存者六。《吳地記》曰〔五七〕：「江乘縣有湯山，出湯泉三所〔五八〕，可以治疾。」張勃《吳錄》曰：「丹陽江乘縣有湯山，出溫泉三所。」宋劉義恭《湯泉銘》云：「秦都壯溫谷，漢京麗湯泉。炎德資遠液，暄波起斯源。」石邁《古迹編》云：「鴈門山北有湯泉，去都七十里。用以洗浴治瘡，飲之已腸胃冷疾。齊時有老沙門語彼村人云，此鑊湯之衝也。」

忠孝泉。近忠孝亭。武舉狀元周虎有記。

玉兔泉。在府學東廊前。秦檜未仕時，宿學，夜見白兔入地，使人掘之一丈許，得泉。檜既入仕，設井闌，鐫石，篆書「玉兔泉」三字。檜嘗置田入學。

一人泉、宋熙泉。見前《蔣山圖考》。

道光泉。見蔣山下。熙寧八年，僧道光披榛莽得泉，深五尺，穴竹引注寺中，由嶺至寺凡三百步，王荆公手植二松於其旁。其後道光又得二泉〔五九〕，合爲一派。主寺者作屋覆其上，名曰蒙亭。以此泉得之道光，故名道光泉。

張山大泉。在山之陽。合衆小泉，深廣丈餘，溉田百頃，春夏不竭，客至則沸，又名玉泉。

喜客泉。在茅山棲真觀南。客至，則湧沸而起。《句曲三茅山記》：「喜客泉在大茅峰北垂，方數尺，客至即沸，故名曰喜客泉。」

撫掌泉。在茅山崇壽觀前。雖旱不涸。在昭明讀書臺下，舊記云在鴻禧院東。聞擊掌之聲，湧出如沸，其味甚佳。冬時常暖，亦呼爲冬溫泉。

白騎泉。在城北十五里。石邁《古迹編》云：「吳大帝時，蔣帝乘白馬，執白羽扇，見形於此，馬跑地成泉，因以名之。」其泉在騎亭山之側〔六〇〕，屬上元縣慈仁鄉。

白乳泉。在攝山棲霞寺千佛嶺下。昔因人伐木，始見石壁上刻隸書六大字曰「白乳泉試茶亭」，不知得名於何人。

陳隆泉。石邁《古迹編》曰：「隸上元縣丹陽鄉絳岩山之北。父老相傳，昔有陳隆道人嘗結茅其側。其泉清澈甘冷，遶山十餘泉皆所不及。建炎中，居民避難山中，取給此泉。泉之東有屋基，平坦無石，莫知所因。」

田公泉。在茅山玉晨觀東南一里。亦呼柳谷泉。《真誥》：「定録言華陽雷平山有田公泉，飲之除腹中三蟲，與隱居泉水同味，云是玉沙之流津也。用以浣衣，不用灰，以此爲異。」

玉液泉。舊記云有二泉：一在茅山崇壽觀後山埋上路西畔僊人捧石北，泉若乳色，甘而香，能去腹中諸疾，俗呼爲香泉；一在三角山玉液菴。

海眼泉。舊記云有二泉：一在楊尚書山房，常時泉湧，能應海潮，在積金中茅之西，今元符宫西園是也；一在墨池西。

茅山有益人泉、玉蝶泉、靈泉、洞泉、玉砂泉、朱砂泉、鹿跑泉、百丈泉、饋飲泉、丹谷泉、陶公泉、一勺泉，溧水有稟丘山泉、蠶船山泉。各見本志。

諸水

鍾山水。李衛公《浮槎山水記》云：「李侯以鎮東留後出守廬州，因遊金陵蔣山，飲其水。既又登浮槎，至其上，有石池涓涓可愛，蓋陸羽所謂乳泉漫流者，飲之甘，則鍾山水與浮槎之水其味同也〔六一〕。」

石頭城下水。《中朝故事》云：「李德裕博達，居廊廟日，有親知奉使京口，李曰：『還日，金山下揚子江中零泉水與取一壺來。」其人舉棹日，醉而忘之，泛舟至石頭下，方憶，乃汲一瓶於江中，歸京獻之。李公飲後，訝嘆非常，曰：「江表水味異於頃歲矣，此頗似建鄴石城下水。」其人謝過不隱也。」

八功德水。在蔣山悟真庵後，梁天監得名。天聖中，知上元縣梅摯記云：「鍾山之陽有泉曰八功德。梁天監中，有胡僧曇隱飛錫寓止修行。有一庬眉叟相謂曰：「予山龍也，知師渴飲，功德池措之無難矣。」人忽自滅〔六二〕，一沼沸成，深僅盈尋，廣可倍丈。浪井不鑿，醴泉無源，水旱若初，澄撓一色。厥後西僧繼至，云：「本域八池，一已眢矣，此味大較相類，豈非竭彼盈此乎？」一清、二冷、三香、四柔、五甘、六淨、七不饐、八蠲痾，又其効也。夫姜詩孝聞，獲淵閘而鯉躍；貳師誠至，因劍刺以流飛。義有激而相求，物何遠而不應。向匪兼濟，則爲怪力。是泉也，方外淨因，寰中美利，矧其靈者，安可忽諸？世故流離，滋液長在，惜其風雨不庇，荆蕪四侵，寂寥山阿，孰爲起廢？史館學士蘭陵蕭公貫以己俸作亭〔六三〕，甃板石皆自南康購至；楹柱四下，東府所成。甃厓以審曲，匱土以端術，奢不至侈，巋然獨存。仍練僧結廬於前以掌之，庶幾便民汲，息客游，非有徼於妄福也。」嘉定初鍾將之重修，趙師縉記。

曲水。晉海西公於鍾山立流杯曲水延百僚。《水經注》曰：「舊樂遊苑。宋元嘉十一年，以其地爲曲水，武帝引流，轉酌賦詩。」

溧水。一名瀨水。在溧陽州西北四十里。《前漢・地理志》云：「溧水出南湖。」《祥符圖經》：「瀨水西承丹陽湖，東入長塘湖。蓋丹陽湖即南湖也。」《景定志》云：「固城，春秋時吳瀨渚縣，見《勝公廟記》，漢溧陽縣治在焉。隋開皇十一年，割溧陽之西置溧水縣，固城在溧水縣界。宋紹興中，得後漢溧陽校官碑於固城湖之傍，故知其爲漢縣治。丹陽湖在其南，故曰南湖〔六四〕。溧水出南湖而東，縣在水之北，水北曰陽，故名溧陽。自東壩既成，於是丹陽湖水不復通本州界，然古溧水之出於丹陽湖明矣。今州西北有水，源出曹山，逕溧水州界，東流入本州界，合於永陽江。《六朝事迹編》及《乾道建康志》皆指曹山之水爲溧源，非也。」《元和郡縣志》謂「溧水在溧陽縣南六里，蓋唐溧陽縣治，即今之舊縣也」。溧水東流爲永陽江，江上有渚曰瀨渚，即伍子胥乞食投金處，故又曰投金瀨。自瀨渚東流爲瀨溪，鄉民訛爲爛溪，入長塘湖。一派東流爲吳王漕。吳王漕，楊行密時漕運所行也，或以爲春秋時之吳王。《真誥》云：「夫至貞者，萬乘不能激其名，投金溧女是也。」陶隱居注云：「金溧女，是子胥所逢浣紗於溧水之陽者。後既投金以報之，故謂之金溧。」詳見李白所作瀨女碑。

吳王漕水〔六五〕。源出溧水州東廬山，東南流入吳漕，過白馬橋、馬沈二港，下入丹陽湖。

太山水。源出溧水州，南流入固城湖，經五堰，東入溧陽州三塔港。

亭水。源在句容縣北三十里亭山南，繞縣城東，與赤山湖水合流，下百堽堰，入秦淮。

溧陽州有黄墟蕩、清水蕩，茅山有大羅源、桐花源、霞架海、丹砂泓、陽谷汧，皆見本處志。

汝南灣。在府城東八里，當秦淮曲折處。晋汝南王渡江，家於此，遂名汝南灣。東冶亭在灣之東南，乃晉太元中餞送之所。齊陸慧曉清介自立，與張融鄰居。劉瓛弟璡，字子敬，云二人並居其間，水必有異味，特酌飲之。至今取此水釀酒甚佳。事見《覽古》詩注。

桐樹灣。在秦淮南，向逼府城，北臨淮水。岸舊植桐甚繁，故名。東北有浮航，即長樂橋也。宋人稱桐林，見銀樹堰下。

明月灣。在句容縣西南一里，通淮。謝安石曾月夜泛舟垂釣。今釣基尚存。

烏龍潭。在城北鍾山鄉永慶寺之前。水旱禱祈屢應。《輿地志》：「宋元嘉末，有黑龍見玄武湖側。」今潭近湖，疑即當時所見之處。

菖蒲潭。在句容縣傴人房。許長史居此學道。又顧著作山房多産菖蒲，一寸九節。

句容縣有護軍潭、白黿潭，溧水州有龍潭、石龍潭，見各處志。

投金瀨。在溧陽州西北四十里。源出曹姥山，經溧水州界東流入州界，南流爲潁陽江。江上有渚，曰瀨渚。《吴越春秋》云〔六六〕：伍子胥奔吴，至溧陽，溧陽女子擊縹瀨水之上。子胥跪而乞餐，女子食之。既去，自投於水。張勃曰子胥乞食處，在丹陽溧陽縣。《唐書音訓》曰：投金瀨，今潁陽江上，伍子胥嘗乞食，遇婦人餔之。後欲報之，求之不獲，乃投白金於此。瀨上有貞義女廟。李白《游溧陽北湖望瓦屋山懷古》詩云：「聞有貞義女，振窮溧水灣。」事見烈女傳。

投書渚。在城西。一云在今板橋浦。《晉史》：殷羨建元中爲豫章太守，赴郡，人多附書一百餘封。行至江邊石頭渚，以書擲水中，祝曰：「沉者自沉，浮者自浮，殷洪喬不作致書郵。」

艦澳。在城南十里。水出婁湖下，入秦淮，深丈餘，冬春不涸。《輿地志》云：梁武帝所開，在光宅寺東一百五十步。其寺武帝舊宅，帝從城歸宅，儀仗舟車，駢戢塞路，開以藏船。

巖洞

天開岩〔六七〕。在攝山栖霞寺之後，去寺三里。石多特立，中有石𥦗相向，其直如截，殆非人力所至，故以「天開」名其岩。岩之左有張稚圭、祖無擇諸公題字。

道卿岩。在八功德水之後半嶺間，可容數人。慶曆中，知府葉清臣嘗領客來游。公字道卿，故名。

華蓋岩。在茅山石墨池上。

候仙岩。在碧岩洞東數武。

霧豹岩。在碧岩洞下。

碧玉岩。在丹谷泉上。

鍊丹巖。在茅山側。

衆真巖。在茅洞側。

錢真人誦經巖。在燕口洞上。

曲水穴。在碧巖下。

石城洞。一名龍洞。在城西一里二百步石頭西嶺。下臨大江，當嶄絶之處有洞戶。《真誥》云：「此小有洞天之南門也。」俗呼爲龍洞口。

華陽洞。在茅山側。三茅、二許俱得道於此洞。其洞門五，三門顯，二門隱。《茅山記》云：「華陽西南有二洞，其西在崇壽觀後，其南在元符宮東，宋投金龍玉簡於此。」《六朝記》云：

「十大洞天之第八名中金壇，長百丈。復有玉碣，皆載神僊秘事，三茅、二許俱得道於此，靈異至多。見陶貞白《華陽頌》。」真人曰：「天無謂之空，山無謂之洞，人無謂之房。山腹中空虛謂洞庭，人頭中空虛謂洞房，是以真人處天、處山、處人，所謂出入無間。蓋天地之有山洞由人身之有腧穴〔六八〕，神炁之所行焉。」《太元內傳》曰：「句曲之洞宮有五門，南兩便門，東、西便門，北大便門，合五門也。」隱居云：「今山南大洞即是南面之西便門，東門似在栢枝壠中，北良常洞即是北大便門，而東、西並未顯。定錄君喓言東便門在中茅東小阿口，則西便門應在今呼作石墳處也。」華陽南洞，在大茅山下栢枝壠中。唐越州刺史裴肅字中明造松子石案，用以朝真。茅洞，在元陽觀石壇下，即南面之西便門。定錄君喓言：「大茅山有小穴，在南謂之南便門，但精潔齋心，向於司命，又常以二日望山，延迎請祝，自然得見。吾也誠之至矣，陰宮何足不覿乎？左慈復何人耶？」洞西又有繡衣石。華陽洞，東便門。定錄君喓言：「中茅山東有小穴，口才如狗竇〔六九〕，初容人入耳〔七〇〕，愈入愈濶。外以磐石掩塞穴口，故餘小穿如杯大，使山靈守衛之。此磐石穴時時開發耳，謂之陰宮之阿門。子勤齋戒尋之，得從此而入，易於良常洞口。良常洞多沙路，曲僻經水處不大便易，又道路遠，不如小阿穴口直下三四里便徑至陰宮東玄掖門。自非已成僊人，不得其門而入也。」華陽西洞，在積金山東嶺下，隱居所謂「積金山洞飂飂有風」者是也。累朝金籙投龍簡於此，即西便門也。良常洞，華陽北大便門也，是爲保命君所治。定錄君喓言：「良常北垂洞口，直山嶺南行二百步〔七一〕，有秦始皇埋藏白璧一雙，上有小磐石在嶺上，以覆坑處。李斯刻書璧，其文曰：『始皇聖德，平章山河。巡狩蒼川，勒銘素璧。』始皇所履山川，皆禮以玉璧，不但句曲而已。」洞北石壇即許真人掾燒香祀拜解化之處〔七二〕，《真誥》所謂北洞告終以此。羅姑洞，在金菌山西，即九疑山女僊人羅郁也。高居洞，與羅姑洞並石限界之。玉柱洞，在華陽西洞南。中積石乳，四面僅容人行。酆都洞，在紫陽觀。小青龍洞，在小茅西朱砂泉上。天窻洞，在積金山。碧巖洞，在崇壽觀後。洞頂爲嶔崟亭，古木危基存焉。女僊洞，在碧巖洞東三十步。穴口下視如眢井然。相傳任真人之女得道變遁於此。栢枝洞，在金牛穴南。昔人深入，聞太湖風濤鼓楫之聲。慶雲洞，在海江山下。黑虎洞，在華陽南洞九錫碑之左。黃龍洞，在九錫碑之右。南斗洞，在三角山女官妙法庵。海泉洞，在皇甫谷。泉源深不可測。水龍洞，在白雲峰下。燕口洞，在方隅山南。有洞室，女僊人錢妙真遁化其中。淳祐五年，巡檢使夏侯嘉貞與建隆觀道士詣洞投龍簡。是夕雷震，洞戶開一廳，吏深入，遇道士，與林檎一枚〔七三〕，食之絕粒。方隅洞，在方隅山上。《真誥》：「方隅洞有二門，其一即燕口洞也，洞名方源館，南通大茅南之方山亦有二洞口見於外。」夫子洞，在良常對山。孔子未嘗入吳，不知何以得名。方臺洞，在方山下。有洞室，兩口見外，與華陽通，號爲「別宇幽館」，得道者處焉。世人呼爲白石洞。青龍洞。在峆幘山，去方山十餘里。峆幘山今人呼爲丫頭山，在溧陽州界。隱居曰：「有大口見外。昔有人深入，見一大青虵，因相與呼爲青龍洞。其洞宏廓深委，凡迹可至也。」

大茅洞。在大茅峰南。詳見前華陽洞。《茅山記》云：「洞在大茅山前，從玉液泉爲正路〔七四〕。洞前亦有石壇，洞内有石鐘磬，直下可行七八里，能容一二百人。其内流水不絶，色若染藍，石澗潺湲可愛。路通無窮，但險峻難涉耳。」又云：「外有石壇，内有石鐘磬、旌節人物，皆石。人者非人，必見異物。」

越翳王洞。在句容縣乾元觀内。翳爲勾踐四世孫，葬句容縣大横山下。

金牛洞。在句容縣崇壽觀東。秦時採金，獲金牛，爲女子所觸，遂躍而出，跡著於石。又云覓牛至丁角地，因名曰上闌、下闌。又有犇牛，牛犇入海，不復觀之也。

洲　浦 磯、汀、夾沙並附

白鷺洲。在城之西，與城相望，周迴十五里。酈道元《水經注》云〔七五〕：「江寧之新林浦西對白鷺洲。」《丹陽記》曰：「白鷺洲在縣西三里。洲在大江中，多聚白鷺，因名。」宋曹彬等破南唐兵五千於白鷺洲，即此地。建炎末，烏珠侵軼江南，回至江口，聞王師將以海舟中流邀其歸路，遂用牛犂等於白鷺洲，一夜鑿一小河，乘輕船而走。詳見新河。李太白詩云：「三山半落青天外，二水中分白鷺洲。」又《宿白鷺洲寄楊江寧》詩云：「朝別朱雀門，暮宿白鷺洲〔七六〕。」《送殷淑》云：「白鷺洲前月，天明送客回。」

馬昂洲。在城西北。周迴十五里。《寰宇記》云：「馬昂洲在縣北二十三里。」《南徐州記》：「臨沂縣北有馬昂洲。晉元帝渡江，牧馬於此，因名。」《梁書》：「南兗州刺史、南康王會理、前青、冀二州刺史、湘潭侯退、西昌世子彧，率兵二萬至馬昂洲〔七七〕。」即此處。陳軒《金陵集》：「王祖道詩云：『石頭虎踞海，洲岸馬昂槽。』」

新洲。一名薛家洲。去城北四十里。今幕府山相對，有上新洲、下新洲。《吳志》：「太平元年，朱據欲討孫綝，綝遣孫憲等以舟兵逆據江都，獲據於新洲。」晉隆安五年，海賊孫恩向京師，聞譙王尚之在建康，復聞劉牢之已還至新洲，不敢進而去。《南史》：「宋武帝微時，貧甚，自往新洲伐荻。有衲布衣襖等，皆敬皇后手自作。既貴，以付會稽公主曰：『後世有驕奢不節者，可以此衣示之。』」宋武帝伐荻新洲時，見大虵長數丈，射之，傷。明日，復至洲裏，聞有杵臼聲。往覘之，童子數人皆新衣，於洲中擣藥。問其故，答曰：「主爲劉寄奴所射〔七八〕，合藥傅之。」帝曰：「主神，何不殺之？」答曰：「寄奴王者，不可殺。」帝叱之，皆散，收藥而反。《祥符圖經》云：「隋末始漲，故名新洲。」

舟子洲。在城南隅。周迴七里。梁天監十三年，以朱雀門東北淮水紆曲，數有水患，又舟行旋衝太廟灣，乃鑿通中央，爲舟子洲。諸郡秀才上計，憩止於此。

概　洲。在城東北七十五里。周迴三十八里。《南徐州記》云：「石壠山北江中有洲，今百姓于洲上概種，所收倍於平陸。」

茄子洲。在城西南十三里。周迴十二里。溫嶠、陶侃赴難討蘇峻，侃泊茄子洲，郄鑒自廣陵來會。《寰宇記》云：「茄子洲夏日堪泊船，冬月淺涸。永昌之初，其洲忽一日崩陷數里，其形曲折作九灣。」

烈　洲。在城西南七十里。吳舊津所也。內有小河，可泊船，商客多停此，以避烈風，故名。又見烈山下。《世說》云：「桓宣武在南洲，與會稽王會於溧洲，漾舟江側，謝公亦在坐。狂風忽起，波浪鼓湧，非人力所制。桓有懼色，會稽亦微異，惟謝怡然自若。頃間風止，桓問謝曰：『向那得不懼？』謝徐笑曰：『何有三才同盡理！』」

鷄距洲。在城西南三十五里。周迴三十里。

烏沙洲。在城西南三十五里。周迴二十里。

楊林洲。在城西南二十五里。周迴十八里〔七九〕。

木瓜洲。在城西南二十八里。周迴二十里。

浮　洲。在城西南八十里。周迴二十里〔八〇〕。

龍潭洲。在城西南九十五里。周迴一十五里。

合興洲。在城西南九十五里，周迴一十二里。

鰻鱺洲。在城西南七十里。周迴三十五里。西對和州烏江縣。以水多鰻鱺，故名。

董雲洲。在城西南十五里。西有小江，名澧江，故一名澧江場。其上有田五百頃。「雲」亦作「筠」。

丁翁洲。在城西南二十五里。周迴十五里。昔有隱士晦其名，惟稱丁翁，居洲上，故爲名。

篺槍洲。在城西南三十五里，周迴十七里。南唐保大中治宮室，取材於上江，成巨筏至此。時會潮退，爲浮沙所沒〔八一〕，漲成洲渚。宋景德三年，南岸潰，出大枋木二十餘條。

落星洲。見前落星岡下。

魚袋洲。在城西南八十里。周迴五里。形如佩魚，因以爲名。

烏江洲。在城西南六十里。周迴二十五里。接烏江縣西界。

迷子洲。在城西南四十里。周三十里。王荆公《次韻葉致遠》詩云：「迷子山前漲一洲，木人圖志失編收。」

張公洲。在城西南五里。周迴三里。梁太清二年，豫州刺史裴之高等舟師二萬次張公洲。陳霸先擊破侯子鑒師於張公洲。《梁書》：「王僧辯、陳霸先耀軍於張公洲，高旂巨艦，過江蔽日。景登石頭城，覩之不悅，曰：『彼軍如是，不易敵也。』」

蔡　洲。今名蔡家沙，一名蔡家洲。在城西南十二里。周迴五十五里。隔岸吴時爲客館。《晉史》：「王敦在石頭，欲禁私伐蔡洲荻，以問群下。溫嶠曰：『中原有菽，庶人採之。百姓不足，君孰與足？若禁人樵伐，未知其可。』」陶侃討蘇峻，與溫嶠、庾亮等率舟師四萬，旗鼓百里，次於蔡洲。盧循作亂，戰士十餘萬〔八二〕，舟艦數百里，連旗而下〔八三〕。劉裕登石頭以望，曰：「賊自新亭直上，且將避之。若回泊蔡洲，此成擒爾。」時徐道覆請於新亭焚舟而戰，循曰：「不然，不如按甲蔡洲以待之。」初，劉裕望見船向新亭，有懼色。及見回泊蔡洲，喜曰：「賊落吾下也。」遂率兵進戰，縛以大筏，因風逼之，大破循軍於江中，循遁走。侯景次臺城，裴之高援兵至後渚，結陣於蔡洲，景分屯南岸。陳霸先討景，大軍進姑熟，先鋒次蔡洲，即此也。

長命洲。梁武帝放生之所也，在石頭城前。梁武帝日市鵝鴨鷄豚之屬放此洲，名爲長命洲。置戶十家，常以粟穀飼餧，歲各千數，而爲狐狸所食及掌戶竊而貨者各半。《輿地志》云：「魏使李恕來聘，帝時於此放生，問恕曰：『北主頗知此事乎？』對曰：『魏國不殺亦不放。』帝無以應之。」

江乘浦。在城西北十七里。《史記》：「秦始皇東遊，於此渡江。」《南徐州記》：「江乘縣西二里有大浦，發源於石城山東，入大江，因縣爲名。」吳徐盛作疑城，自石頭至江乘。晉蔡謨自土山至江乘鎮守八所，城壘凡十一處。

蟹　浦。在城西北十六里。《輿地志》云：「白下城西南有蟹浦，源出鍾山，北流九里入大江。」齊崔慧景軍敗走，單騎至蟹浦，投漁人太叔榮之。榮之故爲慧景門人，時爲蟹浦戍，謂之曰：「吾以樂賜汝，汝爲吾覓酒。」既而爲榮之所斬，以頭内籃中送都。

鄱陽浦。在石城西。上通秦淮，下入馬昂洲，九里達於江乘。舊經云：「昔鄱陽王嘗於此置水田〔八四〕，因名。」

牧馬浦。在城東南三十九里。按《丹陽記》：「牧馬亭東南一里有牧馬浦，晉永和中所置，流入秦淮。浦上舊有橋，謂之牧馬橋，南朝放牧多在此。」

慈蠶浦。在城東十里。濶五十步，深一丈，下通江。

京江浦。在城東北五十一里。濶五丈，深一丈，通大江。

大同浦。在城東北五十二里。濶五丈，深九尺，通大江。

小同浦。在城東北六十七里。濶五丈，深一丈，下通大江。

泉水浦。在城西北二十五里。濶五丈，深九尺。源出白下山，南流十二里入秦淮。

鍾浦。在城東十五里。濶四丈，深八尺。源出鍾山，南流七里入於秦淮。考之《金陵圖》，元有鍾浦橋。

同夏浦。在城東十五里。濶五丈，深七尺，南入秦淮。浦在廢同夏縣南，因名。

羅落浦。在城東北六十里。濶四丈，深八尺。合於攝湖，流十二里入大江。宋武帝至羅落橋，即此。

白社浦。在城東北二十五里。《金陵故事》云：「發源鍾山西，注秦淮。」

查浦。在石頭城南上十里。《建康實錄》：「陶侃屯查浦。李陽與蘇逸戰於查浦。盧循犯建鄴，宋武帝柵石頭，斷查浦以拒之。皆此。」吳時夾淮立柵，自石頭南上十里至查浦，查浦南上十里至新亭。

龍藏浦。在舟子洲岸西南。古曲秦淮是也。互見秦淮下。

板橋浦。在城西南三十里。闊三丈五尺，深九尺，下入大江。李白有《秋夜板橋浦泛月獨酌懷謝朓》詩〔八五〕：「天上何所有〔八六〕？迢迢白玉繩。斜低建章闕，耿耿對金陵。」

江寧浦。在城南七十五里。源出太平路當塗縣界，長三十里，濶七尺，深一丈二尺，溉田一百二十頃。夏秋勝三百石舟，春冬勝一百石舟。梁末，徐嗣徽、任約領齊兵萬人還據石頭，陳高祖遣兵往江寧，據要險以斷賊路，賊水步不敢進，頓江寧浦口，遣侯安都領水軍襲破之。

秣陵浦。在城南五十里。濶十丈，長十里，深一丈一尺，溉田四十頃。《輿地志》云：「浦以舊縣爲名。源出龍山，北流十里入葛塘湖，又十里入長溪，合秦淮。冬夏勝三百石舟，春秋勝一百五十石舟。」

三山磯。在城西南七十五里。《翰府名談》：「陳堯咨泊舟三山，有老叟曰〔八七〕：『來日午時天大風〔八八〕，舟行必覆，宜避之。』來日天晴〔八九〕，同行舟皆離岸〔九〇〕，公託以事。日午，黑雲起天末，大風暴至，折木飛沙，怒濤若山，行舟皆溺。公驚嘆，又見前叟曰：『某，江之遊奕將也。公它日當位宰相，固當奉告。』公曰：『何以報德？』叟曰：『吾本不求報，貴人所至，龍神理當衛護。願得《金光明經》一部，乘其力薄得遷職。』公許之。至京，以《金光明經》三部遣人至三山磯投之。夢前叟曰：『本止祈一部，公賜以三，今連陞數職。』再拜而去。」

蚵蚾磯。在城西。《南唐書》云：「汪台符上書陳民間利病十餘條，烈祖善之。而宋齊丘疾其才，因使親信誘台符痛飲，推沉石城蚵蚾磯下。」

欒家磯。在城西北二十五里，上元縣金陵鄉長慶村之西。《實錄》：「宋熙寧五年，詔賜江東路轉運使韓鐸、新提點刑獄張稚圭詔書奬諭，仍賜銀絹，以提舉開江寧府張公凸上欒家磯、馬鞍山河道也。」

九里汀。在城東南五十里。東下入秦淮，溉田五百二十頃。《實録》：「吴寶鼎元年，後主在武昌，永安山賊施但等反，劫後主弟永安侯謙入建鄴，衆萬餘人。丁固、諸葛靚等逆討於九里汀。」即此處。戚氏云：「城南大路過郭公橋，行長堤一道，凡九里，直達秣陵鎮。兩旁有深溝，有田地，名九里汀。」

硐砂夾。在城西南七十里。

西　浦。《郡國志》：「金陵西浦亦云頃口，即桂陽張碩捕魚遇神女杜蘭香處。」曹毗有《續蘭香歌》詩十篇。

大桑浦。在江寧縣西二十里。《寰宇記》云：「吴大帝討關侯〔九一〕，使呂範屯兵處。」然當在上流之柴桑。

澒洞沙洲。在江中，去城百二十里。周二十里。

龍潭洲。去城九十五里。周十五里。

陶家渚。在石城塢西。古餞北使處。《長江圖》謂渚西對蔡洲，吴時陶璜或云晉陶回宅之後渚也。

溧水州有蒲塘港、樊步港、官溪港、馬沈港、牛兒港、白龍港、鹽渚〔九二〕，溧陽州有瀨渚、上善圩，見各處志。

【校勘記】

〔一〕「索隱曰」三字原本無，據《史記》卷二九《河渠書》注及原本卷二補。

〔二〕晉中興書：原作「晉書」，據《景定建康志》卷一一七改。按：「中興王宅江外」引文出處並非《晉書》，《晉中興書》爲南朝何法盛著，已佚，現有輯本兩種。

〔三〕晉陽秋：原作「晉春秋」，據《景定建康志》卷一八改。按：《晉陽秋》係東晉孫盛著，「陽秋」即「春秋」，因避晉簡文帝鄭太后諱而改名。該書已佚，有輯本。

〔四〕此：至正本作「北」。

〔五〕南唐近事：「近」原作「邇」。按：《南唐近事》一書係宋人鄭文寶所撰，《宋史》卷二〇四《藝文志》著錄，故改之。

〔六〕密：《景定建康志》卷一八作「繁」。至正本漫漶難以辨識。

〔七〕蚌：至正本作「蜯」。按：蜯爲蟹屬，與蚌不同。

〔八〕九：《景定建康志》卷一八作「八」，上文所列鄉名僅有八個，然下文多處所提及的「舊鄉」數目爲「九」，未知孰是。

〔九〕汉：原闕，據《景定建康志》卷一八及至正本補。

〔一〇〕等：原闕，據《景定建康志》卷一八及至正本補。

〔一一〕六：原闕，據《景定建康志》卷一八及至正本補。

〔一二〕北：疑爲「此」字之訛。

〔一三〕二年：原作「元年」，據至正本改。

〔一四〕自「高亭湖」條下至「白米湖」條：原脱，據至正本補。

〔一五〕二：《景定建康志》卷八作「三」。

〔一六〕一：《景定建康志》卷八作「二」。

〔一七〕自「青溪」條下至「高友溪」條：原脱，據《景定建康志》卷八補。

〔一八〕從：原作「在」，據南京本改。

〔一九〕蕃人河：原作「金人河」，據《景定建康志》卷一八及至正本改。按：改「蕃」爲「金」，當是修《四庫全書》時，此字涉嫌「違礙」，四庫館臣故意改之。下文徑改。

〔二〇〕人：原作「山」，據南京本改。

〔二一〕若：《全唐詩》卷二四五作「君」。

〔二二〕今：原作「倉」，據《景定建康志》卷一八改。
〔二三〕已：原作「紀」，據《景定建康志》卷一八改。
〔二四〕江：原脱，據《景定建康志》卷一八補。
〔二五〕已：《乖崖集》卷三、《宋詩鈔》卷六及《宋元詩會》卷三作「近」。
〔二六〕呼拉噶齊：至正本作「忽剌哈赤」。下同。
〔二七〕砲：至正本作「礮」。
〔二八〕吳將軍塋墓有王氣：南京本作「吳將軍甘寧墓有王氣」。
〔二九〕蘇峻：原脱，據《景定建康志》卷一九及至正本補。
〔三〇〕次：原作「按」，據《景定建康志》卷一九及至正本改。
〔三一〕北：原脱，據《景定建康志》卷一九及至正本補。
〔三二〕長：原脱，據《景定建康志》卷一九及至正本補。
〔三三〕夜復自塞：原作「夜鑿開塞」，據至正本改。
〔三四〕來填：原作「竟蹶」，據《景定建康志》卷一九及至正本改。
〔三五〕徒免：原本無，據至正本及《六朝事跡編類》卷上、《方輿勝覽》卷一四、《景定建康

〔三六〕曉白：原本無，據至正本及《六朝事跡編類》卷上、《方輿勝覽》卷一四、《景定建康志》卷一九補。

志》卷一九補。

〔三七〕一里：《景定建康志》卷一九作「一里半」。

〔三八〕中：至正本作「初」。

〔三九〕詔：原作「放」，據《景定建康志》卷一九改。

〔四〇〕遂：原闕，據《景定建康志》卷一九及至正本補。

〔四一〕埜：原闕，據《景定建康志》卷一九及至正本補。

〔四二〕漁捕：原闕，據《景定建康志》卷一九及至正本補。

〔四三〕陸雲公：《景定建康志》卷一九及至正本皆作「陸榮公」，誤。按：陸雲公，《梁書》卷五〇有傳。

〔四四〕狹：《梁書》卷五〇《陸雲公傳》作「闊」。

〔四五〕二：《景定建康志》卷一九及至正本作「四」。

〔四六〕「諷」、「甚」二字：原作「謀」、「具」，並據《景定建康志》卷一九改。

〔四七〕伍伯：「伍」原作「五」，據《太平廣記》卷一三、《雲笈七籤》卷一一〇及《景定建康志》卷一九改。下同。
〔四八〕十里：南京本作「十五里」。
〔四九〕兮：原作「夸」，據《景定建康志》卷一九及至正本改。
〔五〇〕按此句《南史》卷一七《胡藩傳》作「表求東道還建鄴辭墓」，語意明確。
〔五一〕一十：《景定建康志》卷一九作「二十」。
〔五二〕電：南京本作「雷」。
〔五三〕廣慧：原闕，據《景定建康志》卷一九及至正本補。
〔五四〕岡：原闕，據《景定建康志》卷一九及至正本補。
〔五五〕世：原闕，據至正本補。
〔五六〕村南：原闕，據《景定建康志》卷一九及至正本補。
〔五七〕吳地記：《景定建康志》卷一九作「吳郡錄」。
〔五八〕三：《景定建康志》卷一九作「二」。
〔五九〕二：原作「一」，據《王荆公詩注》卷二六《道光泉》詩序改。

〔六〇〕騎亭山：「騎」字原脱，據《景定建康志》卷一九補。

〔六一〕則：至正本作「冽」。

〔六二〕人忽自滅：原作「人與口滅」，不通，據南京本改。又《六朝事迹編類》卷下，《金陵百詠》、《天中記》卷九作「俄而」。

〔六三〕蕭公貫：《景定建康志》卷一九同，至正本作「蕭公貫」。

〔六四〕故：原作「一」，據《景定建康志》卷一九及至正本改。

〔六五〕吳王漕水：《景定建康志》卷一九作「吳漕水」。

〔六六〕自「吳越春秋」下至「開以藏船」：原脱，據至正本補。

〔六七〕自「天開岩」下至「碧玉岩」條：原脱，據至正本補。

〔六八〕由：南京本作「猶」，意似更通順。

〔六九〕口：原脱，據《真誥》卷二補。

〔七〇〕初：原作「劣」，據《太平御覽》卷六六七改。

〔七一〕山：原作「至」，據《真誥》卷二改。

〔七二〕祀：至正本作「禮」。

〔七三〕林檎一枚：原作「來禽一」，據《氏族大全》卷六改。

〔七四〕從：原作「後」，據《景定建康志》卷一九改。

〔七五〕水經注：「注」字原闕，徑補。

〔七六〕宿：《李太白文集》卷一一、《文苑英華》卷二九一及《全唐詩》卷一七二作「棲」。

〔七七〕二萬：至正本及《景定建康志》卷一九作「三萬」。

〔七八〕主：至正本作「王」。

〔七九〕十八：《景定建康志》卷一九作「二十一」。

〔八〇〕二十：《景定建康志》卷一九作「二十五」。

〔八一〕沒：原作「沬」，據《景定建康志》卷一九改。

〔八二〕士：原作「旗」，據至正本改。

〔八三〕旗：原作「士」，據至正本改。

〔八四〕昔：至正本作「梁」。又「水」字，至正本作「屯」。

〔八五〕泛月：原脫，據《李太白文集》卷一九、《文苑英華》卷三〇九、《全唐詩》卷一八一補。

〔八六〕天上：原作「上天」，據《李太白文集》卷一九、《文苑英華》卷三〇九、《全唐詩》卷一八一乙。

〔八七〕曰：原闕，據《景定建康志》卷一九及至正本補。

〔八八〕來日：原闕，據《景定建康志》卷一九及至正本補。

〔八九〕天晴：原闕，據《景定建康志》卷一九及至正本補。

〔九〇〕同行：原闕，據《景定建康志》卷一九及至正本補。

〔九一〕關侯：至正本作「關羽」。

〔九二〕鹽渚：南京本作「鹽港」。

至正金陵新志卷六上

官守志一

《周禮》稱設官分職，以爲民極。觀其設五等之爵，樹之君公，而承以大夫、師長、百執事之人。其初豈不覬其相資以成功、相勉以爲治哉！及其陵夷大壞，官人以世德不稱服，而詩人興刺，《書》曰：「三載考績，三考黜陟幽明。」此言居官者必考績以定其能否。又曰：「王省惟歲，卿士惟月，師尹惟日。」此言君臣上下當各任其職而觀其效，其職舉者治功成，其職廢者治道隳，此皆還至而可以鑒焉。金陵嘗爲王畿，爲大國，爲節鎮鉅藩。文武之士居其官，相與憂勤，以成一代之業者甚衆。總之近民事，惟守令最急。守令宣其職，而兵牧振其綱，所謂大邦維屏者，豈不信哉！因前載考歷代以來，略品秩，紀廢置，作《官守志》。

歷代官制

唐虞夏商

四岳。總率四方諸侯，恒在朝廷，天子巡狩則從，各以其方諸侯見於明堂。

揚州牧。西距淮，東南距海，皆揚州地。唐虞九州。禹治水，分十二州。州有牧。金陵以山得名，屬揚州。

公、侯、伯、子、男爵五等。在揚州境者不可考。以《禹貢》五服開方計之，堯都平陽，舜都蒲坂，禹都安邑，金陵爲要服。湯都亳，至盤庚五遷，大約金陵在綏服之外、要服之内。

周

揚州有方伯連率。以周制九畿計之，自王畿外每畿五百里。周都豐鎬，東遷洛邑。金陵屬采衛之邦。

春秋戰國

吴國。泰伯之後，姬姓，伯爵。泰伯自殷末有國荆蠻，號勾吴。

越國。夏禹之後，姒姓，子爵。春秋末年滅吴，築城金陵。

楚國。祝融之後，芈姓，子爵，與吴越皆僭稱王，楚縣令稱公。越國時，桓王滅越，盡有吴地。

秦

金陵改秣陵，屬故鄣郡。郡有守，有尉，有監御史，有郡丞。縣有令，有丞，有尉，有佐史、三老、亭長。

西漢

武帝以前，金陵屬諸侯王國。

武帝以後，置十三部刺史統郡。丹陽始置郡，屬揚州。

東漢

揚州設刺史部從事，丹陽郡設太守、都尉、功曹、主簿、門下掾屬。各縣設令、丞、簿、尉、諸曹、佐史、三老、游徼、亭長、有秩、郡所署者秩百石。嗇夫。縣所置，小鄉一人。

吴建都金陵

揚州牧，丹陽太守，典農都尉，丹陽都尉、都督。

晉

揚州刺史，設主簿、從事、書佐，又設大中正。琅邪王，都督揚州、江南諸軍事，假節鎮建鄴，比王國例，設丹陽内史，即位後改丹陽尹。有郡丞、掾屬、從事，有建康令。準洛陽舊制，置六郡尉。其僑置南兖諸州設刺史，琅邪諸郡設内史。

東晉建都金陵

丞相、大將軍有功，兼領揚州牧。姓名見年表。

宋、齊、梁、陳皆都金陵

太子、親王及丞相，將禪位，進領揚州牧。有刺史，有丹陽尹。姓名見年表。

宋大明中，建康、秣陵各置都官、從事、獄丞。

梁武帝時，建康縣置三官與廷尉。三官分掌獄事，號南獄；廷尉號北獄。南獄地在宋行宮南，御街左。

隋

丹陽改蔣州，置刺史。尋復爲丹陽郡，設太守、郡丞。

唐

揚州東南道行臺尚書省，有令一人，掌管内軍民，總判省事；有僕射二人，掌貳令事。自左右丞以下諸司郎中，略如京省。又有食貨監、農圃監、武器監、百工監等官。武德九年，改總管曰都督，總十州者爲大都督。河間元王孝恭授東南行臺左僕射。行臺廢，爲揚州大都督。李靖爲行臺兵部尚書。行臺廢，爲檢校揚州大都督府長史。後遷治揚州，以建康立昇州，置刺史。

楊吴

昇州大都督府，尋改金陵府，以徐溫爲尹。又以徐知誥爲鎮海寧國節度使，鎮金陵，徐景通爲節度副大使。尋以昇、潤等十州爲齊國，封知誥齊王。

南唐建都金陵

齊王璟應嘗爲昇、揚二州牧，設金陵尹，兼諸道兵馬元帥。

宋高宗南渡，以建康爲行都

開寶八年，定江南，設知昇州軍州事，兼管當江南諸州水陸轉運使。大中祥符四年，張詠兼江南東路安撫使，兼提舉兵甲、巡檢捉賊公事。天禧二年，以壽春郡王行江寧尹，充建康軍節度，管内觀察處置等使，進封昇王。改江寧府。自此設知江寧府事。建炎三年，改建康府，設行宫，守臣爲知建康軍府事兼行宫留守、制置、安撫、兵馬都督等官。其屬官有僉廳三員，安撫、制置本府各一。通判三員，分東廳、西廳、南廳。有僉書建康軍節度判官、節度推官、觀察推官、曹官五員，録事參軍、司戶、司法各一，司理二。屬縣五，比西京，赤縣二，畿縣二，各有令、丞、主簿、尉。守臣姓名見年表及前志題名記。

都督江淮等路諸軍事。其屬有參謀官、參議官、主管機宜文字各二員，書寫機宜文字一員，幹辦公事官十員，准備差使文臣十員，准備差使大小使臣各二十員，准備將領使唤十員。紹興二年四月，置司建康，吕頤浩、張浚繼爲之。三年四月，移司鎮江府。隆興元年六月，改宣撫司，尋復，二年省。

同都督江淮諸軍事。紹興二年九月置，劉光世爲之，尋省。

都督江淮東西路建康、鎮江府、江陰軍、江、池州軍馬。隆興元年九月置，湯思退、楊存中繼爲之。

同都督江淮東西路建康、鎮江府、江陰軍、江、池州軍馬。隆興元年九月置，楊存中爲之。十一月，落「同」字。

督視江淮京湖軍馬。淳祐七年四月置，以趙葵爲之，兼知建康府、江東安撫使，九年省。

江東、淮西路宣撫使。其屬有參謀官、參議官、機宜文字、幹辦公事及准備將領、准備差遣、准備差使各五員。建炎三年置，劉光世爲之，置司池州，建康隸焉，光世後省。

江淮東西路宣撫使。隆興元年六月，都督張浚降授，置司建康，兼節制本府屯駐軍馬，尋復都督。

鎮江、建康、淮東路宣撫使。紹興四年三月置，韓世忠爲之，尋改江淮宣撫使。

壽春府、滁、濠、廬、和州、無爲軍宣撫使。紹興元年七月置司建康，以江東安撫大使、知府兼領，葉夢得、李光繼爲之，光後省。

江東宣撫處置使。紹興三年置，張浚先爲副。尋陞使，後省。

江南東路宣撫使。紹興五年置，張俊爲之。俊後省。開慶元年十月復置，加大使，除趙葵，未至，改除東西路宣撫，置司他郡。

江南東西路宣撫使。紹興元年置，韓世忠爲之，詔留建康，世忠後省。開慶元年十一月復置，加大使，趙葵爲之，寓治他郡。景定元年五月省。

江淮、兩浙路制置使。治建康。其屬有參議官、諮議官、主管機宜文字、計議官、幹官屬官。建炎三年置，兼知府，尋省。

江淮安撫制置大使。治建康。紹定四年十二月置，兼知府。六年二月省。

江淮制置使。治建康。開禧三年二月置，兼知府、江東安撫使，嘉定十年正月省。紹定三年十一月復置，加大使。十二月，安撫、制置合爲一。

淮西制置使。寓司建康。嘉熙元年三月置，以沿江制置使兼領。淳祐二年免兼。

江南東路安撫制置使。治建康，建炎三年三月置，以知府兼，四月省。紹興八年六月復置，加大使。十五年四月，省制置，惟安撫使仍舊。

沿江制置使。治建康。建炎三年八月始置，紹興元年六月省。乾道三年九月復置，六年二月省。開禧二年六月復置，嘉定二年九月復置。紹定三年十一月，改江淮制置，六年復舊。或以江東安撫使知府事兼領，或兼知府事及安撫使，或爲使，或爲大使。

江南東路安撫使。治建康。兼馬步軍都總管。其屬有參議、主管機宜文字、幹官屬官。大中祥符三年置，五年省。宣和三年復置。建炎三年五月，以制置合爲一。四年省「制置」二字，安撫仍舊。紹興八年二月，加「大使」。六月，又以制置合爲一。十五年省「制置」二字，安撫仍舊。安撫、制置或爲一，或爲二，或二使相兼，或置一省一，視時緩急也。或兼守，或以守兼，或主管公事，或爲使，或爲大使，視官崇卑也。

江淮制置。專一措置屯田。開禧三年置，淳祐七年改。

節制和州、無爲軍、安慶府三郡屯田使。淳祐元年二月置，以沿江制置使兼領。

江南東路營田使。淳熙二年三月置，以江南東路安撫使兼。

二年，加「節制」二字。

總領兩淮軍馬錢糧。所帶「專一報發御前軍馬文字」，紹興十一年以命朝臣，使之與聞軍政，不獨職餉餽而已，其序位在轉運副使之上。內建康、池州諸軍錢糧，淮西總領掌之。其官屬有幹辦公事、准備差遣，續有主管文字，有分差糧料院審計司審計，以通判兼榷貨務都茶場、御前封樁甲仗庫、大軍倉、大軍庫、贍軍酒庫、市易抵當庫、惠民藥局。

江南東路轉運司。有使，有副使、判官，有都轉運使，除省不常。初分江南東西路，後併爲一路。紹興元年，復爲東西路。掌均調一道租税，以待軍國支費。分巡所部，察官吏能否，贍學、錢糧、物帛、田産皆係拘管。後又兼提領江淮茶鹽所，其屬有主管文字、幹辦公事、准備差遣屬官。

提領江淮茶鹽所。嘉熙四年八月創制，置茶鹽使，以戶部尚書岳珂爲之。後置提領，或以太平守臣、江東轉運兼，或淮西總領、沿江制置兼。其太平守臣兼領，則置司本州，餘皆置司建康。

提領建康府戶部贍軍酒庫所。乾道中置，以總領兼。其屬有主管文字、幹辦公事、准備差遣、酒庫監官、糴場監官、都錢庫監官。

侍衛馬軍司。乾道七年置。

御前諸軍都統置司。紹興七年置。

以上官屬姓名各見年表及前志題名記。

本朝統屬官制

江南諸道行御史臺。按治江浙、江西、湖廣三行省，十道肅政廉訪司。至元十四年，姜衛行御史大夫〔一〕，置臺揚州，按治江淮四省地面，統十三道提刑按察司。二十一年，移杭州。二十二年春，議遷江州。夏，再遷杭州。是秋，移江東。按察司治宣州，行臺始自杭州移治建康。二十六年，自建康再移揚州。二十九年，以兩淮、山南三道隸中臺，行臺還治建康，始名江南諸道行御史臺。初係從二品衙門，至元二十七年夏六月陞正二品，大德十一年秋九月陞從一品。御史大夫一員，御史中丞二員，侍御中史二員，治書侍御史二員，經歷司經歷一員，都事二員，監察御史二十四員，照磨承發司管勾兼獄丞一員，架閣庫管勾二員，令史十三人，蒙古必且齊三人〔二〕，通事知印各二人，宣使八人，察院書吏二十四人，經歷司、照磨所、承發司、架閣庫典吏各一人，庫子三人，醫工二人。宣使以上參辟命官書吏各道貢補。凡官之員三十有七，掾屬六十有一人。公署在城內東南隅，臨青溪，即故府治。

堂曰忠實不欺，見首卷《官署圖考》。行臺初設御史大夫一員，從二品；御史中丞，正三品；侍御史，正四品；治書侍御史，正六品，皆二員。及臺陞正二品，治書陞正五品，都事二員從七品。至元二十三年，增都事二員。二十八年省，而置經歷一員，從五品，位都事上。監察御史舊二十八員，至大四年增西臺十六員爲二十，而省南臺四員。元貞元年，增置御史大夫一員，大德三年省。十一年，臺陞從一品，臺官各陞品從有差，詳見後《題名記》。令史初十六人，後省三人。宣使十人，後省二人。爲醫工、官吏〔三〕，月俸支鈔。至正元年，臺官添支祿米，掾屬無。察院書吏，月支米鈔仍舊。

行中書省。至元十二年二月二十七日，行中書左丞相巴延、平章政事阿珠於建康府治開省。秋七月，左丞相巴延入覲，陞中書右丞相，阿珠陞左丞相、權省事，萬戶阿喇哈陞行省參知政事。冬十一月，右丞相巴延參政，阿喇哈分道進兵浙西，留左丞相阿珠立行省瓜洲。明年宋平，行省於揚州置立。

江淮行樞密院。至元十二年春正月，平章安塔哈〔四〕、參政董文炳行院，自淮西正陽與行省會於建康。未幾，移駐鎮江。冬十月，與丞相分道進兵平宋。二十二年，丞相同知行樞密院事，於建康開院，後移鎮江。三十一年例革。

行宣政院。從二品衙門，管領江南諸省地面僧寺、功德詞訟等事。設院使、同知、副使、僉院、同僉、院判、經歷、都事、照磨等員。至元二十八年，於建康水西門賞心亭上開設衙門，係托克托大卿爲頭院使。三十年，遷院杭州。

江東道宣慰司。至元十三年，以行中書省參知政事阿喇哈〔五〕、亳州萬戶張弘範兼宣慰使，置司建康，管轄江東諸路。大德三年二月，例革建康路，徑隸江浙等處行中書省。

建康宣撫司。至元十二年二月，建康府歸附，創立宣撫司，以萬戶廉希愿、索多兼宣撫使，安撫江東諸路。十四年，改立建康路總管府。

建康路達嚕噶齊總管府。至元十四年，罷宣撫司，立總管府，宣慰使廉希愿兼本路達嚕噶齊，徐王榮充本路總管，係正三品。上路，統治上元、江寧、句容、溧水、溧陽五縣並在城錄事司，溧水、溧陽繼陞爲州。天曆二年，路以潛邸改名集慶，設達嚕噶齊一員、總管一員，各兼管內勸農事，同知總管府事一員、治中一員、府判一員、推官二員。經歷司，有印，經歷一員，知事一員，提控案牘兼管勾、照磨、承發、架閣一員，有印。司獄司，有印，設司獄一員，路司吏三十名。凡路、州、司、縣親民官按品從給公田、俸鈔，吏支鈔米，學官供俸，餘支俸鈔。倉務局站雜職無俸。

江東建康道提刑按察司。按治江東諸路。至元十四年，於前宋轉運司置司。二十八年，改名肅政廉訪司。二十九年，以避行臺，移治寧國路，建康路逕隸行臺按治，歲委監察御史巡按本屬州縣。

江東道儒學提舉司。五品衙門，有印，設提舉、副提舉各一員，首領官都目一員。初，至元二十一年，建康路設提舉學校官，與教授同管學事。二十三年四月革罷，改設江東道儒學提舉司衙門。二十四年二月十五日，設各道儒學提舉司，將提學司革罷。江東道儒學提舉李浩、副提舉郭某於路學置司。三十一年隨省，設立儒學提舉司，總攝各路儒學。江東道提舉司於元貞元年二月內革罷。

益都新軍萬戶府。至元二十四年，通類定奪軍官，於寧國路設置建康路，元係福建廉萬戶、保定奕張萬戶、泰州奕孟萬戶、常州奕宋萬戶管軍鎮守，以後各遷他郡。大德元年，益都奕從寧國路移鎮建康，於城東南隅前宋遊擊軍營內置司萬戶府，三品印信，設達嚕噶齊一員、正萬戶一員、副萬戶一員，經歷司設經歷、知事、提控案牘各一員，所管鎮撫司、千戶所、百戶所、彈壓官共一百餘員，俸俱按品從支鈔，人吏不與隸樞密院管領。江浙行中書省提調所管漢軍所附軍人，月支米糧鹽錢，分輪地分鎮守。

江淮等處財賦提舉司。隸徽政院，五品衙門，有印。設提舉、同副提舉各一員，首領官吏目。至元二十五年，置司建康，管位下江淮等處錢糧。所屬有各處提領所庫官。至治二年例革，至順元年復立，隸昭功萬戶府。至正元年革罷，見係集慶路管辦。

建康等處財賦提舉司。隸中政院下江浙都總管府，五品衙門，有印。設提舉、同副提舉各一員，首領官吏目。至大二年十一月，於溧陽州設立，管領建康路錄事司、溧陽州，常州路宜興州、無錫、晉陵、武進縣，鎮江路金壇縣，揚州路錄事司、真州、揚子縣、通州、靜海縣、崇明州，太平路繁昌縣，寧國路南陵縣，徽州路祈門縣，淮安路清河縣，總計八路一十五州、司、縣，斷沒朱清、張瑄錢糧。

溧水州。前宋次畿縣。至元十三年歸附，仍爲縣。元貞元年陞中州，五品印信。設達嚕噶齊一員、知州一員，各兼勸農事。同知二員、州判二員、首領官提控案牘一員、都目一員。設捕盜司，有印，以州判一員兼領。所管儒學教授司、蒙古字學教授司、醫學教授司、陰陽教授司，有印，各設教授一員。醫學、陰陽學各設學正，在城稅務、東垻務，有印，設提領大使、副使。官塘務、高淳務，有印，各設都監、同監。東垻鹽倉，有印，設大使、副使。東垻、高淳、白馬橋三巡檢司，有印，各設巡檢鎮守千戶所，千戶一員，百戶二員，係萬戶府歲差管軍鎮遏。州官姓名見後《題名記》。

溧陽州。前宋次畿縣。至元十二年歸附，仍爲縣。至元十四年改溧州，十五年陞溧陽府，十六年改府爲溧陽路總管府，管溧陽縣並在城錄事司，設官與諸路府司縣同。至元二十八年革去路名，止存溧陽縣。元貞元年正月，改陞中州，設達嚕噶齊一員、知州一員，各兼勸農事，同知二員、州判二員、首領官提控案牘一員、都目一員。設捕盜司，有印，以州判一員兼領。所管儒學教授司、蒙古字學教授司、醫學教授司、陰陽教授司，有印，各設教授，醫學、陰陽學各設學正。在城稅務，有印，設提領大使、副使。前陳務、與塘務各設都監、同監〔六〕。舊縣山前二巡檢司，有印，各設巡檢。織染局，有印，設大使、副使。鎮守千戶所，係萬戶府歲差管軍鎮遏。州官姓名見後《題名記》。

龍灣教習水軍萬戶府。至元三十一年，江淮行樞密院於江北河南行省管下蘄、黄、鄧、新揚州、高郵、真、滁、揚、杭等奕萬戶府，謪撥軍二千餘名，前來龍灣屯戍教習，係益都親軍萬戶府官總行提調〔七〕。

建康宣課提舉司。五品衙門，有印。設提舉、同副提舉各一員。至元十三年創立，管辦商税。至元二十八年革罷，設立在城税務。

淘金提舉司。五品衙門，有印。至元十九年，梁提舉建言，於上元縣花林市創立淘金總管府，管提領所八處，各有官典人吏。二十三年，改立提舉司。二十九年，併入金銀銅冶轉運司管領。大德二年，宣慰使朱清言其擾民，革罷。

集慶萬壽營繕都司。天曆二年設立，正四品衙門，有印。達嚕噶齊、司令、大使、副使各一員，選憲官充，隷大龍翔集慶寺。所屬有財用所，掌寺之錢米出納財賦；提領所，掌莊田、倉廩，行臺大夫、中丞提調，累撥贓罰錢置買常住田地，蠲免差税。元統二年，都司例革。至元三年，並革財用所，令平江善農提舉司掌管修理、祭供等事。至正元年，提舉司革罷，田糧併入本寺掌管。

江寧縣。前宋次赤縣。至元十二年歸附，仍舊名。附廓，七品，有印，設達嚕噶齊一員、縣尹一員，各兼勸農事。主簿一員、縣尉一員，有印，典史一名。所管江寧、秣陵兩鎮巡檢司，有印，各設巡檢。金陵、秣陵兩務，有印，各設都監、同監。江寧馬站、大城港水站，有印，各設提領〔八〕。儒學設教諭、陰陽、醫學，各設管勾、教諭。縣官姓名見後《題名記》。

上元縣。前宋次赤縣。至元十二年歸附，仍舊名。附廓七品，有印，設達嚕噶齊一員、縣尹一員，各兼勸農事。主簿一員、縣尉一員，有印，典史一名。所管竹篠、龍都兩巡檢司，有印，各設巡檢。龍灣、湖熟兩務，有印，各設提領大使、副使。龍灣各站，有印，設提領。儒學設教諭，陰陽、醫學各設管勾、教諭。縣官姓名見後《題名記》。

句容縣。前宋次畿縣。至元十二年歸附，仍舊名。七品，有印，設達嚕噶齊一員、縣尹一員，各兼勸農事。主簿一員、縣尉一員，有印，典史二名，所管縣務、常寧、東陽、白土四務，有印，各設提領大使、副使。茅山、下蜀、東陽三巡檢司，有印，各設巡檢。東陽水馬二站、下蜀馬站、老鸛觜馬站，有印，各設提領。生帛局，有印，設提領大使、副使，隸資政院。儒學設教諭，陰陽、醫學各設管勾、教諭。縣官姓名見後《題名記》。

在城録事司。至元十二年歸附，次年置司，正八品，有印。管治城内。設達嚕噶齊一員、録事一員、録判二員，兼管捕盗，典史一名。

平準行用鈔庫。至元十二年歸附，創立平準行用交鈔庫，正七品，有印，設提領大使、副使各一員。每歲倒換鈔本八萬四千定，每季額換緡鈔二萬一千定，季終解赴江東廉訪司監燒。

在城税務。至元二十一年〔九〕，革罷宣課提舉司，改設税務，七品印信，設提領大使、副使各一員，管辦商税，二周年爲滿。

儒學教授司。有印，設教授一員，主管錢糧。教育學正、學録各一員，糾録學事。

蒙古字學教授司。有印，設教授一員，學正一員。

陰陽教授司。有印，設教授一員，學正、學録。

醫學教授司。有印，設教授一員，學正、學録。

廣運倉。有印。至治元年，於龍灣起蓋東西北倉厫四十座。以漕計至重，邦儲所資，爰作新倉。大江之湄，舟楫流通，地勢得宜，諸路贏糧，積貯在兹。海道千艘，便於給支。爲號計屋二百間，收受江西、湖廣二省、饒州路並本路州縣官民財賦等糧，逐年都漕運萬戶府裝運，由海道赴都。

大軍倉。有印。前宋爲平糴倉，至元十五年改大軍倉，省除監支納大使，路吏充倉副，收支本路糧斛，逐年撥裝海運。

常平倉。至元五年，因監察御史建言講究，於錄事司西北隅舊有廣儲倉地屋建置，倉官於州縣吏內點差，齊年交代。

永豐庫。有印。省設監支納大使，路差庫副，收支一應課程諸名項錢帛。

東織染局。至元十七年，於城東南隅前宋貢院立局，有印，設局使二員、局副一員，管人匠三千六戶〔一〇〕，機一百五十四張，額造段疋四千五百二十七段，併絲一萬一千五百二斤八兩〔一一〕，隸資政院管領。

西織染局。至元十七年，於舊侍衛馬軍司立局，設官與東織染局同。

軍器局。即前宋舊都作院雜造局，專一置造軍器，設局使、局副，有印，隸本路總管府。

惠民局。官撥藥本，設良醫主管，惠濟貧民。

明道書院。宋嘉定八年創立，祠明道先生程子。淳祐九年更創，添學田。十年，賜明道書院額。今省，設山長一員，主領錢糧、教事。

南軒書院。宋咸淳四年創立。大德元年，起蓋南軒先生、華陽伯張宣公祠堂。今省。設山長一員，主領錢糧、教事。

江東書院。至治元年五月，郡人王霖創建，出田供祀。今省。設山長一員，主領錢糧、教事。

在城金陵驛水站、馬站。有印，各設提領。至元闕年，俱於城東隅青溪坊建立，隸本路親管。

昭文書院。宋咸淳丁卯方拱辰建，扁曰昭文精舍，里人杜氏守之。至元間定額省。設山長。

官醫提領所。有印，提領受太醫院劄付。

【校勘記】

〔一〕姜衛：至正本作「相衛」。下同。

〔二〕必且齊：至正本作「必闍赤」。

〔三〕吏：原作「史」，據至正本改。

〔四〕安塔哈：原本脱，據至正本補。

〔五〕喇：原作「勒」，據前文改。

〔六〕與塘：至正本作「舉善」。

〔七〕提調：原本無，據至正本補。

〔八〕設：原作「投」，據文意改。

〔九〕二十一：原脱，據南京甘氏抄本補。

〔一〇〕營人：至正本作「管人」。

〔一一〕侊：至正本作「荒」。

至正金陵新志卷六下

官守志二

題名

行御史臺

御史大夫

姜衛〔一〕。至元十四年上。

布爾罕〔二〕。至元二十三年上。

阿喇特穆爾〔三〕。資善，至元二十四年。

默德齊〔四〕。中奉，至元二十五年上。

囊嘉特〔五〕。資德，元貞元年上。

阿喇卜丹〔六〕。榮祿，元貞元年上。

薩　里〔七〕。榮祿，大德二年上。
阿里瑪〔八〕。資善，大德八年上。
和尼齊〔九〕。榮祿，至大元年上。
達實哈雅〔一〇〕。開府儀同三司，皇慶二年上。
阿喇卜丹。榮祿，延祐二年上。
巴　延〔一一〕。榮祿，延祐五年上。
托歡達爾罕。榮祿，延祐七年上。
托克托。榮祿，至治元年上。
巴　延。榮祿，至治三年上。
桑結實哩。榮祿，泰定元年上。
多爾濟。光祿，泰定二年上。
阿爾斯蘭哈雅。光祿，天曆元年上。
阿爾斯蘭哈雅。光祿，至順元年上。
托　歡。光祿，至順三年上。
伊實通斡。光祿，元統元年上。
達實特穆爾。開府儀同三司，至元元年。
巴勒噶齊。銀青榮祿，至元三年上。
托　歡。光祿，至正元年四月上。辭侍親，再任。

御史中丞氏族依碑刻附見

伊實薩噶〔一二〕。正議，至元十九年上。
巴圖魯〔一三〕。嘉議，至元二十一年上。
瑪哈穆特〔一四〕。太中，至元二十四年上。
蒙古特〔一五〕。通議，至元二十五年上。

哈陶布哈〔一六〕。嘉議，至元二十八年上。

舒舒圖〔一七〕。正議，至元二十九年上。

張　閭。中奉，至元三十一年上。

布朗吉達〔一八〕。中奉，大德五年上。

高　睿。正議，大德七年上。

廉道安。正議，大德十一年上。

巴　圖〔一九〕。資善，至大二年上。

特哩托歡〔二〇〕。資德，延祐元年上。

布　哈〔二一〕。資善，延祐三年上。

巴　延。資德，延祐四年上。

奇塔特〔二二〕。資德，延祐七年上。

阿爾斯蘭哈雅〔二三〕。資德，泰定元年上。

伊拉哩〔二四〕。榮祿，天曆元年上。

薩　薩〔二五〕。資政，天曆元年上。

伊實通斡榮祿，天曆元年上。

呼圖克哈雅。資政，至順元年上。

高　睿。資善，至大四年上。

班　禪〔二六〕。資政，元統二年上。

納　琳〔二七〕。資善，元統三年上。

布札爾〔二八〕。榮祿，至元元年上。

齊特班〔二九〕。資政，至元二年上。

伊埒哲伯〔三〇〕。唐古氏。榮祿，至元二年上。

托蘇默色〔三一〕。資善，至元二年上。

特默格〔三二〕。蒙古奈曼氏。資善，至正元年上。

布　延〔三三〕。資德，至正三年上。

御史中丞 鄉貫依碑刻、卷宗所有附見之。

焦友直。至元十四年上。

王　某。至元十五年上。

楊　某。通議，至元二十一年上。

耶　律。正議，至元二十三年上。

劉　宣。通義，至元二十五年上。

魏　初。嘉議，至元二十八年上。

劉　正。中奉，元貞元年上。

趙　某。資善，大德四年上。

張　珪。通奉，大德八年上。

于　璋。資德，至大四年上。

薛處敬。資善，延祐三年上。

曹　立。資德，延祐七年上。

耶律埒克〔三四〕。至元十四年上。

姜　某。嘉議，至元十九年上。

王博文。正議，至元二十三年上。

劉　琮。通議，至元二十四年上。

徐　琰。通議，至元二十六年上。

吳　衎。少中，至元三十年上。

董士選。資善，大德元年上。

陳天祥。嘉議，大德六年上。

董士珍。資善，至大元年上。

姚　煒。資善，皇慶二年上。

趙　簡。資善，延祐五年上。

石　珪。資德，至治元年上。

王　毅。榮禄，泰定元年上。

趙世延。光禄，泰定三年上。

汪壽昌。資德，天曆元年上。

高　奎。資善，天曆二年上。

董守庸。資善，至順元年上。

馬祖常。資德，元統二年上。

劉　文。資善，至元二年上。

史惟良。資善，至元四年上。

王　昇。濟南人。資善，至正元年上。

張起巖。資善，至正元年上。

王士熙。資善，至正二年上。

趙成慶。資善，至正二年上。

董守簡。資善，至正三年上。

侍御史

呼　哩〔三五〕。中奉，大德元年上。

諾　海〔三六〕。正議，大德三年上。

塔　坦〔三七〕。大中，大德七年上。

巴　圖〔三八〕。中議，大德十年上。

布　哈〔三九〕。中奉，至大元年上。

敏珠爾〔四〇〕。中奉，至大四年上。

旺札勒〔四一〕。中奉，延祐元年上。

托　歡〔四二〕。資政，延祐二年上。

長　壽。正奉，延祐三年上。

達　蘭。中奉，延祐五年上。

圖敏〔四三〕。正奉，延祐六年上。

和塔拉揚阿克。中奉，至治三年上。

旺札勒巴哈〔四四〕。中奉，泰定二年上。

寶通〔四五〕。中奉，泰定三年上。

托音鼐〔四六〕。中奉，泰定四年上。

布扎爾。中奉，至順元年上。

貝降。中奉，至順三年上。

雅布呼〔四七〕。中奉，至順三年上。

納琳〔四八〕。通奉，元統二年上。

密拉〔四九〕。通奉，至元元年上。

布延〔五〇〕。中奉，至元三年上。

巴延。通奉，至元五年上。

察罕布哈〔五一〕。中奉，至元六年上。

索諾木〔五二〕。資德，至正元年上。

善邑勒〔五三〕。資德，至正二年八月上。

侍御史

劉琮。至元十四年上。

王少中。至元十九年上。

雷膺。朝列，至元二十一年上。

魏初。朝列，至元二十一年上。

張孔孫。至元二十三年上。

韓彦文。中順，至元二十三年上。

程文海。嘉議，至元二十四年上。

吳衍。朝列，至元二十五年上。

于　璋。奉議，至元二十七年上。
傅巖起。朝列，至元三十年上。
王　堅。嘉議，大德元年上。
高　睿。正議，大德四年上。
王　宏。正議，大德十年上。
李　彧。中奉，至大元年上。
張　玠。中奉，延祐元年上。
弭　禮。中奉，延祐五年上。
董守仁。通奉，泰定三年上。
郭思貞。中奉，至順三年上。
劉宗說。通議，元統三年上。
張起巖。通奉，至元三年上。
吳秉道。正奉，至元六年上。
趙成慶。通奉，至正二年上。

陳天祥。朝列，至元二十八年上。
石　珪。奉政，元貞元年上。
張　珪。中奉，大德三年上。
高　凝。中憲，大德五年上。
王　仁。中議，大德十年上。
董士恭。中奉，至大四年上。
敬　儼。中奉，延祐四年上。
張　彬。中奉，泰定二年上。
王克敬。中奉，至順元年上。
耿　煥。通奉，至順三年上。
王士熙。正奉，至元二年上。
姚　庸。正奉，至元四年上。
馬繩武。中奉，至正元年上。
馮思溫。中奉，至正三年上。

治書侍御史 氏族依碑刻所有附見

諾　海〔五四〕。中順，至元三十年上。

廉希貢。朝列，大德三年上。

實達爾〔五五〕。中順，大德六年上。

諳達巴哈〔五六〕。太中，大德八年上。

楊珠格爾〔五七〕。奉議，至大三年上。

布朗吉達〔五八〕。奉政，至大四年上。

回回。正議，延祐元年上。

特爾格〔五九〕。奉政，延祐二年上。

特默格〔六〇〕。奉政，延祐五年上。

拜　甡〔六一〕。中憲，至治三年上。

科　綽〔六二〕。通議，泰定二年上。

布札爾〔六三〕。亞中，泰定三年上。

穆爾格桑〔六四〕。正議，天曆元年上。

星　結〔六五〕。亞中，天曆二年上。

莽　賚〔六六〕。奉直，至順元年上。

實　迪〔六七〕。正議，至順四年上。

圖沁巴哈〔六八〕。中順，元統二年上。

察罕布哈〔六九〕。太中，元統三年上。

圖　嚕〔七〇〕。中奉，至元二年上。

噶納喇〔七一〕。正議，至元四年上。

約索木〔七二〕。通奉，至元五年上。

僧格實里〔七三〕。嘉議，至元六年上。

布延實里〔七四〕。正議，至正元年上。

索諾木〔七五〕。蒙古人，至正元年上。

阿爾斯蘭薩勒迪密實〔七六〕。至元二年上。

順　昌。正議，至正二年上。

治書侍御史

田　滋。至元十四年上。

趙　某。至元十六年上。

王　某。奉訓，至元二十一年上。

張　某。朝請，至元二十一年上。

李　昂。奉議，至元二十四年上。

霍　肅。奉議，至元二十四年上。

高　凝。承直，至元二十五年上。

苟宗道。奉訓，至元二十六年上。

李處巽。朝列，至元二十七年上。

裴居安。承直，至元二十八年上。

李　杲。朝列，元貞元年上。

高克恭。奉議，大德元年上。

趙秉正。中憲，大德元年上。

劉　衡。朝列，大德五年上。

趙世延。朝列，大德六年上。

張道源。奉直，大德十年上。

敬　儼。太中，至大二年上。

趙　簡。中憲，至大三年上。

趙宏偉。承德，皇慶元年上。

王　柔。嘉議，延祐元年上。

宋崇祿。亞中，延祐二年上。

袁　濬。朝散，延祐四年上。

曹伯啓。通議，延祐六年上。

張　埜。亞中，延祐七年上。

郭思貞。中順，至治二年上。

劉事義。通議，至治三年上。

史惟良。朝請，奉定二年上。

王升善。嘉議，天曆二年上。

劉宗說。通議，元統二年上。

任擇善。中順，至元元年上。

韓　鏞。至元二年上。

張惟敏。至正二年上。

經歷

福努。奉議，至元二十八年上。

通吉元振〔七七〕。奉議，至元三十年上。

霍斯果爾〔七八〕。承務，元貞元年上。

巴　拜〔七九〕。朝列，大德元年上。

托克托〔八〇〕。承直，大德六年上。

阿爾斯蘭哈雅〔八一〕。承事，大德八年上。

呼都克徹爾〔八二〕。奉訓，至大三年上。

袞布徹爾〔八三〕。承直，皇慶元年上。

嘉琿達〔八四〕。朝列，延祐元年上。

密　拉〔八五〕。奉議，延祐二年上。

烏呼納〔八六〕。奉議，延祐三年上。

布延特穆爾〔八七〕。承直，延祐六年上。

薩勒迴默色〔八八〕。奉議，至治元年上。

奇徹勒〔八九〕。奉政，至治三年上。

納　琳〔九〇〕。朝列，泰定二年上。

諾　海〔九一〕。承德，泰定四年上。

圖　嚕〔九二〕。徵事，天曆元年上。

斡　罕〔九三〕。奉議，天曆元年上。

阿嚕呼圖克〔九四〕。奉政，天曆元年上。

額紳吉達〔九五〕。奉訓，至順元年上。

約爾珠〔九六〕。輝和爾〔九七〕。中順，至順二年上。

托克托。唐古氏〔九八〕。承直，元統元年上。

楊珠巴哈〔九九〕。輝和爾。承直，元統三年上。

廉惠山哈雅〔一〇〇〕。北庭人。中議，至元三年上。

特穆爾巴哈〔一〇一〕。沙卜珠岱〔一〇二〕。奉直，至元四年上。

鄂約達勒〔一〇三〕。河西朝請〔一〇四〕，至元六年上。

圖　嚕。雅爾喀斡人。至正元年上。

納奇哩〔一〇五〕。哈瑪爾人〔一〇六〕。奉政，至正元年上。

阿齊雅實呼〔一〇七〕。哈瑪爾人。至正二年。

道拉實〔一〇八〕。阿嚕威〔一〇九〕。奉政，至正三年上。

都事鄉貫依碑刻所有者附見

高源。至元十四年。
馬芮。至元十六年上。
和思問。承事，至元二十一年上。
巴巴呼〔一一〇〕。承務，至元二十四年上。
裴居安。承事，至元二十四年上。
師澍。承務，至元二十六年上。
賈惟政。承務，至元二十八年上。
蔣元祚。承直，至元三十一年上。
賈鈞。奉政，大德三年上。
張孝思。奉訓，大德四年上。
苗好謙。承務，大德六年上。
田澤。奉訓，大德十年上。

尉昞。至元十四年上。
馬源。承直，至元十九年上。
王祚。至元二十四年上。
酈居敬。承務，至元二十四年上。
和尼齊。承務，至元二十五年上。
張經。承務，至元二十八年上。
李庭詠。承事，至元三十年上。
趙世延。奉訓，元貞二年上。
張道源。承務，大德四年上。
潘昂霄。奉議，大德六年上。
趙宏偉。承事，大德十年上。
杜溥。奉議，至大元年上。

王　鉷。朝列，至大元年上。
吳　舉。奉直，至大四年上。
高　奎。奉直，皇慶二年上。
李塔喇海〔一一〕。奉政，延祐二年上。
丁　宏。文休〔一三〕。延祐四年上。
郭汝輔。中順，延祐七年上。
史惟良。承直，至治元年上。
王居敬。奉議，至治三年上。
劉　藝。承事，泰定二年上。
張世傑。中憲，泰定三年上。
張　鐸。承德，天曆元年上。
秦從龍。奉政，天曆二年上。
王德新。儒林，至順元年上。
張端容。曹南人。文林，至順三年上。

郝　文。承德，至大四年上。
傅　昱。奉議，皇慶三年上。
鄭雲翼。奉議，延祐二年上。
完顏瑛〔一二〕。奉政，延祐三年上。
姚居敬。朝散，延祐五年上。
王　璽。承事，至治元年上。
宋　節。中順，至治三年上。
劉宋說。承德，泰定元年上。
梁　樞。奉議，泰定二年上。
張　郁。承德，泰定四年上。
馬良佐。承德，天曆元年上。
張從直。承務，至順元年上。
暢　篤。河南人。朝散，至順二年上。
劉光祖。河間人。承直，元統元年上。

李世蕃。河間人。奉直，元統二年上。
張弘毅。濟寧人。奉直，元統二年上。
李居威。冀州人。朝列，元統三年上。
楊　熙。冀寧人。奉直，元統三年上。
張　翔。河西人。奉訓，至元二年上。
劉光祖。滄州人。朝散，至元二年上。
周　夔。陝西人。奉訓，至元三年上。
尹　彬。真定人。奉訓，至元三年上。
李伯述。應州人，至元四年上。
王　偲。益都路人。至元四年上。
姚　紱。河南人。朝列，至元五年上。
彭敬叔。濟南人，至正元年上。
郝　源。益都人。亞中，至正元年上。
董守讓。真定人。至正元年上。
李　英。保定人。承德，至正元年上。
樊執敬。鄆城人。朝散，至正二年上。
索元岱。大名人。奉直，至正三年上。

照磨承發司管勾兼獄丞 鄉貫氏族依碑刻所有者附見

趙　英。至元十四年上。
姚　某。從仕，至元十九年上。
紐赫孝純〔一一四〕。將仕佐，至元二十二年上。
姚德新。進義，至元二十四年上。

張哈達〔一一五〕。將仕佐，至元二十六年上。
楊溫。承事，元貞二年上。
張中。徵事，大德七年上。
李希尹。從仕，延祐元年上。
萬嘉閭。將仕佐，延祐六年上。
梁居善。承直，泰定四年上。
桑結達實〔一一七〕。儒林，至順元年上。
趙深。冀州人。承事，至順三年上。
傅夢臣。興和人。奉議，至元二年上。
于炳文。曹州人。儒林，至元四年上。
趙儼。真定人。從仕，至正元年上。
劉德茂。承事，至元二十八年上。
程好禮。承事，大德四年上。
東野潛。徵事，大德七年上。
吉勒哈〔一一六〕。承事，延祐三年上。
尋復初。承事，泰定元年上。
埜立。承事，天曆二年上。
李祉。至順二年上。
拜特穆爾〔一一八〕。輝和爾氏。從仕，元統元年上。
劉貞。保定人。奉訓，至元三年上。
宋秉亮。曹州人。承務，至元六年上。

架閣庫管勾 鄉貫氏族依碑刻所有者附見

姚　炯。至元十四年上。

陳　某。從仕，至元十九年上。

杜　弁。將仕佐，至元二十二年上。

張廷璉。進義，至元二十四年上。

聶特穆爾〔一一九〕。承事，至元二十八年上。

徐　霆。徵事，元貞元年上。

趙　洪。徵事，大德二年上。

張居懌。承務，大德八年上。

蘇惟中。將仕佐，至大二年上。

李阿都齊〔一二一〕。將仕佐，皇慶元年上。

陳　錫。至元十六年上。

王　某。將仕，至元十九年上。

闕璧。將仕，至元二十三年上。

闕珍。至元二十六年上。

闕德新。至元二十九年上。

實默鴻吉哩台〔一二〇〕。承事。大德四年。

劉元亨。徵事。大德六年上。

諾　海。登仕佐，至大元年上。

張季賢。將仕佐，至大四年上。

葉大中。承務，延祐元年上。

劉明安巴哈〔一二二〕。將仕佐，延祐三年上。
布延都哩默色〔一二三〕。從仕，延祐五年。
李　恪。將仕佐，至治二年上。
張執中。承務，泰定四年上。
宋紹明。承直，至順元年上。
丹珠克〔一二八〕。登仕，至順元年上。
楊思粟。興元人。儒林，至順三年上。
納奇哩〔一三〇〕。哈瑪爾氏。承直，元統二年。
特穆爾巴哈〔一三二〕。唐元從仕，元統三年上。
通　通〔一三三〕。奈曼岱氏〔一三四〕。將
溫　瑛。承事，延祐四年上。
顧圖卜堅巴哈〔一二四〕。承事，至治二年上。
濟爾噶台〔一二五〕。承務，泰定二年上。
吉達布〔一二六〕。承務，天曆元年上。
楊珠巴哈〔一二七〕。從仕，天曆元年上。
劉　恕。儒林，至順二年上。
沙卜丹〔一二九〕。長安人。承事，至順三年上。
實默哈喇巴哈〔一三一〕。承直，元統二年上。
納　琳。奇哩克台氏。承事，元統三年上。
張思成。承務，至元二年上。

仕，至元二年上。

曹復亨。濟寧人。文林，至元四年上。

楊惟一。河南人。承直，至元六年上。

王時可。河間人，儒林，至正元年上。

郭汝能。大寧人。承事，至正三年上。

蓋繼祖。懷慶人。文林，至正三年上。

監察御史

鄉貫、氏族依碑刻所有者附見

劉　寅。至元十四年上。

商　琥。至元十四年上。

趙文昌。至元十四年上。

伯特思孝〔一三五〕。至元十四年上。

王　祚。至元十四年上。

馬　藻。至元十四年上。

李　璋。至元十四年上。

陳特立。至元十四年上。

李　敏。至元十四年上。

孫　弼。至元十四年上。

錫哩哈喇〔一三六〕。至元十六年上。

布拉圖〔一三七〕。至元十六年上。

彭　昌。至元十六年上。

成　昉。至元十六年上。

馬　昫。至元十六年上。

高　凝。至元十六年上。

郝良弼。至元十六年上。　　高伯充。至元十六年上。

張斯立。至元十六年上。　　和尼齊。至元十九年上。

王奉直、于從仕、許承事、張承事、郭承事、王承直、滕承直。同至元十九年上。

穆巴勒〔一三八〕、哈巴圖嚕〔一三九〕、多爾濟〔一四〇〕、斯丹巴爾〔一四一〕、斯布哈〔一四二〕、耶律徹爾〔一四三〕、福努、繖特勒默實〔一四四〕、任且桑〔一四五〕、朱從、申屠、謝承事、周承務、師澍、王承務。同至元二十一年上。

朱承務。至元二十二年上。　　靳奉議。至元二十二年上。

額默根〔一四六〕。至元二十三年上。　　額森〔一四七〕。至元二十三年上。

拜布哈〔一四八〕。承事，至元二十四年上。　　薩齊古爾〔一四九〕。承事，至元二十四年上。

額森特穆爾。承事，至元二十四年上。　　且桑〔一五〇〕。承務，至元二十四年上。

趙玘。承務，至元二十四年上。　　特穆爾巴哈。承直，至元二十四年上。

張經。承事，至元二十四年上。　　殷尚敬。承務，至元二十四年上。

陳天祐。從仕，至元二十四年上。　　托歡。承事，至元二十四年上。

實克岱〔一五一〕。承事，至元二十四年上。　　實喇布濟克〔一五二〕。承事，至元二十四年上。

布延巴薩爾（一五三）。承事，至元二十四年上。

謝文智哈雅（一五四）。從仕，至元二十四年上。

實都巴哈（一五五）。承事，至元二十四年上。

實達爾（一五六）。從仕，至元二十四年上。

布　延（一五七）。承事，至元二十四年上。

哈克繖（一五八）。承事，至元二十四年上。

趙欽止。從仕，至元二十四年上。

史守禮。承務，至元二十四年上。

王　用。從仕，至元二十四年上。

馬天祐。忠顯，至元二十四年上。

趙尚敬。承事，至元二十四年上。

賈　鈞。奉訓，至元二十四年上。

王　仁。承務，至元二十四年上。

薩拉爾（一五九）。承事，至元二十五年上。

托克托特穆爾（一六〇）。承務，至元二十五年上。

木　敦。進義，至元二十五年上。

張　諒。從仕，至元二十五年上。

完顏巴延（一六一）。徵事，至元二十五年上。

托歡徹爾（一六二）。承事，至元二十五年上。

瓜爾佳景淵（一六三）。承事，至元二十五年上。

李思敬。承務，至元二十五年上。

特哩〔一六四〕。敦武，至元二十五年上。

楊詡。承務，至元二十五年上。

額森特穆爾。從仕，至元二十六年上。

霍斯和爾〔一六六〕。從仕，至元二十六年上。

王　茂。承務，至元二十六年上。

元　挺。承直，至元二十六年上。

王　獻。從仕，至元二十六年上。

陳　錫。承務，至元二十六年上。

陳名濟。徵事，至元二十六年上。

實默仲安〔一六七〕。徵事，至元二十六年上。

樊　閏。承事，至元二十六年上。

牙　忽。敦武，至元二十五年上。

蕭　瑾。將仕，至元二十五年上。

奈曼岱〔一六五〕。承事，至元二十六年上。

圖　克。至元二十六年上。

圖　嚕。忠勇，至元二十六年上。

潘昂霄。承務，至元二十六年上。

劉　鳳。承事，至元二十六年上。

藺守真。從仕，至元二十六年上。

姜世昌。承務，至元二十六年上。

托克托。敦武，至元二十六年上。

段　茂。承事，至元二十六年上。

鈕祜祿珍〔一六八〕。從仕，至元二十六年上。

蒙古岱〔一六九〕。承務，至元二十六年上。
博果斯〔一七〇〕。奉訓，至元二十六年上。
額森特穆爾。從仕，至元二十七年上。
哈克繖〔一七一〕。敦武，至元二十七年上。
特穆爾巴哈〔一七二〕。將仕，至元二十七年上。
按達喇且莽〔一七三〕。從仕，至元二十七年上。
杜伊蘇岱爾〔一七四〕。敦武，至元二十八年上。
黄璧。將仕，至元二十八年上。
劉浩。徵事，至元二十八年上。
奇徹〔一七五〕。忠顯，至元二十八年上。
劉仁。承事，至元二十八年上。
實喇烏克岱〔一七六〕。承事，至元二十八年上。
唐古岱。承事，至元二十八年上。
塔珠鼎〔一七七〕。奉訓，至元二十八年上。
馬昞。承事，至元二十八年上。
李埒。徵事，至元二十八年上。
完顔真。徵事，至元二十八年上。
司徒。承務，至元二十八年上。
華善〔一七八〕。敦武，至元二十八年上。
呼喇珠〔一七九〕。敦武，至元二十八年上。
王廷弼。承事，至元二十八年上。
王龍澤。從事，至元二十八年上。
約約〔一八〇〕。承務，至元二十九年上。
王佐。承務，至元二十九年上。

萬石。昭信，至元二十九年上。
李廷詠。承事，至元二十九年上。
劉廷實。徵事，至元三十年上。
張漢。從仕，至元三十年上。
阿沙。從仕，至元三十年上。
楊仁。承事，至元三十年上。
謝讓。承事，至元三十年上。
呼延諶。承務，至元三十一年上。
鄭禮。登仕，元貞元年上。
張文瑞。奉訓，元貞元年上。
張雲翼。承務，元貞元年上。
遜都岱〔一八二〕。承事，元貞二年上。
李仁。承直，元貞二年上。
實迪〔一八五〕。從仕，元貞二年上。
張註。從仕，至元二十九年上。
特哩托歡〔一八一〕。從仕，至元二十九年上。
達實特穆爾。從仕，至元三十年上。
張思誠。承務，至元三十年上。
張禎。徵事，至元三十年上。
額森巴哈。敦武，至元三十年上。
王柔。承直，至元三十一年上。
周德元。承務，至元三十一年上。
楊士元。承務，元貞元年上。
張堂。承事，元貞元年上。
王琦。承務，元貞元年上。
庫克岱〔一八三〕。承事，元貞二年上。
完顏諾爾布〔一八四〕。承事，元貞二年上。
楊廷宥。忠翊，元貞二年上。

布朗吉達〔一八六〕。從仕，元貞二年上。

薛處敬。承事，元貞二年上。

烏魯斯。武略，元貞二年上。

伊肯徹爾。敦武，元貞二年上。

孫世賢。從仕，元貞二年上。

圖古勒岱〔一八七〕。承直，元貞二年上。

阿爾斯蘭哈雅〔一八八〕。將仕，大德元年上。

烏德美〔一八九〕。敦武，大德元年上。

圖們巴哈〔一九〇〕。承直，大德元年上。

黄廷翼。承直，大德元年上。

安惟洪。承務，大德元年上。

仝士毅。承務，大德元年上。

王仲山。從仕，大德元年上。

史　熹。徵事，大德三年上。

郝　鑑。承務，大德三年上。

汪良臣。承務，大德三年上。

杜　明。承事，大德三年上。

王文鼎。承務，大德三年上。

樊會慶。將仕，大德四年上。

巴圖爾。承務，大德四年上。

詹士龍。承事，大德四年上。

李　俞。奉訓，大德四年上。

實　都。將仕，大德四年上。

鄂屯和塔喇。承事，大德四年上。

綽爾齊。承事，大德五年上。

實　迪。從仕，大德五年上。

劉良弼。承務，大德五年上。
鄭雲翼。承事，大德五年上。
齊喇堅。從仕，大德五年上。
牛弘道。從仕，大德五年上。
楊珠格爾。承事，大德五年上。
納　喇。承事，大德五年上。
呼都克徹爾。從仕，大德五年上。
克埒齊。將仕，大德五年上。
郝　文。徵事，大德六年上。
田　澤。承事，大德六年上。
孟　遵。承直，大德六年上。
和斯魯斯〔一九一〕。承事，大德六年上。
拜特穆爾〔一九二〕。將仕，大德六年上。
楊　愨。承務，大德六年上。
吳　舉。承務，大德六年上。
李　慥。從仕，大德七年上。
楊　寅。徵事，大德七年上。
續希賢。承直，大德七年上。
蕭泰登。奉直，大德七年上。
瑪　爾〔一九三〕。奉議，大德七年上。
楊　演。將仕，大德七年上。
李至道。承事，大德七年上。
圖烈圖〔一九四〕。承直，大德七年上。
李　蕃。承務，大德七年上。
嘉　琿〔一九五〕。徵事，大德七年上。
哈　濟〔一九六〕。承事，大德七年上。
袞布巴勒〔一九七〕。從仕，大德八年上。
札木齊〔一九八〕。承務，大德八年上。

侯壽安。承事，大德八年上。

王　蒙。承務，大德八年上。

王　節。承事，大德八年上。

邁　格〔一九九〕。從仕。大德九年上。

罕　齊〔二〇〇〕。從仕，大德九年上。

劉公弼。承務，大德九年上。

沙卜珠伯克齊〔二〇一〕。登仕，大德九年上。

王　格。承事，大德七年上。

魏柔克。承務，大德十年上。

巴　哈。從仕，大德十一年上。

烏呼納〔二〇二〕。承事，至大元年上。

布爾罕〔二〇三〕。徵事，至大元年上。

台哈巴哈〔二〇四〕。從仕，至大元年上。

茂巴爾齊〔二〇五〕。從仕，至大元年上。

張天翼。承德，至大元年上。

李企賢。承務，至大元年上。

呂良佐。奉訓，至大元年上。

鴻吉哩台〔二〇六〕。從仕，至大元年上。

鄂屯履〔二〇七〕。從仕，至大元年上。

陳　珪。奉直，至大元年上。

申從敬。徵事，至大元年上。

拜　降。從仕，至大元年上。

袁師愈。徵事，至大元年上。

特穆爾〔二〇八〕。承事，至大元年上。

孫　宏。承德，至大二年上。

勝　安。從仕，至大二年上。

潘汝劼。承德，至大二年上。
趙　靖。承務，至大二年上。
張　崇。承事，至大二年上。
僧格諾爾〔二〇九〕。承事，至大三年上。
周　馳。奉議，至大三年上。
佛　保。奉議，至大四年上。
托羅和〔二一一〕。承事，至大四年上。
鄭榮祖。承務，至大四年上。
王恭政。奉訓，至大四年上。
旺札勒〔二一四〕。從仕，至大四年上。
賈汝玉。承德，至大四年上。
傅　昱。奉直，至大四年上。
恩　楚。從仕，皇慶元年上。
李文質。承務，皇慶元年上。
呂　允。承直，至大二年上。
劉　泰。從仕，至大二年上。
楊彌堅。承務，至大三年上。
托克托。承直，至大三年上。
薩勒迪默色〔二一〇〕。承務，至大四年上。
賈　訥。奉訓，至大四年上。
和塔拉實克〔二一二〕。承事，至大四年上。
貝　降〔二一三〕。承直，至大四年上。
陳　珪。承直，至大四年上。
蘇　珠〔二一五〕。從仕，至大四年上。
布斯岱。奉議，至大四年上。
烏瑪爾沙。承事，皇慶元年上。
靳克忠。承直，皇慶二年上。
多爾齊〔二一六〕。從仕，皇慶元年上。

苑　真。承德，皇慶元年上。
郭友直。奉訓，皇慶二年上。
呂哈喇〔二一八〕。奉議，皇慶二年上。
馬　敏。承務，皇慶二年上。
阿　沙。將仕，延祐元年上。
諸　海。承務，延祐元年上。
色勒敏〔二二〇〕。承事，延祐元年上。
丁　宏。承事，延祐元年上。
巴延特穆爾。徵事，延祐元年上。
王　懋。從仕，延祐元年上。
道拉實。從仕，延祐二年上。
布朗吉達。承直，延祐二年上。
張　徽。奉政，延祐二年上。
楊珠吉達。將仕，延祐三年上。
井居仁。承德，皇慶元年上。
劉士英。承直，皇慶二年上。
巴　爾〔二一七〕。承直，皇慶二年上。
奇爾台〔二一九〕。從仕，皇慶二年上。
楊元亨。承德，延祐元年上。
烏呼納。承直，延祐二年上。
張　正。承直，延祐元年上。
徹伯爾〔二二一〕。將仕，延祐元年上。
嘉　琿〔二二二〕。將仕佐，延祐元年上。
段　傑。承直，延祐元年上。
壽　僧。從仕，延祐二年上。
敬　价。朝列，延祐元年上。
徐元素。將仕，延祐二年上。
敏珠爾。奉直，延祐三年上。

完顏額森巴哈。奉訓，延祐三年上。
沙卜珠岱。從仕，延祐三年上。
布延諾海。從仕，延祐三年上。
李　儼。承德，延祐三年上。
李　侃。承直，延祐三年上。
大薩都。承務，延祐四年上。
段　輔。徵事，延祐三年上。
官音努。將仕，延祐四年上。
宋　節。奉議，延祐五年上。
李克寬。朝列，延祐四年上。
楊珠吉岱。中順，延祐五年上。
馬　謙。延祐六年上。
雅　安。承事，延祐五年上。
郭宗孟。奉議，延祐六年上。
郝志善。將仕佐，延祐三年上。
特爾格。將仕，延祐三年上。
赫　律〔一一三〕。承德，延祐三年上。
解世英。將仕，延祐三年上。
任志道。承事，延祐三年上。
嚴　文。奉議，延祐四年上。
許雲翰。徵事，延祐三年上。
奈曼岱。承事，延祐四年上。
李居仁。奉議，延祐六年上。
劉世傑。承務，延祐四年上。
魏可大。承德，延祐五年上。
楊　煥。承直，延祐六年上。
哈喇岱。奉訓，延祐五年上。
王　昇。儒林，延祐六年上。

王怯朝。承直，延祐六年上。
何守謙。奉議，延祐五年上。
王璽。承事，延祐五年上。
托紐〔二二四〕。將仕，至治元年上。
僧嘉努。奉議，延祐六年上。
阿都拉〔二二七〕。奉議，延祐六年上。
劉宗說。承直，至治二年上。
馬良佐。徵事，延祐七年上。
哈爾吉〔二二九〕。從仕，至治元年上。
布延〔二三〇〕。承直，至治二年上。
史燉。承務，延祐六年上。
巴延呼圖克〔二三二〕。承直，至治元年上。
庫庫楚〔二三三〕。從仕，至治二年上。
阿喇巴哈〔二三五〕。承事，延祐七年上。

楊恒。承務，延祐六年上。
馬鎔。奉政，延祐六年上。
諾海。承事，至治元年上。
瑪南〔二二五〕。奉議，延祐五年上。
小伊爾圖嚕默色〔二二六〕。承直，延祐七年上。
左吉。奉議，至治元年上。
呼圖克丹〔二二八〕。奉政，延祐六年上。
張惟一。承事，延祐七年上。
杜質。登仕，至治二年上。
伊札爾巴哈〔二三一〕。從仕，延祐三年上。
劉恒。承務，延祐七年上。
羅廷玉。奉議，至治二年上。
圖葡堅哈雅〔二三四〕。將仕，至治二年上。
楊巴哈〔二三六〕。將仕，延祐七年上。

畢　禮。朝列，至治元年上。

黃國用。奉議，至治二年上。

孫　揖。承直，至治二年上。

巴　札〔二三七〕。中順，至治二年上。

葉卜肯〔二三八〕。承直，延祐七年上。

多必默色哈雅〔二三九〕。將仕，延祐六年上。

王懋德。從仕，至治元年上。

許有壬。儒林，至治二年上。

李秉中。承直，至治二年上。

鄂勒和〔二四〇〕。將仕，至治二年上。

額特默色蒙古〔二四一〕。徵事，至治二年上。

張景哲。承直，至治二年上。

圖卜巴哈〔二四二〕。輝和爾氏。文林，至治二年上。

王居敬。奉議，至治二年上。

善巴勒〔二四三〕。阿嚕威氏〔二四四〕。從仕，至治二年上。

鄘　愚。儒林，至治三年上。

王景勉。文林，至治三年上。

哈喇岱〔二四五〕。承務，至治三年上。

托　哩〔二四六〕。斡爾喀氏〔二四七〕。從仕，至治三年上。

布延都嚕默色〔二四八〕。儒林，至治三年上。

諾　海。鴻吉哩氏。承事，至治三年上。

滕松年。奉議，至治三年上。

斡　罕。輝和爾氏。承直，至治三年上。

裴約文。奉訓，至治三年上。

郭　炯。承事，泰定元年上。

梁　樞。承德，泰定元年上。

鄭　部。東強人。儒林，泰定元年上。

華　善。輝和氏。承德，泰定元年上。

劉　藝。承事，泰定元年上。

韓興業。大名人。承德，泰定二年上。

鼐　濟〔二五一〕。從仕，泰定二年上。

哈達爾〔二五二〕。烏嚕氏。承事，泰定二年上。

劉　傑。歸德人。承德，泰定二年上。

呼圖克岱爾〔二四九〕。奉議，至治三年上。

李嗣宗。高唐人。奉直，至治三年上。

牛　裕。承務，至治三年上。

王德英。奉政，至治三年上。

張世傑。朝請，泰定元年上。

李時中。儒林，泰定元年上。

張伯奇特穆爾〔二五〇〕。奉直，泰定元年上。

耶律權。承德，泰定元年上。

曾文博。大都人。儒林，泰定二年上。

田　贇。濟寧人。承事，泰定二年上。

順　昌。唐古氏。承德，泰定二年上。

約爾珠〔二五三〕。塔塔氏。承直，泰定二年上。

博　囉〔二五四〕。唐古氏。奉訓，泰定二年上。

巴延巴哈。高麗人。奉訓，泰定二年上。

伊實特穆爾〔二五五〕。輝和爾。承德，順泰定三年上。

任蒙古台〔二五六〕。奉議，泰定二年上。

額森巴哈〔二五七〕。輝和爾氏。奉議，泰定二年上。

托音巴哈〔二五八〕。朝散，泰定三年上。

伊奇爾台〔二五九〕。欽察氏。承事，泰定三年上。

陳　誠。奉訓，泰定三年上。

廉壽山哈雅〔二六〇〕。輝和爾氏。奉訓，泰定三年上。

龍　寶。從仕，泰定三年上。

靳思誠。承務，泰定三年上。

秦起宗。廣平人。朝散，泰定三年上。

羅廷玉。奉政，泰定三年上。

韓　渙。承務，泰定三年上。

張　郁。承直，泰定三年上。

朱彥亨。冀寧人。承事，泰定三年上。

額實濟達〔二六一〕。儒林，泰定四年上。

布　達〔二六二〕。輝和爾氏。奉議，泰定四年上。

玖珠瑪〔二六三〕。輝和爾氏。奉政，泰定四年上。

張　珪。汴梁人。文林，泰定四年上。

俎　冕。朝城人。登仕，泰定四年上。

張　鐸。鄆城人。承德，泰定四年上。

拜珠爾丹〔二六四〕。阿嚕滅氏。朝請，泰定四年上。

德　住。喀喇氏〔二六五〕。承直，泰定四年上。

趙　煥。東平人，奉議，泰定四年上。

王主敬。永平人。文林，泰定四年上。

慶　喜。唐古氏。從仕，泰定四年上。

托克托。唐古氏。朝列，天曆元年上。

約爾珠。和爾氏，奉議，天曆元年上。

雅克特穆爾〔二六八〕。蒙古氏。承務，天曆元年上。

李若思。晉寧人。奉議，天曆元年上。

楊珠巴哈〔二六九〕。輝和爾氏。文林，天曆二年上。

崔特穆爾巴哈〔二七〇〕。高麗。奉議，天曆二年上。

吳　燾。大都人。文林，天曆二年上。

茂巴爾斯〔二七二〕。阿嚕威氏〔二七三〕。奉政，天曆二年上。

蘇　哷〔二六六〕。唐古氏。登仕，泰定四年上。

張　益。大名人。承德，天曆元年上。

呼圖克丹〔二六七〕。朝列，天曆元年上。

呂　扞。冀寧人。奉訓，天曆元年上。

王琚仁。河間人。儒林，天曆元年上。

秦從德。洛陽人。文林，天曆元年上。

梁居善。真定人。奉訓，天曆二年上。

王德新。完顏氏。儒林，天曆二年上。

托克托。托羅特氏〔二七一〕。奉訓，天曆二年上。

張　徵。廣平人。承務，天曆二年上。

茂巴爾斯〔二七二〕。阿嚕威氏〔二七三〕。奉政，天曆二年上。

袁永澄。真定人。承務，天曆二年上。

珠蘇圖〔二七四〕。輝和爾氏。天曆二年上。

訥古伯〔二七五〕。阿嚕威氏。承直，天曆二年上。

尚克和。保定人。朝列，天曆二年上。

伊斯瑪音〔二七六〕。回回人。奉直，天曆二年上。

偰哲篤。輝和爾氏。奉議，天曆二年上。

郭孝基。曹州人。承務，至順元年上。

達爾瑪〔二七九〕。輝和爾氏。承務，至順元年上。

張　徵。廣平人。承務，天曆二年上。

蓋　苗。濮州人。承德，天曆二年上。

趙知彰。歸德人。天曆二年上。

張天瑞。廣平人。奉政，天曆二年上。

暢　篤。河南人。朝列，天曆二年上。

岳　至。東平人。承直，天曆二年上。

王宗讓。晉寧人。承事，至順元年上。

巴　拜〔二七七〕。哈喇齊氏〔二七八〕。朝列，至順元年上。

鼎　通〔二八〇〕。蒙古氏。奉政。至順元年上。

梁克中。汴梁人。承直，至順元年上。

張榮祖。保定人。承德，至順元年上。

韓廷芳。大都人。中順，至順元年上。

三寶。蒙古氏。中順，至順元年上。

韓允直。洛陽人。承德，至順元年上。

張弘毅。汝寧人。承直，至順二年上。

劉嗣祖。東平人。奉議，至順二年上。

王庭佐。冀寧人。朝散，至順二年上。

台哈巴哈〔二八一〕。巴約特氏〔二八二〕。奉議，至順二年上。

圖古勒〔二八三〕。哈瑪爾氏〔二八四〕。將仕佐，至順二年上。

巴哩巴哈〔二八五〕。哈瑪爾氏。承務，至順二年上。

李鵬舉。晉寧人。朝列，至順二年上。

札薩古遜〔二八六〕。塔塔爾氏。承德，至順二年上。

趙天綱。彰德人。承直，至順二年上。

武鐸。冀寧人。文林，至順二年上。

蒙古巴哈〔二八七〕。喀喇氏。奉直，至順三年上。

蕭伯嚴。河間人，奉訓，至順三年上。

蘇天爵。真定人。奉政，至順三年上。

僧格實哩〔二八八〕。哈瑪爾氏。奉直，至順三年上。

耿安霖。大都人。奉直，至順三年上。

胡士元。般陽人。承事，至順三年上。

梁國標。汝寧人。朝列，至順三年上。

任　格。洛陽人。承德，至順三年上。

巴　哈〔二八九〕。輝和爾氏。奉訓，至順三年上。

元　通〔二九〇〕。雅爾威氏〔二九一〕。奉政，至順三年上。

多爾濟巴勒〔二九二〕。中順，至順三年上。

呼圖克〔二九三〕。回回氏。承德，至順三年上。

王　理。興元人。文林，至順三年上。

李世蕃。河間人。承德，至順三年上。

哈迪爾〔二九四〕。阿嚕威氏。奉直，至順三年上。

伯嘉律。都嚕氏〔二九五〕。奉直，至順三年上。

曼濟哈雅〔二九六〕。輝和爾氏。承德，至順三年上。

楊　熙。冀寧人。奉訓，元統元年上。

呂　彛。汴梁人。奉政，元統元年上。

布達實哩〔二九七〕。輝和爾氏。承事，元統元年上。

額特穆巴哈〔二九八〕。輝和爾氏。儒林，元統元年上。

烏喇實克〔二九九〕。阿嚕威氏。奉訓，元統元年上。

拜　珠。塔爾氏〔三〇〇〕。承事，元統元年上。

王　珪。潁州人。承直，元統二年上。

伊德默色〔三〇一〕。輝和爾氏。徵事，元統二年上。

達實特穆爾。喀喇氏。承事，元統二年上。

諳達奈曼〔三〇二〕。阿爾拉氏〔三〇三〕。奉議，元統二年上。

徐夢孫。高唐人。奉直，元統二年上。

察罕巴哈〔三〇四〕。喀喇氏。承事，元統二年上。

聶大亨。汴梁人。文林，元統二年上。

姚　絨。陜州人。承務，元統二年上。

李　節。延安人。承德，元統二年上。

桑節達實〔三〇五〕。輝和爾氏。奉訓，元統二年上。

哈喇徹爾〔三〇六〕。蒙古氏。奉訓，元統二年上。

烏爾圖〔三〇七〕。輝和爾氏。徵仕，元統二年上。

王思齊。東平人。承德，元統二年上。

韓遷善。彰德人。文林，元統二年上。

和　和〔三〇八〕。輝和爾氏。奉訓，元統三年上。

姜　椿。濟南人。朝散，元統三年上。

杜蒙古特穆爾〔三〇九〕。文林，元統三年上。

多　岱〔三一〇〕。唐古氏。奉政，元統三年上。

九聖努。輝和爾氏。從仕，元統三年上。

哈　喇。唐古氏。奉訓，元統三年上。

伊埒〔三一一〕。唐古氏。儒林，元統三年上。

白德。遼陽人。承直，元統三年上。

韓復。汴梁人。承務，元統三年上。

丹巴〔三一三〕。唐古氏。儒林，元統三年上。

劉持中。濟寧人。元統三年上。

呼遜〔三一五〕。回回氏。奉政，至元元年上。

沙卜丹〔三一六〕。阿嚕威氏。承直，至元二年上。

王楚鼈。泰安人。奉直，至元二年上。

孔思立。曲阜人。承德，至元二年上。

納蘇羅丹〔三一二〕。薩察氏。承直，元統三年上。

巴延。阿嚕威氏。奉訓，元統三年上。

張翔。河西人。承德，元統三年上。

辰德。哈喇齊氏。儒林，元統三年上。

阿拉齊。奇味氏〔三一四〕。承德，至元元年上。

尹彬。真定人。承德，至元元年上。

呼勒哈齊〔三一七〕。沙卜珠氏〔三一八〕。奉政，至元二年上。

史經。保定人。奉議，至元二年上。

圖嚕。雅爾喀斡氏〔三一九〕。承德，至元二年上。

博囉特爾〔三二〇〕。輝和爾氏。奉政，至元二年上。
劉　恕。廣平人。承德，至元二年上。
周　夔。陝西人。承直，至元二年上。
昌　通〔三二一〕。蒙古氏。中憲，至元二年上。
齊　璧。順德人。文林，至元二年上。
耿汝霖。大都人。奉直，至元二年上。
額森特穆爾。唐古氏。奉議，至元二年上。
安　顯。汝寧人。承務，至元二年上。
圖烈圖〔三二二〕。訥果蘇氏。奉訓，至元二年上。
李　祉。汴梁人。文林，至元三年上。
錫　實〔三二三〕。唐古人。承德，至元三年上。
瑪哈穆特〔三二四〕。回回人。承直，至元三年上。
烏瑪喇〔三二五〕。回回人。奉訓，至元三年上。
甄囊嘉特〔三二六〕。真定人。承直，至元三年上。
王　偲。益都人。中順，至元三年上。
巴　延。奈曼氏〔三二七〕。奉直，至元三年上。
常　泰。奉元人。奉直，至元三年上。
諾　海〔三二八〕。輝和爾氏。奉直，至元三年上。
蘇都爾〔三二九〕。烏嚕氏〔三三〇〕。至元
實哩布哈〔三三一〕。蒙古氏。儒林，至元四年上。

四年上。
巴延達實〔三三二〕。扎拉爾氏〔三三三〕。
奉政，至元四年上。
趙承禧。晉寧人。儒林，至元四年上。
張　珪。歸德人。奉政，至元四年上。
韓　琇。鳳翔府人。奉直，至元四年上。
達爾瑪〔三三七〕。輝和爾氏。承務，至元
四年上。
栢　壽。蒙古氏。中憲，至元五年上。
上　都。哈喇妻氏〔三三八〕。至元五年上。
耨　埒〔三四〇〕。奇唻氏〔三四一〕。承直，
至元五年上。
張　儆。奉元人。儒林，至元五年上。
傅夢臣。興和人。朝列，至元五年上。

鴻嘉努〔三三四〕。唐古氏。從仕，至元四年上。
管懷德。益都人。朝散，至元四年上。
特穆爾巴哈〔三三五〕。唐古氏。至元四年上。
拜特穆爾〔三三六〕。輝和爾氏。儒林，至元四年上。
宋思義。冀寧人。儒林，至元四年上。
特穆爾巴哈。唐古氏。奉訓，至元五年上。
綽　羅〔三三九〕。唐古氏。承直，至元五年上。
通　通〔三四二〕。奈曼氏。從仕，至元五年上。
許紹祖。懷慶人。儒林，至元五年上。
觀音努〔三四三〕。唐古氏。文林，至元五年上。

耶律額森〔三四四〕。契丹氏。亞中，至元五年上。
韓　恭。晉寧人。承直，至元五年上。
額爾濟訥〔三四五〕。唐古氏。登仕，至元六年上。
尹　忠。河間人。奉訓，至元六年上。
董守讓。真定人。奉直，至元六年上。
雅　奇〔三四六〕。唐古氏。儒林，至元六年上。
長　壽。奈曼氏。奉直，至元六年上。
達爾瑪伊埒哲伯〔三四七〕。徵事，至元六年上。
彭敬叔。濟南人。奉直，至元六年上。
李　齊。保定人。儒林，至元六年上。
王居敬。益都人。奉訓，至元六年上。
額森托音〔三四八〕。輝和爾氏。儒林至元六年上。
蔡明安岱爾〔三四九〕。大都人。奉訓，至元六年上。
額兒濟訥〔三五〇〕。唐古氏。登仕，至元六年上。
特穆爾巴哈。鴻吉哩氏〔三五一〕。文林，至元六年上。
布色岱爾〔三五二〕。唐古氏。承直，至元六年上。
劉　貞。保定人。奉議，至元六年上。
曹復亨。濟寧人。承務，至正元年上。
烏延斯忠〔三五三〕。女直氏。奉議，至正
多爾濟巴勒〔三五四〕。唐古氏。承直，至正元年上。

元年上。
潘惟梓。濟寧人。承德，至正元年上。
王彬。真定人。奉直，至正元年上。
伊蘇布哈〔三五七〕。珠赫氏〔三五八〕。從仕，至正元年上。
呂瑞。平涼州人，承德，至正元年上。
王德謙。儒林，至正元年上。
許有孚。彰德人。儒林，至正元年上。
蘇爾達袞〔三六〇〕。喀喇氏。奉政，至正二年上。
張思誠。晉寧人。奉訓，至正二年上。
和爾呼喇〔三六二〕。塔塔爾氏。奉直，至正二年上。
巴咱爾〔三五五〕。欽察氏。奉直，至正元年上。
玖珠格〔三五六〕。唐古氏。奉直，至正元年上。
畢璉。濟南人。承德，至正元年上。
觀音保。輝和爾氏。奉訓，至正元年上。
巴克實〔三五九〕。阿嚕威氏。奉直，至正元年上。
索元岱。大名人。奉議，至正二年上。
張希明。保定人。承務，至正二年上。
阿爾斯蘭巴哈〔三六一〕。輝和爾氏。朝列，至正二年上。
徹辰特穆爾〔三六三〕。唐古氏。奉訓，至正二年上。

卓思誠。鄒縣人。至正二年上。

茂巴爾斯〔三六五〕。奈曼氏。從仕，至正二年上。

楊　秩。中山人。至正二年上。

谷　琬。汴梁人。承直，至正二年上。

沙巴爾圖〔三六七〕。奈曼人。從仕，至正二年上。

巴咱爾〔三六九〕。輝和爾氏。奉政，至正三年上。

達實密〔三七一〕。阿嚕威氏。承德，至正三年上。

李真一。堂邑人。奉直，至正三年上。

阿息保多爾濟〔三七四〕。唐古人。朝列，至正三年上。

額實鼐〔三六四〕。輝和爾人。至正二年上。

王　武。奉元人。奉訓，至正二年上。

張　珪。河南人。承直，至正二年上。

王多爾岱〔三六六〕。大同人。至正二年上。

托　歡。巴爾斯台人〔三六八〕。承直，至正三年上。

僧　努〔三七〇〕。輝和爾氏。奉訓，至正三年上。

茂巴爾〔三七二〕。賽音人〔三七三〕。朝列，至正三年上。

石思讓。濟寧人。儒林，至正三年上。

建康路總管府

至順元年，改名集慶路。自至元十四年立府以來，官員題名文卷藏架閣庫。至順元年七月，燬於雷火，詢訪莫知其詳。今以故老所憶及泰定二年以後官員姓名識於左方。

達嚕噶齊

自此以下，官無題名可考，其鄉貫、氏族、上任年月多不能知，非略也。

廉希愿。宣撫使，至元十二年上。

索　多〔三七五〕。宣撫使，至元十二年上。

廉希愿。宣慰使兼，至元十四年上。

愛實特穆爾〔三七六〕。至元二十八年上。

約蘇穆爾〔三七七〕。

約蘇穆爾〔三七八〕。朝請，大德元年上。

蒙古托迪〔三七九〕。元貞元年上。

雅伊密實〔三八〇〕。昭武大將軍，至大元年上。

綽　多〔三八一〕。正議，皇慶元年上。

圖卜紳〔三八二〕。泰定二年上。

彰德閭。泰定四年上。

默　色〔三八三〕。中順，天曆二年上。

托　歡。嘉議，至順元年上。

特　哩〔三八四〕。嘉議，至正二年上。

總管

徐王榮。驃騎上將軍，至元十四年。

李仲信。至元二十三年。

伯嘉努〔三八六〕。至元三十年上，索多子。

廉希哲。中議，元貞二年。

陳元凱。大德七年。

岳天禎。懷遠大將軍，大德十年。

劉　智。

任居敬。至治二年。

諾　海。中順，泰定元年。

郭圖魯卜台〔三八九〕。至順元年。

達海特穆爾〔三九一〕。正議，至正元年上。

李　某。或云名士元。中順，至元十八年。

阿爾斯蘭巴哈〔三八五〕。嘉議，至元二十六年。

宋廷秀。元貞元年。

通吉禮〔三八七〕。少中，大德四年。

侯　珪。大德九年。

王　瑛。正議，皇慶元年。

咎子良。延祐六年。

博斯呼實保〔三八八〕。太中，泰定二年。

約爾珠。奉議，天曆二年。

旺札勒圖〔三九〇〕。通議，至元二年。

同知

王嘉律（三九二）。少中，至大元年。

庫克特穆爾（三九三）。泰定二年。

楊清孫。朝列，天曆二年。

李輝。奉政，至元六年。

實迪。朝請，延祐二年。

鄭偉。中順，泰定四年。

哈喇特穆爾（三九四）。昭信校尉，至順元年。

羅壘（三九五）。廣威將軍，至正二年上。

治中

楊翼。奉議，大德十年。

額森布哈（三九七）。至大二年。

和卓（三九八）。朝散，泰定二年。

奈曼岱（三九九）。武德將軍，天曆二年。

按達拉忻（四〇一）。奉政，至元六年。

青山。至正三年上。

梁布哈（三九六）。至大二年。

察罕巴哈。奉訓，延祐二年。

額森特穆爾。奉訓，泰定四年。

烏瑪爾沙（四〇〇）。至順元年。

嘉琿達（四〇二）。朝列，至正元年上。

府判官

百壽。忠顯，大德五年。

趙天祐。承德，泰定四年。

巴圖爾〔四〇三〕。昭信，至順元年。

周垚。奉訓，至正元年上。

胡國安。奉訓，泰定二年。

羅壘。承德，天曆二年。

常托歡。承信，至元六年。

師珎。承直，至正三年上。

推官

呂良佐。承務，至大元年。

高仁。承務，大德元年。

顧巖壽。承務，泰定四年。

梁鐸。承務，天曆二年。

趙思忠。奉訓，至順三年。

王繼祖。承務，至元六年。

韓居仁。承務，大德五年。

常顗。泰定二年。

烏遜實勒誠〔四〇四〕。天曆二年。

能鼎賢。承直，至順元年。

高德基。承直，元統二年。

劉良。承德，至元六年。

高仲榮。承直，至正元年。

劉　鍾。承德，至正三年上。

經歷

李世榮。從仕，至大元年。

李從善。承務，泰定四年。

薛　瑞。承直，至元六年

崔　勤。承務，至元二年上。

武文秀。泰定二年。

陳　鼎。至順元年。

王　誠。至元五年。

知事

胡　璉。將仕，至大元年。

馬　誠。泰定四年。

毛克己。至順元年。

瞿大榮。至元五年。

王朝賢。泰定二年。

劉履泰。天曆二年。

薛　泰。將仕，至元六年。

劉伯貞。將仕，至正二年上。

提控案牘兼照磨承發架閣

楊　澄。至大元年。

吴弘道。泰定二年。

李思明。天曆二年。

劉　毅。至元六年。

曹天剛。至正三年。

溧陽州至元十四年，縣改溧州。

達嚕噶齊

伊埒章〔四〇五〕。

知　州闕

同知

陳賢佐。

州判

陳義。

吏目

王泰。

至元十五年，改州爲府。

達嚕噶齊

也里占〔四〇六〕。

招討

孔懷遠。

府判

趙某。

同知

李某。

至元十六年，改溧陽路。管溧陽縣，並在城錄事司。

達嚕噶齊

錫爾丹威〔四〇七〕。達實密〔四〇八〕。

小宣差。

總　管

高逸民。　辛中順。

同　知

伯奇巴爾斯〔四〇九〕。　瑪哈穆特〔四一〇〕。

府判官

龍忠顯。　高忠顯。

吉天祐。

經　歷

羅　某。

知事

王知亨。

提控案牘兼照磨承發架閣

解某。

溧陽縣

達嚕噶齊

張蒙古岱（四一一）。　呼喇齊（四一二）。

縣尹

劉將仕。　孫將仕。

李承務。

縣丞

韓進義。　王印孫。

主簿

賈某。　崔秀玉。

孔某。

縣尉

陳亨。　高某。

錄事司

達嚕噶齊

密拉德綱〔四一三〕。呼圖克哈雅〔四一四〕。

錄事

楊伊蘇特穆爾〔四一五〕。李顒。

錄判

吳世齡。卓某。

至元二十八年二月，革路，置溧陽縣。

達嚕噶齊

浩爾齊（四一六）。　塔塔爾（四一七）。

塔奇爾鼎（四一八）。

縣尹

劉天佐。　燕某。

縣丞

張某。　楊獻文。

主簿

張某。　張某。

元貞二年，縣改溧陽州。

達嚕噶齊

穆蘇繙〔四一九〕。承務。
綽和爾〔四二〇〕。武略。
約爾珠。武略。
伊遜克〔四二一〕。奉議。
達海。承直。
按達拉哈瑪爾〔四二二〕。朝列。
特爾格〔四二三〕。武德。
實迪〔四二四〕。奉議。
巴爾呼〔四二五〕。奉議。
諾海。奉議。
伊呼哈雅〔四二六〕。朝列。
托和齊〔四二七〕。武略
五十八。昭信。
托爾楚〔四二八〕。武略。

知州

高武節。
圖魯卜岱〔四二九〕。宣武。
蒙古岱。奉議。
張奉政。
張朝列。
王朝列。

高朝列。王朝列（四三〇）。
孫朝散。管朝列。
宋奉政。完顏朝列。
史奉政。羅奉政。
趙朝列。張朝列。

同知右

塔奇爾鼎（四三一）。嘉　琿（四三二）。
茂蘇蘇（四三三）。沙卜珠（四三四）。
伊呼巴爾（四三五）。圖們岱（四三六）。
巴布哈（四三七）。華　善（四三八）。
圖們岱爾（四三九）。杜　樞。
默德齊。解世貴。
張世安。實　都（四四〇）。

廉鼎珠（四四一）。

諾海。

同知左

蒲天祥。

輔惟良。

王來興。

朱祐。

范渥。

游德宏。

哈喇托音（四四二）。

塔喇齊（四四三）。

圖罕雅爾（四四四）。

李蒙古岱（四四五）。

華善。

阿喇卜丹。

丁榮。

和斯巴哈（四四六）。

州判右

杜繼良。

彭繼祖。

郭翼。

楚楚拉（四四七）。

張泉。
黃楊珠格爾岱〔四四八〕。
董仲良。
朱德茂。
慕嗣宗。
辛克勤。
赫圖布色〔四四九〕。
韓寬。
宋國瑞。
李巴延〔四五〇〕。
徐忠。

州判 右

蔡珣。
王守信。
紐赫添實努〔四五一〕。
皇仁。
闕榮。
何良佐。
王珪。
董讓。
鄭時中。
文圖魯卜台〔四五二〕。名淵。
董珏。
鄭全福。

李巴延。 劉祖德。

王仁。 達春〔四五三〕。 巴拜。

提控案牘

趙甫。 張伯夷。

張濟。 杜皓。

王祐。 夏閏。

詹松〔四五四〕。 趙忠信。

江淵。 陳源。

張翼。 張從善。

周仁昌。 陸復通。

吴文愛。 張寬仁。

羅德新。 劉敏。

陳謙重。 饒琳。

鍾敬。

都目

郭誠。 苗郁。
曹天祐。 許信傑。
盧信傑。 檀邦復。
鄭璧。 李仁。
李森。 尹慧。
顧榮。 陳濟民。
丁日新。 余靖。
張天祐。 趙若雙。
張忠亮。 張天祐。
徐與權。 李榮。
蔣從政。 周世傑。

解　復。

溧水州歸附初，仍宋舊縣。元貞元年陞州。

縣達嚕噶齊

蒙古岱〔四五五〕。至元十二年。

高文秀。至元十七年

特爾格〔四五六〕。至元十九年。

克　呼〔四五七〕。至元二十八年。

縣　尹

張遂良。至元十二年。

郝　麟。至元十六年。

王　謙。至元十六年。

衛成大。至元十九年。

王蒙古岱〔四五八〕。至元二十年。

王　度。至元二十五年。

張　維。至元二十九年。

趙　衍。元貞元年上，就任改除州同。

縣丞

米某。至元十四年。

田章。

程雲翼。至元十七年。

趙仲璋。至元二十年。

楊獻文。至元二十三年。

唐某。至元二十七年。

袁祐。至元二十九年。

主簿

馬顯祖。至元十四年。

夏某。

楊公佐。至元二十一年。

艾去病。至元二十三年。

許甫。至元二十七年。

張某。至元二十九年。

達實密。元貞元年。

縣尉

張定。至元十二年。

龐義。至元十四年。

高岳。　馬某。

高某。　管某。

州達嚕噶齊

沙木斯迪音（四五九）。大德三年。　烏魯斯巴哈（四六〇）。大德三年。

布延岱（四六一）。至大元年。　阿舒（四六二）。至大元年。

庫克特穆爾（四六三）。皇慶二年。　廉伊勒吉哈雅（四六四）。至治元年。

長壽。至治元年。　阿喇特納（四六五）。泰定元年。

青沙津（四六六）。泰定三年。　揚珠格爾（四六七）。天曆二年。

哈喇岱（四六八）。至順元年。

知州

儀叔安。元貞二年。　趙鐸。大德三年。

郭敬。大德六年。　高淵。大德十一年。

王處約。至大三年。

盧克治。延祐二年。

孫　邃。至治三年。

王招孫。至順元年。

同知

趙　衍。元貞元年。

李　貞。大德二年。

龐元良。大德五年。

闕丁。大德十年。

田　晟。大德十一年。

倪　顯。皇慶元年。

托克托。延祐三年。

索諾木色勒。延祐六年。

趙唐速。皇慶二年。

舒穆嚕進（四六九）。延祐六年。

朱　紱。泰定四年。

李　衡。元統二年。

阿哩袞（四七〇）。元貞二年。

紐赫安國（四七一）。大德二年。

賈　鍔。大德六年。

李世榮。大德八年。

張紹祖。至大二年。

默德齊（四七二）。延祐二年。

巴　哈（四七三）。延祐五年。

溫綽巴德濟（四七四）。至治元年。

賽音巴哈（四七五）。泰定元年。

曬壘（四七六）。泰定四年。

廉阿齊拉哈雅（四七七）。至順元年。

康廷瑾。至元元年。

州判

賀慶。元貞元年。

王國寶。大德元年。

李貞。大德四年。

李儼。大德七年。

張斌。大德十年。

按圖拉（四七九）。至大三年。

李濟。延祐元年。

馮榮祖。延祐四年。

馬毅。泰定二年。

王煦。天曆元年。

李彬。至順二年。

杜祀。元貞元年。

康塔布岱（四七八）。大德二年。

朱夢澤。大德二年。

袁祐。大德八年。

劉珪。至大元年。

顧忠。皇慶元年。

程額森布哈（四八〇）。延祐二年。

李德元。延祐五年。

劉弘裕。延祐七年。
胡克讓。至治元年。
荆周翰。至治三年。
郭文進。泰定元年。
朱繼善。泰定三年。
房思恭。泰定四年。
吳　喜。泰定四年。
趙　銳。至順元年。
趙元善。至順元年。
崔圖們岱爾（四八一）。元統元年。
馬　馴。至順三年。
楊振孫。至元元年。
范　政。至元二年。
陳　聚。至元三年。

江寧縣

達嚕噶齊

吳　德。
阿爾布色（四八二）。
額伯爾沁（四八三）。
耨　埒。

蒙古岱。

巴　延。

和塔拉巴哈（四八四）。

圖嚕默色哈雅（四八五）。

必實呼勒（四八六）。承直。

徹　爾（四八七）。

諾　海。

金剛努。忠翊。

蘇爾約蘇（四八八）。承務。

和斯巴哈（四八九）。進義。

縣　尹

李　某。

曹　珪。承事。

傅　雯。承事。

王　某。

王　仁。承事。

宋　祀。承事。

王　蒙。承事。

馮　某。徵事。

王　挺。承事。

張守忠。承事。

陳思問。承務。

孫　忠。承務。

盧從道。承務。

張　恪。承務。

錢　遵。承務。
盧世懽。承務。
丘世良。承事。
南　英。承務。
王　謙。承事。
張　遜。承務。
章秉仁。承事。

主簿

扈　棟。登仕。
梅　鼎。將仕。
劉　琚。進義。
皇甫信。進義。
烏嚕斯巴哈〔四九〇〕。
實默巴延徹爾〔四九一〕。將仕。
劉　德。進義。
朱　端。將仕。
田　某。進義。
朱宗儀。將仕佐。
程霖龍。進義。
劉克隆。將仕。
朱立夫。將仕佐。
陳　益。將仕。
翟　亮。進義。
侯天麒。進義。

王良輔。進義。

縣尉

江　淵。至元十二年。

周允忠

李宗義。

王文友。

林天澤。

郝本仁。

李思敬。

魏居仁。

特穆爾齊。

劉繼祖。

黄　貴。

安　仁。

蘇　呼〔四九二〕。

孫　某。

上元縣

達嚕噶齊

按達拉。承務。

瑪哈穆特沙（四九四）。忠顯。

諾海。保義。

額森巴哈（四九三）。承直。

趙　爾（四九五）。進義。

縣尹

謝　祐。承事。

劉德茂。承事。

鄧　澍。承務。

張　昂。承德。

麴克明。承事。

劉　禎。承事。

習　瑀。承務。

歐陽旺札勒圖。承務。

朱良弼。承事。

黃巴延。承直。

王禮。承務。　田賢。承務。

王樞。承務。

主簿

陳良弼。將仕。　王欽。進義。

陳守忠。　喬岳。進義。

呉巴延特穆爾〔四九六〕。將仕。　鄭安道進義。

李良臣。進義。　李萃。進義。

句容縣

達嚕噶齊

阿里。　蒙古岱。

烏格齊〔四九七〕。進義。　呼遜〔四九八〕。敦武。

哈克徹〔四九九〕。敦武。　托克托。進義。
唐古岱〔五〇〇〕。徵事。　伊呼珠〔五〇一〕。敦武。
實喇卜丹〔五〇二〕。　塔塔爾。敦武。
塔瑪沙。忠顯。　巴哈。忠顯。
伊呼森哈雅〔五〇三〕。進義。　哈喇。承德。
塔斯岱〔五〇四〕。承務。　阿雅噶齊〔五〇五〕。承務。
愛實。承直。　諾海。進義。
綽羅〔五〇六〕。敦武。

縣尹

李端辰。將仕。　唐正叔。從仕。
何源。將仕。　葛某。
完顏著。承事。　李璘。承事。
顏世榮。承事。　烏雅瑛〔五〇七〕。承事。

田郁。承事。　陳良驥。承事。
王澤。承事。　趙靖。忠翊。
朱全。承事。　王堅。承務。
謝潤。承務。　成天瑞。承務。
劉瑾。承務。　程恭。承務。
李博囉岱〔五〇八〕。承務。　孟禎。承務。
殷禎。承務。　李思雍。承德。
李允中。承直。　林仲節。承事。
李溥。承務。

主簿

米某。　蔡勉。
荊某　王日升。將仕佐。
安惟演。將仕佐。　劉公正。將仕佐。

姚　英。將仕佐。

蕭　善。將仕佐。

張秉禮。將仕佐。

陳桂發。將仕佐。

張　善。進義。

畢拜都。進義。

劉　沆。將仕佐。

戴德仁。保義。

董　珏。進義。

仲嘉努〔五〇九〕。

伊呼特穆爾〔五一〇〕。將仕佐。

孫怡老。保義。

巴哈喇實〔五一一〕。進義。

陳真孫。

孫　琛。將仕佐。

黃邁珠〔五一二〕。特恩。

樊嗣祖。伯義。

縣尉

張　某。

王　信。

孟　順。收賊黃華，賞官。

馬　均。

董　信。

鄒　飛。收賊黃華，賞官。

劉　毅。　時　茂。
何楊珠格爾台〔五一三〕。　李天瑞。
摩哩達實〔五一四〕。　楚　色〔五一五〕。
李　孜。　陳獻德。賞官。
張　鉉。　道拉實〔五一六〕。張　奎。

錄事司

達嚕噶齊

阿喇齊〔五一七〕。　額布根〔五一八〕。
達實罕〔五一九〕。　古　達〔五二〇〕。
伊實哈雅〔五二一〕。　特穆爾巴哈。
訥默古哩〔五二二〕。　巴延罕都〔五二三〕。

托音〔五二四〕。　本巴〔五二五〕。
海音都〔五二六〕。

錄事

成祚。　圖斯〔五二七〕。
姬世元。　趙彪翼。
賈剛毅。　劉濟。
潘昧。　劉徽。
孟克謙。

錄判

白瀆。　胡文郁。
孫巴延徹爾〔五二八〕。　儲巴延岱〔五二九〕。
周應奎。　巴延徹爾〔五三〇〕。

王　淵。

按《漢書》王嘉曰：「孝文帝時，居官者長，子孫以官爲氏。其二千石長吏亦皆安官樂職，然後上下相望，莫有苟且之意。及孝宣親政，以爲太守吏民之本，數變易，則下不安。民知其將久，不可欺罔，乃服從其教化。故侍中、尚書功勞當遷。及有異善，至於子孫，終不改易。」黄霸亦云：「數易長吏，送故迎新之費，及姦吏緣絕簿書，盜財物，公私耗費甚多，皆常出於民。」羅泌《路史》曰：「治國之道，牧民而已。牧民猶牧馬，必人安其馬，馬習其人，胡爲而數易之？嘗試語：如建康一會府爾，而史氏之所志，自開寶八年盡乾道之三二百載中，牧民之使已百二十有五易，其罷去若祠去與夫致仕而去者咸六，不祿若憂去者五，不見其去之期者二十一，召去者十有五，而即除者五十有六，其得滿而替者二十有二而已〔五三一〕。或一年，或半年，或一月，或二、三月。若王益柔之至甫六日，而遷應天府矣。再任甫七月，而馬亮乃四受部，然亦未嘗一因任者。區區來往，俗安得不呰窳？民安得不罷敝哉？府之邑屬正可知矣〔五三二〕。府與邑屬宰牧若此，天下又可知矣。」泌所論，乃建康留守史正志所書，切中時弊，附著於此，俟觀者考焉。

【校勘記】

〔一〕姜衛：至正本作「相衛」。

〔二〕布爾罕：至正本作「博羅歡」。

〔三〕阿喇特穆爾：至正本作「阿剌帖木兒」。

〔四〕默德齊：至正本作「門答占」。下同。

〔五〕囊嘉特：至正本作「囊家歹」。

〔六〕阿喇卜丹：至正本作「阿老瓦丁」。下同。

〔七〕薩里：至正本作「徹里」。

〔八〕阿里瑪：至正本作「阿里馬」。

〔九〕和尼齊：至正本作「火你赤」。

〔一〇〕達實哈雅：至正本作「塔失海牙」。

〔一一〕巴延：至正本作「伯顏」。下同。

〔一二〕伊實薩噶：至正本作「也兒撤合」。

〔一三〕巴圖魯：至正本作「都兒」。
〔一四〕瑪哈穆特：至正本作「馬合馬」。
〔一五〕蒙古特：至正本作「忙兀瑀」。
〔一六〕哈陶布哈：至正本作「哈討不花」。
〔一七〕舒舒圖：至正本作「闍闍禿」。
〔一八〕布朗吉達：至正本作「勃蘭奚」。
〔一九〕巴圖：至正本作「拜都」。
〔二〇〕特哩托歡：至正本作「鐵里脫歡」。
〔二一〕布哈：至正本作「普化」。
〔二二〕奇塔特：至正本作「乞台」。
〔二三〕阿爾斯蘭哈雅：至正本作「阿思蘭海雅」。
〔二四〕伊拉哩：至正本作「亦剌里」。
〔二五〕薩薩：至正本作「散散」。
〔二六〕班禪：至正本作「八辰」。

〔二七〕納琳：至正本作「納麟」。
〔二八〕布札爾：至正本作「卜只兒」。
〔二九〕齊特班：至正本作「謹篤班」。
〔三〇〕伊埒哲伯：至正本作「亦憐真班」。
〔三一〕托蘇默色：至正本作「篤思彌實」。
〔三二〕特默格：至正本作「帖木哥」。
〔三三〕布延：至正本作「卜顔」。
〔三四〕耶律埒克：至正本作「耶律埒哥」。
〔三五〕呼哩：至正本作「忽憐」。
〔三六〕諾海：至正本作「那懷」。
〔三七〕塔坦：至正本作「太答」。
〔三八〕巴圖：至正本作「拜都」。
〔三九〕布哈：至正本作「普化」。
〔四〇〕敏珠爾：至正本作「咬住」。

〔四一〕旺札勒：至正本作「完澤」。
〔四二〕托歡：至正本作「脱歡」。
〔四三〕圖敏：至正本作「圖綿」。
〔四四〕旺札勒巴哈：至正本作「完者不花」。
〔四五〕實通：至正本作「實童」。
〔四六〕托音鼐：至正本作「脱因納」。
〔四七〕雅布呼：至正本作「雅八忽」。
〔四八〕納琳：至正本作「納麟」。
〔四九〕密拉：至正本作「密蘭」。
〔五〇〕布延：至正本作「卜顔」。
〔五一〕察罕布哈：至正本作「察罕普華」。
〔五二〕索諾木：至正本作「鎖南班」。
〔五三〕善邑勒：至正本作「沙雅」。
〔五四〕諾海：至正本作「那懷」。

〔五五〕實達爾：至正本作「識篤兒」。
〔五六〕諳達巴哈：至正本作「按難不花」。
〔五七〕楊珠格爾：至正本作「晏只哥」。
〔五八〕布朗吉達：至正本作「孛蘭奚」。
〔五九〕特爾格：至正本作「帖哥」。
〔六〇〕特默格：至正本作「帖木哥」。
〔六一〕拜甡：至正本作「八辰」。
〔六二〕科綽：至正本作「款闊」。
〔六三〕布札爾：至正本作「下只兒」。
〔六四〕穆爾格桑：至正本作「彌邇合瓚」。
〔六五〕星結：至正本作「星吉」。
〔六六〕莽賚：至正本作「馬來」。
〔六七〕實迪：至正本作「沙迪」。
〔六八〕圖沁巴哈：至正本作「禿堅里不花」。

〔六九〕察罕布哈：至正本作「察罕普華」。

〔七〇〕圖嚕：至正本作「禿魯」。

〔七一〕噶納喇：至正本作「古納剌」。

〔七二〕約索木：至正本作「岳石木」。

〔七三〕僧格實里：至正本作「桑哥失」。

〔七四〕布延實里：至正本作「普顏失里」。

〔七五〕索諾木：至正本作「鎖南班」。

〔七六〕阿爾斯蘭薩勒迪密實：至正本作「阿思蘭都彌世」。

〔七七〕通吉元振：至正本作「獨吉元振」。

〔七八〕霍斯果爾：至正本作「霍斯火兒」。

〔七九〕巴拜：至正本作「保保」。

〔八〇〕托克托：至正本作「脱脱」。

〔八一〕阿爾斯蘭哈雅：至正本作「阿思蘭海牙」。

〔八二〕呼都克徹爾：至正本作「忽都察」。

〔八三〕袞布徹爾：至正本作「管不八」。
〔八四〕嘉琿達：至正本作「教化德」。
〔八五〕密拉：至正本作「密蘭」。
〔八六〕烏呼納：至正本作「月忽難」。
〔八七〕布延特穆爾：至正本作「卜顔帖木兒」。
〔八八〕薩勒迴默色：至正本作「薩德彌實」。
〔八九〕奇徹勒：至正本作「欽察兒」。
〔九〇〕納琳：至正本作「紐憐」。
〔九一〕諾海：至正本作「那懷」。
〔九二〕圖嚕：至正本作「禿魯」。
〔九三〕斡罕：至正本作「哇哇」。
〔九四〕阿嚕呼圖克：至正本作「阿魯忽禿」。
〔九五〕額紳吉達：至正本作「吾實吉泰」。
〔九六〕約爾珠：至正本作「岳柱」。

〔九七〕輝和爾：至正本作「畏吉兒」。
〔九八〕唐古氏：至正本作「唐兀氏」。
〔九九〕楊珠巴哈：至正本作「燕只不花」。
〔一〇〇〕廉惠山哈雅：至正本作「廉惠山凱雅」。
〔一〇一〕特穆爾巴哈：至正本作「帖木兒不花」。
〔一〇二〕沙卜珠岱：至正本作「珊竹歹」。
〔一〇三〕鄂約達勒：至正本作「斡玉倫徒」。
〔一〇四〕河西朝請：至正本作「也里可溫」。
〔一〇五〕納奇哩：至正本作「納納識禮」。
〔一〇六〕哈瑪爾：至正本作「哈密理」。
〔一〇七〕阿齊雅實呼：至正本作「阿察雅實禮」。
〔一〇八〕道拉實：至正本作「倒剌沙」。
〔一〇九〕阿嚕威：至正本作「阿魯溫」。
〔一一〇〕巴巴呼：至正本作「火你赤」。

〔一一一〕李塔喇海：至正本作「李答剌海」。
〔一一二〕完顔瑛：至正本作「兀顔瑛」。
〔一一三〕文休：至正本作「文林」。
〔一一四〕紐赫孝純：至正本作「粘合孝純」。
〔一一五〕張哈達：至正本作「張哈答」。
〔一一六〕吉勒哈：至正本作「史兒哈」。
〔一一七〕桑結達實：至正本作「相嘉達思」。
〔一一八〕拜特穆爾：至正本作「伯帖木兒」。
〔一一九〕聶特穆爾：至正本作「聶帖木兒」。
〔一二〇〕實默鴻吉哩台：至正本作「石抹雍瓦吉剌歹」。
〔一二一〕李阿都齊：至正本作「李阿都赤」。
〔一二二〕劉明安巴哈：至正本作「劉明安不花」。
〔一二三〕布延都哩默色：至正本作「普顔都魯彌實」。
〔一二四〕顧圖卜堅巴哈：至正本作「顧禿堅不花」。

〔一二五〕濟爾噶台：至正本作「史兒瓦台」。

〔一二六〕吉達布：至正本作「吉當普」。

〔一二七〕楊珠巴哈：至正本作「燕只不花」。

〔一二八〕丹珠克：至正本作「當住」。

〔一二九〕沙卜丹：至正本作「沙卜丁」。

〔一三〇〕納奇哩：至正本作「訥訥識禮」。

〔一三一〕實默哈喇巴哈：至正本作「石抹哈剌不花」。

〔一三二〕特穆爾巴哈：至正本作「帖木兒不花」。

〔一三三〕通通：至正本作「通童」。

〔一三四〕奈曼岱氏：至正本作「乃蠻歹」。

〔一三五〕伯特思孝：至正本作「伯德思孝」。

〔一三六〕錫哩哈喇：至正本作「昔里哈剌」。

〔一三七〕布拉圖：至正本作「博蘭禿」。

〔一三八〕穆巴勒：至正本作「木八剌」。

〔一三九〕哈巴圖嚕：至正本作「合八兒都」。
〔一四〇〕多爾濟：至正本作「朵兒只」。
〔一四一〕斯丹巴爾：至正本作「斯丹八兒」。
〔一四二〕斯布哈：至正本作「思木花」。
〔一四三〕耶律徹爾：至正本作「也里察兒」。
〔一四四〕織特勒默實：至正本作「撤的禮彌識」。
〔一四五〕任且桑：至正本作「任乞僧」。
〔一四六〕額默根：至正本作「愛木干」。
〔一四七〕額森：至正本作「也先」。
〔一四八〕拜布哈：至正本作「八不合」。
〔一四九〕薩齊古爾：至正本作「薛超兀兒」。
〔一五〇〕且桑：至正本作「乞僧」。
〔一五一〕實克岱：至正本作「失了歹」。
〔一五二〕實喇布濟克：至正本作「失里別吉」。

〔一五三〕布延巴薩爾：至正本作「普顏八撒兒」。
〔一五四〕謝文智哈雅：至正本作「謝文智海雅」。
〔一五五〕實都巴哈：至正本作「忻都不花」。
〔一五六〕實達爾：至正本作「實督爾」。
〔一五七〕布延：至正本作「普俺」。
〔一五八〕哈克繖：至正本作「哈散」。
〔一五九〕薩拉爾：至正本作「撒剌兒」。
〔一六〇〕托克托特穆爾：至正本作「脫脫木兒」。
〔一六一〕完顏巴延：至正本作「完顏拜榮」。
〔一六二〕托歡徹爾：至正本作「脫歡察兒」。
〔一六三〕瓜爾佳景淵：至正本作「夾谷景淵」。
〔一六四〕特哩：至正本作「帖驢」。
〔一六五〕奈曼岱：至正本作「乃蠻歹」。
〔一六六〕霍斯和爾：至正本作「霍斯火兒」。

〔一六七〕實默仲安：至正本作「石抹仲安」。
〔一六八〕鈕祜祿珍：至正本作「粘合真」。
〔一六九〕蒙古岱：至正本作「忙古歹」。
〔一七〇〕博果斯：至正本作「別古思」。
〔一七一〕哈克繖：至正本作「哈散」。
〔一七二〕特穆爾巴哈：至正本作「帖木兒不花」。
〔一七三〕按達喇且莽：至正本作「暗都剌怯麻」。
〔一七四〕杜伊蘇岱爾：至正本作「杜也速答兒」。
〔一七五〕奇徹：至正本作「欽察」。
〔一七六〕實喇烏克岱：至正本作「失烈兀歹」。
〔一七七〕塔珠鼎：至正本作「塔术丁」。
〔一七八〕華善：至正本作「和尚」。
〔一七九〕呼喇珠：至正本作「忽剌出」。
〔一八〇〕約約：至正本作「咬咬」。

〔一八一〕特哩托歡：至正本作「帖里脫歡」。
〔一八二〕遜都岱：至正本作「孫都歹」。
〔一八三〕庫克岱：至正本作「闊闊歹」。
〔一八四〕完顔諾爾布：至正本作「完顔奴婢」。
〔一八五〕實迪：至正本作「沙迪」。
〔一八六〕布朗吉達：至正本作「孛蘭奚」。
〔一八七〕圖古勒岱：至正本作「法忽魯丁」。
〔一八八〕阿爾斯蘭哈雅：至正本作「阿思蘭海牙」。
〔一八九〕烏德美：至正本作「兀都蠻」。
〔一九〇〕圖們巴哈：至正本作「禿滿不花」。
〔一九一〕和斯魯斯：至正本作「忽斯剌沙」。
〔一九二〕拜特穆爾：至正本作「王別帖木兒」。
〔一九三〕瑪爾：至正本作「馬兒」。
〔一九四〕圖烈圖：至正本作「朵烈禿」。

〔一九五〕嘉琿：至正本作「嘉化」。
〔一九六〕哈濟：至正本作「哈只」。
〔一九七〕袞布巴勒：至正本作「管不八」。
〔一九八〕札木齊：至正本作「站木赤」。
〔一九九〕邁格：至正本作「買哥」。
〔二〇〇〕罕齊：至正本作「撼赤」。
〔二〇一〕沙卜珠伯克齊：至正本作「珊竹八哈赤」。
〔二〇二〕烏呼納：至正本作「月忽難」。
〔二〇三〕布爾罕：至正本作「不魯」。
〔二〇四〕台哈巴哈：至正本作「太不花」。
〔二〇五〕茂巴爾齊：至正本作「木八剌乞」。
〔二〇六〕鴻吉哩台：至正本作「甕吉剌歹」。
〔二〇七〕鄂屯履：至正本作「奥屯履」。
〔二〇八〕特穆爾：至正本作「帖木哥」。

〔二〇九〕僧格諾爾：至正本作「僧家奴」。
〔二一〇〕薩勒迪默色：至正本作「撒的迷失」。
〔二一一〕托羅和：至正本作「托普化」。
〔二一二〕和塔拉實克：至正本作「忽都魯沙」。
〔二一三〕貝降：至正本作「拜降」。
〔二一四〕旺札勒：至正本作「完者」。
〔二一五〕蘇珠：至正本作「捉住」。
〔二一六〕多爾齊：至正本作「朵兒赤」。
〔二一七〕巴爾：至正本作「八剌」。
〔二一八〕呂哈喇：至正本作「呂哈剌」。
〔二一九〕奇爾台：至正本作「怯台」。
〔二二〇〕色勒敏：至正本作「撒里蠻」。
〔二二一〕徹伯爾：至正本作「沈寶」。
〔二二二〕嘉琿：至正本作「教化」。

〔二二三〕赫律：至正本作「黑驢」。
〔二二四〕托紐：至正本作「帖牛」。
〔二二五〕瑪南：至正本作「買訥」。
〔二二六〕小伊爾圖嚕默色：至正本作「月兒兀魯迷失」。
〔二二七〕阿都拉：至正本作「暗都剌」。
〔二二八〕呼圖克丹：至正本作「忽都不丁」。
〔二二九〕哈爾吉：至正本作「哈乞」。
〔二三〇〕布延：至正本作「卜顏」。
〔二三一〕伊札爾巴哈：至正本作「亦只兒不花」。
〔二三二〕巴延呼圖克：至正本作「伯顏忽都」。
〔二三三〕庫庫楚：至正本作「闊闊楚」。
〔二三四〕圖葡堅哈雅：至正本作「廉禿堅海」。
〔二三五〕阿喇巴哈：至正本作「阿剌不花」。
〔二三六〕楊巴哈：至正本作「楊不花」。

〔二三七〕巴札：至正本作「八札」。

〔二三八〕葉卜肯：至正本作「也木干」。

〔二三九〕多必默色哈雅：至正本作「塔必迷失海」。

〔二四〇〕鄂勒和：至正本作「阿魯灰」。

〔二四一〕額特默色蒙古：至正本作「阿的彌失蒙古」。

〔二四二〕圖卜巴哈：至正本作「禿堅不花」。

〔二四三〕善巴勒：至正本作「沙班」。

〔二四四〕阿嚕威氏：至正本作「阿里溫」。

〔二四五〕哈喇岱：至正本作「哈剌歹」。

〔二四六〕托哩：至正本作「脱鄰」。

〔二四七〕斡爾喀氏：至正本作「斡兒納氏」。

〔二四八〕布延都嚕默色：至正本作「普顏篤魯彌失」。

〔二四九〕呼圖克岱爾：至正本作「忽都答兒」。

〔二五〇〕張伯奇特穆爾：至正本作「張別吉帖木兒」。

〔二五一〕鼐濟：至正本作「捏只」。

〔二五二〕哈達爾：至正本作「黑邸兒」。

〔二五三〕約爾珠：至正本作「咬住」。

〔二五四〕博囉：至正本作「孛囉」。

〔二五五〕伊實特穆爾：至正本作「王速帖木兒」。

〔二五六〕任蒙古台：至正本作「任忙忽台」。

〔二五七〕額森巴哈：至正本作「也先不花」。

〔二五八〕托音巴哈：至正本作「脱因不花」。

〔二五九〕伊奇爾台：至正本作「亦克列台」。

〔二六〇〕廉壽山哈雅：至正本作「廉壽山海雅」。

〔二六一〕額實濟達：至正本作「吾實吉泰」。

〔二六二〕布達：至正本作「普達」。

〔二六三〕玖珠瑪：至正本作「九住馬」。

〔二六四〕拜珠爾丹：至正本作「買住丁」。

〔二六五〕喀喇氏：至正本作「康禮氏」。

〔二六六〕蘇呼：至正本作「潑皮」。

〔二六七〕呼圖克丹：至正本作「忽都不丁」。

〔二六八〕雅克特穆爾：至正本作「燕帖木兒」。

〔二六九〕楊珠巴哈：至正本作「燕只不花」。

〔二七〇〕崔特穆爾巴哈：至正本作「崔帖木兒普花」。

〔二七一〕托羅特氏：至正本作「大溫歹」。

〔二七二〕茂巴爾斯：至正本作「穆八剌沙」。

〔二七三〕阿嚕威氏：至正本作「阿魯溫氏」。

〔二七四〕珠蘇圖：至正本作「真如都」。

〔二七五〕訥古伯：至正本作「揑古伯」。

〔二七六〕伊斯瑪音：至正本作「亦思馬因」。

〔二七七〕巴拜：至正本作「八八」。

〔二七八〕哈喇齊氏：至正本作「哈剌乞氏」。

〔二七九〕達爾瑪：至正本作「答里麻」。
〔二八〇〕鼎通：至正本作「定童」。
〔二八一〕台哈巴哈：至正本作「泰不花」。
〔二八二〕巴約特氏：至正本作「伯牙吾氏」。
〔二八三〕圖古勒：至正本作「秃忽魯」。
〔二八四〕哈瑪爾氏：至正本作「哈密理氏」。
〔二八五〕巴哩巴哈：至正本作「別里不花」。
〔二八六〕札薩古遜：至正本作「札撒兀孫」。
〔二八七〕蒙古巴哈：至正本作「蒙哥不花」。
〔二八八〕僧格實哩：至正本作「桑哥失里」。
〔二八九〕巴哈：至正本作「不花」。
〔二九〇〕元通：至正本作「元童」。
〔二九一〕雅爾威氏：至正本作「雅樂威氏」。
〔二九二〕多爾濟巴勒：至正本作「朵兒只班」。

〔二九三〕呼圖克：至正本作「忽都魯別」。

〔二九四〕哈迪爾：至正本作「黑里兒」。

〔二九五〕都嚕氏：至正本作「朵羅氏」。

〔二九六〕曼濟哈雅：至正本作「蠻子海」。

〔二九七〕布達實哩：至正本作「普達實立」。

〔二九八〕額特穆巴哈：至正本作「也帖谷不花」。

〔二九九〕烏喇實克：至正本作「烏剌沙克」。

〔三〇〇〕塔爾氏：至正本作「塔塔氏」。

〔三〇一〕伊德默色：至正本作「也的迷失」。

〔三〇二〕諳達奈曼：至正本作「奄都剌蠻」。

〔三〇三〕阿爾拉氏：至正本作「阿兒魯氏」。

〔三〇四〕察罕巴哈：至正本作「察罕不花」。

〔三〇五〕桑節達實：至正本作「相嘉達思」。

〔三〇六〕哈喇徹爾：至正本作「哈剌察兒」。

〔三〇七〕烏爾圖：　至正本作「歪頭」。
〔三〇八〕和和：　至正本作「赫赫」。
〔三〇九〕杜蒙古特穆爾：至正本作「杜蒙古帖木兒」。
〔三一〇〕多岱：至正本作「朵歹」。
〔三一一〕伊埒：至正本作「也里」。
〔三一二〕納蘇羅丹：　至正本作「納速剌丁」。
〔三一三〕丹巴：　至正本作「瞻八」。
〔三一四〕奇味氏：　至正本作「怯烈氏」。
〔三一五〕呼遜：　至正本作「忽辛」。
〔三一六〕沙卜丹：　至正本作「沙不丁」。
〔三一七〕呼勒哈齊：　至正本作「忽里哈赤」。
〔三一八〕沙卜珠氏：至正本作「珊竹氏」。
〔三一九〕雅爾喀斡氏：至正本作「也里可溫氏」。
〔三二〇〕博囉特爾：　至正本作「孛羅帖木兒」。

〔三二一〕昌通：至正本作「差秃」。

〔三二二〕圖烈圖：至正本作「篤烈圖」。

〔三二三〕錫寶：至正本作「世式」。

〔三二四〕瑪哈穆特：至正本作「瑪哈麻」。

〔三二五〕烏瑪喇：至正本作「兀馬兒」。

〔三二六〕甄囊嘉特：至正本作「甄囊加歹」。

〔三二七〕奈曼氏：至正本作「乃蠻氏」。

〔三二八〕諾海：至正本作「那海」。

〔三二九〕蘇都兒：至正本作「世圖」。

〔三三〇〕烏嚕氏：至正本作「兀魯氏」。

〔三三一〕實哩布哈：至正本作「燮理溥化」。

〔三三二〕巴延達實：至正本作「不顏塔失」。

〔三三三〕扎拉爾氏：至正本作「扎剌兒氏」。

〔三三四〕鴻嘉努：至正本作「弘嘉奴」。

〔三三五〕特穆爾巴哈：至正本作「帖木兒不花」。
〔三三六〕拜特穆爾：至正本作「伯帖木兒」。
〔三三七〕達爾瑪：至正本作「達理麻」。
〔三三八〕哈喇妻氏：至正本作「哈兒魯氏」。
〔三三九〕綽羅：至正本作「丑閭」。
〔三四〇〕耨埒：至正本作「紐麟」。
〔三四一〕奇咪氏：至正本作「怯烈歹」。
〔三四二〕通通：至正本作「童童」。
〔三四三〕觀音努：至正本作「觀音奴」。
〔三四四〕耶律額森：至正本作「耶律埜仙」。
〔三四五〕額爾濟訥：至正本作「埜爾吉尼」。
〔三四六〕雅奇：至正本作「衍飭」。
〔三四七〕達爾瑪伊埒哲伯：至正本作「答禮麻亦憐珍」。
〔三四八〕額森托音：至正本作「也先脱因」。

〔三四九〕蔡明安岱爾：至正本作「蔡明安答兒」。
〔三五〇〕額兒濟訥：至正本作「也兒吉尼」。
〔三五一〕鴻吉哩氏：至正本作「甕吉剌」。
〔三五二〕布色岱爾：至正本作「必申達爾」。
〔三五三〕烏延斯忠：至正本作「兀顏思忠」。
〔三五四〕多爾濟巴勒：至正本作「朵兒只班」。
〔三五五〕巴咱爾：至正本作「別鑾理」。
〔三五六〕玖珠格：至正本作「九住哥」。
〔三五七〕伊蘇布哈：至正本作「亦思哈哈」。
〔三五八〕珠赫氏：至正本作「珠笏氏」。
〔三五九〕巴克實：至正本作「八十」。
〔三六〇〕蘇爾達袞：至正本作「撒兒托溫」。
〔三六一〕阿爾斯蘭巴哈：至正本作「阿思蘭不花」。
〔三六二〕和爾呼喇：至正本作「火兒忽剌」。

〔三六三〕徹辰特穆爾：至正本作「徹徹帖木兒」。
〔三六四〕額實鼐：至正本作「埜實捏」。
〔三六五〕茂巴爾斯：至正本作「木巴剌沙」。
〔三六六〕王多爾岱：至正本作「王朶羅歹」。
〔三六七〕沙巴爾圖：至正本作「撒八兒秃」。
〔三六八〕巴爾斯台：至正本作「別速台」。
〔三六九〕巴咱爾：至正本作「八資剌」。
〔三七〇〕僧努：至正本作「僧奴」。
〔三七一〕達實密：至正本作「答失蠻」。
〔三七二〕茂巴爾：至正本作「木八剌」。
〔三七三〕賽音：至正本作「賽亦」。
〔三七四〕阿息保多爾濟：至正本作「剌思八朶兒只」。
〔三七五〕索多：至正本作「唆都」。
〔三七六〕愛實特穆爾：至正本作「阿昔帖木兒」。

〔三七七〕約蘇穆爾：至正本作「藥束謀」。

〔三七八〕約蘇穆爾：至正本作「要束沐」。

〔三七九〕蒙古托迪：至正本作「蒙古脱瑸」。

〔三八〇〕雅伊密實：至正本作「牙亦迷失」。

〔三八一〕綽多：至正本作「抄都」。

〔三八二〕圖卜紳：至正本作「秃卜伸」。

〔三八三〕默色：至正本作「迷沙」。

〔三八四〕特哩：至正本作「帖兒」。

〔三八五〕阿爾斯蘭巴哈：至正本作「阿思蘭不花」。

〔三八六〕伯嘉努：至正本作「伯嘉奴」。

〔三八七〕通吉禮：至正本作「獨吉禮」。

〔三八八〕博斯呼實保：至正本作「必實溫沙班」。

〔三八九〕郭圖魯卜台：至正本作「郭朵兒伯臺」。

〔三九〇〕旺札勒圖：至正本作「完者秃」。

〔三九一〕達海特穆爾：至正本作「張塔海帖木兒」。
〔三九二〕王嘉律：至正本作「王家驢」。
〔三九三〕庫克特穆爾：至正本作「闊帖木兒」。
〔三九四〕哈喇特穆爾：至正本作「哈剌帖木兒」。
〔三九五〕羅壘：至正本作「羅里」。
〔三九六〕梁布哈：至正本作「梁普華」。
〔三九七〕額森布哈：至正本作「也先普化」。
〔三九八〕和卓：至正本作「火者」。
〔三九九〕奈曼岱：至正本作「乞蠻歹」。
〔四〇〇〕烏瑪爾沙：至正本作「烏馬兒沙」。
〔四〇一〕按達拉忻：至正本作「暗都剌忻」。
〔四〇二〕嘉琿達：至正本作「教化的」。
〔四〇三〕巴圖爾：至正本作「八都兒」。
〔四〇四〕烏遜實勒誠：至正本作「兀沙惹思誠」。

〔四〇五〕伊埒章：至正本作「也里占」。
〔四〇六〕也里占：原闕，據至正本補。
〔四〇七〕錫爾丹威：至正本作「沙里的威」。
〔四〇八〕達實密：至正本作「答失蠻」。
〔四〇九〕伯奇巴爾斯：至正本作「別乞八兒思」。
〔四一〇〕瑪哈穆特：至正本作「馬合馬」。
〔四一一〕張蒙古岱：至正本作「張忙古歹」。
〔四一二〕呼喇齊：至正本作「忽林赤」。
〔四一三〕密拉德綱：至正本作「密里德綱」。
〔四一四〕呼圖克哈雅：至正本作「忽都海牙」。
〔四一五〕楊伊蘇特穆爾：至正本作「玉速帖木兒」。
〔四一六〕浩爾齊：至正本作「忽林赤」。
〔四一七〕塔塔爾：至正本作「塔塔兒」。
〔四一八〕塔奇爾鼎：至正本作「塔禾丁」。

〔四一九〕穆蘇繙：至正本作「木薛飛」。

〔四二〇〕綽和爾：至正本作「撞兀兒」。

〔四二一〕伊遜克：至正本作「也速失」。

〔四二二〕按達拉哈瑪爾：至正本作「暗都剌哈蠻」。

〔四二三〕特爾格：至正本作「帖哥」。

〔四二四〕實迪：至正本作「沙的」。

〔四二五〕巴爾呼：至正本作「八忽」。

〔四二六〕伊呼哈雅：至正本作「月里海牙」。

〔四二七〕托和齊：至正本作「禿忽赤」。

〔四二八〕托爾楚：至正本作「塔出」。

〔四二九〕圖魯卜岱：至正本作「朵兒別歹」。

〔四三〇〕按至正本此下又有「高朝列、王朝列」六字。

〔四三一〕塔奇爾鼎：至正本作「塔术丁」。

〔四三二〕嘉琿：至正本作「教化」。

〔四三三〕茂蘇蘇：至正本作「茂速思」。

〔四三四〕沙卜珠：至正本作「珊竹」。

〔四三五〕伊呼巴爾：至正本作「亦黑邊」。

〔四三六〕圖們岱：至正本作「禿滿歹」。

〔四三七〕巴布哈：至正本作「伯不花」。

〔四三八〕華善：至正本作「和尚」。

〔四三九〕圖們岱爾：至正本作「禿滿答兒」。

〔四四〇〕實都：至正本作「忻都」。

〔四四一〕廉鼎珠：至正本作「廉定住」。

〔四四二〕哈喇托音：至正本作「哈喇脱因」。

〔四四三〕塔喇齊：至正本作「塔喇赤」。

〔四四四〕圖罕雅爾：至正本作「禿干牙里」。

〔四四五〕李蒙古岱：至正本作「李忙吉歹」。

〔四四六〕和斯巴哈：至正本作「火失不花」。

〔四四七〕楚楚拉：至正本作「出出」。
〔四四八〕黄楊珠格爾岱：至正本作「黄燕只哥歹」。
〔四四九〕赫圖布色：至正本作「衡禿不深」。
〔四五〇〕李巴延：至正本作「李伯顔」。
〔四五一〕紐赫添實努：至正本作「粒合天使奴」。
〔四五二〕文圖魯卜台：至正本作「文朵兒别歹」。
〔四五三〕達春：至正本作「太初术」。
〔四五四〕詹松：至正本作「簷松」。
〔四五五〕蒙古岱：至正本作「忙古歹」。
〔四五六〕特爾格：至正本作「脱登哥」。
〔四五七〕克哷：至正本作「曲烈」。
〔四五八〕王蒙古岱：至正本作「王忙古歹」。
〔四五九〕沙木斯迪音：至正本作「善思丁」。
〔四六〇〕烏魯斯巴哈：至正本作「斡脱思不花」。

〔四六一〕布延岱：至正本作「搏蠻歹」。
〔四六二〕阿舒：至正本作「阿叔」。
〔四六三〕庫克特穆爾：至正本作「闊闊帖木兒」。
〔四六四〕廉伊勒吉哈雅：至正本作「廉玉居石海牙」。
〔四六五〕阿喇特納：至正本作「阿剌忒納」。
〔四六六〕青沙津：至正本作「乞思監」。
〔四六七〕揚珠格爾：至正本作「晏只哥」。
〔四六八〕哈喇岱：至正本作「哈剌歹」。
〔四六九〕舒穆嚕進：至正本作「石抹進」。
〔四七〇〕阿哩袞：至正本作「阿剌溫」。
〔四七一〕紐赫安國：至正本作「粘合安童」。
〔四七二〕默德齊：至正本作「門答瞻」。
〔四七三〕巴哈：至正本作「不花」。
〔四七四〕溫綽巴德濟：至正本作「斡出八的斤」。

〔四七五〕賽音巴哈：至正本作「賽音不花」。
〔四七六〕囉壘：至正本作「囉里」。
〔四七七〕廉阿齊拉哈雅：至正本作「廉阿息力海」。
〔四七八〕康塔布岱：至正本作「康塔不歹」。
〔四七九〕按圖拉：至正本作「暗都剌」。
〔四八〇〕程額森布哈：至正本作「程也先不花」。
〔四八一〕崔圖們岱爾：至正本作「崔禿滿迭兒」。
〔四八二〕阿爾布色：至正本作「阿魯不思」。
〔四八三〕額伯爾沁：至正本作「亦不剌金」。
〔四八四〕和塔拉巴哈：至正本作「忽都魯不花」。
〔四八五〕圖嚕默色哈雅：至正本作「禿魯迷失海牙」。
〔四八六〕必實哷勒：至正本作「別撒剌兒」。
〔四八七〕徹爾：至正本作「丑臉」。
〔四八八〕蘇爾約蘇：至正本作「小雲赤」。

〔四八九〕和斯巴哈：至正本作「火失不花」。
〔四九〇〕烏嚕斯巴哈：至正本作「兀魯世不花」。
〔四九一〕實默巴延徹爾：至正本作「石抹伯顔察爾」。
〔四九二〕蘇呼：至正本作「鎖兒」。
〔四九三〕額森巴哈：至正本作「也先不花」。
〔四九四〕瑪哈穆特沙：至正本作「瑪合馬沙」。
〔四九五〕趙爾：至正本作「丑驢」。
〔四九六〕㬋巴延特穆爾：至正本作「英伯顔帖木兒」。
〔四九七〕烏格齊：至正本作「兀哥赤」。
〔四九八〕呼遜：至正本作「忽辛」。
〔四九九〕哈克繖：至正本作「兀哥撒」。
〔五〇〇〕唐古岱：至正本作「唐兀瑛」。
〔五〇一〕伊呼珠：至正本作「玉連赤」。
〔五〇二〕實喇卜丹：至正本作「舍剌甫丁」。

〔五〇三〕伊呼森哈雅：至正本作「月倫人海牙」。
〔五〇四〕塔斯岱：至正本作「塔思剌」。
〔五〇五〕阿雅噶：至正本作「愛牙赤」。
〔五〇六〕綽羅：至正本作「丑閭」。
〔五〇七〕烏雅瑛：至正本作「兀顏瑛」。
〔五〇八〕李博囉岱：至正本作「李孛來歹」。
〔五〇九〕仲嘉努：至正本作「衆嘉奴」。
〔五一〇〕伊呼特穆爾：至正本作「月列帖木兒」。
〔五一一〕巴哈喇實：至正本作「八哈藍沙」。
〔五一二〕黄邁珠：至正本作「黄買住」。
〔五一三〕何楊珠格爾台：至正本作「何燕只哥歹」。
〔五一四〕摩哩達實：至正本作「麻里當沙」。
〔五一五〕楚色：至正本作「丑廝」。
〔五一六〕道拉實：至正本作「倒剌沙」。

〔五一七〕阿喇齊：至正本作「阿都赤」。
〔五一八〕額布根：至正本作「也木干」。
〔五一九〕達實罕：至正本作「倒失罕」。
〔五二〇〕古達：至正本作「吃兜」。
〔五二一〕伊實哈雅：至正本作「亦失海牙」。
〔五二二〕訥默古哩：至正本作「南木忽里」。
〔五二三〕巴延罕都：至正本作「伯顔罕都」。
〔五二四〕托音：至正本作「脱因」。
〔五二五〕本巴：至正本作「布八」。
〔五二六〕海音都：原本無，據至正本補。
〔五二七〕圖斯：至正本作「堵閭」。
〔五二八〕孫巴延徹爾：至正本作「孫伯顔察兒」。
〔五二九〕儲巴延岱：至正本作「儲伯牙歹」。
〔五三〇〕巴延徹爾：至正本作「伯顔察兒」。

〔五三一〕二十二：原作「三十一」，據羅泌《路史》卷二八及實際統計數改。

〔五三二〕正：原作「五」，據羅泌《路史》卷二八改。

《易・繫》曰：「何以守位？曰仁。何以聚人？曰財。理財正辭，禁民爲非，曰義。」夫天生五材，民並用之。盈天地間皆財也，然爲治以得民心爲本。賦之有經，取之以時，用之有節，則財恒裕而民不困。《禹貢》：「揚州，厥土塗泥，厥田下下。」惟人工脩而山澤之利廣。故其賦反居下上，雜出中下，不與田之等相當。歷代貢賦，視時輕重，其詳弗可究知。以《宋史》考之，東南之取於民者亦已悉矣。豪民大家籠水陸之利，人莫能與之爭。田連阡陌，其取於農者十嘗五六，官不爲之限制也。及陷於罪，沒入之，又即其私租以爲税額，計日責收，蹙以嚴刑，重以他色貢斂。故小民樂歲食常不足，一有水旱之災，不徙而死耳。江淮以南，大抵皆然。有能陳叔世之弊，均什一之制，少予民以固根本者哉。浙西賈似道公田、建康括到吳府圩田、及歸附之際沒官田土，皆以私租爲額。今國家都燕，大資海運。歲漕東南粟數百萬，而舟行頗多失亡。集慶以便轉輸，恒足倉廩，以待徵發。稽古驗今，作《田賦志》。

歷代沿革

《景定志》曰：建康乃揚州一郡，古今國都多在焉。田賦之制凡幾變更。晉、宋立限田之式，齊、梁爲寬賦之條，陳末淫奢，僞唐僭侈，苛賦横斂，一切不恤，而民不勝其虐。天啓我宋，剗僞除苛，拯民塗炭；蠲無藝之征，損折變之例。嚴者弛之，重者輕之，而民力紓矣。剖符授節，選用廉平，安富恤貧，損上益下，而仁澤溥矣。今之建康，號爲樂國，勤無曠土，富無負租，本根所由固也。晉平吳之後，有司奏，王公以國爲家。京城不宜復有田宅，未暇作邸，當使城中有往來之處，近郊有芻槀之田。今可限之，國王、公侯京城得有宅一處，近郊田大國十五頃，次國拾頃，小國柒頃。城内無宅城外有者，皆聽留之。男子一人占田柒拾畝，女子叁拾畝。其丁男課田伍拾畝，丁女貳拾畝，次丁男半之，女則不課。其官第一品伍拾頃，每品減伍頃爲之差第，九品拾頃。而又各以品之高低蔭其親屬，多者及九族，少者三代宗室。國賓、先賢之後、士人子孫亦如之。而又得廕人爲衣食客及佃客，量其官品以爲差降。晉成帝咸和五年初，稅田畝叁升。孝武太元八年，始增百姓稅米，每口伍碩。宋孝武帝大明初，羊希爲尚書左丞，時揚州刺史西陽王子尚上言：「山湖之禁，雖有舊科，人俗相因，替而不奉，熂山封水，保爲家利。自頃以來，頹弛日甚，富強者兼嶺而占，貧弱者薪蘇無託，至漁採之地亦又如茲，斯實害理之深弊，請損益舊條，更申恒制。有司檢壬辰詔書：『擅占山澤，彊盜律論，贓壹丈以上皆棄市。』希以壬辰之制其禁嚴刻，事既難遵，理與時弛，而占山封水，漸染復滋，更相因仍，便成先業，一朝頓去，易致怨嗟。今更刊革，立制五條，凡是山澤，先恒熂爐，種竹、木、薪、果爲林，仍及陂湖、江海、魚梁、鰌鮆，恒加工修作者，聽不追奪。官品第一、第二品聽占山叁頃，第三品、第四品貳頃伍拾畝，第五品、第六品貳頃，第七品、第八品壹頃伍拾畝，第九品及百姓壹頃，皆依定格條上貲簿。若先已占山，不得更占。先占足，若非前條舊業，一不得禁。有犯者，水土一尺以上並計贓，依常盜論。除晉咸康二年壬辰之科。』從之。」齊高帝初，竟陵王子良上表曰：「宋文帝元嘉中，皆責成郡縣。孝武征求急速，以郡縣遲緩始遣臺使，自此公役勞擾。凡此輩使人既非詳慎，貪險崎嶇，以求此役。朝辭禁門，情態即異；暮宿村縣，威福便行。驅迫郵傳，折辱守宰。瞻郭覩境，飛下嚴符，但稱行臺，未明所督。設總曹屬，震驚都邑，深村遠里，俄刻十催。或尺布之逋，曲以當疋，百錢餘稅，且增爲千，誑云質作尚方，寄繫東治。百姓駭迫，不堪其命，恣意贓賄，無人敢言。貧薄禮輕，即生謗讟。愚謂凡諸檢課，宜停遣使，明下符旨，審定期限，如有違越，隨事糾坐，則政有常典，人無怨嗟。」子良又啓曰：「今所在穀價雖和，室家飢嗛；縑纊雖賤，駢門躶質，而守宰務在裒刻，圍桑品屋，以准貲課。致令斬木發瓦，以充重賦，破人敗產，要利一時。東郡使人年無常限，郡縣相承，准令上直。每至州臺使命，切求迫急，乃有畏失嚴期，自殘軀命，亦有斬絕手足以避徭役。守長不務先富人，而唯言益國，豈有人貧於下而國富於上耶？」自東晉寓居江左，百姓南奔者並謂之僑人，往往散居，無有土著。而江南之俗，火耕水耨，土地卑濕，無有蓄積之資。諸蠻陬俚洞，霑沐王化者，各隨輕重收財物，以裨國用。又嶺外酋帥因生口、翡翠、明珠、犀象之饒雄於鄉曲者，朝廷多因而注之，以收其利。歷宋、齊、梁、陳，皆因而不改。其軍國所須雜物，隨土所出。臨時折課市取，乃無常法定令。列州郡縣，制其任土所出，以爲征賦。其無貫之人，不樂州縣編者，謂之浮浪人，樂輸亦無定數，任量唯所輸，終優於正課焉。佃客丁男調布絹各二丈、絲三兩、綿八兩、祿絹八尺、祿綿三兩二分、租米五碩。丁女並半之。男年十六亦半課，十八正課，六十六免課。其男丁每歲役不過二十日，其田畝稅米二升。蓋大率如此。其度量三升當今一升，秤則三兩當今一兩，尺則一尺二寸當今一尺。又曰，五縣田賦參《乾道志》，百年之間互有虧增。田則今少於昔者三百餘萬畝。昔未有沙田、營田，所載者七百柒拾柒萬貳千捌百餘〔一〕。今其實數併沙田、營田止肆百叁拾肆萬壹千陸百餘。上元：山田肆拾叁萬伍千玖百畝，圩田貳拾萬叁千玖百捌拾畝，沙田拾壹萬貳千畝，營田貳千捌百玖拾畝。江寧：山田貳拾陸萬貳千壹百畝，圩田拾捌萬壹千叁百畝，沙田肆萬肆千叁百畝。總領所：營田玖千陸百玖拾畝，地壹千捌百畝，草塌水漾地壹百叁拾畝。轉運司：營田地共貳千畝。句容：田柒拾肆萬叁百壹畝，地貳拾陸萬壹千肆拾壹畝，沙田壹千壹百貳拾叁畝，沙地、蘆場等叁千伍百玖畝，營田伍千捌百玖拾伍畝，地壹千玖百玖畝。溧水：山田伍拾萬壹千肆百叁拾叁畝肆角捌拾柒步半，圩田貳拾玖萬壹千壹百叁畝，沙田壹千叁百玖拾畝，營田叁千肆百柒拾捌畝，營地壹百陸拾貳畝。溧陽：田玖拾伍萬陸千柒百伍畝，地捌拾萬壹千肆百柒拾肆畝，圩田叁萬壹千柒百柒拾陸畝，各有奇。又曰，營租者，紹興初以閒田立官莊，畸田募人耕墾，此營田之始也。初以軍耕，後以民耕。初以稻入，後以錢入。初以飼馬，後以餉軍。初則優其課，蠲其征，而民樂趍之，後則畏而欲避之，籍不能改矣。今隸總領所者，田地貳萬柒千柒百柒拾畝，租錢肆千肆百貳拾貫，各有奇。又有麥及馬料之入焉。沙租者沙磧地，民墾種穀或長蘆，縣收其租錢。自淳祐八年田事所經理，縣不得與，而隸總領所，田納米，地納錢。寶祐三年，有旨三分減一，以寬民力。今沙田、沙地拾陸萬貳千叁百伍拾捌畝，租米肆萬貳千肆百肆拾柒石，各有奇，錢不與焉。寶慶句容、嘉定、溧陽二志與二郡志又不同。

夏料則今多於昔。

折帛錢叁拾肆萬壹千肆百叁拾叁貫玖百肆拾貳文，錢、會中半，於內除豁江坍寨占，並本府運司合抱認江寧、句容縣和買役錢，共壹萬壹千貳百肆貫貳百伍拾伍文，外實催叁拾叁萬貳百貳拾玖貫陸百捌拾柒文，錢、會中半。絹、紬共捌萬陸千柒拾壹疋伍丈肆尺貳寸捌分伍釐，內貳千捌百肆拾疋壹丈伍尺玖寸元係折紬，照科折則例，紬每疋折錢伍貫，絹每疋亦折錢伍貫。遂將上件紬併改折絹催納。絲伍千貳百柒拾伍兩，綿叁拾叁萬玖千六百玖拾肆兩，小麥叁千六十碩〔二〕，各有奇。秋料則昔多於今。米拾玖萬玖千壹拾柒碩，折草豆錢貳萬叁千陸百貫，布貳千肆百伍拾柒疋，蘆蓌、穰草不與。蓌音「廢」，蘆席也，以領計。米鋪襯蘆席也，南唐沿征之一也。其間賦稅窠名，又有昔無今有、昔有今無者，皆未詳其故。意者田有坍毀，或有撥隸；賦有因革，或有虧增。姑按今府縣所報觀之，其制亦煩矣。戚氏云：「修《景定志》者，在其時猶不能知其故，況今去景定又數十年，其詳豈可一一追究哉！夫古者制地有常，使民易於共上。若名色出沒不一，則是明除暗增，愚而弊之之術，何足取耶？其錢米之數與所隸亦皆不一。米用文思院斛石，當今七斗。又有軍斗，當今七升弱。錢有見錢、會子、關子。故老言所見其法三變矣。初見會子，十六界，上畫寶缾蓋，其始貫當見錢百文，錢且難得，欲重之。行十七界，貫當錢柒拾柒文，謂之官省錢，後又減至柒拾貳文、柒拾文以至伍拾貳文，則爲十八界大小會子矣。十八界，上畫銀定，其文曰「貳百文者爲小會子」，壹貫當錢伍拾貳。文曰「壹貫文者爲大會子」，壹貫當錢貳百陸拾文，壹當伍也。最後行十九界，關子上畫火珠，貫當大會子叁貫。類若此，故不可詳其所隸。府之外有總領所、轉運司。《句容志》歲解饒州提刑司錢百伍拾貫。《新安志》歲解建康府絹伍千疋，後減半。《句容志》月收秋苗錢，月不同，歲三月則給責僧道，僧貳百柒拾肆員，錢柒百肆拾貫，道士百柒拾柒員，錢叁百柒拾貫。身丁、職事、師號等有差。此又與諸志不同者。景定二年，江東流进咱家的鱼塘，凭啥叫咱去找周贵山大爷，要找你去找，咱就找你。”

周贵山大爷娶儿媳办喜事，本来热热闹闹的，没想到一个爆竹烧掉了一堆草，还炸死了一塘鱼，喜事变成了麻烦事。三家子吵得跟一锅粥似的，一直吵到村里要村干部们评理。杨金贵说了一堆话，三家各不相让，各说各的理，各唱各的调，这个责备周贵山大爷，说大火是周贵山大爷娶儿媳放鞭炮引起的，该由周贵山大爷家赔人家损失；那个说气温高，鱼塘应该增氧，三碗家的鱼塘没有及时增氧，鱼死了是必然的结果，跟草灰水没有任何关系。说来说去谁都说服不了谁，依然是争吵不断。

杨金贵被吵得不耐烦，笑天交代的任务还没全面完成，没心思理这些烦心事，就说各管各的，这件事应该隋泥管，就叫他们去找隋泥调解。三家都不想去找隋泥，因为他们都知道找隋泥狗屁用没得，但又没办法，总得有人给他们评理，就在半路上把隋泥拦着了。隋泥知道后表现出少有的冷静，并没有立即发表自己的意见，要是在往常他早就发了一通火，他已经悟懂了笑天的话，就是处理矛盾首先要摸清产生矛盾的根源，这样处理起来才会得心应手，人家才会服你。

隋泥分别找三家谈心，他对六子说：“三碗也不是故意要放草灰水淹死你家的鱼，他也是受害者啊，他家的一堆草被烧了，还在为今年拿什么烧饭犯愁呢。他要是真的赔你钱，你好意思要啊？乡里乡亲的，你们还是好邻居呢，那次你到县城送鱼，你媳妇得了急性肠胃炎，还是被三碗夫妻俩送到村卫生室挂水的呢。”

六子觉得也在理，跟隋泥说：“要不是三碗家的草灰水流进咱家鱼塘，鱼死了咱也认了，可是咱家鱼塘的鱼确实是因为草灰水才死的啊。”六子心有不甘，但想想三碗也不是故意的，哪家会故意在自家草堆上放把火呢！六子摆着手说：“要你这么一说咱也想通了，不就是一塘鱼嘛，明年再养小心点就是了。”

隋泥带六子找到三碗时，三碗正在和周贵山大爷理论。三碗说：

叶杯看到笑天赤膊上阵在和村民们一起铲泥疏水、安装机泵，也甩掉上衣和村民们一起忙起来。笑天说："晚饭前咱们把全村的机泵全部发动起来，只要把内河灌满了，保证三天不受旱。"

叶杯说："抓紧叫村民们连晚浇灌庄稼，白天浇灌，庄稼会被太阳烧死。"又说："坚持到明天就好了，穆权书记已经向县里告急了，请示县上紧急调水，估计明晚水位会上升的。"

笑天告诉叶杯说："咱村里已经做好打算了，要是老天再不下雨，旱情持续下去，就发动村民们打井抗旱。"盐阜地区海拔较低，只要往地下挖深一点，就可以挖出水来，因此不少人家请人在门前钻个地眼儿，插根皮管子下去就把地下水抽上来了。有的人家为了抗旱已经在田埂边选好了地址，要是村里干部说一声不要指望老天了，村民们就一起动手挖水井。

叶杯觉得这是个好办法，要是老天再不下雨，他就回去建议穆权书记发动全乡村民挖井自救。

叶杯感觉笑天变了，浑身上下不再是乡政府的一名干部，而是一个地地道道的农民。

还好老天眷顾着这里的人民。

抽水抗旱没几天，天空压过来一层黑黑的厚厚的乌云，雷声和着闪电一起愤怒地走来，不一会儿就下起了瓢浇一样的大雨。正是雷霆震怒几声吼，压顶乌云滚下来，脱壳金蝉不敢语，千军万马扫尘埃。大雨足足下了一个半小时，把干旱了多天的农田、庄稼、草木浸得透透的，沟河港渠被灌满了水，肆虐多天的旱魔也被冲得一干二净，持续了将近一个月的旱情终于过去了。

笑天觉得这次抗旱虽然各级组织同心同德、同心协力，但是发动村民们抗灾自救十分重要，县上组织外线翻水时，因为水塘乡处于下游，水还没流淌过来就已被沿路乡村的人们抢光了，何况芦苇荡又处在水塘乡的偏角处。

芦苇荡无水可调，但村民们抗旱的热情被调动起来了，村里干部一直是带领村民抗旱的急先锋，除了刺猬和施七天天要骂几句老天瞎了眼外，村民们没有怨天尤人，既配合村里干部统筹调度，又各自为战自保，取得了抗旱的最终胜利。不过也有村民损失惨重，在惨重的损失中却也放射着人性的光芒。

隋泥家的稻田在田湾里边，离水源较远，往年上水时都要经过一段很长的水渠，然后再经过张三喜、六子哥等几户村民的田里，这样隋泥家的稻田才会放到水。隋泥当上村里干部后，张三喜不服气，每次上水时，张三喜故意把流向隋泥家的坝堵上，不让水淌进隋泥家的田里，田里没水就无法栽秧，隋泥只好请张三喜把堤坝挖开，张三喜不挖，隋泥说：“不把堤坝挖开，水从天上飞过来啊？”

张三喜说：“怎么过去咱不问，就是不能从咱家田里走。”

隋泥说：“咱家田头上又没有渠，往年都是经过这里灌溉的。”

张三喜回答：“那是往年，今年不一样了，你沾咱的光，咱又不想沾你的光，你有能耐自己可以想办法啊，村里的机泵多呢，随便调台过来打水。”

隋泥为难了，如果张三喜不让过水，就是调十台机泵来也没用，除非水会飞，否则就到不了隋泥的田里。隋泥当上治保民调主任后，村民们的邻舍界址的矛盾常有发生，都是隋泥过去调解的，隋泥或是和风细雨或是雷霆大发，好多矛盾竟然化解了，可是他自己和邻居发生矛盾就不一样了。张三喜一直没把他放在眼里，甚至觉得他根本就没有资格调解矛盾，所以隋泥再怎么和风细雨或是雷霆大发都无效。隋泥没有法子，每年上水前，除了主动和张三喜打招呼外，还需请李青龙或是杨金贵和张三喜说一声——“今年一定要给个面子，给隋泥放水”。

这次干旱时，隋泥也是冲锋陷阵的，村民们觉得隋泥跟往常不一样了，隋泥脖子上那根通红的领带不见了，过去即使天再热，他也不会拿下那根通红的领带。在这天灾人怒的时候，隋泥也顾不上形象了，和笑天一样脱掉上衣、光着膀子出现在抗旱现场，有时忙得几天顾不着自家的地。

隋泥忙得顾不上家，更不用说为自家的地抗旱了。水草去地里抗旱时也起不了多大的作用，河里打上来的水没到张三喜的地就没了。张三喜觉得这样下去地里的水稻就要缺水枯死，抱怨老天也没用，赶紧自顾自吧。他用绳子把笆斗扣起来，和紧邻的村民一起抬着笆斗往田里戽水，张三喜主动把堤坝挖开了，戽到地里的水也流进了隋泥家的田。

隋泥第一次看到自家的地里不费事地上了水，感动得差点要掉下泪来。

第四十四章

在芦苇荡发展水产养殖的外地人在这次干旱中遭了殃，由于水源四处告急，池塘严重缺水，没有了源头活水，没几天塘里的虾苗就漂浮起来。施七的二亩虾池也全军覆没，一个虾也没活下来。施七老婆说水里财运不好发，还是搭棚种瓜靠谱，她叫施七去找笑天，也到县上组织的培训班学习。

施七的责任地上本来没有水塘，他觉得种粮植棉不赚钱，就在责任地上挖了一座圩堤，围田养虾，要是不养虾了，再把圩堤推平恢复农田，这在芦苇荡也是大胆的创举了。施七也觉得水产不好养，主要是水源不好，村民们种地长粮、喷药施肥，废水都流进河里了，水源受到污染，养的虾发育不良，个头小不值钱，年年亏损。这次干旱发生后，笑天建议水产养殖的人家改种浅水藕，藕塘套养龙虾，龙虾不怕脏水，容易存活；叫施七填塘复耕，和村民们一起搭棚种瓜。施七觉得有道理，就说："那咱也想去培训班上听听，也掌握一些种瓜的技术。"

施七来到县上的农技站听课，这时已是最后一轮培训了。县上为芦苇荡办了三期培训，每期六十多个人，这期讲过了就要为其他乡的村民们讲课。施七是插进最后一轮培训班学习的，下课时，施七撞见也来听课的王五，王五阴阳怪气地说："哎哟，和尚庙里借梳子——摸错门了吧，这里是讲种瓜的，不是讲养虾的啊。"

王五上次吃了施七家的狗，又为借锹的事和施七打了一架，两人一直没有说话，这次王五主动跟他搭腔，却又在嘲笑他，施七更是反感，可是又不便发作，就对他说："种啥养啥是咱的自由，你也管不着，咱现在不养虾了，咱也种瓜。"

王五说："你还是养虾吧，虾贵呢，一亩虾赶上几亩西瓜呢。"

施七说："虾贵是贵，就是看不住啊，咱村里馋嘴猫太多了，防不胜防。"

王五知道施七说他平时捞鱼摸虾手脚不干净，就说："能不能别指桑骂槐？谁不知道你家的虾是干旱干死的，哪有馋嘴猫偷吃的？就是有馋嘴猫偷吃，也吃不了一塘虾。"

施七说："这个馋嘴猫心黑呢，除了偷吃虾，连猪羊鹅鸭都敢吃。"施七没明说王五偷吃了他的狗，但王五心知肚明，也自讨没趣，就说："不养虾也好啊，养虾风险大，就和咱们种瓜，大家互相学习。"

施七故作惊讶地说："怎么能跟你学习呢，跟你学习咱可是过街老鼠人人喊打啊。"

王五还想说什么可是又想不出话来，他朝施七干瞪了一眼，要是在芦苇荡的话，估计又骂开了。这时教师喊上课了，他们都走进了教室。

施七从县上学习回去后，请了一桌男子汉来帮忙，大家酒足饭饱后，带着铁锹铁铲没几天工夫就把自己家的鱼塘填平了。隋泥过来说："别再瞎折腾了，养虾就养虾，长瓜就长瓜，不要朝三暮四的，捡了芝麻丢了西瓜，合什么算啊。"

施七种地是全村最能折腾的一户，棉花、麦子、西瓜、水稻、山芋、黄豆都种过，只要不赚钱，他会立即改换种类，结果是改得越快，亏得越多，这几年又别出心裁围田养虾，可是水域资源不达标，施七两口子购买了机泵水管，没日没夜地换水增氧，虾仍然长不肥，养一塘虾顶多保本，等于是殚精竭虑，白忙一季。

笑天在村里干部会议上对大家讲："靠什么促进生产、增收致富，咱们干部要走在前头，要吃透上情、摸准下情，引导村民们围绕市场发展致富项目。"他又语重心长地说："咱们底子差、输不起，一定要三点成一线，一打一个准，少让群众走弯路。"

隋泥一拍大腿，像是恍然大悟："就是啊，咱们做干部不能光到群众头上收钱，主要是帮助村民们发展生产、增收致富。村民们都富裕了，咱们才好到群众头上收钱，要是群众手里没有钱，咱们到哪儿收钱去？"

杨金贵朝隋泥一笑，说："你说的不错，但只对了一半。"

隋泥问："就对一半？咱又错在哪儿了？"他一脸的迷惑。

这几天，王五天天去找笑天，说是村里在分配扶贫肥料时没有他家的份，他要求村里也给他分一份扶贫肥料。乡上把扶贫肥料拨付下来后，村里干部研究扶贫肥料的分配办法，扶贫肥料顾名思义是分给贫困户的，比如袁山是个孤寡老人、田六姑是个寡妇，都分到了一份扶贫肥料。笑天说："肥料是分给困难家庭的，你家不算困难，没有分配计划。"

王五说："咱家穷得上顿不接下顿了，是个标准的困难户啊，完全有资格分一份扶贫肥料。"

笑天说："要是你家也分到扶贫肥料，咱也没法向村民们交代，咱这叫徇私舞弊了。"

王五说："咱也没富到哪儿去啊，分到扶贫肥料的人家又没穷到哪儿去，也没看到一个人被饿死，凭什么就说咱不是困难户呢？"

笑天语气平和地跟王五讲："困难的人家也是实在没有办法，不是没有劳力，就是残疾生病，分田到户十几年了，大家都在想法子勤劳致富，谁愿意当个困难户？再说有手有脚、身体健壮，当个困难户也不光彩啊。”

王五说：“光彩也不顶饭吃，咱得到实惠就觉得有光彩。”

杨金贵在一边实在听不下去，就朝王五发起火来，说：“你也不尿泡尿照照自己几斤几两，笑天是给你面子，要是咱早就把你轰走了，你凭什么来要扶贫肥料？像你这种人就是贫困也不要扶，穷死拉倒。”

前几年，县上送下来一批扶贫苗猪，要求每个困难户分两到三头回去饲养，养肥了由县上专门保价回收，村民们也可以自愿出售。苗猪送到村里时，村里干部通知困难户来领，没有通知王五，王五也急急忙忙地赶过来，说他家也是困难户，一定要领两头苗猪回去。因为表格上没有王五，县上送苗猪的人不给，王五就坐到货车前的地上，说是不给苗猪就不让车走。送苗猪的人没有办法，就在别人的名额里调剂了两头给他，并要求王五的猪育肥了不能出售，由他们来收购，防止寅吃卯粮，达不到扶贫的目的。

王五有一间窄小的猪舍，只能养两头猪崽，那猪舍还是陈玉花两口子动员砌起来的。王五把扶贫苗猪领回来后，没地方饲养，就用绳子拴在屋后的树下。家里的饲料本来就不够圈里的猪崽吃，要不是王五老婆早上去割草，圈里的猪崽也要断炊挨饿。现在又多了两头猪崽，王五又不肯去打猪草，四个猪崽常常饿得嗷嗷直叫，因为天天吃不饱，人家圈里的猪崽长得膘肥体壮，王五家的猪崽只剩皮包骨头。王五老婆埋怨王五说：“有本事要猪，没本事养猪，上面送猪又不是送肉，送肉可以烧了吃，送猪还要喂它吃。人都快没得吃了，哪有东西来喂它？迟早要被饿死的。”

王五觉得老婆说的有道理，与其被饿死还不如杀了吃肉。王五要把小猪崽杀了，老婆指着他骂：“你活丧良心呢，尺把长的小猪崽你也舍得杀，再说这两头猪养大了，人家还要回收呢。”

王五说：“上面要是来收的话就把圈里的猪给人家，反正都是卖，这两头猪养不活了，杀了腌咸肉吃。”

王五在一个月黑风高的深夜，悄悄地把拴在树下的两头小猪崽杀了，整整腌了一坛子肉。杨金贵到各户去查看扶贫猪崽的长势，发现王五拴在屋后树下的两头猪崽没了，就问王五猪崽哪儿去了。王五两手一摆，轻描淡写地说跑了。杨金贵说跑了为啥不去逮回来。王五说逮不回来了，估计被狼叼走了。杨金贵看到王五家门前的晾衣绳上挂着咸猪肉，知道猪崽被他杀了，就朝着王五骂：“芦苇荡自古到今就没有狼，不是狼叼走了，咱看是被狗吃了。”

这次王五又来要扶贫化肥，自然是空手而归。不过村上在组织村民们去县上学习时，本来没有王五的名字，王五知道后主动要求去参加学习，杨金贵说王五就爱占集体的便宜，但是这个便宜才算占对了。

天麻麻亮时，杨金贵来到笑天家告诉笑天，施七这几天要翻天了，要是不给他点颜色看看，咱村里的工作就没法开展了。笑天问咋回事，杨金贵说：“咱们不是开会研究要求各个小组多开挖几条排水沟吗？施七自家不挖条排水沟就算了，还不让集体挖。”

为了便于村民们加强田间管理，笑天要求村干部动员村民们多挖些排水沟，畅通农田水系。可是大家组织人员开挖排水沟时，施七跳出来不让挖，他说排水沟正对着他家的屋子，这样做会冲了他家的龙脉，挖沟的人几次动工都被他把铁锹抢过去扔了。

笑天觉得既要引导村民们发展生产、增收致富，也要引导村民们转变思想、移风易俗，分田到户十几年了，还有不少人相信封建迷信。月季的母亲小英子得了感冒，月季把她带到卫生所小草那打了针、吃了药不见好转，小英子说：“不看了，打再多的针、吃再多的药也没用。”她跑到槐树屯的教堂里参加唱诗班。其实唱的是什么她也不懂，后来发展到鸡也不杀了、肉也不吃了，月季说母亲是活神经。

穆穗玲说：“咱村确实要抓好村民的思想教育工作，不然村民素质难提高呢。尽管大多数村民响应村里号召发展生产、增收致富，但也有村民因循守旧、得过且过，破坏公物、拒服任务、不尽孝道、邻里争吵等现象时有发生，比如春天绿化造林时，树苗栽下去还没发芽，就有人拦腰折断了，刺猬还拔了几棵移栽到自家的地里。”

隋泥说：“像刺猬、施七这样的人，只有给他们点颜色看看，要不然你就是说一万遍也没用。”

穆穗玲讥笑说：“得了吧，要不是把你弄到村里来当个干部，咱就是说两万遍你也不信。”

笑天要求村里的干部分别到各人分工的小组里做村民们的思想工作，叫隋泥带人到各户墙上张贴移风易俗的宣传标语，又安排青年书记张虎子到各户调查了解先进事迹，编写成广播稿子在广播上宣传，争取每周宣传一次。张虎子拍着胸口说：“没问题，咱在学校就专门搞宣传报道，还是优秀播音员呢。”

隋泥兴致很高，没几天就在村里的墙上、树上、杆上，只要能贴标语的地方都张贴了。他张贴到施七家时，就贴上“必须睦邻友好，不准打骂吵架”的标语。施七看来看去觉得不对劲，叫隋泥把标语撕下来。隋泥不撕。施七说：“你这标语明摆着是说咱家会打骂吵架、不睦邻友好！”

隋泥说：“吵架不吵架、友好不友好，你自己心里清楚。”

施七说：“就是吵架了也不能怪咱啊，又不是咱的错。”

隋泥说得理直气壮：“哪家有什么缺点就贴什么内容，你去看看陈春桃家门口贴的宣传标语吧。”隋泥在陈春桃家的墙上贴着一条计划生育宣传标语，叫“少生兴旺发达，多生断子绝孙”。陈春桃父亲看了拿了把扫帚要追打隋泥，叫隋泥必须把标语撕下来，隋泥边跑边朝陈春桃父亲大喊：“你家超生了，村里还没跟你把账算清哩，过几天追加你家的罚款。”陈春桃父亲一听吓得不敢追了，就朝着隋泥说：“你要贴标语，也得给咱贴张好听的啊。”

施七说：“人家贴的啥标语咱不问，咱家从来不和人家打骂吵架，一直都是睦邻友好的啊。”

隋泥笑着问：“你不是睁眼说瞎话吗，你和王五怎么回事？以前割头不换，现在干吗老死不相往来了？”

施七说：“那也不能怪咱啊，他偷吃了咱家的花花。”

隋泥说：“不管谁对谁错，标语都得贴上。”

王五家的墙上也被隋泥贴上了宣传标语，内容和施七家一样。王五也不让贴，说：“咱家从来不欺侮邻居，也从来不和人家打骂吵架。”隋泥咂着嘴说：“你说的比唱的好听，哪家会和邻居吵架打骂，全村人一清二楚，再说咱是专门负责矛盾调解的，哪家什么事还能瞒得了咱？给你家贴啥标语都不会冤枉你。”王五刚要说话，隋泥说要是不让贴就再贴上一条，叫“打击盗贼人人有责，法网恢恢盗贼难逃”，王五见隋泥又要贴标语，赶紧不吱声了。

杨金贵看到隋泥到处张贴宣传标语，全村标语满天飞，内容也是五花八门，觉得隋泥做得有点过了。他告诉隋泥沿路贴一些标语就行了，渲染下氛围，不能把标语贴得满天飞，还有针对性地贴，那样会适得其反。隋泥说：“就是要有针对性，明明白白地告诉村民们，哪家有什么缺点就贴什么标语，今后要注意改正。”隋泥的做法虽然不妥，但隋泥说哪家有错误就要上门贴标语，有的人家真的吓得不敢吱声了。

每天天一亮，村民们的家里就响起了张虎子的声音，张虎子是在读自己采写的广播稿，这天广播里讲的是袁山义务帮助集体维修道路的事。村里的道路要是有破损的地方，袁山总是拿锹铲把土填上，然后再用脚踩踏压实。过去路面破了都是村里叫杂工维修，袁山觉得这样填填土铲铲平的小事，自己动手就行了，不要村里发工钱。

张虎子采写的节目又深又细，袁山每天什么时候修路、修了多少路、为什么修路，都说到了，不仅采写了袁山，还采写了村民们对袁山义务帮助集体修路的看法。村民们都说袁山一大把年纪了，去年抗灾又受过伤，还帮助集体义务修路，值得咱们学习，今后村里安排咱们做事，不跟集体讨价还价。

按照笑天的要求，张虎子每周广播一个先进事例，当广播里讲了月芹精心服侍、孝敬体弱多病的公婆时，陈春桃父亲找到村里说：“咱天天听广播，月芹是个孝顺儿媳，上了广播被表扬，咱家儿媳高小丽也不错，对咱老两口百依百顺，也应该被表扬。”

隋泥来了精神，说：“你家不符合广播要求，高小丽超生了一个孩子，至今还没交完罚款呢，就因为你家多生了一个孩子，咱芦苇荡没得到乡里的先进奖。”

陈春桃父亲说：“这是两码子事，高小丽虽是违规多生了一个孩子，但是孝顺是有口皆碑的，再说咱也是积极缴纳罚款的。”

笑天解释说：“只要积极完成集体义务，支持集体事业、尊老爱幼、团结邻里、夫妻和睦，都值得宣传啊，现在是新社会，要倡导新风尚。”

张虎子的声音传到刺猬家时，刺猬老婆指责刺猬说：“你听听，人家做得多好，都上广播了，就你一天到晚跟村民们为了些鸡毛蒜皮的小事争吵，搞得咱在村民们面前也抬不起头来。”

“咱又没做什么坏事，咋就抬不起头来了？”

“你惹的事还少吗？就说那次抗灾吧，人家都去抢险救灾，你却阻拦人家抗灾，脸都被你丢干净了。”

“那也不能怪咱啊，那是咱家的田。”

“那也要看什么时候！天都塌下来了，你还自顾自呢。”

刺猬嘴上不承认错误，但一听到广播表扬的那些人和事，他就局促不安，他感觉到墙上挂着的那只广播只要一响起来就会爬出无数条毛毛虫，那些毛毛虫又钻进他的皮骨里。有天早上，广播里又响起张虎子表扬村民们的声音，刺猬又感觉到有无数虫子钻进他的皮骨里。他一跃而起，抓起一把木耙向广播扫去，广播喇叭掉到地上滚了几个圈子后停下了。

第四十五章

芦苇荡开展了轰轰烈烈的宣传教育活动，村里不仅到处张贴悬挂宣传标语，还安排村民们到广播喇叭上轮番现身说法，气氛浓厚。隋泥说过去广播喇叭是咱干部发通知搞宣传用的，现在都给村民们讲经说法去了。

张虎子搞广播宣传搞出经验了，他不仅自己讲，还把当事人请到广播里现身说法，月芹被村里的广播表扬后，又被请到村里录音。张虎子像个记者，他问一句，月芹就答一句，起先月芹不肯说，说自己做得不够好，两口子还打过架，不值得宣传。张虎子说夫妻吵架是常事，床头吵架床尾和。月芹暗笑，心想：你还是个童蛋子呢，咋知道夫妻床头吵架床尾和的？

“大叔生的是啥病？”张虎子称三军子父亲为大叔。

“前年中的风，现在手脚不灵便了，走路要人扶。”月芹回答。

“婶子身体怎么样？多大年纪了？”张虎子称三军子母亲为婶子。

“六十九了，糖尿病加上高血压，心脏也不好，每天要吃一把药。”

“两位老人的生活起居谁来照顾啊？”

“当然由咱们照顾了，老爹中风了，自己生活又不能自理；老奶身体不好，也是泥菩萨过河——自身难保。一天三顿都是咱们烧好端上桌子。”

“听说大叔和婶子的衣服都是你换洗，便盆也是你端倒的，不会是谣言吧？”

“这是家务活，就应该咱做，说了让人家笑话。”

“这些脏活干吗不叫他三军子去做，是他的父母啊！”

“三军子搭棚种瓜也累，靠他赚钱养家呢，既然嫁他了，他的父母就是咱的父母。”

“假如哪天大叔和婶子生病都倒下了，你还会这样服侍他们吗？”

“这个不用说了，养老送终是咱们晚辈应尽的义务，生前尽尽孝让二老开开心心地过晚年，死后花再多的钱也没用啊。”

“你嫁给三军子后悔吗？”

“以前后悔，现在不后悔了，三军子肯吃苦，啥活都干，勤快着呢。”

月芹和三军子两个人的误解消除后，再也没吵过架，三军子虽然没有虎背熊腰的体魄，但是样样农活都能干。月芹孝敬公婆、体贴孩子，人人都夸。三军子母亲见人就说月芹心地善良，要不是月芹精心服侍，估计三军子父亲已经化成灰了。

张虎子和月芹的对话在广播里播出后，立即引起全村人的议论，也让好多女人羡慕妒忌得不行。王五老婆对王五说：“人家都被村里点名表扬了，就没咱家的份，都怪你平时跟村民们斤斤计较，人家都有好事表扬，咱家好像没做过啥好事。”

王五说：“你把耳朵堵上不听不就得了，表扬关咱屁事，又没有好处。”

王五老婆说：“咱看你就是个呆头鹅，不表扬就是批评，知不知道？咱家孩子也快要大了，老被村民们批评，印象就坏了啊。没得好印象，到哪儿找好儿媳去？”

王五被老婆缠得没法，但主要是儿子王陆的责怪。王陆已经二十开外了，一个女朋友没处过，王陆责备父亲口啤不好，影响他谈朋友。王五说王陆简直说的是屁话，女孩满地跑，自己不去追，难道人家还会跑上门来追你？王陆说：“咱家是个落后户，从来就没有听到哪个人表扬咱家一下，就说村里的‘两上交’吧，咱家一拖就是好几年，为啥不交呢？穷呗，哪个女孩愿意跟一个穷人家啊。”

陈玉花也接受了张虎子的采访，被表扬了一番。陈玉花养猪出了名，不但上了乡里勤劳致富光荣榜，还受到县里的表彰奖励。现在陈玉花一年出栏五百多头肥猪，还动员田六姑、月季、树叶等妇女们一起养猪，就连妇女主任穆穗玲也加入养猪的行列。陈玉花教会了妇女们怎样养母猪，这样陈玉花就不用到外地购苗猪，既帮助村民们发展致富，也实现自繁自养一条龙。

穆穗玲家种了几个大棚的西瓜，又饲养了几头母猪，穆穗玲丈夫陆春风嫌猪太脏不让养。穆穗玲指着陆春风的脑袋说：“你就是头蠢猪，怕脏怕累还赚什么钱！人家陈玉花饲养了那么多猪也没嫌脏。”

过去穆穗玲家里每年也饲养一头肥猪，不过穆穗玲家养猪不是为了卖钱，而是为了在逢年过节时杀了，左邻右舍分一些肉过年，然后有钱了大伙再把肉钱还上。养猪的活都是穆穗玲去做，那猪崽关在猪圈里就是被饿死，陆春风也不会过问的。陆春风嫌猪圈太臭，不过他特别喜欢吃猪爪。他一次要吃掉一只大猪爪，他吃猪爪时一点不嫌猪肉臭。

穆穗玲利用早晚的时间去割一大背篓猪草回来，这样猪够吃一天的。猪崽吃得多，拉得也快，往往拉得满圈都是猪粪，每天早上都要打扫一遍，要把圈里的猪粪铲到粪坑里。穆穗玲在村里做干部，有时没空就叫陆春风去打扫猪粪。陆春风觉得气味实在难闻，就把嘴脸捂得严严实实的，防止猪臭味灌进嘴里。陆春风发狠说：“把这头猪养大了，再也不要养猪了，脏死了，咱要学杀猪，杀猪干净。”

陆春风学了个杀猪的手艺。可是杀猪也不是随便杀的，猪是乡里上计划的统配统调的副食品，要是哪个随便杀猪卖肉，乡里的食品站可以处罚你，成立的临时生猪管理办公室也有权没收你的猪肉。陆春风在乡里没批到杀猪卖肉的手续，就仗着老婆穆穗玲是村里的干部，半夜里买猪偷偷地杀，然后用自行车拖着去卖肉。陆春风说养猪不如杀猪赚钱，卖得好的话，杀头猪赶上养头猪。

陆春风卖肉经常短斤少两，人家往往会找到穆穗玲反映，说："买你家陆春风的猪肉不划算，一斤猪肉回家一称才九两。"穆穗玲回去批评陆春风说："你卖猪肉要大差不差的，不要克扣人家的斤两，会被人家骂黑心肠的。"陆春风理直气壮地说："哪个卖肉是整斤整两卖的?咱家过去买肉时，买一斤从来就没一斤过。"

一次，穆穗玲父亲来穆穗玲家时，告诉穆穗玲，陆春风卖猪肉心也太黑了，那天他去买了一斤五花肉，回家一称只有八两，气得穆穗玲和陆春风狠狠吵了一架。

陆春风没有乡里发的屠宰证，是乡里生猪管理办公室打击的对象，有几次陆春风在村里卖猪肉时，被乡里管生猪的老王捉住，陆春风车上的半边猪肉才卖几斤，老王看到后二话不说就将肉搬到自己的自行车上，飞身上车就跑。陆春风就骑着车子在后面追，大喊说："把肉还给我，咱不卖了还不行吗？"

老王骑得飞快，头也不回地说："你擅自宰杀生猪，所有的肉统统充公。"其实老王也没把肉充公，拖回去吃了，吃不了就拎到街上卖了。

陆春风追不上老王，一屁股坐在地上，把杀猪刀深深地插在地上。

陆春风杀猪卖肉常被老王追得满村逃跑，陆春风知道不能被老王抓住，被老王抓着了不管有多少肉都会被充公，有时还会把秤和杀猪刀拎走。一次，陆春风一大早就拖着猪肉在村里叫卖，老王冷不防从半路冲过来。陆春风一看老王来了，掉转车头就跑。老王就在后追，陆春风逃到王五家时，把猪肉和工具都藏进王五家的柴草堆里，自己一头钻进王五家的床底下。老王看到了床底下的陆春风，就朝里面喊：

“陆春风你出来吧，咱又不杀你，你躲床底下干吗？”

陆春风在床底下朝外说：“咱是男子汉大丈夫，说不出去就不出去。”

老王在外喊了半天，陆春风就是不出来。老王没有办法，也找不到肉，只好空着手走了。老王走后，王五对床底下的陆春风说：“你装啥孙子呢？快出来吧，一个老王就把你吓成这怂样了，要是乡里穆权来了，你还不吓得尿裤子。”

陆春风杀猪卖肉经常被抓了充公，吓得不敢再杀了。穆穗玲饲养了几头母猪后，就叫陆春风每天天不亮去割猪草，陆春风除了割草养猪，有空的时候也会到陈玉花家的养猪场看看。陈玉花告诉他母猪好养，下崽多，一肚子至少要下十几头，陆春风深信不疑，做得更卖力了。

年底，芦苇荡给村民们发牌子，不少村民之间为此发生争执，有些本来很和睦的邻居争执后开始吵架了。矛盾的根由是，有的村民认为牌子发得不公道。

笑天说：“好人、好事、好风尚的，不但要在广播上讲，还要发个‘芦苇荡之星’的牌子钉在他家的门上，跟参军的人家墙上贴的‘光荣人家’一样。”

杨金贵到县上一家广告公司，制作了好多写有“芦苇荡之星”的烫金牌子，红底金字，十分耀眼，牌子才拿到村里，就被有些村民盯上了。

笑天叫干部们将评选内容和评选方式告诉村民们：“达到星级标准的人家，咱们村里干部敲锣打鼓送牌子上门，要是家家户户都达到星级标准的，咱就家家户户敲锣打鼓送奖牌上门。”

隋泥把评选内容和评选方法印成传单到各户散发，张虎子就天天在广播上讲。村民们知道后就开始各自对照，有的村民说咱家就够资格，而有的村民不吱声，因为他家不够评选资格，至少下年再努力一把，才能达到星级标准。刺猬是吃不到葡萄嫌葡萄酸，他在村民中说："村里评选星级村民就是出咱们洋相，哪家十全十美达到星级啊？实质就是揭咱们短处。"

隋泥拿着牌子跳着跟刺猬吼："别胡说八道的，仔细看看评选方法，明确由小组集体推荐，村民代表集体讨论，'两委'研究确定，还要公示一周呢，绝对公平公正。"隋泥边跳边拍着胸口。

施七也不乐意了，说："对照评选标准，咱现在就差几个标准没达到，咱睦邻友好做得不够，隋泥都把标语贴咱门上了，勤劳致富咱也不够格，勤劳咱不谦虚，但没有致富。"

高小丽说："咱家超生了一个孩子，移风易俗没跟上，要是计划生育不作为条件，咱家也是星级户。"

村民们你一言他一语地议论着，杨金贵路过这里对大家说："一个村子就是一个大家庭啊，咱们要想把这个家建设好，就要求大家心往一处想，劲往一处使，上下一根绳，就什么困难都不怕，达到星级户就更好，没有达到的对照标准，咱迎头赶上也不迟啊。"

三碗说："就是推荐上去了也没用，要村里最终确定才能挂牌子呢，你们村干部要一碗水端平啊。"

开始初评时，有的村民小组产生了激烈的争吵，争议的焦点是标准的评定，比如有人提出树叶这户做得不错，有人跳出来反对，说树叶两口子爱幼做得很好，但尊老还是不够，应该拿掉。李青龙也是这么认为，说树叶孝心不够。有的村民不同意李青龙的说法，对李青龙说："你得了吧，人家树叶心地善良，本来对你也是孝心满满的，但你做长辈的老不正经，叫人家树叶怎么尽孝呢？"

树叶也左右为难，既要尊老也要爱幼才能进入初评，可是李青龙为老不尊咱也没法尊老啊。

李青龙不做村书记后，村里再也没有女人理他，就连田六姑也不让他上门。田六姑骂李青龙是王八蛋，说："咱是倒了八辈子霉了，找了这个敢做不敢当的男人。”村里女人不理李青龙，李青龙总想动树叶的心思。树叶的大奶子走起路来直晃，让李青龙看了直流口水，恨不能扑上去狠咬一口。

树叶才过门时，李青龙就做出了让树叶十分害怕厌烦的举动。那时女人们洗澡都是在自己的房间里，烧一锅水，倒在一个大木桶里，再兑上冷水，然后躺在桶里泡，要是冬天就支上一顶浴帐，人在里面洗澡一点不冷。

有一天晚上，忙了一天的树叶在房间里洗澡，刚把衣服脱光还没躺到桶里，只听窗户外“嗵”的一声，一个人重重地摔在地上。然后是李青龙老婆的声音，李青龙老婆追打着李青龙，说：“打死你这个老东西，老不死的，要遭雷打呢，在外寻花问柳还不够啊。”

李青龙见树叶烧水洗澡，就悄悄地趴在窗户上偷看，由于他个子不高，又搬了个凳子站在上面，透过窗户缝隙他看到树叶正脱衣服，刚看到树叶圆溜溜的大屁股，突然屁股被重重地打了一下，他一个跟头从凳子上栽下来，嘴撞在地面上，牙齿被磕掉了两个，鲜血直流。他见老婆拿着一根木棍凶神恶煞地打来，爬起来就跑。可是他慌不择路，掉进路边的粪坑里。李青龙老婆用手里的棍子好容易才把他拉上来，李青龙浑身上下都是粪水，几丈远都能闻到屎臭味。李青龙老婆只得拿个木舀子舀水往他身上浇，边浇边骂：“活该，报应，你现在是真吃屎了。”

李小龙从屋里冲出来要打李青龙，李青龙冲李小龙吼道：“咱要跟你断绝父子关系。”父子两个吵在一起，弄得满村风雨。李青龙偷看树叶洗澡，全村人都知道了，树叶见到人头都抬不起来，即使和李青龙老两口分开过了，树叶见到李青龙仍然绕道走。隋泥说：“不孝顺公婆不怪树叶，李青龙就是个吃屎的东西。”李青龙知道后，大骂隋泥忘恩负义。

王五说他家就符合星级标准，可是村民们不同意，异口同声对王五说："你家只符合一条，就是爱党爱国，要是说你家不爱党不爱国肯定冤枉你，可是其他方面你家一条都不符合，这一点肯定不会冤枉你。"

王五跟村民们争得面红耳赤，张三喜扳着指头对他说："你也不要再争了，咱一个个数给你听，你平时捞鱼摸虾不务正业，凭这一项，遵纪守法、勤劳致富、诚实守信、助人为乐这些方面你一条都没做到，上次你又偷吃了施七的狗，还和人家打了一架，你说你家还想挂牌子，别做梦了。"

王五说："咱不是把拖欠好几年的旧账交了一点吗？有的人家一分钱还没交呢！"

张三喜说："就算交了也不够，要交足了才算，还是再好好努力吧。"

王五说："要是不给咱家钉牌子，其他人家也不准钉，就是钉上去咱也要给他拆下来。"

施七过来说："你也不尿泡尿照照自己，你家也够钉牌子？要是你家有资格钉牌子，咱家要钉上十个牌子。"

这边施七与王五争论不休，那边高小丽与月芹又吵了起来。高小丽说："如果月芹家得到牌子，咱家也应该有。"月芹说："你家有没有牌子跟咱没有关系，但是你不能攀比咱家，你要是把咱家的牌子攀掉了，那就是你家不对了啊。"

高小丽说："咱不就是多生了一个嘛，多生一个孩子又没有什么不好的，再说想生的人家多着呢，咱家除了这个没做好，其他方面是田里的青蛙唱歌——呱呱叫啊！"

月芹对高小丽说："这个还不严重啊，多生一个那是违反国家政策啊。"

陈春桃急得脸色通红："咱家是违反国家政策了，那就不允许改正啊，再说孩子已经生了，总不能把孩子扔了吧。"

三军子对陈春桃说："你就知足吧，你家还多赚一个孩子呢。"又说："想当初你们到外面躲胎，你拿把叉子差点没把乡里小分队叉了。"三军子意思是说你陈春桃就不要再争牌子了，即使没有牌子也比有牌子人家强，你家多赚一个孩子呢。

陈春桃父亲说："要是咱们家评不到牌子咱就亏大了，咱丢不起这个人啊。"

高小丽对陈春桃父亲说："还不是您想生个孙女啊，要不是您一天到晚念叨，咱们也不多生一个，现在好了，集体有义务的事就找咱，有好处的事咱家就沾不到边。"高小丽差点哭出声来。

一张小小的牌子，在芦苇荡掀起一场小小的波澜，涤荡着人们的灵魂。

第四十六章

笑天觉得他比穆权书记还忙，穆权书记还有个上下班星期天的规定动作，他这个村书记压根就不知道什么是上下班星期天，能睡个整夜觉就不错了。

村里的事情很多是不可预测的，每天的计划都跟着变化转，计划好的事往往会跟不可预测的事情起冲突，有的事情你做梦都想不到，而且处理起来特别困难，笑天觉得就是穆权书记也会无所适从。

那天笑天到乡里开会，会议一结束，穆权书记就把笑天叫到办公室，问："你们芦苇荡有个邵小飞啊？五十岁的样子。"

笑天说没有这个人，芦苇荡只要有气的，他没有一个不认识的。不用说这几年在芦苇荡做村书记时串门子做工作，就是当年跟在李青龙屁股后面吃饭，他也跑尽了各户，哪户盆大锅小男女老少他一清二楚，全摆在心里呢。笑天常对村干部说，做好村里的工作，掌握村里的基本情况特别是人口情况，是最大的基础。

穆权书记用笔捣了捣办公桌上的纸说："你回去查查，人家说得清清楚楚，说是水塘乡的芦苇荡人，咱乡难道还有第二个芦苇荡？"

笑天说："没空啊，咱得忙死了，您不是叫大家抓紧平田整地的吗？咱村的地太乱了，有的地乱得没法种了。"

穆权又把笔往桌上一捣，火了，说：“就是天塌下来，你也得把这个人查出来，这个人就是你们芦苇荡的，就是个死人，你也要把他抬来。”

笑天一拍后脑壳，心想：哎哟喂，咱怎么当着穆权书记的面谈困难，这不是找死吗？咱要不是跟着穆权书记混过，穆权书记肯定要拿叉子叉咱。穆权书记还是给足了面子。

开会前，穆权书记接到上面电话，说是水塘有个头脑不清的人在北京天安门被收容了，穆权问是水塘哪的，上面说是芦苇荡的。

北京天安门一早来了个叫花子式的大胡子，警察问他干吗的，他说他是赤脚大仙，是来找玉皇大帝请示工作的。警察一听就是个头脑不清的人，赶快送到了北京收容所，因为没有身份证，查不出身份，也问不出哪个地方来的，工作人员就送好吃好喝的，耐心地沟通了解，大半天这个人的脑子才清醒一点，说不了几句又头脑不清楚了。工作人员了解个大概，知道这人是苏北水塘乡的，叫邵小飞，赶紧把电话打到县里。

笑天回来问大家知道不知道咱村里有个叫“邵小飞”的人。大家都说不知道，咱村没这个人，笑天叫大家认真地排查，因为穆权书记亲自过问这个事情，穆权书记的话不是空穴来风。穆权书记说有这个人，哪一定有这个人。

杨金贵突然想起来，说：“是不是多少年前失踪的邵广飞啊，他可是你大常有理的前任队长啊。”

穆穗玲朝杨金贵笑着说：“亏你也想得出来，邵大爹早死了，女儿一年要来坟上烧十八遍纸，死而复生了啊。”

隋泥说：“就是的，邵大奶早就跟人了，养的儿子都要结婚了，哪来的邵广飞？邵广飞在射阳河边泥土里呢。”

笑天说：“不管是不是，咱找他的女儿问问去，要是的话，赶紧带回来，穆权书记等着要人呢。”

邵广飞有两个孩子，一个儿子一个女儿。当年邵广飞被批评后失踪了，他的老婆带着孩子找了好几年没找到，以为邵广飞死了，就把邵广飞的衣服埋在射阳河边上，又做了个坟。人死了总要有个地方去烧纸啊，就只当是邵广飞的坟了。时间长了，家里人和村里人真当邵广飞就葬在那里了。葬了邵广飞后，他老婆就带着孩子改嫁到南洋乡了，听说他女儿邵小艳一直没有停止过找父亲的脚步。

笑天和杨金贵找到邵小艳的家，告诉邵小艳她的父亲找到了。邵小艳听也没听，一点没有那种丢而复得的惊喜神情，她说："不可能的事，咱两口子每年都要出去找几回，每年都有人说找到了，再一看，又不是，都是骗钱的。"

邵小艳这几年找父亲每年都会被骗大几千元，后来有人上门告诉她，有人看到她父亲了，在哪儿做工的或是拾荒的，她也不去看、不去听了，她知道是假的。她知道要真是父亲的话，父亲不来找她嘛，不可能被别人看到啊，父亲又不是逃犯见不得人。

笑天对邵小艳说："咱不能确认是不是你父亲，咱村里派个人和你一起去北京，要不是你父亲，一切费用咱村里出，你们只当去北京旅游了一趟。"

笑天的话让邵小艳两口子觉得很在理，他们觉得"邵小飞"是父亲的可能性很大，因为政府这样重视这个事，说明政府也在帮助核查，政府核不准的事一般不会瞎说。他们觉得这个北京一定要去。

隋泥自告奋勇要去北京带人，他说去北京带人就是他分管的事，义不容辞。隋泥和邵小艳两口子坐了一夜的火车，第二天上午就到了北京收容所。工作人员把他们领到一个房间里，里面的大胡子衣服换成新的了，头发披到肩上了，工作人员说头发胡子不让剪就算了，亲人来了带回去就是了。

邵广飞在家的时候，邵小艳还小，但邵小艳依稀记得父亲的样子，她觉得这个大胡子就是她父亲，不仅大胡子的身材像，额头和眼睛也像。不过大胡子不认识她，他头脑不清醒，怎么能认识人呢。

邵小艳就抓住大胡子的手，不停地喊“我是小艳子”，因为从小她父亲就习惯叫她小艳子。大胡子头脑不清醒，但偶尔也会清醒的，他清醒时，也抓着邵小艳的手，抓得紧紧的。邵小艳就更觉得是她父亲了，没命地喊“大、大”。

隋泥也跟着说，就是邵广飞，他就是烧成灰咱也认识。又觉得说错了，就跟工作人员说：“咱是村里的干部，咱用性命担保这人就是咱村的。”

邵广飞被带回来了，笑天和杨金贵把他送到街上理了发，又带他到澡堂里洗了澡。有理听说邵广飞回来了，吓了一跳，赶忙过来看，果然是邵广飞。友正和友明都问邵广飞这么多年是怎么过来的，问他去了哪儿，他也不回答。

友正说：“邵广飞受了刺激，头脑不清醒了。”

友明说：“不管怎样，有个命就不错了。”

过了几天，邵广飞脑子似乎已经开始清醒了，他认得了村里的影子，他总是往他家的屋基上跑，屋基上的茅草“丁头舍子”在他老婆改嫁时已经拆了，但门前的三棵槐树还在，槐树是邵广飞砌茅草“丁头舍子”时栽的，树干已经脸盆粗了，他一天要去看几遍。邵小艳说她父亲就记得那几棵树。

笑天觉得这个老人蛮悲惨的，要为邵广飞再砌一间屋子。邵小艳说：“不用了，咱带回家过，父亲吃了一辈子苦，咱要让他下半辈子享享福。他要是想回来，咱陪他一起回来看看。”

有理说：“要是回来就住咱家，你父亲还是咱的老领导哩。”

常青树七十九岁小生日的那几天，友情和友爱一起回来了，友情工作了，一直不找对象。玉香问友情有没有处朋友，友情说没有，没碰到相巧的，要是碰到相巧的，一定带个回来。友爱是一家三口回来的。友爱的儿子生下来后，每年都要回来几次，一家人也没抱怨她，因为儿子都生下来了，抱怨也没用，况且友爱的丈夫小瓦匠特别能吃苦，也特别孝顺。

友正说：“咱父亲生了一趟儿子都不如一个女婿有用。”小瓦匠对友爱父亲比友正兄弟几个还贴心。常青树这几年常被小瓦匠带回去住，小瓦匠跟友爱说：“做儿女的一定要孝顺，要是不孝顺，将来咱的儿女一定不孝顺，上梁不正下梁歪嘛。”“连孝敬老人的钱都舍不得花，那到哪儿也挣不到钱。”这也是小瓦匠常挂在嘴边的一句话。

这小瓦匠也正如友正两口子说的那样，不仅能吃苦，脑袋也活络。小瓦匠跟着师父砌房子，过不了几年，他也当起了师父，带了十几个小瓦匠，也组织了个团队，不过他和师父不一样，他说师父是耳勺里炒芝麻——小打小闹。他在县城接工程，先是帮助单位建小楼，后来是建桥建路，他成了个小工程头子。

友爱是个大大方方的性格，小瓦匠对友爱也是百依百顺，两口子去找领导要工程时，友爱非常懂人情世故，一来二去就和领导混熟了。领导也喜欢这小两口，不仅是因为友爱长得漂亮，小瓦匠圆滑，最主要的是两口子特别会来事，特别会来事的人没有办不成的事。

友爱是村里第一个买摩托车的人。友爱跟小瓦匠私奔后，也吃了不少苦。小瓦匠的家还不如友爱的家，友爱进了小瓦匠的家时，小瓦匠家里还是个茅草“丁头舍子”，屋顶被海风吹了个大洞，下雨时屋里能滑倒人。友爱跟着小瓦匠帮人家砌瓦房，不知道砌了多少瓦房了，他们自己才砌了两间新瓦房。友爱跟小瓦匠说：“咱们好好干，咱们有钱了就回去，要是苦不到钱，咱就不回去。”她知道，她要是和小瓦匠还是一贫如洗的话，她怎么有脸回去见父亲和哥哥们啊，就凭四凤的口水就能把她淹死了。

友爱和小瓦匠很快就打了翻身仗。友爱回来时，披肩的长发染成了黄色，又穿着一条健美裤，脚穿时尚的过膝靴，还骑着一辆小摩托车。常青树看到友爱第一句话就是“小八子是不归家的小鸟，野得了不得，还知道有个家，真不容易”。不过他看到满地跑的友爱的儿子，气全消了，本来就没有牙的嘴笑得就像墙上透风的洞。

友正说友爱是走路绊金砖，抖活起来了。他要拿剪刀给友爱的黄头发剪了，说友爱像什么样子，活像个外国人。四凤说：“你才不像个人呢，这叫时尚。”

玉香跟有理说，幸亏友爱没跟杨小五子。杨小五子不上路子，杨明山就差发动全村人介绍，总算给他娶了个媳妇。可是杨小五子整日游手好闲，地里的活也不干，要不是三个姐姐的贴补，估计他老婆早就跟人跑了。杨明山说多子不多福，多个儿子多份罪。

四凤一回去就抱怨杨小五子，说不怪友爱看不中杨小五子，杨小五子不如小瓦匠脚后的一层皮。

友爱回来后给父亲屋里的东西全换了，买了张新床，又买了个电饭锅，叫父亲想吃啥就用电饭锅做。夏天时又送回来一台电风扇，把常青树用了一辈子的蒲扇扔到屋后的垃圾堆里，常青树又去拾了回来。

喜兰说公公常青树养一趟儿子不如养一个闺女有用。这几年，常青树一年要有好几个月住在友爱家，友爱家搬到乡里去了，友爱说她家离卫生院近，父亲要是有个头疼伤风的，去看病方便。常青树也乐意住友爱那，因为小瓦匠比儿子还孝顺。小瓦匠说老人年纪大了，过不了几年，也花不了多少钱，在世要多孝敬老人，过世后就是烧一屋子纸也没用。

友爱只要一回来，就说笑天是叫花子起五更——整天穷忙，当个村书记，又挣不到钱，还不快谈个对象，再不谈对象，就是扁担上没有钩——两头滑。友正笑着说，笑天当干部有瘾呢，对姑娘不感兴趣。这个时候有理的眉头就皱起来，两手一摆，说皇帝不急太监急，有啥子用。

只要友爱一说，笑天就说还对象呢，整天穷事一箩筐。不过他又偷偷地凑在友爱的耳边说："不着急，肯定找个比你漂亮的。"

友爱这次回来是跟大哥友正商量给父亲做生日的事。过几天就是父亲的小生日，按照传统习俗，老人过生日是做九不做十，父亲今年七十九，今年就应该给父亲办八十寿宴。为大做还是小做，友正、友明、有理三兄弟差点吵了起来。友明说："要做就小做，就是办几桌饭自家儿孙打个团就行了。"

有理说："你开什么玩笑啊？咱是大门大户，还被人家笑死呢，要做就放开来做。"放开来做的话，不仅要请各类亲朋好友，还要请村干部了。

友明说："要是放开来的话，三十桌也坐不下啊，哪来那么多钱？"

友正说："办多少桌也要做，父亲八十了，能不能过到九十还没数呢，再说咱是什么人家啊，咱们家是省里有大干部、村里有小干部，咱不丢这个孬。"

友明说："还大干部呢，一年回不了一次家，咱估计父亲生日他也不知道回来。"

友正一拍桌子，说："不可能啊，咱马上就去打电话，这次父亲过生日，就是省长说了也没用，友良要是不回来，咱去把他捆回来。"

友正接着又说："友诚也要回来，就是打仗也给咱回来。"

有理提醒友正说："那是部队，他回不回来部队说了算。"友诚在部队早就提干了，现在是排长。

友爱说："不要吵了，不就是几个钱嘛，菜钱全归咱的，收礼的钱你们把酒水钱还了就行了。"友情还没成家，友爱为父亲做生日，要花不少钱的，酒席以外的钱都要女儿办，那就是友爱一家办了。友正早就说过了，父亲这次做生日，一定要大吹大放。大吹要请乐队，大放要燃放烟火，还要做寿桃备寿碗，只要来祝寿的，每人一份寿砂锅，寿碗就没数了，放烟火的晚上，放开了发，有时要发一个村子，一般人家还真的做不起。

常青树做生日的那天，友良回来了。友良是一家三口回来的，凯歌比他父亲高出了一头，雨露更加端庄优雅。友良一家是专车送回来的，穆权书记的车子跟在后面。友良叫人从街上拖了一卡车烟火，友爱已经买了好多烟火，仅“高升”就有十几箱。友爱说哥哥友良和侄儿笑天做干部，借父亲八十大寿也祝他们高升。烟火堆在屋子前面像个小山似的。

友良一下车，穆权书记就追上来，告诉友良说笑天干得不错，当个乡长一点问题没得。又说县上的江书记晚上要来看烟火。友良摆着手说：“不用不用，不能麻烦县上的领导。”

友明悄悄地跟友正和有理说：“咱友良多大个干部啊，县上的领导也来奉承他。”有理说：“他是省里干部，县里领导当然要陪了。”友正说：“等父亲生日过了，咱要和友良说道说道，他现在是出了窝的小鸟——翅膀硬了，在省里做干部，从不向咱汇报。”

友明说：“他就知道自己做干部，咱要叫他把笑天提拔上去，当个村干部忙得连个朋友都没空谈。”

笑天帮爷爷常青树点了一支烟，说：“放心啊，保证带个回来。”

常青树听到他们谈话，吐了一口烟雾，说：“你们能不能省点心啊，友良是国家的人，国家的事你们少在这里瞎议论。”

晚上，常青树八十大寿的宴会如期举行。寿宴是在村民们的门口举行的，屋子里放不下，哪家屋子里能同时办几十桌饭啊。三十几桌的酒席用了好几户村民的场地。

在燃放烟火前，县上的江书记真的来了。江书记一到，乐队奏响了音乐，“高升”就像无数颗流星一样向天上飞去，烟火轰轰烈烈地响了起来。江书记陪友良去给常青树祝寿，大家逐一向老寿星说着喜庆的话。笑天和凯歌是孙子辈，孙子辈是要磕头的。笑天刚要跪下来磕头，隋泥慌慌张张地跑来说：“不得了，刺猬、施七和王五三个人打群架了。”

隋泥告诉笑天，刺猬、施七和王五三个人下午在一起玩，施七家的小花狗咬了王五一口，王五拿起根扁担要打小花狗。施七不让打，说：“上次你吃了咱的小花狗，现在还想吃啊？你被咬活该，这个小花狗就是为那个小花狗报仇的。”刺猬叫打，王五一扁担砸过去，要不是施七躲得快，估计头上就是一个大窟窿。

笑天头也没来得及磕就急匆匆地跟隋泥走了。他不去不行啊，这三个东西是碰不得的，要是把他们惹起来，估计一个村子也不得安宁。

笑天跟在隋泥的后面，他一边跑一边向后张望，远远地看见爷爷常青树的寿宴现场灯火通明，一颗颗“高升”拖着长长的火星子飞向天空，闪闪繁星镶在天空上，像是要迎接地面上飞来的小星星。

又是一夜未眠。笑天和刺猬三人整整谈了一夜，负气斗狠的三个男人火气终于烟消云散。这时东方已经放亮，从黄海边上射出一片金灿灿的光芒，金色的阳光洒满大地，田野里的麦子在微风的吹拂下，形成了金色的麦浪，一起一伏，滚滚向前。

笑天加快了脚步，他要赶回去给爷爷常青树磕头祝寿。刺猬、施七和王五三人急匆匆地跟在后面大喊：“带上咱们啊，咱们也要去给常老太爷祝寿呢！”

初稿：2023 年 10 月 8 日

定稿：2024 年 6 月 5 日

常青树做生日的那天，友良回来了。友良是一家三口回来的，凯歌比他父亲高出了一头，雨露更加端庄优雅。友良一家是专车送回来的，穆权书记的车子跟在后面。友良叫人从街上拖了一卡车烟火，友爱已经买了好多烟火，仅“高升”就有十几箱。友爱说哥哥友良和侄儿笑天做干部，借父亲八十大寿也祝他们高升。烟火堆在屋子前面像个小山似的。

友良一下车，穆权书记就追上来，告诉友良说笑天干得不错，当个乡长一点问题没得。又说县上的江书记晚上要来看烟火。友良摆着手说：“不用不用，不能麻烦县上的领导。”

友明悄悄地跟友正和有理说：“咱友良多大个干部啊，县上的领导也来奉承他。”有理说：“他是省里干部，县里领导当然要陪了。”友正说：“等父亲生日过了，咱要和友良说道说道，他现在是出了窝的小鸟——翅膀硬了，在省里做干部，从不向咱汇报。”

友明说：“他就知道自己做干部，咱要叫他把笑天提拔上去，当个村干部忙得连个朋友都没空谈。”

笑天帮爷爷常青树点了一支烟，说：“放心啊，保证带个回来。”

常青树听到他们谈话，吐了一口烟雾，说：“你们能不能省点心啊，友良是国家的人，国家的事你们少在这里瞎议论。”

晚上，常青树八十大寿的宴会如期举行。寿宴是在村民们的门口举行的，屋子里放不下，哪家屋子里能同时办几十桌饭啊。三十几桌的酒席用了好几户村民的场地。

在燃放烟火前，县上的江书记真的来了。江书记一到，乐队奏响了音乐，“高升”就像无数颗流星一样向天上飞去，烟火轰轰烈烈地响了起来。江书记陪友良去给常青树祝寿，大家逐一向老寿星说着喜庆的话。笑天和凯歌是孙子辈，孙子辈是要磕头的。笑天刚要跪下来磕头，隋泥慌慌张张地跑来说：“不得了，刺猬、施七和王五三个人打群架了。”

偷偷地凑在友爱的耳边说："不着急，肯定找个比你漂亮的。"

友爱这次回来是跟大哥友正商量给父亲做生日的事。过几天就是父亲的小生日，按照传统习俗，老人过生日是做九不做十，父亲今年七十九，今年就应该给父亲办八十寿宴。为大做还是小做，友正、友明、有理三兄弟差点吵了起来。友明说："要做就小做，就是办几桌饭自家儿孙打个团就行了。"

有理说："你开什么玩笑啊？咱是大门大户，还被人家笑死呢，要做就放开来做。"放开来做的话，不仅要请各类亲朋好友，还要请村干部了。

友明说："要是放开来的话，三十桌也坐不下啊，哪来那么多钱？"

友正说："办多少桌也要做，父亲八十了，能不能过到九十还没数呢，再说咱是什么人家啊，咱们家是省里有大干部、村里有小干部，咱不丢这个孬。"

友明说："还大干部呢，一年回不了一次家，咱估计父亲生日他也不知道回来。"

友正一拍桌子，说："不可能啊，咱马上就去打电话，这次父亲过生日，就是省长说了也没用，友良要是不回来，咱去把他捆回来。"

友正接着又说："友诚也要回来，就是打仗也给咱回来。"

有理提醒友正说："那是部队，他回不回来部队说了算。"友诚在部队早就提干了，现在是排长。

友爱说："不要吵了，不就是几个钱嘛，菜钱全归咱的，收礼的钱你们把酒水钱还了就行了。"友情还没成家，友爱为父亲做生日，要花不少钱的，酒席以外的钱都要女儿办，那就是友爱一家办了。友正早就说过了，父亲这次做生日，一定要大吹大放。大吹要请乐队，大放要燃放烟火，还要做寿桃备寿碗，只要来祝寿的，每人一份寿砂锅，寿碗就没数了，放烟火的晚上，放开了发，有时要发一个村子，一般人家还真的做不起。

轉運司括到吳府圩田租數，隸建康府上元、溧水兩縣者，歲計租米壹萬叁千柒百柒拾捌碩捌斗捌升肆合伍勺，租麥壹拾肆碩伍斗玖升伍合，並文思院斛撥入淮西總領所，理充支遣。吳參政淵、丞相潛得罪黜罷所沒之田，歸附後又有斷沒朱、張錢糧。溧陽州並在城錄事司皆有糧稅。稅田租米不在此數。前宋恤民者有真德秀、張埏、李大東、馬光祖、趙時侃、陸子遹諸公。詳見舊志。

田土

集慶路州、司、縣屬官民田土經理實數，總計柒萬柒仟伍百貳拾捌頃叁拾壹畝貳分貳釐貳絲貳忽。

夏稅。

秋糧。

租課。

土貢。

録事司官民田土係官地貳仟貳百伍拾肆畝肆分。

財賦田地

田貳拾陸頃捌拾陸畝捌分伍厘壹毫。

地貳拾陸頃柒拾壹畝叁分伍厘捌毫。

江寧縣官民田土玖仟玖百伍拾捌頃貳拾壹畝玖分壹厘肆毫。

官田土壹仟捌百貳拾頃叁拾玖畝貳分叁厘肆毫。

民田土捌仟壹百叁拾柒頃捌拾貳畝陸分捌厘。

元科田土玖仟叁百肆拾叁頃壹拾柒畝陸分柒厘玖毫。

官田壹仟陸百陸拾肆頃叁拾玖畝玖毫。

田伍百伍拾伍頃貳拾壹畝肆分玖厘。

地貳百柒拾貳頃叁拾叁畝壹分伍厘伍毫。

山叁拾壹頃壹拾伍畝貳分柒厘。

住基貳拾捌畝伍分肆厘。

塘伍畝捌分伍厘。

草塌貳拾柒頃陸拾捌畝陸分玖厘。
蘆地叁百捌拾玖頃柒拾畝叁分叁厘肆毫。
菱跖貳頃叁拾壹畝陸分陸厘。
鴈蘆地玖拾頃壹拾壹畝壹分。
堽壹頃壹拾畝貳分玖厘。
沙地壹百叁拾陸頃玖拾貳畝貳分貳厘。
水漾叁拾伍頃伍拾柒畝捌分捌厘。
官蕩蘆地壹百貳拾壹頃玖拾貳畝伍分叁厘。
民田土柒仟陸百柒拾捌頃柒拾捌畝陸分柒厘。
田肆仟柒百叁拾貳頃柒拾壹畝伍分柒厘。
地壹仟叁百貳拾捌頃叁拾捌畝柒分柒厘。
山壹仟叁百肆拾伍頃壹拾柒畝伍分肆厘。
住基陸拾玖頃陸拾捌畝伍分貳厘。
草塌貳頃柒拾畝捌厘。

蘆地陸拾貳頃伍畝肆分伍厘。
蘆蕩壹百貳拾捌頃捌拾捌畝伍分。
白沙蕩叁頃。
水塘叁頃伍拾貳畝貳分柒厘。
菱蕩陸拾伍畝貳分貳厘。
水漾壹拾畝柒分伍厘。
堽壹頃玖拾畝。
自實田土陸百壹拾伍頃肆畝貳分叁厘伍毫。
官田壹百伍拾陸頃貳分貳厘伍毫。
田壹拾陸頃叁拾玖畝捌分叁厘。
地叁拾叁頃陸拾叁畝叁分柒厘玖毫。
山叁頃陸拾柒畝柒分貳厘。
住基肆畝叁分貳厘。
塘陸畝伍分壹厘。

蘆地壹拾貳頃捌拾玖畝柒分柒厘伍毫。
草塌貳拾伍頃壹拾捌畝玖分叁厘。
沙地貳拾貳頃捌拾貳畝肆分柒厘壹毫。
水漾貳拾伍頃捌拾叁畝叁厘。
沉水白沙玖頃柒拾肆畝柒分伍厘。
菱蕩壹頃玖畝陸分陸厘。
鴈蘆地壹拾肆頃伍拾玖畝捌分伍厘。
民田肆百伍拾玖頃肆畝壹厘。
田貳百貳拾頃壹拾壹畝伍分貳厘。
地捌拾陸頃陸拾畝伍分玖厘。
山壹百叁頃玖拾畝伍分叁厘。
住基柒拾壹畝陸厘。
塘柒頃陸拾貳畝肆分。
蘆地貳拾柒頃肆拾貳畝叁分貳厘。

草場壹拾貳頃陸拾伍畝伍分玖厘。

上元縣官民田土壹萬玖仟玖百柒拾頃捌拾伍畝貳分柒厘柒毫貳絲貳忽。

元科田土玖仟玖百捌拾伍頃肆拾貳畝陸分叁厘捌毫陸絲壹忽。

官田土捌百捌拾捌頃陸拾伍畝貳分柒毫伍絲壹忽。

田肆百肆拾陸頃叁拾壹畝貳分貳厘叁毫陸忽。

地貳百肆頃壹拾捌畝柒厘叁絲。

山壹百柒頃肆拾捌畝捌分捌厘肆毫捌絲伍忽。

塘壹拾陸頃叁拾畝伍分柒厘玖毫叁絲。

蘆蕩壹百陸頃貳拾玖畝伍分捌厘。

雜產捌頃陸畝捌分柒厘。

民田土玖仟玖拾陸頃柒拾柒畝肆分叁厘壹毫壹絲。

田伍仟叁百柒拾捌頃陸拾貳畝陸分玖厘陸毫叁絲。

地壹仟肆百叁拾捌頃玖拾陸畝伍分貳厘伍毫捌絲。

山貳仟柒拾壹頃捌畝伍分伍厘伍毫。

塘壹百玖拾伍頃捌拾柒畝壹分玖厘肆毫。
雜産壹拾貳頃貳拾貳畝肆分陸厘。
開除聽候田土柒百伍拾頃柒拾貳畝玖分肆厘柒毫。
官田土
田伍拾叁頃貳拾畝陸分玖厘伍毫。
地柒頃柒拾玖畝肆分貳厘貳毫壹絲。
民田土
田肆百玖頃叁拾玖畝叁分肆厘。
地捌拾伍頃伍拾柒畝肆厘。
山壹百柒拾貳頃叁拾陸畝陸分貳厘。
塘貳拾貳頃叁拾玖畝捌分貳厘。
自實田土玖仟貳百叁拾肆頃陸拾玖畝陸分玖厘壹毫陸絲壹忽。
官田土捌百貳拾柒頃陸拾伍畝玖厘伍絲壹忽。
田叁百玖拾叁頃壹拾畝伍分貳厘捌毫陸忽。

地壹百玖拾陸頃叁拾捌畝陸分肆厘捌毫貳絲。
山壹百柒頃肆拾捌畝捌分捌厘肆毫捌絲伍忽。
塘壹拾陸頃叁拾畝伍分柒厘玖毫叁絲。
蘆蕩壹百陸頃貳拾玖畝伍分捌厘。
雜産捌頃陸畝捌分柒厘。
民田土捌仟肆百柒頃肆畝陸分壹毫壹絲。
田肆仟玖百陸拾玖頃貳拾叁畝叁分伍厘陸毫叁絲。
地壹仟叁百伍拾叁頃叁拾玖畝肆分柒厘伍毫捌絲。
山壹仟捌百玖拾捌頃柒拾壹畝玖分叁厘伍毫。
塘壹百柒拾叁頃肆拾柒畝叁分柒厘肆毫。
雜産壹拾貳頃貳拾貳畝肆分陸厘。
句容縣官民田土壹萬貳仟捌百貳拾柒頃伍拾叁畝陸分貳厘。
官田土肆百肆拾伍頃叁拾伍畝叁分貳厘。
田貳百陸拾捌頃柒拾柒畝伍分。

地伍拾伍頃伍拾貳畝貳厘。
山壹百壹拾頃貳拾壹畝貳分玖厘。
雜産壹拾頃捌拾肆畝伍分壹厘。
民田土壹萬貳仟叁百捌拾貳頃壹拾捌畝叁分。
田柒仟貳百肆拾捌頃玖拾陸畝伍分伍厘。
地壹仟捌拾頃伍拾柒畝陸分肆厘。
山肆仟貳拾壹頃柒畝貳分貳厘。
塘肆頃玖拾伍畝。
雜産貳拾陸頃陸拾壹畝捌分玖厘。
溧水州官民田土壹萬陸仟玖百捌拾伍頃玖拾陸畝玖厘。
官田土壹仟柒拾伍頃肆拾玖畝伍分貳厘。
田壹仟肆拾肆頃柒拾肆畝柒分叁厘。
地貳拾貳頃玖畝捌分。
山伍頃捌拾柒畝伍分陸厘。

桑園壹畝柒厘。

水蕩貳拾壹畝。

塘壹拾貳畝玖分壹厘。

雜産貳頃肆拾貳畝肆分叁厘。

民田土壹萬伍仟玖百壹拾頃肆拾陸畝伍分玖厘。

田捌仟捌百貳拾伍頃貳拾叁畝玖分。

地壹仟肆拾柒頃陸拾伍畝叁分陸厘。

山叁仟捌百柒拾頃貳拾肆畝柒分叁厘。

桑園柒百貳頃伍拾陸畝柒厘。

塘貳百玖拾柒頃貳拾陸畝伍分叁厘。

雜産壹仟壹百陸拾柒頃伍拾畝。

溧陽州官民田、地、山、蕩共壹萬柒仟柒百玖頃陸拾貳畝壹分壹厘。

元科田、地、山壹萬陸仟陸百肆拾柒頃叁拾畝伍分柒厘玖毫。

田玖仟柒百叁拾肆頃貳拾陸畝玖分叁厘。

地肆仟壹百玖拾伍頃伍拾壹畝玖分肆厘陸毫。
山貳仟柒百壹拾柒頃伍拾壹畝柒分叁厘。
經理田、地、蕩壹仟陸拾貳頃叁拾壹畝伍分叁厘壹毫。
田捌百捌拾肆頃肆拾貳畝肆分柒毫。
地壹百柒拾柒頃陸拾貳畝肆分柒厘肆毫。
蕩貳拾陸畝陸分伍厘。
貢賦

在城録事司

係官
稅糧
小麥肆百肆拾柒碩貳斗肆升玖合。
租錢貳百叁拾壹定肆拾肆兩肆錢玖分。

黄荳肆百肆拾柒碩貳斗肆升玖合。
粳米壹碩叁斗捌升捌合。

紅花

花貳仟玖百捌斤陸兩貳錢。
鈔貳百叁拾貳定叁拾叁兩伍錢伍分。
房錢貳百陸拾伍定壹拾玖兩叁分壹厘。內有豐和棚租錢壹拾貳定。
酒醋課中統鈔貳仟捌百伍拾玖定壹拾壹兩壹錢陸分肆厘。內醋課錢陸拾捌定貳拾伍兩玖分貳厘。
曆日錢叁拾壹定壹拾伍兩。
在城税務歲辦伍仟壹百柒拾肆定壹拾伍兩伍錢陸分陸厘。

財賦

菜地錢貳拾伍定壹拾肆兩玖錢壹分。
房地錢中統鈔玖拾陸定玖兩。
十場水面錢壹百壹拾陸定貳拾伍兩。

秦淮河水面錢中統鈔貳拾肆定。

歲貢土物

滿殿香麯壹萬斤。

狢皮壹拾伍張〔三〕。

江寧縣

係官

稅糧

絲伍仟伍百肆拾貳斤壹拾肆兩伍錢貳厘陸毫。

綿貳仟陸百捌拾玖斤壹拾兩捌錢貳分。

布玖拾匹柒尺陸寸叁分貳厘。

鈔壹百壹拾叁定貳拾伍兩玖錢壹厘。

黃荳肆百貳拾柒碩柒斗陸升。

小麥肆百伍拾柒碩捌斗叁升壹合。
粳米貳萬肆拾肆碩玖斗柒合肆勺。
酒醋課程柒百壹拾貳定貳拾伍兩肆錢伍分陸厘。
房地錢貳拾玖定肆拾叁兩伍錢捌厘捌毫。
蘆課壹百肆拾捌定肆拾伍兩叁錢陸分。
曆日錢陸拾貳定叁拾玖兩伍錢。

財賦

酒醋課程陸百捌定壹拾兩肆錢。
租錢肆百伍拾陸定玖兩捌錢陸分陸厘。
田、地、山租錢柒拾捌定叁拾叁兩壹錢伍分。
草塌、蘆地租錢叁百陸拾柒定貳拾肆兩伍分壹厘。
菱蕩租錢肆定肆拾玖兩陸錢陸分伍厘。
河泊租錢伍定叁兩。

稅糧

大麥肆百壹拾碩叁斗陸升貳合。
小麥柒百伍拾碩陸斗壹升貳合。
紅花捌百叁拾捌斤壹拾兩肆錢伍分。
粳米肆仟貳拾伍碩伍斗貳升叁合陸勺。
粳稻陸百伍拾叁碩捌斗肆升柒合。
黄豆壹仟叁百陸拾碩肆升捌合肆勺。

歲貢土物：

狢皮柒百陸拾張半。

上元縣

係官

稅糧

絲壹萬壹仟伍拾柒斤柒分肆厘肆毫。

綿叁仟柒百玖拾伍斤壹拾貳兩玖錢貳厘壹毫。
布肆百玖拾壹疋捌尺肆寸叁分壹厘。
鈔玖拾壹定壹拾肆兩貳錢玖分叁厘叁毫。
黄荳伍拾碩壹斗貳升。
小麥叁拾陸碩柒斗伍升貳合叁勺壹抄柒撮。
粳米叁萬貳仟捌百伍拾肆碩玖斗陸升柒合。
鈔貳定貳拾兩壹錢柒分捌厘。
酒醋課程壹仟伍百肆拾肆定肆拾肆兩叁錢柒分貳厘〔四〕。
房地錢陸拾貳定柒兩闕錢陸分肆厘。
蘆課壹百壹拾柒定肆拾陸兩陸錢陸分伍厘。
曆日錢柒拾壹定肆拾陸兩叁錢。

財賦

課程中統鈔伍百叁拾玖定肆拾陸兩貳錢肆分玖厘。
田、地、山、蕩等租錢伍拾壹定叁拾兩捌錢陸分陸厘。

草埸、蘆地租錢肆百柒拾叁定肆拾玖兩柒分肆厘。
河泊水面並帶辦渡租錢玖定貳拾伍兩。
園圃租錢貳定叁拾肆兩玖錢。
冰窨租錢壹定叁拾兩。
菱溝租錢貳拾陸兩肆錢玖厘。
稅糧
小麥叁百捌碩壹升陸合。
紅花壹仟肆百伍拾捌斤捌兩肆錢玖分。
綿貳拾陸斤陸兩捌錢柒分伍厘。
粳米壹萬伍百陸拾叁碩肆斗伍升捌合陸勺。
豆壹仟叁百貳拾碩柒斗柒升玖合。
歲貢土物
狢皮柒百陸拾陸張。

句容縣

稅糧

絲壹萬壹仟陸百玖斤玖兩柒錢陸分。

綿貳仟捌百玖拾伍斤捌兩叁厘。

鈔陸拾貳定貳拾貳兩貳錢肆分肆厘。

官米叁仟玖百伍碩壹斗貳合。

民米叁萬叁仟陸百柒拾陸碩伍斗肆升玖合。

酒醋課壹仟伍百叁拾肆定叁兩伍分。

茶課貳拾定。

房地錢壹拾伍定壹拾壹兩玖錢壹分貳厘。

曆日錢捌拾陸定叁拾陸兩柒錢。

生帛局造辦棗褐、鴉青、明綠、白色紵絲斜紋肆百玖拾伍段。

縣務稅課叁百伍拾玖定貳拾玖兩伍錢肆厘。
常寧務稅課貳百捌拾肆定拾肆兩捌錢捌分。
白土務稅課貳百壹拾捌定叁拾貳兩。
東陽務稅課壹百叁拾定貳拾伍兩。
帶辦財賦課程柒拾柒定肆拾柒兩。
歲貢土物：
貉皮壹仟玖百捌拾陸張。
翎毛捌仟壹百根。
茅山蒼术貳百斤。

溧水州

係官
稅糧

絲壹萬叁仟肆拾玖斤壹拾伍兩貳錢陸分捌厘。
綿柒仟陸百伍拾柒斤柒兩伍分柒厘。
鈔壹百叁拾陸定壹兩伍分壹厘。
粳米捌萬玖仟柒百貳拾陸碩陸斗壹升伍合。
麥柒百肆拾碩捌斗玖升陸合。
豆貳拾碩肆斗肆升肆合。
糯米貳百肆拾叁碩壹斗貳升肆合。

租課

租錢貳拾陸定肆拾叁兩陸錢玖分壹厘。
課鈔肆百肆拾壹定叁拾陸兩玖錢。

江淮財賦

稅糧

絲貳拾伍斤玖兩伍錢。
粳米肆萬捌仟玖拾伍碩叁斗叁升玖合。

麥肆拾壹石陸斗叁升。

糯米貳百肆拾叁碩壹斗貳升肆合。

租課鈔肆百伍拾叁定肆拾肆兩陸錢壹分玖厘。

酒醋課歲辦總計貳仟叁百貳拾柒定叁拾伍兩陸錢捌分肆厘。

税課在城務、官塘務、東壩務、高淳務歲計總辦柒百玖拾伍定肆拾捌兩伍錢貳分伍厘。

曆日錢壹百貳拾伍定貳陸兩貳錢。

歲貢土物

羖羪羊皮陸百伍拾尺。

翎毛捌仟壹百根。

貉皮貳百肆拾柒張半。

溧陽州

係官稅糧

官稅

絲壹百壹拾柒斤壹拾壹兩捌錢柒分肆厘貳毫。

綿柒拾肆斤貳兩陸分捌厘柒毫。

折錢肆定捌兩貳錢陸分捌厘陸毫。

民稅

絲柒仟伍拾捌斤壹兩肆錢玖分捌厘。

綿叁仟貳百壹拾伍斤壹兩伍錢叁厘叁毫。

折錢壹百肆拾壹定肆兩柒錢捌厘肆毫。

官糧肆仟捌百叁拾玖碩柒斗叁升伍勺。

民糧叁萬玖仟玖拾陸碩貳斗叁升柒合。

酒醋課程壹仟柒百肆拾捌定貳拾壹兩柒錢肆分。
茶課貳拾叁定叁拾叁兩肆錢柒分伍厘。
曆日錢壹百伍拾壹定壹拾壹兩伍錢。
房地錢壹定壹拾陸兩陸錢肆分。
回回包銀錢壹拾陸定。
江淮財賦
稅糧
絲肆拾柒斤柒兩柒錢柒分伍厘。
小麥壹百捌拾玖碩伍斗貳升捌合。
白米陸百玖拾捌碩玖斗玖升壹合。
糙米貳萬貳仟伍百肆拾玖碩捌斗柒升肆合。
租課錢
長塘、河泊漁課玖拾玖定肆拾捌兩伍錢貳分。
山租、水蕩錢柒定貳拾伍兩玖錢伍分。

房地租錢壹定叁拾壹兩肆錢。

江浙財賦

稅糧

絲玖斤柒兩陸錢叁分叁厘。

小麥壹百五拾叁碩叁斗肆升壹合捌勺。

白米伍百肆拾伍碩叁斗柒升壹合玖勺。

糙米肆仟柒百陸拾碩壹斗玖升肆合。

租錢

山租蕩錢壹定叁兩柒錢叁分。

房地錢壹定貳兩捌錢貳分。

善農

稅糧

小麥壹拾捌石伍斗柒升叁合。

白米陸拾肆石叁斗貳合。

糙米壹仟貳百柒拾叁石肆斗叁升柒合。

在城務、前陳務、舉善務歲辦壹仟叁拾叁定肆拾柒兩貳錢。

歲貢土物

珠子米貳拾貳碩。江浙財賦糧内辦納。

羊皮陸百陸拾尺。

貉皮叁百柒拾貳張。

翎毛捌仟壹百根。

本路溧陽、句容諸局歲造段疋叁仟貳百件。

財賦局歲造段疋壹仟壹拾肆件。

物産

穀之品：稻、粳、來牟、菽、麻、粟。

帛之品：羅、絹、紗、花絹、花紗、四緊紗、紡絲綿。

金之品：金、句曲山。銅、鐵、赤山。銅器。句容。

藥之品：玉屑、《淮南子》云出鍾山。石鍾乳、《本草》云：「茅山土石相雜，偏生茅草，以茅津相滋，乳色稍黑而滑潤，謂之茅山乳，性微寒。」禹餘糧、《本草》云：「茅山甚有好者，狀如牛黄，重重甲錯，其佳處乃紫色〔五〕，泯泯如麵，齧之無磣，然用之宜細研，以水洮取汁澄之，勿令有沙土也。」黄精、《本草》云：「葉大根粗，黄白色，至夏華實。」生人葠、阮孝緒因母疾用藥須，得生人葠。舊傳鍾山所出。孝緒躬歷幽險，累日不獲。忽一白鹿前行，至一所，遂不見。就求之，果得。然此見南朝偏都，北藥罕至，故以偶得爲異，今不然耳。鹿梨、《本草》云：「江寧府出一種小梨，名鹿梨，葉如茶，根如小拇指。彼處人取其皮治瘡癬及疥癩，云甚效，八月採。」朮、陶隱居云：蔣山、白山、茅山者爲勝。卷栢、《建康記》云，出卷栢。石腦、陶隱居云：今茅山東西平山並有，鑿土龕取之。芍藥、陶隱居云：今出白山、蔣山、茅山最好，白而大。乾地黄、陶隱居云：板橋者爲勝。柴胡、麥門冬、茵蔯、王不留行、前胡、敗醬、石韋、菝葜、地榆、京三稜、甘遂、牙子、天南星、鬼臼、僊茅、連翹、紫葛、桑上寄、生地、蜈蚣、蕁麻、茵蔯蒿、按《本草》以上並出江寧。桔梗、兔絲、香附子、罌粟、荆芥、蒼朮、玄參、百合、百部、白斂、白及、地黄、地榆、貫衆、芫花、半夏、天門冬、天僊藤、威靈僊、劉寄奴、何首烏、夏枯草、穀精草、按《本草》

並出溧陽州。芝草、菖蒲、南燭、山桃、按《本草》並出句曲山。覆盆子、吳茱萸、按《本草》並出溧水州。溪蓀草、側栢、並出句曲山。芝草。龍僊芝、參成芝、燕胎芝、夜光洞草芝、萪玉芝、熒火芝、夜光芝、琅葛芝，並出茅山。

香之品：黄連香。出茅山。

果之品：來禽、大杏、海紅、金錠梅、紅桃、綠李、相公李、出句容。秦公梨、櫻桃、繡蓮藕、芡實、菱實、蒲萄、海門柿、石榴、香査、西瓜、甜瓜、梧桐子、地栗、橘橙、乳柑、竹蔗、荻蔗、出府境。福鄉柰。出句容。

菜之品：萵筍、大葱、蘿蔔、出溧水州。冬瓜、筍茭、白芹、蔞蒿、防風菜、甘露子、竹。

禽之品：梟、鶉、鳩。

魚之品：鱘魚、鱸魚、邵魚、狀如鳶。蟹、河魨、石首、鱭魚、鯿魚、鮰魚、金魚、銀魚、比目魚、鮒魚、魴魚、鼉魚、蜆。

獸之品：獐、鹿。以上係舊志所載。

酒、李白詩：「堂上三千珠履客，甕中百斛金陵春。」唐人多以「春」名酒，金陵春當時酒名也。宋酒名有繡春堂、留都春等，至今市酤皆通販他郡，罕及其美，或謂水味然也。**紫毫筆**、張文潛《明道雜志》首載白樂天《紫毫筆》詩：「宣城石上有老兔，食竹飲泉生紫毫。」予嘗問宣州筆工，用毫皆陳、亳、宿州客所販，宣兔毫不堪用。蓋兔居原田則毫全〔六〕，宣兔居山，出入爲荆棘樹石所傷，毫例短秃。白公宣州發解進士，宜知，偶不問爾。又《北戶錄》：「兔毫，宣州歲貢青毫陸兩，紫毫叁兩。」後又云：「王羲之嘆江東下濕，兔毫不及中山。」由是而言，則宣城亦有兔毫，不及北方勁健爲可用也。然則毛穎傳、李太白詩所言中山，非溧水中山明矣。《廣志》曰：「漢諸郡獻兔毫書鴻門題，唯趙國毫中用。」漢趙國、中山國、真定國皆相近，屬冀州，唐人所謂中山指此。然白詩又云：「宣城之人采爲筆，千萬毛中選一毫。毫雖輕，功甚重〔七〕，管勒工名充歲貢，君兮臣兮勿輕用。」又曰：「起居郎，侍御史，爾知紫毫不易致。每歲宣城進筆時，紫毫之價如金貴。」唐人皆能書知筆，宣城諸葛氏筆得法，擅藝當時。唐之宣城、昇州皆貢筆，前論中山非此，得之矣。但産毫之說，凡物古今異宜者頗多矣，或一時選製之精。昇州進筆，豈晋人遺法？歷隋猶不絶，是以作貢與。**空青**、《江乘地記》曰：「樵采者常於山上得空青。此山一朝出雲，零雨必降，民人以爲常占。」**礬**、出句容。**茅山石**、石次玉。又有恠石。**雨華臺石**、朱希真《獵較集》有以金陵小石種石菖蒲，詩云：「雨華臺上五色石。」《慶元志》：「其地名瑪瑙岡，出五色小石，堪爲環珥。」**石墨**、《茅山記》：「費長房遇壺公，得其術，寓茅山之東，書符救人有功。一日出山，傾硯水澗中，其石變色，因號石墨，至今取可書符。」**附子**、**烏**

頭、茯苓、白朮、枸杞、澤瀉、黄連、決明、芎、細辛、貝母、防風、玄胡索、黄獨、山藥、玉蕈、紫芋、金罌子、茗、《茅山志》並出山中。芎曰茅芎，附子山中名茅，附比蜀産者實小而氣劣，性大，去濕。烏頭同。紅花、今充賦。懷香、嵇康《懷香賦序》〔八〕：「余以太簇之月，登於歷山之陽，仰眺崇巒，俯察幽坂，及覩懷香，生蒙楚之間。曾見斯草，植於廣廈之庭，或被帝王之囿〔九〕，怪其遐棄〔一〇〕，遂遷而樹於中堂〔一一〕。華麗則殊采婀娜〔一二〕，芳實則可以藏之書〔一三〕。」卞敬宗《懷香贊》曰：「有卉維翠，因實制名。濛濛菉葉，荏荏弱莖。寄芬微風，寓秀閒庭。懷而芳之，爲翫於情〔一四〕。」懷，《唐本草》作蘹，後作茴，皆俗改也，與番舶來者不同。近圃多種，苗葉亦療病。蔜蕪、《唐志》曰：「香草也，魏武帝以藏衣中。見碉內。」甘棠、唐貢，蓋即海紅。《景定》重出。《呂氏春秋》「果之美者棠實」。唐人詩有棠梨花。樝、二種。《本草》、《圖經》云：「樝木葉，花實酷類木瓜。」又曰：「樝子處處有之，孟州特多，主霍亂、轉筋。並煑汁飲之，可敵木瓜。食之，去心間醋痰。實初熟時，其氣芬馥，人將寘衣笥中，亦香。」此一種也。曾極詩：「五和糝奇無處覓，榠樝新熟壓枝香。」注云：「隱居五和糝中用之謂此。」又曰：「陳藏器云，樝子本功外，食之去惡心、酸咽，止酒痰、黄水。小於榅桲，而相似，北土無之，中都有。」鄭注《禮》云：「樝，梨之不臧者。」隱居云：「樝梨曰鑽之。鄭公不識樝，故云然。」古亦以樝爲果，今則不入例爾。又榅桲似樝子而小。《圖經》云：「舊不著所出，今關陝有之，沙苑出者更佳。其實大抵類樝，但膚慢而多毛，味尤甘，治胸膈中積食，去醋水、下氣、止渴，生熟皆宜。」此所謂樝又一種也。今熟之者則呼爲榅桲。棗、橙、胡桃、梁沈約有《爲柳世隆謝賜樂游胡桃啓》。菘、大菘，近城十月出，極大而美，中鹽虀。梁太子有《謝敕賚大菘記》。頗陵，劉禹錫《嘉話錄》：「菠菱，本是『頗陵』，語訛爾。種自頗陵國來，土人呼菠菜。」以上見戚氏《志》。按《商書・伊尹》：「獻令正東符婁、𦘒州。伊慮、漚深、夷、蠻、越、漚請令，以魚皮之鞞、鰂之醬，蛟瞂、利劍爲獻。」《周王會圖》：「周公旦主東方國，青馬黑𨑳，謂之母兒。揚州禺魚，名解喻冠。東越海蛤，甌人蟬蛇，于越納姑妹珍，且甌文蜃，共人玄貝，海陽大蟹，自深桂，會稽以鼉，皆面西嚮。」此又商周之世揚州物貢大略，不專在金陵產也。

【校勘記】

〔一〕七：原作「已」，據至正本改。

〔二〕千六十：原脱，據至正本補。

〔三〕「狢」字上至正本有「狢春郝狐也」五字。

〔四〕貳厘：原本無，據至正本補。

〔五〕紫：原作「滀」，據《本草乘雅半偈》卷二改。

〔六〕田：原脱，據《漁隱叢話》後集卷一〇補。

〔七〕功：原作「工」，至正本作「紅」，此據《白氏長慶集》卷四、《白香山詩集》卷四、《樂府詩集》卷九九、《全唐詩》卷四二七改。

〔八〕康：原作「含」，據《藝文類聚》卷八一改。

〔九〕囿：原作「圃」，據《藝文類聚》卷八一改。

〔一〇〕怪：原作「在」，據《藝文類聚》卷八一改。

〔一一〕堂：原作「唐」，據《藝文類聚》卷八一改。

〔一二〕殊采：原作「珠采」，據《藝文類聚》卷八一改。

〔一三〕芳：原作「苦」；之：原脱，並據《藝文類聚》卷八一改、補。

〔一四〕此句尾原衍「懷」字，據《御定佩文齋廣群芳譜》卷八八刪。

至正金陵新志卷八

民俗志

孟子有云：「天下之生久矣，一治一亂。」聖人繼亂世之後，必改絃易轍，奉天道以子萬民，庶矣而富之，富矣而教之。是故六合同風，而九州共貫。昔漢繼秦，海内生齒十耗八九。孝惠、文、景，恭儉相承。至孝武時，烟火萬里，雞犬相聞，夫子所稱善人爲邦之效者。當是時，名儒董仲舒、司馬遷之徒論其好尚，咸謂宜少損周之文〔二〕，用夏之忠。此豈非春秋大一統之義哉？而奉筐篋者乖遠謀，事威武者圖近功，智者病焉。我世祖皇帝初命丞相淮安忠武王統師南伐，嘗戒以當效曹彬，勿妄有誅殺。故金陵之降，市不易肆，休養生息，幾及百年，生齒日繁，而儒術駸駸進用，禮樂興矣。金陵在江左風氣特爲淳厚，士民交際、衣服飲食多中原遺俗。今次其版章與前載所稱風俗之美，作《民俗志》。

戸口

前代。《丹陽郡志》戸口有數，而管隸地界與今不同。

西漢。戸拾萬柒仟伍佰肆拾壹，口肆拾萬伍仟壹佰柒拾。

東漢。戸拾叁萬陸仟伍佰壹拾捌，口陸拾叁萬伍佰肆拾伍。

晉。戸伍萬壹仟伍佰。《宋書》紀：「晉太康、元康定戸肆萬壹仟壹拾，口貳拾叁萬柒仟叁百肆拾壹。」

隋。戸貳萬肆仟壹百貳拾伍。

宋。《景定志》所載戸口實數：

主戸壹拾萬叁仟伍百肆拾伍，口貳拾貳萬壹任柒百伍拾伍。

客戸壹萬肆仟貳百肆拾貳，口貳萬陸仟肆百肆拾壹。

上元縣

主戶壹萬壹仟貳百捌拾，口貳萬伍仟柒百捌拾伍。
客戶柒仟肆百陸拾陸，口捌仟柒百伍拾柒。

江寧縣

主戶壹萬壹仟叁百伍拾肆，口壹萬陸仟肆百捌拾伍。
客戶貳仟貳百伍拾柒，口貳仟肆拾柒。

句容縣

主戶貳萬貳仟叁百柒拾，口伍萬壹百叁拾。
客戶叁仟玖百玖拾陸，口柒仟貳百壹拾叁。
《乾道志》：「句容主戶貳萬伍仟捌百玖拾柒，主丁口陸萬柒仟伍拾；客戶貳仟肆百玖拾陸，客丁口伍仟柒百陸拾陸。」較之景定，主戶減貳仟伍百貳拾柒，客戶增壹仟伍百。

溧水縣

主戶貳萬貳仟伍百貳，口肆萬肆仟捌百陸拾陸。

客戶貳仟貳百伍拾玖，口捌仟貳百伍拾玖。

溧陽縣

戶陸萬叁仟玖百捌拾叁，口壹拾叁萬柒百伍。皆主戶。

《乾道舊志》：溧陽主戶叁萬壹仟貳百壹拾貳，口陸萬捌仟玖百叁拾壹。客戶無。較之景定，主戶增叁萬貳仟柒百柒拾壹，口增陸萬壹仟柒百柒拾肆。又按《溧陽縣志》，後漢爲大縣，而戶不滿萬。《百官志》：「縣戶萬以上爲令，不滿爲長；尉大縣二人，小縣一人。」《光和校官碑》稱溧陽長、左右兩尉。東晉亦大縣。《晉志》：縣大置令，縣小置長。時置令。唐戶萬以上縣尉二人。開元上縣萬戶增一人。《城隍廟記》：尉三人，員外尉一人。《義女碑》：尉四人。宋慶曆七年，戶逾二萬，見《題名序》。建炎中，戶叁萬。陳子高詩

「溢郭壺漿叁萬戶」，雖詩語未實，然近此數。

大元至元二十七年本路抄籍戶口

在城錄事司戶壹萬捌仟貳百伍，口玖萬肆仟玖百玖拾貳。

南人戶壹萬伍仟壹百肆，口柒萬玖仟壹百玖拾壹。

軍站人匠戶伍仟捌百柒拾伍，口貳萬陸仟貳拾柒。

無名色戶玖仟貳百貳拾玖，口伍萬叁仟壹百陸拾肆。

北人戶叁仟壹百壹，口壹萬伍仟捌百壹。

色目戶壹百肆拾玖，口貳仟玖百壹拾玖。

漢人戶貳仟玖百伍拾貳，口壹萬貳仟捌百捌拾貳。

江寧縣戶貳萬貳仟柒百伍，戶名叁百肆名，男婦壹拾叁萬貳仟柒百捌拾柒口。

民戶壹萬玖仟玖百柒戶，計壹萬肆仟叁百伍拾柒口。

醫戶柒拾伍，口伍百柒拾壹。

淘金戶捌百貳拾叁，口柒仟柒百玖拾貳。
財賦佃戶伍百柒拾叁，口叁仟貳百伍拾壹。
儒戶柒拾伍，口肆百貳拾伍。
弓手戶捌拾陸，口捌百肆拾陸。
樂人戶壹拾陸，口壹百壹拾貳。
無名色戶壹萬捌仟貳百伍拾玖，口壹拾萬壹仟叁百陸拾。
軍戶壹仟壹拾叁，口叁仟玖百叁拾。
站戶肆百玖拾壹，口伍仟貳百貳。
匠戶叁百柒拾叁，口叁仟壹百壹拾陸。
哈喇齊戶肆百捌拾叁〔二〕，口肆仟壹百叁拾柒。
鋪夫戶壹百壹拾陸，口壹仟壹百肆拾肆。
上元縣戶貳萬玖仟貳百柒拾柒。
南人戶貳萬捌仟貳百陸拾陸。
儒戶柒拾肆。

醫戸玖拾肆。
弓手戸柒拾捌。
財賦佃戸壹仟玖百伍拾柒。
貴戸壹拾壹。
哈赤齊戸柒百捌拾捌。
民戸貳萬肆仟貳百貳拾柒。
軍戸壹百零陸。
急遞鋪夫戸肆拾陸。
匠戸肆百叁拾柒。
水馬站戸肆百肆拾捌。
北人戸壹仟壹拾壹。
色目戸壹拾柒。
蒙古人戸壹拾肆。
輝和爾戸壹〔三〕。

回回人戶壹。

契丹人戶壹。

漢人戶玖百玖拾肆。

軍戶玖百柒拾陸。

匠戶貳。

民戶壹拾伍。

馬戶壹。

句容縣戶叁萬肆仟捌百壹拾肆，口貳拾壹萬肆仟柒百玖拾。

南人戶叁萬肆仟柒百陸拾伍。

儒戶壹百壹拾陸。

民戶叁萬伍百貳拾。

醫戶壹百叁拾柒。

財賦佃戶貳。

弓手戶壹百壹拾。

哈喇齊戶柒百叁拾柒。
各投下元撥戶、内析居戶叁百。
哈喇齊戶柒拾叁。
圖圖爾哈戶貳百貳拾叁〔四〕。
平章養老戶肆。
軍戶貳拾壹。
新附軍戶壹拾玖。
通事軍戶貳。
水馬站戶伍百伍拾貳。
匠戶壹仟陸拾。
急遞鋪夫戶肆拾。
平章養老戶叁百。
圖圖爾哈，另項伊蘇岱爾元擄軀口戶捌百柒拾〔五〕。
北人戶肆拾玖。

色目戶壹拾壹。

蒙古人戶柒。

輝和爾戶壹。

回回人戶貳。

河西人戶壹。

漢人戶叁拾捌。

軍戶壹拾叁。

民戶壹拾玖。

馬站戶壹。

儒戶貳。

運糧戶壹。

急遞鋪夫戶壹。

齊哩克昆戶壹〔六〕。

溧水州，南北諸色人戶伍萬柒仟捌百玖拾陸，口叁拾壹萬陸仟肆百貳拾伍。

南人戶伍萬柒仟捌百伍拾伍。
民戶伍萬陸仟捌百肆。
儒戶叁百叁拾柒。
醫戶壹百貳拾壹。
弓手戶柒拾柒。
財賦佃戶肆仟肆百玖拾。
哈喇齊戶壹仟伍拾。
圖圖爾哈戶貳百叁拾玖。
各投下戶壹百貳拾叁。哈喇齊八十九，圖圖爾哈三十四。
無名色戶伍萬叁百柒拾貳。
站戶肆百捌。
水站壹百捌拾肆；
馬站貳百貳拾肆。
匠戶伍百貳拾肆。

軍戶柒。

急遞鋪戶壹百壹拾壹。

陰陽戶壹。

北人戶肆拾壹。

色目人戶陸。

漢人戶叁拾伍。

溧陽州戶陸萬叁仟肆百捌拾貳。

南人戶陸萬叁仟叁百陸拾伍。

儒戶壹百叁拾柒。

弓手戶玖拾。

馬站戶伍。

財賦佃戶壹仟捌百柒拾叁。

軍戶伍拾叁。

急遞鋪夫戶貳拾肆。

醫戶壹百捌。
匠戶玖百陸拾叁。
打捕戶壹百壹拾柒。
齊哩克昆戶柒百肆拾貳。
民戶伍萬捌仟陸百壹拾。
圖圖爾哈戶陸百肆拾叁。
北人戶壹百壹拾柒。
色目人戶壹拾玖。
漢人戶玖拾捌〔七〕。

風俗

班固曰：「凡民函五常之性，而其剛柔緩急音聲不同，繫水土之風氣。故謂之風。好惡取舍，動靜亡常，隨君上之情欲。故謂之俗。」古者以九州列國爲論。《周禮》東南曰揚州。《晉書》以爲「江南之氣噪勁〔八〕，厥性輕揚。」《漢志》：「楚有江漢川澤山林之饒〔九〕，飲食還給〔一〇〕，不憂凍餓。」又曰：「漢南卑濕，丈夫多夭。」又曰：「本吳粵與楚接，比數相並兼〔一一〕，故民俗略同。」王吉言：「風百里，俗千里，則不同。」後世民多遷徙，又禮樂政治，時可易之，況與世推移哉？然猶有不大遠者。是故善爲治者，必先省之，存復其美而消其否。

《隋志》曰：「丹陽，舊京所在，人物繁盛。小人率多商販，君子資於官祿。市廛列肆，埒於二京。人雜五方，俗頗相類。」

《顔氏家訓》曰：「江東婦女，略無交游，婚姻之家，或十數年間未相識者，惟以信命贈遺致殷勤焉。」

杜佑《通典》曰：「江寧，古揚州地。永嘉之後，帝室東遷，衣冠違難〔一二〕，多所萃止。藝文儒術，斯之爲盛。今雖閭閻賤品〔一三〕，處力役之際，吟詠不輟，蓋因顔、謝、徐、庾之風扇焉。」

沈立《金陵記》云〔一四〕：「其人士習王謝之遺風，以文章取功名者甚衆。」

《祥符圖經》曰：「君子勤禮恭謹，小人盡力耕殖，性好文學，音辭清舉。」

顔介曰：「南方水土柔和，其音清舉而切，天下之能言唯金陵與洛下耳。」

楊萬里曰：「金陵，六朝之故國也。有孫仲謀、宋武之遺烈，故其俗毅且英〔一五〕；有王茂洪、謝安石之餘風，故其士清以邁；有鍾山、石城之形勝，長江、秦淮之天險，故地大而才傑。」時楊爲江東轉運副使。

游九言曰：「每愛金陵士風，質厚尚氣。前年攝行倅事，日受訴牒，不過百餘，較劇郡纔十一爾。爲吏爲兵者，頗知自愛，少健狡之風。工商負販，亦罕聞巧僞。」時游爲安撫司幹官。

《句容縣志》：「縣在江南卑濕之地，火耕水耨，民食魚稻，以漁獵山澤爲業〔一六〕，果蓏蠃蛤，食物常足。故呰窳媮生，亡千金之家。」

《溧水州志》：「州有山林川澤之饒，民勤稼穡，魚稻果茹，隨給粗足。雖無千金之家，亦罕凍餒之民。信巫鬼，重淫祀。畏法奉公，各守其分，安業重遷。尤好文學，承平時，儒風藹然，爲五邑冠。」

《溧陽州志》：「州介江浙之間，其君子篤厚恭謹，恬靜自得，藝文儒術，藹然相尚。其細民務本力農，淳朴質直，類知畏法。名儒勝士，避地來寓溧上〔一七〕，往往樂其風土而定居焉。」王端朝曰：「是邑有李太白之英風，故其人多秀而文；有伍子胥之故迹，故其俗多義而勇。」陸子遹《除妖害記》云：「天地之間，有至正之氣，爲陽剛，爲醇厚，爲正直，爲聰明；有至邪之氣，爲陰險，爲浮薄，爲妖妄，爲昏愚。在昔羲畫八卦，禹鑄九鼎，孔子作《春秋》，繫《周易》，蓋以翊是正、闢是邪也。戴圓履方，職自宜然，而握禍福之柄於冥冥之中者，又可以邪而紊夫正耶？子遹誠庸疏，不能趍近時好，每念天覆吾，地載予，隨波同流，見義不爲，眞妾婦之道。聞古之人，有毀淫祠者，有擊蛇妖者，有遏聖水者，心誠慕之。及爲此來，邑條紊而無統，民情惑而未解，詳省精索，皆以淫邪之鬼依附假託，種類實繁，爲害孔熾，淪入肌髓，習熟聞見牢不可破而致。然自夫白雲魔教之滋也，則而雄據阡陌，豪奪民業，御辛茹毒，罔所訴理。有司一問，則群噪醵賄，白黑淆亂，弱下窶乏，困於徭征，則獨偃然自肆，寸絲粒粟，不入公上。羣黎邑吏或以赴訴，則賕吏鬻證，反爲所誣。根深蒂固，歲月滋久，民視若禽獸，然視法禁無如也。自夫厲鬼妖祀之横也，故時疫洊興，民多夭折，辟法藥餌，拒絕姻好，惟巫覡之是聽，不至於斃不已。檜蘄祝請，禮未究竟，而其人已死者有之。然且曰：『是齋潔有未至，誠敬有未孚，響答未加，威譴是速。』逝者不可悔，生者愈惑之，益致力於神，趣死如歸焉。意以延生者之命，資死者之福，殊狀醜態，駭眩愚衆。土木於祠，藻繪於躬鬼之部伍，各爲某疾而肖其證，尸而祝者弗止，厲而死者日滋。自夫五福殤鬼之暴也，而民汩其良心，易其天性，遜悌之實盡忘，而乖爭之習成。俗不吝於死傷，而耻於退懦。嘗閱鬬訟，而得其所以。民有私憾不克逞，則之神而告焉。其法用雞鴈手刃而刺之，血刃而加諸槃水之上，鬼降則刃躍於空，乃歃其血。而之所欲甘心者，雉羽寓鑷以飾其怒，長歠距踴以輔其氣，曰：「吾得請於神矣。」及梏而致之獄，一問無異辭。獄成而審之，忻然稱不冤。及出，過通衢，長歌有得色，自謂死爲神之徒。民生不幸，殆未有甚於此者。實陰險、浮薄、妖妄、昏愚之大者也。子適曰：「有我則無汝。今奉天子命，司民人社稷，叁鬼何爲者，亂吾政、賊吾赤子？」較之淫祠蛇妖聖水，其害彌甚。夫妖從人與，妖不自作。魔教之妖，人之奉鬼者也。厲鬼、殤鬼之妖，鬼之害人者也。人之奉，其責在人。鬼之害，其罪在鬼。在人者當易其習，在鬼者當除其根。歲在己卯，先疆域民之習魔教者，奪民業則正而歸之，不輸賦則均而取之。嚚頑之俗，革於一旦，黨與之衆散於反掌，此所謂易其習也。獸貌鬼質，自聖僭王，侑食土神，峻宇高位者，撤而去之；狠目露肘，翹足揮刃，呼嘯命侶，偃蹇睢盱者，碎而空之。此所謂除其根也。自時厥後，賦役得其平，疾厲不復作，殺傷者幾絶。於是邑之獄訴日以清，而嚮者心腹膏肓之害一朝盡除，然後陽剛、醇厚、正直、聰明之氣勃然而生矣。」初，子適之正是三者，人皆爲危之。自念身受之親，學稟之師，豈可爲愚鬼屈及其成也！民皆懽，曰：「今真愛我！」披雲霾而覩天日，阡陌之上罔非良民，閭閻之間化爲樂土。子適所以粗能信其志於斯邑者，蓋基於此。乃記其顛末，庶來者有考焉。

戚氏曰：金陵山川渾深，土壤平厚。在宋建炎中，絶城境爲墟，來居者多汴、尚洛力能遠遷矩族仕家，視東晉至此又爲一變。歲時禮節，飲食市井，負衒謳歌，尚傳京城故事。人物敦重質直，罕爾巧浮僞。庶民尚氣能勞，力田遠賈。舊稱陪都大鎮。今清要之官内外通選，人品論鑒居東南先。士重廉耻，不競榮進，氣習大率有近中原。地當淮浙之衝，談者謂「有浙之華而不澆，淮之淳而雅」，於斯得之矣。

【校勘記】

〔一〕少：原闕，據《周易詳解》卷五補。

〔二〕哈喇齊：至正本作「哈剌赤」。下同。

〔三〕輝和爾：至正本作「畏吾兒」。下同。

〔四〕圖圖爾哈：至正本作「禿禿哈」。下同。

〔五〕伊蘇岱爾：至正本作「伊蘇歹兒」。下同。

〔六〕齊哩克昆：至正本作「怯怯口」。下同。

〔七〕「漢」字下至正本有「兒」字。

〔八〕噪：原作「嘇」，據《晉書》卷一五《地理志》下改。

〔九〕江漢：原闕，據《漢書》卷二八下《地理志》補。

〔一〇〕飲：原作「衣」，據《漢書》卷二八下《地理志》改。

〔一一〕比：原無，據《漢書》卷二八下《地理志》補。

〔一二〕《通典》一卷八二、《文獻通考》卷三一八「違」作「避」。

〔一三〕品：原作「隸」，據《通典》卷一八二、《文獻通考》卷三一八改。

〔一四〕記：原作「志」，據《景定建康志》卷四二改。

〔一五〕英：原作「美」，據《誠齋集》卷七五、《景定建康志》卷四二改。

〔一六〕澤：至正本作「伐」。

〔一七〕上：原作「土」，據《景定建康志》卷四二改。

至正金陵新志卷九

學校志

洋洋乎禮樂之爲教哉！其本貫於人之情性，其用起於飲食、語默、閨房、閭巷，而達於冠昏、喪祭、宗廟、朝廷之上。其儀章、度數、聲容之節，則學士大夫世守其說，以訓天下後世。然古之君人者，曷嘗不以身爲勸哉？《詩》曰：「於論鼓鐘，於樂辟廱〔一〕。」明文王之學，教以樂也。又曰：「敬慎威儀，維民之則。」明魯侯之泮宮，教以禮也。禮樂明備，達於上下，則天地以合，日月以明，四時以成，萬物以昌。故君子之教人於學也，使之耳聞雅頌之音，目視威儀之禮，足行恭敬之容，口言仁義之道，則邪僻之心無自而起。邪僻止而習俗美，習俗美而王道成矣。然而教道隆汙，視時升降。秦人廢學校，燔詩書，不旋踵而亡。漢武帝之時，禮壞樂崩，書缺有間，而能黜百家之言，尊六藝之教，文學由是興焉。晉都江左，歷宋、齊、梁、陳，日尋干戈，而其衣冠禮樂，盛於諸國，本之學校之益爲多。隋唐以降，惟宋氏以文治比隆三代，其損益尊尚，咸可觀考。我朝初有中夏，首用許文正公，開設國學，示天下以禮義之端。承平百年，自公府州縣以及閭巷，士民咸得宗祀先聖先師，設學以教，士習蓋彬彬焉。而集慶董以行臺，官守恪勤，他郡莫及。原化理，徵文獻，作《學校志》。

歷代學制沿革

前志稱：泰伯以至德立吳。後有季子，聖門子游始北學焉。里人也。《漢史》刺史黄霸，爲揚州三載，所至百姓鄉化。孝子、弟弟、貞婦、順孫日已衆多，田者讓畔，道不拾遺，獄亡重罪，吏民鄉教化，興行誼。何武行部所至，先即學宫見諸生，試其誦論，問以得失，然後入傳舍，出記問墾田頃畝，五穀美惡。已，迺見二千石。光武時，李忠爲丹陽郡太守，起學校，習禮容，春秋鄉飲，選用明經，郡中向慕之〔二〕。吳主草昧披攘，猶覽書史子籍，勸武將讀書呂蒙。其臣貴登輔相，猶樂教誨。步騭。景帝詔置學官，首立五經博士。永安元年詔曰：「古者建國，教學爲先，所以道世治性，爲時養器也。自建興以來，時事多故，吏民頗以目前趨務，去本就末，不循古道。夫所尚不淳，則傷化敗俗。其按古置學官，立五經博士，核取應選，加其寵祿，科見吏之中及將吏子弟有志好者，各令就業。一歲課試，差其品第，加以位賞。使見之者樂其榮，聞之者羨其譽，以敦王化，以隆風俗。」晉都江左以來，朝臣皆儒雅風流篤厚，學益興矣。永嘉初，王導上書元帝曰：「夫風化之本，在於正人倫。人倫之正，存乎設庠序。庠序設，五教明，德禮洽通，彝倫攸敘，而有耻且格。父子、兄弟、夫婦、長幼之序順，而君臣之義固矣。方今羽檄交馳〔三〕，國耻未雪，忠臣義夫所以扼腕拊心。苟禮儀膠固，淳風漸著，則化之所感者深，而德之所被者大。使帝典闕而復補，王綱弛而更張，獸心革面，饕餮檢情，揖讓而四海服〔四〕，綏帶而天下從，得乎其道，豈難也哉！故有虞舞《干戚》而化三苗，魯僖作泮宮而服淮夷，桓文之霸皆先教而後戰。今若聿遵前典，興復道教，擇朝臣之子弟並入於學〔五〕，選明博修禮之士而爲之師，化成俗定，莫尚於斯。」帝納其言。建武初，征南軍司戴邈復上疏，請篤道崇儒，以勸風化。帝從之，始立太學。江東大饑，詔百官各上封事。益州刺史應詹疏曰：「元康以來，賤經尚道，以玄虛宏放爲夷達，以儒術清儉爲鄙俗，宜崇奬儒官，以新治化〔六〕。」大興三年，皇太子釋典於大學。咸康三年，國子祭酒袁瓌、太常馮懷以江左寢安，請興學校。帝從之，立太學於秦淮水南。廢丹陽郡城東南。徵集生徒，而士夫習尚老莊，儒術終不振。太元十年，尚書令謝石請復興國學於太廟之南。宋元嘉十五年，立儒學於北郊，命雷次宗居之。明年，又命丹陽尹何尚之立玄學，著作郎何承天立史學，司徒參軍謝玄立文學。《宮苑記》儒學在鍾山之麓，時人呼爲北學。今草堂是也。玄學在雞籠山東。今棲玄寺側。史學、文學並在耆闍寺側。二十七年，罷國子學，而其地猶名故學。齊竟陵王子良開西邸，延才俊，遂命爲士林館。西邸在雞籠山。梁大同六年，於臺城西立士林館，延集學者。武帝初好儒術，其後尊信佛法，講譯内典，而士林輕矣。南唐跨有江淮，鳩集典墳，特置學官，濱秦淮開國子監。今鎮淮橋北御街東，舊比較務即其地，里俗呼爲國子監巷。宋雍熙中，有文宣王廟，在府西北三里冶城故基。天聖七年，丞相張士遜出爲太守，奏徙廟於浮橋東北，建府學，給田十頃，賜書一監。景祐中，陳執中又徙於府治之東南，即今學基。建炎兵燬。紹興九年，葉夢得更造學，援西京例奏增置教官一員，作《重修府學記》，見前志。淳熙四年，劉珙重修。慶元二年，張杓建閣，以奉御書。閣下建議道堂，稍重釋奠禮儀，儲典籍，增既廩，文風大振。淳祐初年，別之傑增修學宇。六年，趙以夫即命教堂，更名明德，增造兩廊，以妥從祀〔七〕。十年，吳淵列祠先賢，增學廩，創義莊。寶祐中，馬光祖興學校，舉孝廉，集周漢以來名賢贊而祠之〔八〕，士氣興焉。今學規模率倣前制。大成殿在櫺星門北戟門內，從祀位在兩廊，御書閣在明德堂後，講堂即今明德堂，議道堂在御書閣下。齋舍東序三，曰守中，曰進德，曰說禮；西序三，曰常德，曰育材，曰興賢。祭器庫二，一在大成殿前東廊之南，一在御書閣東偏。公廚在東序後，射圃在義莊倉西。有亭名繹志，後改正己堂。

置經籍

宋天聖中，賜監書。紹興初，賜石經。宋末，帥閫師儒收置其所藏，有御書、石經、經書、史書、子書、理學書、文集、圖志、類書、字書、法書、醫書、書板、石刻，卷帙以數千計。歸附後，兵火散失，蕩無一存。詳見前志。

增學計

天聖七年，始建學。朝廷給田十頃，其後續有增撥。至靖康，增至三十八頃五十七畒，房廊七十一間，及酒坊三處，歲收錢一千八百二十四貫有奇。至紹興二十八年，以秦申王所送錢一萬貫，續置到田一千八百九十畒。其後本府又有增撥。至於景定，田地之所隸者，共九千三百八十畒一角六十步。坊場之所隸者三，歲入錢二萬四千餘貫。銅井坊在江寧縣，銀林坊、鍾山坊皆在溧水縣。蘆場之所隸者二，歲入錢四千三百餘貫。白鷺洲一所，計一十五頃三十八畒有奇，木瓜洲一所，計六百畒有奇。通而計之，歲入米三千八百八十餘石，菽麥四百石，錢四萬一千餘貫，柴薪絲麻之入不與焉。會計有籍，記載有碑，皆掌於學。提督錢糧，則通判東廳之職也。

立義莊

義莊創於淳祐辛亥，退庵吳淵守建康時也。是年四月，府有牒報學。其略曰：

當使昨見四明府學有義莊一所，每年收到租課。凡簪纓之後及見在學行供破食職事生員遇有吉凶，於内支給贍助，心甚慕之。建康府士子貧窶者多，或遇吉凶，多闕支用，尤可憫念。今用錢五十萬貫，回買到制司後湖田七千二百七十八畝三角二十八步，歲收四千三百餘石〔九〕，米麥相半。發下本學，置簿椿管。如委的簪纓之後及見在學行供職事生員或有吉凶，請具狀，經學保明申上，給米八石、麥七石。米每石折錢三十六貫，麥每石折錢二十五貫。本年發糶田土舊租，米麥解到價錢一十二萬餘貫。發下提督府學，錢糧廳照應拘收。自五月爲始，照規支給。仍將後湖所有地畝步分明入籍〔一〇〕，自本年夏料爲始，徑自拘催，將所催租課於廣濟倉寄厫椿頓。本學養士錢米不相干涉，牒學照應施行。仍示士子知悉。府學回申八項：一、欲就本學空閒地段設倉收椿米麥。一、欲就學庫旁令夾截一庫收椿錢會。一、欲專及土著，不及游學之人。一、欲將到殿入學赴任人委係貧窶者，照吉事例併與周給。一、欲立凶禮支助之例，惟祖父母、自身、親兄弟、妻子事故者當給，不許以疎爲親，以無爲有，安陳苟得。一、欲請教授同正錄、直學五員親到倉庫，同收同支受，又親書交領〔一一〕，置簿登載，歲終有會。一、欲置租課總簿催銷，季終有會。一、欲將田畝籍冊及義莊始末並刻於石，以垂永久。五月二十二日，府牒並從申行。至次年二月，又牒勘會。本府昨置立義莊。如委係簪纓之後及見在學士着行供職事生員貧窶者，或有吉凶，從府學保明申府，給米八石、麥七石。米每石折錢三十六貫，麥每石折錢二十五貫。則例雖已立定，規模尚未爲廣。自今月二十六日爲始，如是他處游學士人見在本學行供，或在本府寓居，雖非土著，如有吉凶，併與一例支給。兼照得人人申府，亦恐煩瀆，今專委西廳通判提督。如遇有陳乞之人，即請本學契勘詣實，保明〔一二〕，具申提督廳支給，牒學施行。

設官

教授二員，分東廳、西廳。散官皆從仕、迪功、文林等郎。自紹興二十八年迄開慶元年有題名記。見前志。

建書院

明道先生程子，事見《程子書》及《先賢傳》。師濂溪先生周子，得孔孟以來不傳之學於遺經。嘗爲上元主簿，且攝縣事，政教在人，思之不忘。淳熙初，忠肅劉公珙祠先生於學宮，朱文公爲之記。紹熙間，主簿趙師秀來居其官，即廳事西偏繪像祠之。嘉定乙亥，主簿危和請於太守劉榘，於簿廨之東得鈐轄舊廨之地，改築新祠。部使者西山真德秀捐楮三十萬、粟二千斛以助之。未幾，李公珏來，繼劉公，咸相其役。前護重門，中嚴祠像，扁其堂曰春風，上爲樓。旁二塾，曰主敬，曰行恕，名其泉曰澤物，表其坊曰尊賢。既成，率郡博士及諸生行舍菜禮。自是春秋中丁率爲彝典，置堂長及職事員，延致好修之士。西山嘗記其事。未幾廢，爲軍儲賓屬之所。淳祐己酉二月，天大雷電，書閣忽災，郡守吴淵更創之。閣視舊益偉，下爲春風堂，聘名儒以爲長，招志士以共學，廣齋序，增廩稍，倣白鹿洞規，以程課講，士趨者衆。理宗聞而嘉之，親書「明道書院」四大字爲額，與四書院等。寶祐丙辰，郡守馬光祖得西山斷碑於瓦礫中，重刻之。開慶己未，率僚屬會講於春風堂，聽講之士數百，乃屬山長修程子書，刻梓以授諸生，給田以增廩〔一三〕。而教養之事備焉。祠堂居中，三間，廣四丈，深三丈，中設塑像，榜曰「河南伯程純公之祠」。東西兩廊各一十五間。御書閣在春風堂之上，五間，廣八丈，深四丈五，藏御書經籍。春風堂在祠堂後，七間，廣十丈，深五丈，取朱公掞見明道先生謂人曰「春風中坐了一月」之語。燕居堂在主敬堂後。尚志齋，三間，在主敬堂前，東序南明善齋三間，在主敬堂前。西序南敏行齋三間，在主敬堂前。東序北成德齋三間，在主敬堂前。西序北續添省身齋，在春風堂前左。養心齋，在春風堂前。右大門，屋三間，廣四丈四尺，深一丈八尺。左右設柢，繚以垣牆。帥府累政撥到田產四千九百八畝三角三十步。上元縣徐提舉等三戶佃田七十三畝又三十八畝，地一十一畝一角。江寧縣邵仁等一十戶，佃田七十七畝三十八步。句容縣戴日德等四十一戶〔一四〕，佃田三百八十六畝二角四十三步，地一十六畝一角二十五步〔一五〕，雜產二十六畝二角二十步。溧水縣平登仕等一十四戶，佃田三千伍百四十二畝四十七步。溧陽縣楊省四等一十八戶，佃田產四百九十二畝三十八步。歲入米一千二百六十九石有奇，稻三千六百六十二石，菽麥一百一十餘石，折租錢一百十一貫七百文。又有白地、房廊錢。常州宜興縣管下房賃，歲權見錢八十一貫九百文足〔一六〕。王監場獻到白地、房、廊三項〔一七〕。右南廂丫頭巷北街白地賃錢官減外，日收一貫一百四十文足。崇道橋南馬司寨前白地賃錢官減外，日收四百二十五文，省係七十陌。雞行街、魚市街、羅行口房廊賃錢官減外，日收二百六十文足〔一八〕。本府每月撥下贍士支遣錢五千貫，十七界官會，並蘆柴四十束。凡錢糧，官掌其出納，所支供奉有差，歲終有會。月俸：山長一百貫。錢糧官二十貫。堂長一百貫，米二石。堂錄六十貫，米一石五斗。講書五十貫，米一石五斗。堂賓二十六貫，米一石二斗。直學二十四貫，米一石二斗。講賓一十七貫，米一石二斗。司計一十二貫，米一石二斗。掌書一十五貫，米一石二斗〔一九〕。掌祠一十四貫，米一石二斗。齋長一十貫〔二〇〕，米一石。正供生員每名五貫，醫諭米七斗。日供職事生員，米二升五合，造食錢三百文。山堂長貼食錢七百文。堂錄、講書貼食錢五百文。堂賓至齋長貼食錢二百文。照親書食簿支送，不行供者不支。宿齋職事生員每夜支油錢二百文，堂長、堂錄、講書每夜支油二兩。不宿齋者不支。寒月送炭自十月初一日爲始，至正月終住支。行食宿齋者全支，不宿齋者半支。凡支錢，並用十八界官會。凡支米，並用文思斛斗。官設山長，制置司幕官兼。後始朝除。

南軒書院。祠南軒先生張栻。本設精舍，後移城東，爲今書院。淳祐三年，杜杲記曰：「天禧寺側屋六七楹，曰南軒，實先生講習之地，日就傾圮，甚至春時爲游宴之所。杲昨在江淮幕下，猶扃閉瑯，心竊念之。告之長，而莫之聽。茲冒闒事，比至，不可舉目。於是治葺之，繪像於中，礲石琢詞云。」《景定志》：天禧寺方丈後，張宣公讀書處也。真文忠公爲轉運使，建祠屋於舊址。其後總領所以爲榷酤之場。知府杜杲爲屋六七楹，撥田百畝爲祀事。咸淳中，馬光祖建主一堂，求仁、任道、明理、潛心四齋，極高明樓，爲屋九十二間，闢路前除，命兩校朔望虔謁，又撥田四十畝入焉。歸附後，移於城東儀賓館，在明道書院西南。

茅山書院。按《慶元志》：天聖二年，知府王隨奏處士侯仲逸於茅山營葺書院〔二一〕，教授生徒積十餘年，自營糧食。望於茅山齋糧所剩莊田内給三頃，充書院贍用。從之。事見《垂拱元龜》。後不詳何年廢。今額在鎮江路。

置縣學

上元縣學。在縣治西。景定二年，鍾知縣蜚英建，梁椅撰記。

江寧縣學。在縣治北。景定四年，王知縣鐣創建，楊巽撰記。

句容縣學。始建於唐開元十一年，在縣衙東。宋開寶中修。皇祐二年七月，太常博士方峻再建。元豐二年，以縣南館驛改造。紹興壬申、淳熙己亥重修。寶慶丙戌，易民地，添築牆垣，左右疏池。寶慶丁亥，建濂溪、明道、伊川三先生祠，與石刻亭對。有劉宰記。

溧水縣學。唐武德元年，建至聖文宣王廟，在縣東三十步。宋熙寧二年，知縣闕杞遷於通濟橋東南，建爲學。紹興八年，重修大成殿，並建講堂、齋舍。三十年重修。隆興二年，知縣李衡增員養士。淳熙十三年冬，重建講堂。十四年夏，重修兩廡。紹定二年，增建尊道堂於命教堂後。嘉熙四年，建小學於戟門右。淳祐五年，重修大成殿。六年，又創釣鼇亭於尊道堂後，臨淮水。七年三月，重建戟門及靈星門東西兩廡。十二年，建齋舍一十二間。寶祐元年，重修命教、尊道二堂，創學廩於西廡，改命教堂，榜曰明倫。景定元年，重修大成殿及東西兩廡，作亭於靈星門外，取《易》臨卦象傳辭，榜曰教思。前後縣大夫皆以興學爲務，故溧水文風最盛，貢舉爲多。有周應合記。

溧陽縣學。後漢光和中，溧陽長潘乾嘗立校官，其碑銘尚班班可讀。紹興中，喻仲遠尉溧水，得此碑於固城湖之傍，湖在今溧水州界。其地在當時必縣治也。唐有縣令林均〔一二〕，興學校，養生徒，其事見於斷碑。淳化五年，縣令夏侯戬建宣聖廟於縣西門外。其地即今西門内廣惠行祠。皇祐四年，知縣查宗閔移學於縣城東南隅。崇寧中，增廣齋舍於學前，即高爲堂，曰挹秀。大觀三年，建閣曰折桂。建炎末，潰兵撤屋爲營，唯餘大成殿。紹興十八年，知縣施祐因舊基興創。二十年，重加葺治。嘉泰中重修，仍建待聘軒於德化堂之後。嘉定初，建濂溪、明道、伊川、龜山四先生祠，及靈星門，有興能、觀光、尚志、麗澤四齋。十三年，知縣陸子遹重修齋廡，甃堦庭，立楊忠襄公祠堂，增置祭器、書籍及學廄，改造庖湢。學前臨溪創闢射圃，養士之計，時有增益。

各縣主學，景定三年始設，以特奏名授文學出官者充，其祿同主簿、尉，班在主簿、尉下。主簿、尉非正科則下主學。以上詳見前志。

祀先賢

祠堂四所，在府學。與祀者二十六人。

濂溪先生周元公〔一一三〕　明道先生程純公

伊川先生程正公　　晦庵先生朱文公

右四先生在大成殿東

丞相范忠宣公　　丞相呂文穆公

一拂先生鄭介公　　通判楊忠襄公

丞相周文忠公　　南軒先生張宣公

勉齋先生黃文肅公　　壹是先生吳正肅公

西山先生真文忠公

右九位在大成殿西

太師魯國顏公　　丞相李文定公

中書傅獻簡公　　少保馬忠肅公

樞密包孝肅公　　尚書張忠定公

右六位在明德堂東

丞相趙忠簡公　丞相張忠獻公

丞相呂忠穆公　丞相陳正獻公

尚書黃公　樞密忠肅劉公

樞密邱公

右七位在明德堂西

舊志：府學祠堂，初惟二所。東祠明道先生，蓋爲道學之宗，而嘗主上元簿也；西祠忠襄楊公，蓋嘗爲建康倅，而死節建炎者也。淳祐中，增立諸祠。臨邛魏了翁有《忠襄楊公祠記》。

先賢祠堂一所，在府學之東，明道書院之西，青溪之上。馬光祖建立。自周漢而下與祀者四十一人，各有讚。

至德讓王吳太伯。初逃句曲山中。

越相國范蠡。築越城，在長干里。

漢嚴先生子陵。名光，結廬溧水縣。

漢丞相、忠武侯諸葛孔明。名亮。往來說吴，又勸孫權定都。

吴輔吴將軍、婁文侯張子布。名昭。宅在長干道北，有張侯橋。

吴將軍、南郡太守周公瑾。名瑜。周郎橋在句容縣。

吴侍中、尚書僕射是子羽。名儀。宅在西明門。

晉太保、睢陵元公王休徵。名祥。墓在江寧化成寺北。

晉平西將軍、孝侯周子隱。名處。子隱臺在鹿苑寺。

晉太傅、丞相、始興文獻公王茂弘。名導。宅在烏衣巷。

晉太尉、大司馬、長沙桓公陶士行。名侃。事見石頭城。

晉侍中、驃騎將軍、忠貞公卞望之〔二四〕。名壼。廟在冶城南。

晉太傅、廬陵文靖公謝安石。名安。宅在烏衣巷口。

晉車騎將軍、獻武公謝幼度。名玄。别墅在土山下。

晉右將軍、會稽内史王逸少。名羲之。事見冶城樓。

晉中領軍、光禄大夫吴處默。名隱之。茅屋故基在城東。
宋徵君雷仲倫。名次宗。開館雞籠山，號北學。
齊真簡先生劉子珪。名瓛。居檀橋。
齊諸王侍讀陶通明。名弘景。居茅山。
梁昭明太子蕭德施。名統。書臺在定林寺後。
唐太師、刑部尚書、魯公顔清臣。名真卿。昇州刺史。
唐翰林供奉李太白。名白。往來金陵，具載本集。
唐山南西道節度參謀孟東野。名郊。溧陽尉。
南唐司徒致仕李致堯。名建勳。賜號鍾山翁。
太師、徽國文公朱元晦。名熹。淳熙除江東轉運。
南唐内史舍人潘佑。見《江南録》。
樞密使、濟陽武惠王曹國華。名彬。開寶昇州行營統帥。
尚書、忠定公張復之。名詠。祥符知昇州，再任。
中丞、恭惠公李幼幾。名及。淳化昇州觀察推官。

樞密、孝肅公包希仁。名拯。天聖知江寧府。

丞相、忠宣公范堯夫。名純仁。治平江東運判。

宗正寺丞、純公程伯淳。名顥。嘉祐上元主簿。

監安上門鄭介夫。名俠。清涼寺有祠。

少師、龍圖學士、文靖公楊中立。名時。嘗家溧陽。

參政、莊簡公李泰發。名光。紹興宣撫使。

太師、丞相、魏國忠獻公張德遠。名浚。紹興留守、都督。

秘閣、忠襄公楊希稷。名邦乂。建炎知溧陽縣，遷通判。

太師、丞相、雍國忠肅公虞彬父〔二五〕。名允文。紹興督府參謀。

安撫、殿撰、宣公張敬夫。名栻。督府機宜文字。

太師、正肅公吳勝之。名柔勝。生於金陵。

太師、參政、文忠公真希元。名德秀。嘉定江東運使。

右祠有周應合作記。按閩士陳宗上制置姚希得書，略云：「宗支郡底僚，濫叨幕議。日過閣，適值制幕諸丈以乞修飾卞祠爲請。宗謂：『此旌表往賢，以激勵今士也。卞，晉人也。其死節固有可稱者，然已有祠矣，修不修未害也。本朝蘇文忠公，其雄文博學，廉行直節，爲今古所宗。其他言動靡不秀拔，藝能靡不絕出。青溪祠先賢凡四十一人，皆以其生於斯、仕於斯、居且游於斯者，乃獨捨文忠而不祠焉，斯非一大闕典乎？我橘翁制使先生夙弭憲節，實涖贛城，爲文忠特創祠於贛，亦以文忠歸自鯨波夷猶二水，睠言懷之，精爽如在。於是修梁巍棟，峻閎深堂，以奉文忠廟貌，洒掃有卒，職掌有士，至今過者儼焉如見，遂以此祠併爲先生之憩棠。今斯事之闕固在前人，而補闕之機則在今日。此一段公案，何以異於贛祠？」先生憮然曰：「前人之闕乎此者，豈亦不知文忠之遊於斯邪！子宜搜其往迹，成此佳話〔二六〕，正恐缺不止是也。」宗拜而退，退而尋諸篋中，則僅有文忠詩焉。見文忠在金陵爲詩凡十有五篇，其一篇序曰：「去歲九月二十七日在黄州，生子名遯，小名幹兒，頎然穎異。至今年七月二十八日病亡於金陵，作二詩哭之。」又四絕句則曰《次荆公韻》，末一篇則曰《同王勝之游蔣山》。其它《次兼致遠韻》，釋者曰：「致遠投東坡詩，正從介甫於金陵也。」《次裴維甫韻》，釋者曰：「維甫解石於秣陵也。」《次段縫韻》，釋者曰：「縫家居金陵也。」不特此也，紹聖元年〔二七〕，又至金陵，得鍾山泉，公書寄詩爲謝，並贈和老詩。又不特此也，建中靖國元年，公還自海，又至金陵，又次韻清涼寺詩。此則文忠經行金陵吟詠之最著者也〔二八〕。邵子文《聞見錄記》一事〔二九〕，朱晦能載於《文忠言行》曰：王介甫與蘇子瞻初無隙，呂惠卿忌子瞻才高，輒問之。中丞李定亦介甫客也，不服母喪，子瞻以爲不孝，作詩詆之。定以爲恨，劾子瞻作詩謗訕，遂下御史獄，謫居黄州，後移汝州。過金陵，見介甫甚款〔三〇〕。子瞻曰：「軾欲有言於公。」介甫色動，意子瞻辯前日事也。子瞻曰：「軾所言者天下事也。」介甫色定，曰：「姑言之。」子瞻曰：「大兵大獄，漢唐滅亡之兆。祖宗以仁厚治天下，正欲革此。今西方用兵，連年不解，東南數起大獄，公獨無一言以救之乎？」介甫舉手兩指示子瞻曰：「二事皆惠卿啓之，安石在外，安敢言？」子瞻曰：「固也。然在朝則言，在外則不言，事君之常禮耳！上所以待公者非常禮，公所以事上者豈可以常禮乎？」介甫厲聲曰：「安石須說。」此文忠經行金陵事迹之最偉者也，其題長短句於賞心亭，著觀音頌於崇因寺，至今碑刻人多摹之，此則文忠經行金陵墨蹟之尚存者也，而闕之可乎？文忠懷歐陽文忠之詩曰：「先生經行處，草木皆可敬。」在今亦當云。然安有祠諸賢而不祠文忠者乎？亦當時區處祠事者之偶遺耳？或者曰《建康志》亦載邵子文《聞見錄》矣！宗曰：「公於元豐三年正月謫黃，七年二月移汝，由汝移至金陵。今《志》載是事於元豐三年，則是當時秉筆之士猶且於此疑惑，其不知文忠之遊金陵可知也，非有意闕而不書也。猶幸是祠初定爲四十二人。欲祠前制使馬裕齋之大父野亭，裕齋曰：「野亭自有祠於漕司矣，此不必列。」賢哉是言，可以觀君子之所存矣！天其或者蓋將補文忠之闕於今乎？亦當時議者之說雖沮於裕齋，猶曰今祠位尚虛其一，後之君子當有列野亭於此祠以備其闕者〔三一〕。吁夫，亦漫言耳！後之君子亦惟有成裕齋之美，而行裕齋之言耳！今欲鈞慈，行下有司，徑以此祠居文忠之像，以世代之先後定時賢位次。文忠與程純公同時，純公亡在元豐八年，行年五十二。時文忠方年五十，小純公二歲，合在純公之次。中間鄭介公亦當時人，年事猝難契勘。但介公係文忠門生，官亦甚小，則文忠合在介公之上。至如涓剛奉祠，厥有典故，非底闕之所敢僭，而文忠之讚，非先生之大手筆則無以發明而振舉也。宗爲太學生，與陳宜中、黄鏞、劉黻等攻史嵩之、丁大全被斥。丁敗後登第，擢制司幕官，故有是書云。」

轉運司有丞相忠宣范公祠、參政文忠真公祠、顔魯公祠。在句容縣。

一拂先生鄭介公祠。讀書清涼寺。登第，詆新法，被謫還鄉，所存惟一拂耳。

南軒先生祠。在天禧寺方丈後。先生舊讀書處也。

忠肅劉公祠。淳熙二年，大旱，劉公珙賑濟有方，五縣令共繪像，祠之於蔣山東庵。

馬莊敏公祠。一在城隍廟東廡，一在報恩光孝觀東廡，今存。市西、水西門、東嶽廟、青溪上四祠並廢。

歷代貢士

貢額

晉元帝初制，揚州歲舉二人。

宋制，丹楊郡歲舉二人。
隋制，蔣州歲貢三人。
唐制，昇州歲貢三人。有才能者無常數。
宋中興初，建康府解額一十名。紹興二十六年，增作一十一名。端平元年，特增兩名。共以一十三名爲額。

貢院

建康府貢院。在青溪南秦淮北，即蔡侍郎寬夫宅舊址。乾道四年，留守史正志建。紹熙三年，留守余端禮修廣。嘉定十六年，端禮之子嶸爲守，撤而新之。陳天麟、楊萬里嘗爲記。

轉運司貢院。舊皆寓試僧寺。嘉定九年，真文忠公德秀始建貢院於青溪西。是歲，習庵陳塤首冠漕闈，明年爲禮部進士第一。

進士題名。
自慶曆二年張識至開慶元年平天祐，凡一百一十六人。李琮、余組、李回、段拂、秦檜、范同〔三二〕、魏良臣、巫伋、吴淵、吴僭等，皆詳見前志。

國朝興崇學校〔三三〕

路學

初定制，路、府、州、縣正官提調學校。路學設教授一員，主管錢糧、教育等事。教授、學正、學録各一員，主提調課講，糾正學務。大學、小學分齋，視錢糧多寡，禮請教導，訓誨生徒。又設正學職員人吏，分掌出納錢穀、禮器、文籍。建康路自至元十二年歸附，因前宋府學差官主教，尋設教授，又設江東道儒學提舉司。居前宋教授東廳，今爲倉及學録廳，西廳爲教授廳，學正所居，即宋射圃。提舉司沿革見前《官守志》。至元三十一年，詔：「學校之設，所以作成人材，仰各處正官教官，欽依先皇帝已降聖旨，主領敦勸，嚴加訓誨，務要成材，以備擢用，仍仰中書省議行貢舉之法。其無學田去處，量撥荒閒地土，給贍生徒，所司常與存恤。」大德四年秋八月，廟學災，惟尊經閣及二教授廳存。五年，行臺大夫徹爾公首與僚屬謀，勸諭巨姓出私錢，創建正殿。郡人王進德獨建講堂。七年，總管陳元凱、府判百壽、推官韓居仁、高仁與教授趙由暐協力節費，重構周圍廊廡、齋舍、先賢祠、教官直舍、倉庫庖湢，內外一新。復置大成樂器。行臺監察御史楊演撰記。建業襟江淮，帶湖海，自六代爲都邑。民物浩繁，人材輩出，實士林之淵藪也。越至元乙亥，皇元渡江平宋，四海混一。欽惟聖天子體道御曆，以人文化天下，屢頒明詔，崇賁孔祀，興學養士，太平之風超越前皇。大德庚子秋八月，廟宇火〔三四〕，惟尊經閣僅存，其經籍脫灰燼之厄，斯文未喪，天實相之。明年春，行臺御史大夫徹爾公憫學校之焚燬〔三五〕，慨然謂僚屬言：「玆風化之本源，我輩職宣風化，不致力興復，可乎？」乃勸諭巨姓出私錢代公帑，創建正殿。郡人王進德即嚮風慕義，以構講室。府推韓居仁圖其規制，指授面畫，極其輪奐。餘役有所未遑。逮癸卯，總管陳侯元凱下車，以身任之。適文儒趙由暐來主教席，遂同志協謀，節浮費，傾學廩。所屬賢大夫士，咸叶力以助，鳩工庀役，土木偕作。府判百壽、推官高仁，治事之暇，親董其役。由暐究心經度，朝斯夕斯，僅再閱歲，而厥功告成。有廊廡以繪賢像，有齋序以居生徒，先賢之亭堂，教官之直廬，下逮庖帑庖舍，戶牖楹楯，丹雘彰施，靡不完具。經閣頹圮，易舊以新，山出雲飛，軒然聳於烟霄之表，爲郡中傑觀。又置大成樂，儒生肄習，春秋釋奠，衣冠整肅，禮容可觀。延耆儒講書，訓誨諸生，執經問義，彬彬焉有洙泗之風矣。一日，郡士來請於僚友郝君文、李君蕃，合計來言曰：「朔望拜謁，載瞻廟貌，悉增舊觀，非他郡所能比，再造之勤，願有述，以勵方來。」三辭，而請復至。竊惟吾夫子綱常之道載在方冊，見諸日用，不越乎君臣、父子、兄弟、夫婦、朋友五者而已。古之爲學，非獨玩空言以干世取祿，惟躬行力踐，勉勉循循，以求進德之地。所以欲平天下者，先治其國；欲治其國者，先齊其家；欲齊其家者，先修其身。且夫一畝之宮，環堵之室一有敝陋，則修之唯恐弗亟，豈特宮牆爲然哉？今頖宮修矣，吾二三子來游來歌，道存目擊，反求諸身，盍思亦有未修者乎？於是貌仞牆之崇峻，則思斯道之尊嚴；觀經閣之富盛，則思移在閣之經在腹，移在腹之經在日用。聞金石之鏗鏘，則思一言一行，有條有理，如律吕之合節。如是則不惟式副聖上樂育之心，抑亦不負臺察勉勵之意。凡在門牆，其以是相諗。廟之興廢始末，備載《金陵志》中，茲不復書。大德乙巳良月朔記。至大二年，廉訪使盧摯撰《重修孔子廟碑》。文云：「上元年，詔以興學作士，爲王政先務，申飭郡縣甚至。二年秋八月，建康孔子廟成。校官、文學先生、羣諸生相與言曰：『吾州都會六代。自國淮江之南，學遂爲首善之地。故宋播浙，茲維陪都，其守臣把留鑰，制閫外，其選必儒有重望。故具昇較，規制雄整，肩於成均，殆甲東南。學燬一旦，迨復已十閱歲，其燬其復，吾輩所戚所欣，吾道所關也。不辭諸珉，以詔來者，可乎？』」其毀大德四年閏八月，其復始庚子者，見監察御史楊君演記。始己酉者，臺憲御史大夫公霍爾勒，中丞廉公及其僚佐屬官。董其役者，路之治中梁普華右其事，爲書檄士子掾文學江寧貢師仁來宜有請於退使涿郡盧摯：「校成矣，宇士者備矣，養士者具矣。公有以教之，振吾昇校也。」夫孔子之道如日月之照，亘古今萬世莫不戴其明以行於世，固不以棟宇崇庳加損。今夫衆君子所以肫肫於予者，豈不以崇孔祠爲增國家右文之光懿，臺臣郡守重道之志也。遂作詩，俾昇之士息游歌之，以金玉弦誦之勤，庶幾有所感起，報答莞風尚者樂育之意。其詩曰：「孰昇於穹，夫子之宫。孰毁於昔，而復於今。崇基有嚴〔三六〕，植綱斯邦。維教斯明，維士斯蘉。爰才爰工，於址干棟。維宇斯替，維構斯隆。既翼其居，迺睟其容。曰章曰縫，迺粒迺饔。迺藝鉛槧，迺聲笙鏞。繇條集成，始玉金終。迺洋聖謨，以鋪德音。士習維羽，而校斯林。或蜚而冥，或喙於陽。或采其翰，而儀其翔。之習之印，而賓於王。士式臺萊，而楩而楠。於焉度之，以柱明堂。昇校之光，昇士毋忘。」先是學燬，祭器存者十不一二三，是年造完。監察御史劉泰記之。夫先王之立禮也，有本有文。忠信，禮之本也；義理，禮之文也。本以主乎中而不敢懈，文以著乎外而不可闕。所謂無本不立，無文不行也。矧器數、制度莫不起於時之宜，事之當，而有以成。施於祭祀，必盡己以實，内外一致，方能感格。斯五祀中尤爲難者。其本與文，一或有闕，致誠亦不至。雖勉卒事，不陷於如不祭者幾希。是故擴忠信義理於齋莊〔三七〕、恭敬、拜起、坐立，儀不少愆者，亦本之所以立也。簠簋籩豆，行列有數，物不少差者，亦文之所以行也。故曰：器有一之不備，則禮有一之不行。是以本既立矣，文既行矣，内外交盡不虚矣。明則人物懷其仁，幽則鬼神饗其德，必至乎是，則祀事孔明，庶無悔矣。建康爲江南名郡，又臺察涖焉，廟貌巋然，學校修整。祀器燬於大德壬寅之火，存者十不二三，若弗補完，是文不行於外，而内雖有本，安得獨立耶？我堂堂聖元，大興文治，加封孔子，報德報功，禮隆丁祀。有司奉行，固不敢不致如在之誠。然而黍稷之馨弗實於簠簋，水土之品弗登於豆籩，雖曰明德惟馨，亦奚指彼以明此哉？於是臺察上下，議論僉同，遂命提學官本路治中額森布哈購銅〔三八〕，訪得冶金之攤工者，仍俾董其役。既成，形製高古，凡三閲月而功畢，衅於至大己酉之良月。以數計之一千八十二，可謂大備矣。噫，器之未具也，粢盛庶品，一或不登，無以表其明德。今器既具矣，庶品既登矣，誠或不足，於有事之際，雖黍稷之馨，神亦不饗，所謂誠爲實，禮爲虚也，有事於豆籩者，可不謹乎？校官游鄭良，學正方機，學録劉應參懇求文石，辭弗獲免，忘其固陋，爲之記。皇慶二年，儒學録胡助重撰祭器記。始，建康學鑄祭器若干，以爲大備，御史劉公泰爲之記。會教授張君拱辰至，有事于上丁，陳其簠、簋、尊、豆、罍、爵，不合儀式，顧猶有闕者。退謀之提學官治中梁侯額森布哈曰：「吾嘗不滿於是，君意雅合，弗可以弗完！」爰稟憲臺，復購銅，召舊匠開冶，命學正賈君汝霖董其役，凡三月畢工。教授俾助以數，具書於石〔三九〕，庶來者有考焉。按簠二副，簋一副，爵二十一，坫五十有七，此南唐舊物僅存者爾。山尊二，著尊二，大尊二，壺尊六，象尊六，犧尊六，罍洗三副，龍杓一十三，坫八十有二，爵一百，舟九，豆一百七十有四副，簠一百二十有二，簋如簠之數而加一焉，大爐二，大甌四，此前鑄之目，劉公所記者也。罍洗一，龍杓一，爵十，小爐二十有五，豆一百，舟九，此後鑄之目。舊新後先，總以件計一千四百一十有八，器至是而始備。惟張君主席三年，以教以養，以興以補，臺評士論翕然稱之。若他役倍是，不書，而獨書祭器者，尊禮也，可謂知所重矣。助之不敢不書以是夫！皇慶二年春記。至治二年，教授湯彌昌復取沙洲鄉學田，有記。建康郡學，宋紹興間秦丞相以己貲買江寧縣沙州鄉黄魚莊等處蘆地十有五頃畀鄉校，具載碑籍。至元十三年後，開田百頃有奇。十八年，營田司以田撥隸財賦府，僅以地四頃七十一畝二分歸於學。三十一年，權豪占佃，開四頃爲田。其後經理丈量，羨田四十畝，地三十畝，凡爲田四頃四十畝，地一頃一畝二分，奄據租入二十有七稔。彌昌備員掌教，詢知有司，文移不輟，明爲學産，遂建白於行臺洎察院。於是路縣參考文案，擬斷歸學。至治元年二月，省札准斷，郡俾縣主簿朱端卿偕彌昌履畝交業，而田始來歸。從行者直學謝慶德、知書王夢桂、縣吏郭滋，府給文據，公堂掌之，以相授受，始末備著文卷。佃者歲納田米七十九石有奇，地租錢二十五貫，自元年始，然非定額。有願增租者，佃可易歟。惟學事因循弗舉，豈特斯田哉？明年夏四月作亭，以覆玉兔泉。閏五月，新創靈星三門，煥然改觀，此皆職所當爲。而前人憚事難役鉅，彌昌勉爲之，賴臺察宗主，力克有成。謹識形石，田圖四至，佃名刻之下方。至治二年良月日記。學計租入，視宋增損不同。田土總一萬八百五十九畝四十六步四分六釐二毫五絲，水跕二十二條〔四〇〕，田一萬六千九百六十畝四十七步九分四釐九毫五絲，地二千六百一十畝二角二十二步五分五絲〔四一〕，山二百一十七畝二角一十六步，蘆地八百四十九畝一角，堽四十五畝五十一步〔四二〕，塘一百五十四畝一角三十三步七分六釐二毫五絲，雜産二十一畝一十步，水池一角一十八步，水場二角二十六步，房屋七十四間三廈七溜，白地八十七段。糧斛總五千二百三十五石六斗二升九合五抄。米四千五十三石三斗四升三合七勺五抄，小麥一千一百一十四石七升四合七勺，大麥二十七石四斗七升七合一勺，黄豆三十七石一斗五升一合五勺，蕎麥三石五斗八升二合。至元鈔總八定二十九兩四錢一分六釐。租錢一定三十七兩四錢四分，房錢六定四十一兩九錢七分六釐，絲一十二兩四錢九分八釐。山柴六十七束，蘆三百束。科舉興，以貢士莊田糧積貯待發。大晟樂器，設掌樂主之，惟春秋二丁釋奠則用。書籍則《景定志》所云賜書板刻買置者，兵火散失殆盡。歸附後，於諸路裒集，及捐學計續刊，設職權掌〔四三〕，所買經史子集圖志諸書視他郡亦略全備。十七史書版，計紙二萬三千張。《史記》一千八百一十九，《前漢》二千七百七十五，《後漢》二千二百六十六，《三國志》一千二百九十六，《晉書》二千九百六十五，《南史》一千七百七十三，《北史》二千七百二十一，《隋書》一千七百三十二〔四四〕，《唐書》四千九百八十一，《五代史》七百七十三，雜書板《金陵志》四百八十，《貞觀政要》書二百，《朱子讀書法》一百七十，《南唐書》一百八十，《禮部・玉篇》二百七十，《集慶志》一百三十五，《修辭衡鑑》五十六，《農桑撮要》五十八，《救荒活民書》一百五十，《曹文貞公詩集》二百八十五，《憲臺通紀》五百一十五，《陳子廉先生詩》二十，《魯齋先生詩解大學》一十九，《樂府詩集》一千三百八十，《厚德錄》六十，《刑統賦》六十有三。廟學時有闕壞，隨事修補，無大更易。六齋延訓導六員，大學四，常德、守中、育材、進德。小學二，興賢、說禮。生徒常二百人。設賓序員，贍卹貧寒老病之士。鄉貢進士，於學敦遣。朔望祀享，行臺官躬視禮儀，監察御史時至勉勵。公卿大夫居江左者，率遣子弟就學。今仕爲名臣者，多集慶弟子員，於戲盛矣！

建設書院

明道書院仍宋舊規，無所更易。南軒書院遷舊儀賓館地基，大德元年創，蓋南軒先生華陽伯張宣公祠堂。江東書院在城内永安坊鹽倉街。至治元年五月，郡人王進德創建。子霖又爲營度廟屋，通六十餘間，地臨秦淮南，竹木修茂。置田溧陽九百畝，供贍生徒。前翰林學士草廬吳公嘗於其中講授羣士，往從受業甚衆。泰定元年，定今額。又有昭文書院，在湖熟鎮。北有臺，高十餘丈，下臨秦淮，亦名太子臺。舊傳梁昭明太子宴游之所。《景定志》：太子臺下，東橋之東，有太子東湖，昭明嘗植蓮其中，臺上有昭明像。宋咸淳丁卯，方拱辰扁曰昭文精舍，里人杜氏守之，至元間定今額。凡書院皆省設山長掌錢糧、教育，與路州學皆有府設直學贊焉。

州縣學校

江南歸附初，各縣學仍設主學，尋令所屬行省宣慰司差注教諭，掌錢糧、教育。

江寧縣學殿宇、田糧皆仍宋舊。上元縣學，後至元五年縣尹田賢重修，進士李桓有記。郡城之東偏由通衢而入數十武〔四五〕，積水縈匯，有泮流之象〔四六〕，北直平疇，連衍無際。雖閭閻密邇，而幽深曠遠〔四七〕，不翅乎林壑坰牧之居者。會芳廢圃之舊址〔四八〕，而上元邑學之所建也。考其歲月〔四九〕，至於今百年矣。蓋當宋氏之既南，郡爲大藩，閫帥臨視〔五〇〕，學政之修，致隆於郡，而在邑則否。迨其季年，鍾公蜚英之爲令〔五一〕，昉爲之經始〔五二〕，顧已迫於國勝之搶攘〔五三〕，故制特綿蕞，而完美之功有不暇焉者。混一之久，莫之能加，則以帑庾之弗贏，緝弊支危，僅以自守。一旦更張，而爲之也實難。嗚呼！治邑者有能匹休前人，人以俎豆爲事，因其故而損益之，亦何難之有。至元五年，歲在己卯，大名田侯來尹是邑，職專於學，覩其廢闕，懼無以副國家設學之意，亟以請於邑長曰：「其責在余，圖之惟時。」謂禮器之具所宜先焉，則冶銅爲爵坫四十，爲簠簋十有八，爲勺二，爲鐘一，竹爲籩者三十，爲篚者五，木爲俎者二十，以補其未備。若豆、若尊、若罍、洗，炷熏之有爐，植燭之有檠，灌栟之有壺，舉易其鍥璺朽窳而新之。而凡器用之需，無不給繼之〔五四〕。以廟學之葺，則擴禮殿之基，左右各五尺〔五五〕，以立十哲之位〔五六〕。作靈星門，修戟門之腐，橈堂及二序皆賁治之〔五七〕。改築成已軒敞，其後爲四楹〔五八〕，構連檐，以徹於堂，而凡棟宇之壞，無不飭修〔五九〕。後峙華表於門外，飛石梁於水，次列柵以爲閑〔六〇〕，周垣以爲蔽。繪門弟子暨先儒之像於縑素，以更圖壁之舊。而凡盡飾增嚴，爲經久之計者，實無不用其極〔六一〕，內外相侔，功倍於厥初。來觀翕然感斯文之作興，跂望朝夕，思服善教。昔之大儒，嘗佐斯邑，化俗之美，流於亡窮。侯之爲是舉也，其可以無愧與！夫學爲政，本先聖王之所勤修〔六二〕，而吏率慢焉。世降殷周，治不古若。職是之由，自侯之至，究心於民，夙夜弗怠，邑之庶務，咸得其理，訟獄既清，甿俗以安，敏惠廉明，著於一時，故上元之政爲屬邑最。今又能達其本，而崇禮義之化，使民有所觀法，益可尚也。已非具刻之〔六三〕，其何以勸來者〔六四〕？邑長曰那懷〔六五〕，令曰田賢贊〔六六〕，其可者簿李良臣〔六七〕、教諭湯駿、典史朱輝，承命謹而用力勞者邑掾陳敏也〔六八〕。金石土木之工，合九百三十有奇。費之出於田侯者，爲錢五千緡。是皆不可略也，附記於碑而爲之記。

句容縣學，頗廢於兵火。至元三十年，縣令烏延瑛創屋三間〔六九〕，扁曰芳潤。至大二年，縣尹趙靖撤舊重建。繼以縣尹程恭，延聘名士，訓誨生徒，遠近嚮慕。邑民獻地，增廣學宮，設唐劉鄴、張常洧二祠於講堂西。後至元三年，刻累朝封號綸音於石，置禮器雅樂，繪兩廡從祀。至正二年，建屋於中堂後，扁曰止善，監縣尹閭、縣尹李允中、李博、教諭劉德秀等實綱紀焉。學計悉有常數。江寧縣學田一十二頃七十五畝有奇。上元縣學基地縱橫三十丈，學田、山地、水潭通計一千一百二十一畝二角三十三步，額租外荒地逐時開墾。句容學基一十九畝六分一釐，田一十六頃一十八畝七分一釐，地一頃六十二畝四分一釐，山五頃五十七畝三分一釐，塘五畝六分四釐。夏租小麥八十二石六斗三升，大麥一十四石三斗八升八合，中統鈔五定三十四兩七錢八分。秋租米二百二十六石五斗三升七合，黄豆一十六石八斗七升三合，中統鈔五定三十四兩七錢八分。詳見縣志。

溧水州。歸附初爲縣，設主學教諭。元貞元年，陞州，設教授。二年，知州儀武義、教授劉建行重建大成殿及神庖，修理學舍一新。易明倫堂扁曰明德〔七〇〕，易四齋扁曰篤實、自得、明理、觀善，鑄祭器。皇慶元年〔七一〕，同知倪顗、教授陳瑞究復蒲塘渡，有記〔七二〕。二年〔七三〕，以教思亭爲詔旨亭〔七四〕，立加封碑。延祐四年，繪從祀像。泰定三年，行臺劄准監察御史順昌承德言增加田賦，置冊立碑。至元元年，知州李衡、教授宋昇重建明德、尊道二堂，修殿及兩廡，增設訓導，生徒加舊。其學計見於碑刻。舊額田土：田三十四頃六十二畝七分六釐，地一頃九十四畝七分二釐，山九十五畝五分，河渡一所，房屋一十四間，隨屋地基。租課：糙粳米七百二十四石七斗八升七合，小麥六十一石三斗六升三合，秈稻八百三十四斤，黄豆一石一斗，絲一十七兩二錢，中統鈔七定一十六兩二錢二分。新增田土：田八十五畝四分九釐，地五十六畝三分，山二十七畝五分，堽地一十一畝七分九釐，蘆墩二畝五分，房屋三間半零一廈，隨屋地基及帶屋小巷一條。租課：糙粳米二百七十五石七斗四升九合五勺，小麥二十一石六斗五升五合，黄豆一斗六升五合，絲六錢，中統鈔一十一定八兩六錢三分〔七五〕。並書板。詳見本州志。

溧陽州，歸附初爲縣，設主學教諭。元貞元年，陞州，即以前宋縣學改爲州學，設教授。大德五年，教授班惟志修學宫，建齋舍〔七六〕，東曰養正、麗澤，西曰明德、藻德，設小學齋，增學田三百八十餘石。卞應午記之。大德十一年，改創大成殿。至治元年，教授孔濤置雅樂，建講堂及先賢祠、校官廨舍，規模有加於舊。其學計徵於官者，租糧白米二千四百二十三石四斗六升三合〔七七〕，貢士莊四百五十五石二斗六升五合，贍學一千九百五十七石三斗九升八合，租鈔一十九定。詳見本州志。

科第進士

延祐四年丁巳，溧水州人劉泳江浙省鄉試第二十名，明年會試下第。

延祐七年庚申，溧陽州人李士良江浙省第六名。明年會試中選，殿試第三甲，同進士出身，授將仕郎〔七八〕、紹興路餘姚州判官。

至治三年癸亥，郡人李桓江浙省第二十七名。明年會試下第，恩例受餘干州教授。

大曆二年己巳，郡人李懋江浙省第十六名。明年會試中選，殿試第二甲，同進士出身，受將仕郎、饒州路鄱陽縣丞〔七九〕。

儒籍

路學抄數：儒人一百六十五戶。明道、南軒書院，上元、江寧縣學各有儒籍。至元十二年乙亥正月，制置趙溍棄城宵遁，徐都統等率軍民納款。二月二十七日，大軍入城。平章阿珠占居明道書院，軍士舁棄聖像野中。書院儒人古之學等詣丞相淮安王前，告給榜文，還復書院房屋、租産，招安秀才。當奉鈞旨，令書院依例復舊。由是諸學弦誦不輟。至元二十八年，南方儒人有德行，文章政事可取者，許各路歲舉一人，量材錄用。元貞元年，諸路凡儒知吏事、吏通經術、性行修謹者，各路薦舉，廉訪司試選，每道歲貢二人，省臺委官立法考試，中式錄用。大德十一年，係籍儒戶雜泛差役並行蠲免。至大二年，儒人免差。延祐元年，設科取士，儒風大振。其明年再詔，隸籍在學儒人毋得非理科役煩擾〔八〇〕。是後有司奉行不至，儒者雜於編戶。癸酉，科後停試。惠宗皇帝元統二年〔八一〕，特降聖旨，儒戶免差，有德行學問者選充教官。至正元年〔八二〕，復行科舉取士法，所以作養多士者至矣〔八三〕！集慶儒戶多前代故家〔八四〕。宋末進士有包秀、實國華、陳仲謀、吳季中，皆以文章政事名世。其後衰微，不可考知。今可見者董烈、宋相文清公槐之後，累官朝奉大夫，知池州。房元龍、宋進士，承議郎、懷遠軍節度判官。李璽、宋太師、襄國公琮之後，進士，累官承直郎，制司幹官，沿江屯田分司。王良耜、宋相荆國文公安石之後，貢士，累受沿江制司幹官。趙崇回、宋進士，累官通直郎、知建康府句容縣。楊公溥、宋待補進士。戴俊卿、謝克仁。皆宋貢士。歸附後，子孫相繼以科第儒術仕進，顯榮其家，所謂君子之澤久而不泯者，亦朝家崇儒興學之效也。曹嬰《溧水後志》載：「朱慮者，壽昌四世孫。登宋政和八年第。建炎二年，官左從事郎、潭州瀏陽令。四年，軍賊杜彥等陷瀏陽，慮力戰三日，死之。湖南安撫司聞諸朝，贈通直郎，與其子柔嘉將仕郎恩澤。因柔嘉歷仕，贈至太中大夫。三世孫紹遠、明遠，四世孫用泰、棟，俱擢科第。五世孫立之、祐之，以易學授徒於家，忠孝之有後、儒者之世澤彰著如此。他如句容樊淵之孝廉，溧水湯大有之五世同居〔八五〕，輕財急義。汪立信冢婦李氏、劉英傑妻吳氏、陳登妻樂氏之貞節，經聖朝旌異，悉出世儒之家，其被服禮義之教有自來矣。然則歷代之崇尚儒雅，欲以化民成俗，其效豈虛也哉！附於志末，俾後可覽觀焉。

【校勘記】

〔一〕靡：原作「雖」，據《文獻通考》卷四〇、《毛詩注疏》卷二三改。
〔二〕之：原本無，據至正本補。
〔三〕羽檄交馳：至正本作「戎虜扇熾」。
〔四〕四海：至正本作「四夷」。
〔五〕臣：原無，據《景定建康志》卷四八補。
〔六〕治：《資治通鑑》卷九一作「俗」。
〔七〕妥：《景定建康志》卷二八作「安」。
〔八〕贊而祠之：至正本作「祠而贊之」。
〔九〕《景定建康志》卷二八「石」後有「市斗」二字。
〔一〇〕分：原無，據《景定建康志》卷二八補。又「所有」二字，至正本作「莊田」。
〔一一〕又：原作「人」，據《景定建康志》卷二八改。
〔一二〕「明」字原無，據《景定建康志》卷二八改。

〔一三〕以：原無，據《景定建康志》卷二九補。
〔一四〕日：原作「自」，據《景定建康志》卷二九改。
〔一五〕一十六：至正本作「一十二」。
〔一六〕一：原闕，據《景定建康志》卷二九補。
〔一七〕項：原作「頃」，據《景定建康志》卷二九改。
〔一八〕足：至正本作「省」。
〔一九〕二斗：至正本作「一斗」。
〔二〇〕齋：原作「齊」，據至正本改。
〔二一〕逸：原作「遺」，據雍正《江南通志》卷九〇改。
〔二二〕林：原作「柳」，據《新唐書》卷三〇及《景定建康志》卷三〇改。
〔二三〕元：原作「文」，據《宋史》卷四二七《周敦頤傳》、《景定建康志》卷三一及《廟學典禮》卷四改。
〔二四〕貞：原作「真」，據《景定建康志》卷三一改。
〔二五〕彬父：原作「彬文」，據至正本及《宋史》卷三八三本傳改。虞彬父即虞彬甫。

〔二六〕成此：至正本作「此成」。
〔二七〕紹聖：原作「紹興」，據至正本改。
〔二八〕者：原本無，據至正本補。
〔二九〕聞見錄記：「錄記」二字原倒，徑乙。
〔三〇〕款：疑當作「歡」字。
〔三一〕此：原作「北」，據至正本改。
〔三二〕范同：原闕，據至正本補。
〔三三〕國朝興：原本無，據至正本補。
〔三四〕宇：至正本作「學」。
〔三五〕徹爾：至正本作「徹理」。下同。
〔三六〕基：至正本作「臺」。
〔三七〕齋莊：至正本作「齊莊」。
〔三八〕額森布哈：至正本作「也先普化」。下同。
〔三九〕具：至正本作「其」。

〔四〇〕二十二：至正本作「二十三」。

〔四一〕二十二步：至正本作「二十三步」。

〔四二〕一：原闕，據至正本補。

〔四三〕權：至正本作「收」。

〔四四〕二：至正本作「一」。

〔四五〕由通衢而：原闕，據至正本補。

〔四六〕自上句「武積水縈匯」至「有泮」：原闕，據至正本補。

〔四七〕雖閶闔密邇而幽：原闕，據至正本補。

〔四八〕芳廢圃：原闕，據至正本補。

〔四九〕歲月：原闕，據至正本補。

〔五〇〕視：至正本作「之」。

〔五一〕鍾公：「鍾」字原脫，據至正本補；「公」下原衍一「闕」字，據至正本刪。

〔五二〕昉：原作「昉」，據至正本改。按：昉同仿。

〔五三〕搶：原作「槍」，據至正本改。

〔五四〕需無不：原闕，據至正本補。
〔五五〕各五尺：原闕，據至正本補。
〔五六〕位：原闕，據至正本補。
〔五七〕橈：原闕，據至正本補。
〔五八〕四：原闕，據至正本補。
〔五九〕修：至正本作「然」。
〔六〇〕閑：原闕，據至正本補。
〔六一〕實：至正本作「令」。
〔六二〕修：至正本作「力」。
〔六三〕已非具刻之：原闕，據至正本補。
〔六四〕其：原闕，據至正本補。
〔六五〕「邑」、「那懷」：原闕，據至正本補。
〔六六〕「令」、「田」、「贊」：原闕，據至正本補。
〔六七〕其可者：原闕，據至正本補。

〔六八〕用力：至正本作「督役」。又「敏」字，原闕，據至正本補。

〔六九〕烏延瑛：至正本作「兀顏瑛」。下同。

〔七〇〕明德：原闕，據至正本補。

〔七一〕皇慶：原闕，據至正本補。

〔七二〕記：至正本作「碑」。

〔七三〕二：原闕，據至正本補。

〔七四〕詔旨：原闕，據至正本補。

〔七五〕一十一：至正本作「一十二」。

〔七六〕「建」字上至正本有「重」字。

〔七七〕四百：原本作「闕百」，據至正本改。

〔七八〕授：原作「受」，據文意改。

〔七九〕鄱：原闕，據至正本補。

〔八〇〕非理：原作「非禮」，據至正本改。

〔八一〕惠宗：至正本作「今上」。

〔八二〕元：原闕，據至正本補。

〔八三〕養：至正本作「興」。

〔八四〕集：原闕，據至正本補。

〔八五〕有：原闕，據至正本補。